ねもは EXTRA

[インタビュー] 隈研吾

中国でいかにして「負ける」か

An Interview with Kengo KUMA
How to "LOSE" in China

[聞き手] 市川紘司

INTERVIEW
隈研吾　Kengo KUMA

祝祭としての建築

——隈さんの中国での最初のプロジェクトは《竹屋 GREAT (BAMBOO) WALL》fig.1 (2002、12名のアジアの建築が手がける別荘開発《長城コミューン》の中の一棟として建てられた)ですが、これはどのようにして始まったのでしょうか？

隈研吾 話が来たときは、実は最初はあまり乗り気じゃなかったんですよ。それでも一応どんなプロジェクトなのか聞いてみたら「アジアの建築家をたくさん集めてやるんだ」って言われて、中国の普通のやり方とはまったくちがうプロジェクトらしいようだったから、それだったやろうと始まった。それで、ここでは思い切って好きなことをやらしてもらおうと思ったんです。クライアントが「アジア」という価値を売りだそうと標榜しているから、じゃあ僕が思っている「アジア」というものを出す。それで嫌だったら断っていいよという感じでした(笑)。他のプロジェクトではできないような実験的なことに挑戦しようという意気込みで始めたんですね。竹を使うというのも、その前に日本でもいくつか実験的なものをやっていて、すごく大変な素材だということは分かっていたんですよ。すごく傷みも激しいし、クラックなんかも入りやすいし。そういう竹の問題点にも関わらずここでは思い切って提案してみたんだけど、思いのほかクライアントが乗って来てくれた。それでこっちも俄然やる気になっちゃって、じゃあこれまで中国になかったような建築をつくろうという気分になっていきました。

——竹という素材を使うことにこだわった理由はどこにあったのでしょうか？

隈 中国の文化の中で重要な役割を果たしているということ以上に、「すぐにダメになる素材」を使うことに意味があったんです。通常の建築観の中では永続性のある素材を使ってつくることが良いわけだけど、僕は、建築というのは永続性ということよりも一回性の「イベント」だということが、工業化社会の中で忘れられていると感じます。永続性を目的としてこれまで建築はつくられてきているけど、その目的に反して実際は20年くらいでスクラップアンドビルドされているわけで、永続性というのは一種の幻想だと思うんですね。そこから醒めてもう少し建築の現実を見てみると、建築というのは実際には一回性のイベントなんです。建主や使う人間を見ていても建築はそういう人たちが繰り広げるひとつのお祭り的なものであって、そういう一回性のイベントに相応しい素材として竹はあるんじゃないかと。

——建築が祝祭的に建てられるというのは経済成長著しい近年の中国にとくに当てはまる特徴のように思います。日本の建築家は建築の精度にこだわるところがあると思うのですが、他方で中国では、そうしたディテールが極めて粗いとよく言われていますね。《竹屋》で竹を使うとき、こうした点はどのように解消したのでしょうか？

隈 日本の建築家が中国で精度を求めてつくった建築を見てみても、ちょっと恥ずかしい失敗作にしかなっていない気がするんだよね(苦笑)。コンクリート打ち放しでやったものでも、アルミとかガラスでやったものでも、結局のところ中国では精度が出せない。Aさんの作品が「Aさん'(ダッシュ)」にしかならない。僕はこういう精度を追求しないほうが価値のある建築になるんじゃないかという風に思うわけです。「Aさん'」になるくら

fig.1　隈研吾建築都市設計事務所《竹屋 GREAT (BAMBOO) WALL》北京, 2002

中国でいかにして「負ける」か
How to "LOSE" in China

いだったら場所場所でできることを逆手にとって、そのキャラクターを最大限出すようなことをやりたい。こういうやり方は1990年代に日本でも発見していたから、中国でもできると思ったんだよね。《竹屋》のときには真直ぐな竹が来ないし、寸法も不揃いということになっているから、精度で勝負することはしていませんね。

——隈さんは1990年代から日本の地方で地域性を考慮した建築をたくさんつくってきているわけですが、中国でもそのスタンスは基本的に一貫しているということですね。

隈 ただ、中国では日本の各地域での問題を越えて施工精度の限界などの問題があるとは思っていたから、それまでのやり方を適用するには、ある種の思い切りが必要でしたよ。その思い切りを受け止めることのできる度量がクライアントにあったということが、僕らにとってハッピーだったんだと思います。

fig.2 隈研吾建築都市設計事務所《三里屯SOHO》北京, 2010

「お人好し」の空間

——《竹屋》のクライアントは民間デベロッパーの「SOHO中国」ですが、彼らはその後も《三里屯SOHO》[fig.2](2010)で仕事をされています。2000年代を通して中国の開発業界は大きく進化/変化していると思うのですが、隈さんから見た彼らの印象をお聞かせください。

隈 今でも覚えているのが《竹屋》の現場に行ったときのことで、そのときはまだ上水道とか電気とかインフラストラクチュアがない山だったんだけど、そういうことを張欣(SOHO中国CEO)に聞いても「私分かんない」とか言っていたんですよ(笑)。「この人たち大丈夫かな」と思ったんだけど、それから彼らはどんどん進化していきましたね。もともと張欣はデザインに価値を見出す初めての中国のデベロッパーだったと思うんだけど、そのスタンスがずっと一貫しているところはすごい。

——たしかに、SOHO中国は《長城コミューン》以後、スター建築家を積極的に起用して建築を尊重しながら開発を続けていますね。

この《三里屯SOHO》の向かいには、同じく隈さんの設計による《三里屯VILLAGE》[fig.3](現《太古里》、2008)があります。両者は、中層と高層というちがいはあれど、どちらも中心に広場を配置して外部空間を有効に使う点で共通しています。こうした開放的な空間構成は、中国の一般的なデベロッパーの開発が街に対して閉鎖的であることと対照的だと思うのですが、これはどのような問題意識から生まれたのでしょうか?

隈 中国には、自分の外側にある「環境」に対する不信感みたいなものがありますよね。でも日本人は、空気が綺麗で温暖な気候に慣れていて、ある意味で環境に対する「お人好し」のところがある。その「お人好し」のやり方が将来中国でも通用するんじゃないか、っていう楽観的なところが僕にはあるんですよ。《三里屯VILLAGE》なんかはまさにそういうやり方でつくったんだけど、今までの中国の商業施設とちがうところが受けて、人がたくさん来てくれているようですね。こういう開放的な案は、たぶん自分があまりにも中国の環境に慣れ親しんだらて

INTERVIEW
隈研吾　Kengo KUMA

fig.3 隈研吾建築都市設計事務所《三里屯VILLAGE》北京, 2008

ム型の閉じた空間というのは、僕の意識では20世紀のアメリカみたいなエネルギーがいくらでも使える非常に限定された場所の様式です。お金がなくて環境が大事になっている時代においては、空間を開くという解しかないんじゃないかと考えているんです。

装飾と中国

――中国では、建築にある種の「装飾性」「デザイン性」が強く求められる傾向があります。日本の現代建築というのはえてしてミニマルで、装飾性やデザイン性をそぎ落としていく傾向が強く、中国のクライアントから「デザインが足りない」などと評されることもあるようです。隈さんは中国において特別気を付けているところはありますか？

隈　僕は「抽象化」というのは日本の建築家に見られる一種の現代病だと思っているんですよ。何でも抽象化していきたがるというのかな。でも、僕はそういうのとは逆の方向に建築を振っていきたいなと思っていて、もっと雑なものに持っていきたいんだよね。日本みたいな建築の精度だったらどんどんそっちの抽象化を追っかけていってもいいんだけど、日本以外のところで抽象化をやろうとしても、絶対フラストレーションが溜まるわけ。1990年代に地方で建築を作ったとき、抽象化をしようとしても地元の業者と喧嘩するだけだということが分かったから、僕はこの抽象化というのは一種のエリート主義じゃないかと思うわけです。中国でデザインをするときも抽象化とは違う方向にもっていこうとしているから、中国のクライアントに「デザインが足りない」とか文句を言われたことないんですよ（笑）。

――そもそも「抽象化」傾向から一線を画しているから、中国でも問題とならないわけですね。それでは、その他に、中国のプロジェクトということで特別気にしていることはありますか？　たとえば隈さんは中国に限らず世界各国でプロジェクトがあるわけですが、そうした国々とのちがいをひとつ具体的に挙げるとしたらどんなことでしょうか。

隈　建てる場所ごとにそこで達成できる建築の精度みたいなものを自分で読みながらデザインしているから、中国では中国での精度のなかでバランスが取れるだけの全体の暴れ方みたいなものを探しているし、フランスのプロジェクトだったらフランスでのやり方があるという感じですね。ただ中国では、建物と外部との関係性みたいなところでひとつ提案がないと、建築の作品性や強さを持ち得

きなかったかもしれない。自分の「無知」みたいなものが新しい提案になったわけで、僕はこういうことは建築では意外に多いんじゃないかと思うんだよね。無知であるがゆえに新しい提案ができる、ということが。三里屯のふたつはそういう性格のプロジェクトじゃないかと思います。

――現在の中国の開発は閉鎖的なものばかりですが、胡同や四合院などを見てみれば、北京でもかつては外部空間を積極的に活用していたわけですから、ある意味では日中の伝統的な空間には共通する部分もあるのかもしれませんね。

隈　そうね。日本というバックグラウンドを出そうというよりは、空間が開いているものこそが建築だと基本的に思っています。アトリウ

中国でいかにして「負ける」か
How to "LOSE" in China

ないと思っていますね。日本だったらある内的な構成だけで作品たり得るところがあって、逆に外部で妙な主張をすると浮いちゃったりするんだけど、中国だと浮かない。それだけ外部の環境の強さというか、荒さみたいのがありますよね。たとえば《竹屋》のときには竹の精度で勝負するんじゃなくて、地面と竹の関係という点で勝負しようと思った。竹が建物を覆った、ということだけでは建築にならないなと思ったんです。日本だと竹で綺麗に覆うだけで建築になる感覚があって、実際に僕がはじめて日本でつくった竹の家は四角い箱なんですよ。中の空間や竹の光の効果とかそ

fig.4 隈研吾建築都市設計事務所《知・美術館》成都, 2011

れだけで、作品の基礎が日本だったらでき上がるんだけど、どうやら中国ではそれは難しいんですね。

——四川省の《知・美術館》fig.4（2011年）は瓦をワイヤーで吊った外装が非常に特徴的です。日本だと浮いてしまいそうなかなり主張の強いデザインですが、実際に行ってみるとすんなりと受け入れられるような雰囲気がありました。

隈 《知・美術館》は山の中のプロジェクトだと最初に言われて期待して現地に行ったんだけど、デベロッパーが開発した地域の中心施設として位置づけられていて、けっこうがっかりしたんですよ（笑）。こういう美術館のプロジェクトが最近の中国には多いですよね。大型開発の中に建つ、そういうデベロッパー主導型の開発とは本質的に違うボキャブラリーをこの美術館には入れたいなと思った。開発地の外の建物を見たら、そこで使われていた瓦は色のばらつきもあるし、新石器時代からあるようなプリミティブな感じがあった。それで、この感じで僕の美術館をつくれば全然ちがうものができるんじゃないかとデベロッパーに提案したら、意外にも受け入れてくれたわけです。僕の中国でのプロジェクトというのは、デベロッパー的なもの、グローバル資本主義的なものに対する一種の挑戦です。その挑戦をときたま平気で飲み込んでいく人たちがいて、そこの緊張感が面白いよなと思います。日本の大手デベロッパーのプロジェクトで、僕が竹と

か瓦とか提案したらまず絶対に拒否されると思う。でも、中国だと平気で飲み込んじゃう。これこそが中国の色んな都市が面白くなっていく可能性だよね。今の日本の資本主義の中では一種のフィルターで濾過されちゃうし、おそらくアメリカでも濾過されちゃうんじゃないかと思うんだけど、中国には濾過されない「篩の荒さ」みたいなものがある。これは中国の可能性だと僕は思っています。

——その「篩の粗さ」は、中国のデベロッパーがえてしてトップのワンマンであるがゆえの長所かもしれませんね。

隈 それはすごく大きいと思うね。日本はオーナー事業と言っても、トップが思い切って何かをするわけじゃなくて、その下にちゃんとヒエラルキーのある組織体ができているわけじゃない。ヒエラルキーが上がっていく段階で、だんだんフィルターで決定が濾過されちゃうわけだけど、中国は直接トップと話していて、トップが直感でいけると思ったらそれがそのまま通っちゃうということがあるからね。

軽さの追求

——《知・美術館》の瓦の外装は現在進行中の浙江省の《中国美術学院博物館》fig.5でも使われています。

INTERVIEW
隈研吾　Kengo KUMA

隈　中国美術学院のキャンパスは王澍が基本的に全部つくっていますが、彼も瓦をたくさん使って作品をつくっていてなかなか良い建築です。僕は僕なりに王澍の瓦とはちがうやり方でやってみようという意識があって、それでここでもやっています。

――王澍は中国美術学院建築学院のディーンですから、この博物館の建設のさいには隈さんとも色々やりとりがあると思います。どのように評価されていますか？

隈　なかなか勇気のある人だと思う。建物を見ても単に古い材料を使っているのではなくて、かなり思い切った実験をしていますね。空調された空間じゃなくて、半外部みたいな空間で大学全体を解こうとしているところも面白くて、共感を覚えます。でも彼の建築の一種のコンクリート的な重みみたいなものは僕のテイストとは違うと思っていて、それで《中国美術学院博物館》では思い切って瓦をワイヤー的なものでサポートして軽くしてみているんですね。

――《中国美術学院美術館》のデザインは、ライバル校である北京の中央美術学院の美術館と対照的な気がしていて興味深いです。《中央美術学院美術館》は磯崎新さんの設計でかなりモニュメンタルな佇まいである一方で、隈さんの《中国美術学院美術館》は地面を這うような構成ですね。

隈　僕がはじめて磯崎さんの《中央美術学院美術館》を見たのは、自分たちの案をつくってクライアントからOKをもらったあとだったので意識していたわけではないのだけど、たしかに対極的なものになりましたね。磯崎さんは自分のボキャブラリーをどこの場所でも展開していて、《中央美術学院美術館》は磯崎さんが奈良や静岡やスペインで使ったものと同じボキャブラリーを展開させているわけですけど、こういうやり方だと、その場所場所で施工の悪さみたいなものがすごく気になりますよね。たとえば白い抽象的な壁面なんかも「日本で作ればもっといいものになっただろうな」と少し残念感が漂ってしまう。僕は、そういうかたちでの後悔をしないような、最初から粗っぽい建物を目指したいんですよね。

「負ける建築」の中国的需要

――「負ける建築」「反オブジェクト」という隈さんのコンセプトに対して、磯崎さんの建築はモニュメンタルで、まさに「勝つ建築」の代表格と言えるところがあると思います。興味深いのは、この両者ともに中国で有効に機能している点です。中国での建築の需要のされ方としては、モニュメンタルで「勝つ」建築を求めることが多いと思うのですが、一方で隈さんの「負ける」建築もかなり受け入れられている。

隈　中国自身の変質もあると思うな。ストレートにモニュメンタルなものを求める時代っていうのは、中国ではすでに終わったと僕は思っています。環境の問題とか都市自身の問題とかが中国でもはっきりし出していて、ある意味で「負ける」ことの価値が分かってきている。『負ける建築』の中国語版なんかもかなり読んでくれていて、上海市長もスピーチの中で触れてくれたみたいなんですが（笑）、それくらい中国でも関心が生まれていると思うんです。ただ大事なのはその「負け方」で、単にぐちゃっと潰されるのではなくて、柔道でも上手く投げられるみたいな、その投げられ方がかっこいいみたいのがありますよね。僕はそれがこれからの建築であると思っていて、そういう考え方が中国でも理解されるような変化が社会に生まれていると思いますね。

fig.5　隈研吾建築都市設計事務所《中国美術学院博物館》杭州, 2014（予定）

中国でいかにして「負ける」か
How to "LOSE" in China

——改革開放から40年、とくにゼロ年代に一気に都市化が進行したことで、部分的にではあれども社会が成熟する方向に傾きつつあるのかもしれません。

隈　都市がある程度飽和状態に達して色んな問題が露呈してきたことで、都市化や近代化がイコール善ではない、という考え方が中国でも出てきている状態なんだと思うね。

——2002年の《竹の家》以来、2013年現在にいたるまで中国でのプロジェクトが続いていますが、この間の中国建築の変化はどのように感じていますか？

隈　下請けの業者みたいなもののレベルが上がってきているように思います。日本やヨーロッパの企業も参入してきているから、図面をつくるときに相談相手が出てきたという感じはありますね。

——中国の建築家についてはいかがでしょうか。21世紀に入るまではほとんど注目されるアトリエ建築家がいなかったにも関わらず、近年では、先ほど話しに出た王澍を筆頭に独立自営型の建築家が増えてきて興味深い実践を展開しています。

隈　この間も吉林芸術学院で講演をしたんですが、地方の大学で会う建築家の中には、今までの中国とは違う方向性を感じるときがありますね。名前が中々覚えられないのですが（笑）。いわゆるコンピューテーショナルに形をつくる方向性だけでなくて、「モノ」に向き合ってつくる人が中国で出てきているのは面白いと思いますよ。

——たしかに王澍にしろ四川の劉家琨にしろ、「モノ」としての建築に向き合う傾向は近年の中国にはあるように思います。

先鋭化される問題とその解決手法

——隈事務所では、2013年に新しく上海にも事務所を設立されています。現在進行しているプロジェクトはどのようなものがあるのでしょうか？

隈　上海に事務所を置いたのは、蘇州川沿いの古い造船工場の大規模なリノベーションのプロジェクトがあったからなんですね。基本的には外観がいじれないのですが、大きなリノベーションというのは日本だとチャンスがないぶん面白い。日本でのリノベーションというと、たとえば最近完成した《東京中央郵便局》(2013)でも本当にいじれることってちょっとしかないんだけど、中国の場合は大きな意味で「保存」はするんだけどかなり大胆な組み替えができたりするんですよ。そういうリノベーションの可能性はこれからの中国ではたくさんあって、その領域がもっと面白くなると思いますよ。スケールも大きいですし、新しい要素の付け加え方も色々ある。日本のリノベーションって色んな人が口を挟んでくるから面白くなりにくいんですよ。その点、ヨーロッパの方はリノベーションに慣れているから逆に自由度が大きいんだけど、日本は慣れていないから肩に力が入っちゃってつまんないものになりやすい。

——北京のオリンピック開発が良い例ですが、1990年代から2000年代にかけての中国は経済成長と都市化の進展に合わせて古い建物が次々と破壊されてしまいました。そういう点からもリノベーションの可能性は探られる必要がありますね。

隈　中国は今後、色んな問題が先鋭化すると思うんですよ。都市環境の悪化もそうだし、少子高齢化の問題なんかも激烈になってくるわけで。世界各国の抱える問題が中国ではターボがついて加速して現れるような感じがありますよね。面白いのは、そういう問題に対する実験的な解決方法もまた受け入れられる土壌があることです。問題の先鋭化が激しい分だけ、先鋭的な解決も求められている。そういう意味で、これからの世界で建築が解決しなければならない問題を、中国で先取りして解決できるんじゃないかという期待感がある。今までは中国やBRICsと言われる国々の建築は欧米の先進国の「二番煎じ」という感じがあったんだけど、これからは逆に中国が先に立つことが出てくると思うんだよね。少子高齢化の問題についても、最近は僕のところにも高齢者の施設をつくりませんかと話が来るんだけども、今まで中国ではそういうことに対してまったく考えて来なかったじゃない。でも、一人っ子政策のおかげで突然にして高齢者の問題が日本よりも先鋭化してくる。そういう問題に応える建築なんかもこれからはやってみたいと思っています。

隈研吾　くま・けんご
1954年横浜生まれ。1979年東京大学建築学科大学院修了。1985-1986年コロンビア大学客員研究員を経て、1990年隈研吾建築都市設計事務所設立。2001年慶応義塾大学教授。現在、東京大学教授。

ねもは
EXTRA

中国
当代
建築

Contemporary Architecture in China

写真=夏至 XIA Zhi

Amateur Architecture Studio, Sanhe House, Nanjing, 2003

Zaha Hadid Architects, Galaxy SOHO, Beijing, 2012

MAD Architects, Sheraton Huzhou Hot Spring Resort, Huzhou, 2013

Herzog & de Meuron+Ai Weiwei, Beijing National Stadium "Bird's Nest", Beijing, 2008

Contents

ねもはEXTRA
中国当代建築 北京オリンピック、上海万博以後
Contemporary Architecture in China　After the Beijing Olympics and Shanghai World Expo

1
Interview
中国でいかにして「負ける」か
隈研吾
グローバルに飛びまわる建築家の眼がとらえた
中国の現在の姿

8
Photo
夏至
国内外の建築家が入り交じる当代建築の情景を
中国人写真家はどう切り取るか

18
Introduction
中国当代建築
伝統とグローバリズムがするどく交錯する場として
市川紘司

20
Essay + Project
循環的建造のポエティクス
王澍 + 陸文宇
プリツカー賞を受賞した王澍
その思想の全貌をつたえる本邦初翻訳の論文

38
Interview + Project
「山水都市」の創造
馬岩松
現代と伝統、欧米と中国
異質な文化をまたぎ活躍する若手建築家の根幹にあるものとは

56
Text
亜熱帯の建築をめざして
川島宏起

58
Interview + Project
動きつづける中国で建築をつくる
佐伯聡子 + Kok-Meng Tan / KUU
上海を拠点に活躍する外国人建築家ユニットが見た中国
その中で建築をつくる戦略とは

68
Mail Interview + Project
建築とその評価土台を設計する
ネリ＆フー
設計事務所とプロダクト販売会社を同時に経営する
若手建築家が目指す新しいプラットフォーム

78
Archive
蒐集される外国人建築家たち
《オルドス100》とは何だったのか？
市川紘司
2000年代に喧伝された中国建築「バブル」
全国で生まれた巨大プロジェクトのその後

87
Interview
現状は変えられる
日中両国での活動を展開する建築家の考えかた
迫慶一郎
中国で活躍する日本人パイオニアが語る
「これまで」と「これから」の建築家像

94
Essay
王澍論
中国における文人建築の伝統とその現代的発展
頼徳霖
古今東西のテキストを横断することで明らかになる
中国建築史における王澍が占める位置

102
Essay
四川大地震から5年後の被災地を歩く
五十嵐太郎
東日本大震災の被災地をつぶさに観察してきた批評家による
中国的復興の最新レポート

106
Interview
中国で「住民参加」は可能か
《大柵欄プロジェクト》について
梁井宇
デベロッパーによる商業的開発がつづく北京の伝統空間
その活用方法をさぐる建築家の問い

Report　北京国際デザインウィーク2013の大柵欄　市川紘司
Photo + Text　大柵欄の生活風景を撮る　孫思維

122
Interview
中国建築はいかにして西洋に伝達されるか?
方振寧
ヨーロッパで数々の展覧会を企画するキュレーターが語る中国建築の核心

134
Text
「態度」をもつ建築
建築家アイ・ウェイウェイについて考える
千種成顕

136
Text
「いまさらの上海世博」を楽しむ
服部一晃

138
Mail Interview
中国的建築写真の端緒
夏至

140
Discussion
2010年代、日本人建築家は中国にどう関わるべきか?
助川剛×東福大輔×佐藤英彰＋市川紘司
日中関係の悪化が取り沙汰されるなか
それでも中国で活動をつづける日本人建築家が思うこと

254
Text
北京
斧澤未知子

256 Credits　奥付

151
Project
中国当代建築家列伝
14組の建築家による主要/最新プロジェクト

Introduction　フラットネスとディバーシティ　市川紘司

01　劉家琨／家琨建築設計事務所
内地で展開される「低技術の戦略」 解説=市川紘司

02　張永和／非常建築
概念から素材へ 解説=菊地尊也＋辛夢瑤

03　崔愷／中国建築設計研究院
建築の「本土化」を目指して 解説=市川紘司

04　都市実践
都市化問題を建築的に考える 解説=永岡武人

05　李暁東／李暁東工作室
農村建築を創造する 解説=劉暢

06　王澍／アマチュア・アーキテクチュア・スタジオ
「国家的なもの」から遠くはなれて 解説=寺崎豊

07　王昀／方体空間工作室
集落調査から漂白された空間へ 解説=市川紘司

08　馬清運／馬達思班
状況に合わせ、自在に変転する建築 解説=市川紘司

09　張雷／AZLアーキテクツ
基本建築 ファンダメンタル・アーキテクチュア 解説=松下晃士

10　大舎建築
透明性と抽象性をそなえた空間の試行 解説=吉富遥樹

11　張軻／標準営造
チベットで建築は可能か 解説=青山周平

12　馬岩松／MADアーキテクツ
中国から世界建築に接続する 解説=松本剛志

13　華黎／迹・建築事務所
地域性を再発見する建築 解説=松本剛志

14　李虎／開放建築
開放と立脚 解説=川井操

Introduction

中国当代建築
伝統とグローバリズムがするどく交錯する場として　　　市川紘司

[中国近現代建築の流れ]

1840	アヘン戦争。「近代」のはじまり
1912	中華民国の成立
1919	五四運動
1920's	中国建築家の第一世代がアメリカへ留学
1930's	建築の民族的表現が注目される
1944	梁思成が最初の通史『中国建築史』を完成させる
1949	中華人民共和国の成立
1953	第一次五カ年計画はじまる
	私営の建築設計事務所が統合され、「設計院」として国営化される
1958	大躍進政策
1959	人民大会堂など、北京十大建築が建設される
1966	文化大革命はじまる
1976	毛沢東死去
1978	改革開放へ
1980	清華大学建築学院から『世界建築』が創刊される
1982	I.M.ペイによる《香山飯店》が竣工する。改革開放後の中国における最初の外国人建築家による作品
1989	天安門事件
1992	鄧小平の南巡講話

中国では、中華人民共和国が建国された1949年以後の建築を「現代建築」、そのうち現在にとりわけ近いものを「当代建築」と呼び表すのが一般的です。本書が紹介するのは、ここ10-20年くらいのあいだにつくられた「現在の中国建築」、つまり「中国当代建築」です。

近年、中国の建築文化は、国家自体の成長に合わせてめざましい発展をとげており、世界的にも注目を集めています。しかし、残念なことに、中国にほど近い日本ではそうした状況があまり伝えられてきていません。これまで、中国当代建築といえば、HdMによる《北京国家体育場（鳥の巣）》やOMAによる《中国中央電視台（CCTV）新社屋》など、北京オリンピックや上海万博のさいに計画された外国人建築家たちのビッグプロジェクトが知られるのみでした。中国当代建築がどのような歴史を背景としているのか、あるいは中国人建築家がどのような問題意識を抱えて建築をデザインしているのか、そういったドメスティックな建築状況に関する情報は皆無にひとしかったと言えます。

本書では、北京や上海で活躍する建築家／評論家のインタビューや論文、さらには代表的な建築事務所による重要／最新プロジェクトを解説つきで掲載することによって、いま中国で生じつつあるあたらしい建築文化の状況を詳しく紹介します。本書をきっかけにして、日中両国の建築文化がコミュニケーションを活発化させていくことを期待しています。

20世紀以後、日本の建築の流れは、基本的に世界の建築の流れと軌を一にしていると言えるでしょう。しかし、中国では政治・社会が不安定であったことで、その建築の歴史はかなり異なる道を歩んできています。

たとえば、中国には、ながらく「建築家」と呼ばれるような主体が輩出されませんでした。これは共産主義国家であるがゆえ、建設プロジェクトを国営設計組織たる「設計院」が一手に担っていたことが大きな要因です。2000年代初頭に開催が決定した北京オリンピックや上海万博といった国家的イベントに向けた大規模開発で華々しく活躍したのも、この設計院と、世界的に著名な外国人建築家たちです。中国人の「建築家」には活躍の舞台は与えられませんでした。中国で建築家の資格制度がはじまり、独立自営のアトリエをかまえることが認められるようになるのは、ようやく1990年代なかばになってからなのです。

状況が変わったのは2000年代なかばくらいのこと。アトリエ建築家の始祖である張永和を代表として、広大な国土のあちこちで展開される中国人建築家たちによる独立独歩の実践が目立つようになってきたのです。そして現在では、2012年にプリツカー賞を受賞した王澍、グローバルに活動を展開する馬岩松（MADアーキテクツ）、あるいは2010年のアガ・カーン賞を受賞し

た李暁東といった国際的にも知名度のある建築家も出てきました。

　ド派手な巨大建築をつくる外国人スター建築家と設計院から、中国の自然環境や社会状況を読み解きながら設計に向かう中国人アトリエ建築家へ。中国当代建築の主役は、2000年代なかばを切断線として、このように変化していると言えるでしょう。そして現在、中国の現代建築は、ようやく世界建築に合流しつつあるのです。

　いま活躍している中国人建築家を世代的に見てみると、1950年代後半生まれの張永和や劉家琨らが最年長にあたり、馬岩松らの若手世代が1970・80年代生まれです。つまり、その世代的広がりはあまり大きくありません。これは、文化大革命（1966-1976）のときに大学機能がストップして、建築教育の流れが一度途絶えてしまっているためです。

　世代的な広がりがないため、中国当代建築の建築家のあいだには師弟関係のようなものがなく、お互いの影響関係がさほど強くありません。各人は自由にみずからの作風を展開しており、それゆえに彼らの建築スタイルはかなりバラバラで、2000年代には薄さや軽さや透明性といった特徴を志向していた日本の現代建築のような「主流」が存在しません。

　しかし、かように離散的な中国人建築家たち、その根底には共通する問題意識を抱えているようなのです。すなわち、「中国的なるもの」に対するつよい関心です。古典的な意味での伝統であったり、あるいは各地域の環境的特徴であったり、その着眼点は建築家それぞれで異なりますが、いずれにせよ、そうした「中国的なるもの」をいかにして建築に含ませるかということが、多くの建築家にとって大事なテーマとなっている。外国人建築家への依存から脱却し、自国の文化的伝統にふさわしい新しい現代建築をつくろうとする機運が高まっている、と言い換えることも可能でしょう。

　それは「伝統論争」が巻き起こった日本建築の1950年代にも似た問題意識です。戦後の日本が西洋のモダニズム建築を反芻しながら消化／昇華させていったプロセスを、現在の中国は歩み出しているのかもしれません。グローバル資本が大量に投下され、高速に都市化していく中国。建築家たちも大半が国外留学組です。諸外国とのコミュニケーションが活発化され、経済的・文化的格差が縮まってきた現在だからこそ、「中国的な現代建築」の創造がつよく求められはじめているのです。

　グローバリズムの進展と「中国的なるもの」の追究。中国当代建築はこの異なるふたつのベクトルが交錯する場所に位置づけられます。そして、その場所で建築家たちはどのような表現を展開しているのか。本書を読んで、それを感じ取ってもらえればと思います。

1993	個人営業の建築家事務所の設立が部分的に認められる
	張永和がアトリエ非常建築を設立する
1995	建築家の資格登録制度がはじまる
1998	中国国家大劇院の国際コンペが開催され、ポール・アンドリュー案が採用される
1999	北京でUIA大会。中国の若手アトリエ建築家をあつめた「実験建築展」が開催される
2001	WTO加入
2002	ヴェネチア建築ビエンナーレにて、《長城脚下公社》によってSOHO中国が「建築藝術促進賞」を受賞する
	レム・コールハースによる『大躍進』が刊行される
	中国中央電視台新社屋の国際コンペが開催され、OMA案が採用される
2003	北京国家体育場の国際コンペが開催され、HdM案が採用される
2006	馬岩松、《アブソルート・タワー》でカナダの国際コンペを勝利。中国人建築家としてはじめて国外での国際コンペで一等をとる
2008	四川大地震
	北京オリンピック
2010	李暁東、アガ・カーン賞を受賞する
	上海万博
2012	王澍、プリツカー賞を中国人建築家としてはじめて受賞する
	都市化率が50％を超える

19

Essay

循環的建造のポエティクス
自然のような新しい建築世界を創造するために

循環建造的詩意 建造一个与自然相似的世界
Poetics of Construction with Recycled Materials - A World Resembling the Nature

王澍＋陸文宇　WANG Shu + LU Wenyu

[初出]『時代建築』 2012年 第2期、同済大学建築・都市計画学院、第66-69頁
[翻訳] 市川紘司

　ここで訳出したのは、中国の建築雑誌『時代建築』に掲載された王澍氏と陸文宇氏によるテキストである。中国人建築家として初めてプリツカー賞を受賞した王澍氏の建築思想を伝える、最初の邦訳となろう。

　本テキストはとある講演会上にて語った内容を起こしたものである。それゆえ内容には若干の飛躍や重複も含まれているのだが、もともとが口語であるため、彼の建築思想が端的かつ簡潔に示されてもいる。ここで述べられているとおり、中国の伝統建築の特質を〈循環的建造〉という手法に見定め、建築を自然事物や詩歌と不可分な存在と見做し、ともすれば建築物それ自体よりもその周囲に広がるランドスケープをこそ重視することが、王澍氏の建築思想の核である。建築と自然を〈対話〉させること。あるいは建築を自然の一部に組み込んでしまうこと。《寧波博物館》に代表される古建築の廃材をパッチワーク状に積み上げる彼一流の手法も、こうした基本姿勢から理解されるだろう。

　また、本テキストを読めば、王澍氏が現行の中国建築・都市に対してきわめて批判的な姿勢を取っていることも分かるはずだ。グローバリズムや都市化といった〈状況〉に並走することが建築家の責務として認識されて久しいが、王澍氏はむしろ積極的にそういった〈状況〉に背を向けている。それは彼が、建築をつくるという行為が、ひとつの〈世界〉を創造するに値するのだと考えているからに他ならない。現実世界とは別個の新しい世界を創造することが、彼の建築に託されたテーマなのである。こうしたアイデアはいかにも中国の知識人〈文人〉的であるし、その思想の是非は慎重に問われていく必要があるが、近年停滞気味の建築と都市に関する議論を再活性化する契機を担っている点だけは間違いがない。王澍氏がプリツカー賞を受賞した意味はおそらくここにある。

ワン・シュウ WANG Shu
1963年新疆生まれ。中国美術学院建築芸術学院学院長、教授。1985年南京工学院(現 東南大学)建築系を卒業。1988年南京大学建築研究所にて修士号、2000年には上海同済大学にて博士号を取得後、中国美術学院にて教職に就く。1997年、陸文宇（中国美術学院建築芸術学院副教授）とともに「アマチュア・アーキテクチュア・スタジオ」を設立。2012年、プリツカー賞を受賞。主要作品に《蘇州大学文正図書館》(2000)、《寧波美術館》(2005)、《中国美術学院象山キャンパス》(2007)、《寧波博物館》(2008)、《南宋御街陳列館》(2009)など。

1

中国伝統建築における〈自然〉的な建造システム

　数年来、我々は西洋諸国の数多くの建築学院でレクチャーを行なってきたが、そこで最も多くテーマとしたのは「いかにして〈自然の道〉（訳注：老子）に立ち戻るか」ということであった。このテーマに対して、中国では伝統的に幾つかの基本的な理解がある。すなわち、自然は人間よりもすぐれた事物を体現する、自然は人類の師であり、生徒（人類）は師（自然）に対して慎み深い態度を取らねばならない、自然は道徳規範と直接関係しているのだから、人間のする行いよりもより高い位置にある、といったものだ。

　〈自然の道〉を追い求めること、あるいは〈自然の道〉に符合するような方式によって生活すること。これは中国とアジアがかつて共有していた価値観であり、建築手法であっただろう。いま次第に強大化しつつあるようであるところのアジア諸国、とくに中国は、伝統都市が崩壊する危機を迎えることで、社会（ソサイエティ）と生態（エコロジー）の厳しい危機に直面している。こうした状況下では、伝統都市や農村、園林建築に対する価値観が再評価される必要がある。それとともに、社会の大規模な変化が我々人間と環境との関係性に与える影響についても、新しい解釈が必要とされているのである。

　いずれにしても、我々は建築や都市、生産や建造について考える前に、まず自然に向かう態度を反省すべきであろう。自然を人間のつくる建築や都市よりももっと重要だと見なす思考法を、我々は改めて樹立する必要がある。中国伝統の〈建造のポエティクス〉は、まさにこうした思考法から生まれ出てきた。そしてそれは〈建築中心主義〉的な現代建築の思考法とは根本的に異なっている。

　かつての中国は、この〈建造のポエティクス〉が都市と農村にあまねく行き渡る国家であった。しかしまさに今、タイムマシンによって押し潰されたような高速の発展を経験している。30年前であれば、上で我々が述べた〈自然〉への適応を追い求めるというあの共有されていた価値観と建築思想、そして建設のシステムは、すでに相当程度損なわれてはいたもののまだ大体が存在していた。しかし我々は、西洋社会の200年で生じたことをこの30年のうちに経験することで、考える暇をまったく与えられないうちに、かつて中国全土を覆っていた自然景観（ランドスケープ）と建築と都市からなる秩序を、ほとんど完全に失ってしまったのである。かろうじて残存する部分も散り散りであり、それをひとつの完成された〈ポエティクス〉の秩序としてふたたび呼び表すことは、ほぼ不可能であろう。したがって、もし我々がいま自然と建築と都市を不可分と捉えるような秩序の価値について意識を向けることができたならば、そしてもし、それを現在の一般的な建築観以上の高い道徳と価値を表現するものとして考えることができたならば、我々はこの変化してしまった現実のなかで、こうした秩序の現代版を新たに創建する必要がある。

　しかし、かような中国建築の伝統文化を、西洋のそれと完全に異なるものだと想定しては誤解である。我々の考えでは、この両者のあいだには幾つかの細かな差異が横たわっているに過ぎない。しかしこの差異がおそらく決定的なのである。西洋において建築は自然に立ち向かう独立したポジションにあった。しかし中国の伝統文化においては、建築とは、山水や自然のなかの軽視されるべき副次的な存在でしかない。換言すれば、中国文化のなかでは自然は建築よりもずっと重要であり、また建築は〈人工の自然物〉のような存在なのである。自然から絶え間なく学び、人の生活を自然的状態に接近させることが、中国の人文世界の理想であった。この理想は中国建築の幾つかの特性を決定づけた。すなわち地形のなかで一種慎み深い姿態を好んで選択すること、建設方法におけるあらゆる関心を、人間社会で固定される永遠性にではなく、つねに変移する自然を追随することへと向けること、といった特性である。あるいはその建築の歴史のなかで、つねに自覚的に自然材料を用いてきたり、でき得るかぎり自然を破壊しない建設方法を試みてきたり、材料を反復、循環、代替させながら使用してきたことも、この理想から理由が説明され得るだろう。

　たとえば、取り壊された一棟の住居から、我々

はしばしば1000年にも及ぶ材料の累積を発見することができる。このことは人々にイタロ・カルヴィーノの『新たな千年紀のための6つのメモ』を想起させるだろう。いかなる視野が1000年もの展望を可能にするだろう？ カルヴィーノはルネサンスから書き起こしている。いわゆる1000年とは、過去の500年と未来の500年に関する思考だ。ある材料を反復して用いることは、節約という考えからのみ発想されたわけではない。実際のところ我々がこの方式から読み取ったのは、ひとつの信念である。それは、人間は自然的系統と非常に近い秩序を作り上げることができるのだという信念である。こうしたことが歴史的な住居からはっきりと示されている。そしてさらに、我々が格別に愛好する中国園林の制作のなかでは、このような思想は農村と山林の生活に対する憧れから生まれ出て、ついには自然事物を心で謳い上げるような、より複雑で精緻な状態にまで発展されている。園林とは自然を模倣するものというよりも、その法則を学習し、ロゴス（知性）とポエティクス（詩情）によって変質させ、建築という方法を用いて自然と主体的かつ積極的に対話するような、半人工・半自然の事物なのである。こうした中国園林のなかでは、都市や建築や自然といった観念は詩歌や絵画と不可分であり、分類しがたい密接な状態で存在する。対照的に西洋伝統の建築文化においては、自然は建築とは簡単明瞭に区分されたうえで、人に愛でられたり危険だと捉えられたりされる存在となろう。

また、伝統的な中国建築は、あらかじめ部材を制作し、それを素早く組み立てるという一種のプレハブ的建造システムを採用してきた。このとき材料は土、木、レンガ、石といった自然材料である。ゆえに素早く建設するのに便利であったばかりでなく、繰り返し改造したり部分的に更新したりすることにも適していた。つまり建築全体の構成は不変のまま、部材は低廉なものから高価なものまで、もしくは曲がったり細かったりするものから真っ直ぐで加工された巨大なものまで、適宜用いることができたのである。〈反復・更新〉を可能とするこのシステムによって、伝統建築はしばしばその建造年代を特定することが非常に難しいほどである。そ

れは建造年代に関する一種の迷宮である。〈浅い基礎〉はこうした建造システムの別の特徴であり、これによって建設行為が土地に対して与える破壊を軽減させている。また、この建造システムは空間単位を基本に構築される成長のシステムでもある。ゆえに建築はいかなるスケールにも成長することが可能である。そして当地の材料を用いることも基本的な建造の原則である。この原則が伝統建築の材料のうえでの豊かな差異性を生んだ。こうした建築における〈自然の追求〉は、装飾や構造に体現されるだけでなく、建築の配置や空間構成を地理的条件に適合させ、調整する点にも体現されており、さらにはあらゆる生活世界を形づくるすべてのプロセスのなかで自然事物をある種の建築や都市の構成要素として転換させる点にも体現されている。〈自然の道〉に対する理解に依拠し、古くから人々は、建築と都市のなかでさまざまな自然的地形をつくり出してきたのである。

この建造システムのなかで、文人（知識人）は原理原則を指示し、職人（工匠）は具体的な建造に関する研究について責任を負った。文人は中国の伝統文化における哲学者であるが、彼らは建築家として職人とも協働したのである。しかし中国建築の今日の現実のなかでは、西洋的教育を受けた建築家はもはや現場と無関係に仕事を進め、現場労働者たちとのコミュニケーションは非常に少ないものとなっている。そして職人の仕事も現場で図面どおりにコンクリートを流し込むだけで、材料と建築を研究する機会をほとんど有していない。こうした現行のやり方は〈自然〉を追求する伝統的な建造システムを終焉に追いやってしまった。ゆえに中国現代建築がもしその〈自然〉的な建造システムを再建しようと願うならば、苦渋に満ちる努力が求められるだろう。

2
伝統の再造と建築家の現場への帰還

我々が〈中国固有の当代建築（中国本土的当代建築）〉を模索しているのは、世界が単一的な存在であるとはまったく考えていないからである。

伝統建築が事実上全面的に崩壊している現

実に直面し、我々がいっそう注意を払わなければならないのは、この中国では生活の価値に関する主体的な判断能力がまさに今失われつつあることである。それゆえ我々の仕事の領域は、新しい建築を模索する点にのみあるわけではなく、自然と山水のポエティクスに満ち溢れたかつての生活世界全体の再建にこそある。ここで西洋建築を参照とすることは不可避であろう。今日の中国建築のすべての建造システムはすでに完全に西洋のそれに倣っているのだから。たとえば巨大建築や高層建築の建設、あるいは都市の複雑な交通システムやインフラストラクチュアの建設など、都市化問題が直面する数多くの問題は、中国の伝統建築によっては自然消化できない。より広範で自由な視野が必要とされている。たとえばスケール変更の必要性から、我々は西洋の現代建築を越え出てルネサンス建築をも形式上参照し得るかもしれない。

今日のこの世界では、中国にしろ西洋にしろ自身の世界観を批判し、反省することが求められている。現実のみに依拠してしまっては、我々は未来の建築学を発展させることについてネガティブな考え方しか持てないだろう。我々は、建築学は自然的に変化発展する状態に戻るべきだと考えている。すでに革命や突然変異は充分すぎるほどに経験した。中国建築も西洋建築もその伝統はすべてエコロジカルなものであろう。ひるがえって今日でも、東洋と西洋というイデオロギーのちがいを問わず、最も普遍的な問題はエコロジーに関する問題である。建築学は改めて伝統から学ぶ必要があるはずだ。

このことは、今日の中国では、農村から学ばなければならないということを意味する。学ぶべきは建築の思想や建て方だけでなく、建築と自然世界を深く交わらせるような生活方式である。こうした生活の価値が中国で貶められてすでに一世紀が経ってしまった。我々の視界のなかにある未来の新しい建築学では、都市と建築と自然は、詩歌や絵画などとともに渾然一体とした総合的状態にある。さらに形而上学的な文人の思考も、職人の建設の問題と分離されることはない。西洋の現代建築の建造方式はすでに今日の中国の事実であり、我々は伝統的な材料の使用や建造方式を現代のテクノロジーと結び合わせる方法を考えざるを得ないから、重要となるのは、こうした現代の建造プロセスのなかで伝統技術を進化させることである。我々がRC造や鉄骨造のシステムのなかで手作業からなる工芸を大量に使用するのはこれゆえである。優れた技芸が職人の手のなかでマスターされてこそ伝統は活きる。伝統がもし実際に使用されず、形式的な模倣しかされないならば、それはやはり死んで消えてしまうだろう。そして、伝統が一旦死んでしまえば、我々に未来はあるまい。

そのための苦難に満ちた努力は根底から起こしていかねばならない。我々が主宰する〈アマチュア・アーキテクチュア・スタジオ（業余建築工作室）〉の基本原則は〈自然に立ち戻ること〉である。そしてまずは〈建設の現場〉へ立ち戻る方針を守っている。中国の伝統的な建設活動においては大量の原生の材料を用いるから、材料と工芸に対する充分な理解は不可欠である。材料は建設活動のなかでもっとも重要な要素なのだ。今日の中国では建設プロセス上の慣習や耐震構造の法規が強調されているため、コンクリートによる建造方式は短期間のうちには改変しがたい。そのためこの建造方式のなかでいかにして自然の材料を混合的に使用するかが我々の仕事のポイントとなっている。我々のスタジオの建築家はしばしば自らも建設の実験に参加するが、これは現在の中国では非常に珍しいことである。アマチュア・アーキテクチュア・スタジオは我々が教える建築学校（中国美術学院）からは独立した存在だけれども、その思想と仕事の方式は、必然的に大学教育と密接に関連している。我々は教育上のアイデアや手法もリードしているのである。

3
《中国美術学院象山キャンパス》に込められた4つの意図

2001年から2007年のあいだ、我々は以上で述べた思考を実験する機会を杭州で得た。アマチュア・アーキテクチュア・スタジオは中国美術学

院の新キャンパス計画のコンペに勝利したことで、その全体計画から個々の建築設計、そしてランドスケープデザインまでを含むすべての仕事を任せられたのである。敷地は800ムー（12km²）であり、その真ん中には高さ50m超の小山がそびえている。この小山は〈象山〉と呼ばれ、西から東へと延びる巨大な山脈の終着点である。中国の伝統的な都市と建築における自然地理に関する考え方からすれば、敷地の選択は大まかな地勢とより微地的な構成の双方から考えねばならないが、こうした点から見て、この敷地はほとんど理想的であり、ひとつのユートピアを実現するには充分であった。800ムーもの敷地のなかで、15万m²を超す建築を有する大学キャンパスである。これは〈自然の道〉に合致する理想都市のためのほとんど理想的な用地であろう。

《中国美術学院象山キャンパス》の全体構成のなかでは、幾つもの思考が並行して進められた。まず第一の意図として大局的な点を言えば、《象山キャンパス》は杭州という都市が有する伝統的な構成が再解釈してつくられている。中国都市史における杭州の重要性は、それが中国の〈景観都市〉の原型であるという点に存在する。杭州全体は、湖と山からなるランドスケープと都市・建築を半分半分にするというアイデアによって構成されている。杭州のこの都市的アイデアは10世紀にはすでに形成されており、山水画のなかに似たようなモデルが誕生するのに2世紀ほど先んじてさえいる。中国の数多くの歴史都市はこの原型を参照して建造されており、北京の紫禁城でさえそうである。清代の皇帝は北京をより杭州に似せるため、杭州を完全にモデルとして巨大な頤和園を西郊外に建造した。

この都市モデルのなかでは、湖山のランドスケープは都市構成のなかで中心的な地位を占めている。今日の都市からすればこのモデルは、ある種の〈反都市・反建築〉としての都市モデルであろう。何物も自然や土地や植物の守護からは超え出ていない。都市と建築は、山水の成長や広がりに従わなければならない。そして都市は政治や社会構造に関連する権力ヒエラルキーの表現として

あるわけではなく、連続した絵巻物のなかで繰り広げられているような、山水のなかで漫遊する生活のポエティクスに従うものとしてあるのだ。

第二の意図は、自然の地形を整理することにある。杭州の中心としての西湖にしろ、その周囲の山脈にしろ、それらのなかには地形の再造が大量に存在しており、とくに水利工事として作られる堤防を特徴とする地形の再造には、人びとの〈自然の道〉に対する理解が体現されている。《象山キャンパス》のなかの堤防、河、池、水路や小さく分割された農地からなるランドスケープの構成は、我々の眼のなかでは建築以上に重要でさえある。これらなしでは我々の建築は根無し草と同じようなものだからである。

第三の意図は、そのランドスケープの構成をいかに微視的な建築の場所に融合させるかという点にある。こうした融合状態を求める思考は建築に根本的な差異を生じさせるだろう。こうしたノンヒエラルキカルな考え方は、本質的には、建築的場所の構成を小さな単位から始め、紆余曲折のなかでひとつひとつ徐々に形成させることを意味する。

人間の視覚と思考は遠くまで延び得るが、身体が接触し感知できる領域は限定されている。宋時代の詩人は杭州の特性を非常に美しく描写している。この都市は〈1000枚の扇面（=美しい風景）〉から構成される、と言うのだ。それぞれ似ているようで似ていないひとつひとつの風景のなかで、我々がおこなう喫茶や雑談や仕事といったアクティビティは明確に隔たれつつ、しかし同時に照応してもいる。我々はひとつひとつの小さな〈世界〉のなかで風景を平静な気持ちで眺めるとき、自然をつねに撫で、観察する第一の対象としているのである。我々はこの視覚と身体の感覚をしばしば軽視しがちである。そしてまた、こうした感覚が建築という物質的空間や、より小さな家具にも似た空間を経て生じるものであるということも軽視されがちなのである。建築を、この自然を撫で、眺めるというプロセスのなかに加入させること。あるいは建築を方位、角度、時間、速度、趨勢、数学、測量、匂い、空気の流動や皮膚の感覚、音、温度、手触り、足触り、雰囲気、重さ、

アマチュア・アーキテクチュア・スタジオ《中国美術学院象山キャンパス第二期(11-21棟)》杭州, 2007 全体配置図
図版提供=アマチュア・アーキテクチュア・スタジオ

精確さや曖昧さ、完全さと不完全さ、完成と未完成、微笑と厳粛といった〈非物語的物語〉のヒントとして扱うこと。建築をこうした状態にすることが、《象山キャンパス》の性格とつくられ方を決定している。象山に比べれば建築は二の次である。建築のひとつひとつを通過するとき最も感動的であるのは象山の見え方が変化することにある。建築と建築の関係性はこの目的から決定づけられた。

　第四の考慮は、建築のスケールと空間の状態に関するものである。伝統建築と園林は、実物であれ絵画に描かれたものであれ、一般的にはすべて一階建てか二階建てであり、そのスケールは現代建築よりも明らかに小さい。他方で、現代の中国では人口の急増から建築を巨大化させねばならないから、スケールに関する問題はつねに中国の建築家を悩ましている。成功した事例はとても少ない。我々が非常に敬愛する建築家に馮紀忠がいるが、彼が上海郊外に設計した《松江方塔園》は地方の伝統建築を現代的建築言語によって塗り替える20世紀中国の最も重要な新建築であるものの、やはりスケールの点では伝統の方に寄ってしまっている。

　我々は《象山キャンパス》では、〈湖山半分、都市半分〉のモデルを用いて群体として連なる建築を敷地の南北境界に圧縮することにより、建築と〈象山〉のあいだに対等な対話の関係性を形成した。こうして建築は山のような事物へと変化する。つまり建築のスケールはまず山との対話関係のなかから決定されたわけだが、しかしこの〈対話〉はさらに建築と建築のあいだにも、そして建築内部にも発展していく。異なるスケール間のより細やかな対話関係を形成させたのである。たとえばある建築内部に別の建築を挿入すれば、それらは大小という階層的関係ではなく、完全に平等な関係であり、あるいは中庭と園林という異なる類型を併置するような関係になっている。これはスケールの討究であるのみならず、スケールに関するある種のストーリーを物語ることでもある。

アマチュア・アーキテクチュア・スタジオ《中国美術学院象山キャンパス第二期》杭州, 2007
自然ランドスケープと一体化するように計画された大学キャンパス。20棟におよぶ校舎はすべて王澍の手によって設計されている。
ゆるやかにカーブする屋根や古材が積まれた外壁、王澍のデザインボキャブラリーがふんだんに用いられた
撮影=呂恒中
図版提供=アマチュア・アーキテクチュア・スタジオ

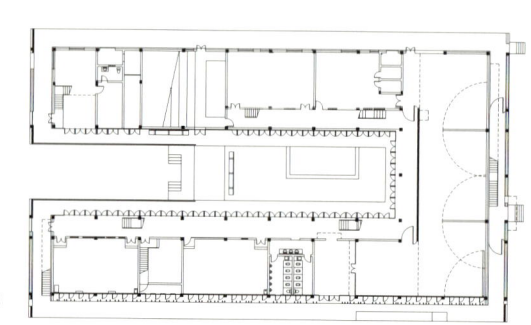

平面図 SCALE=1:1,000

断面図 SCALE=1:500

4

1000年の時間が混在された建築

さて、この〈対話〉は形体にかぎったものではなく、自然材料の対話であったり、人の視野の対話であったり、空気の流動の対話であったりもする。こうした考え方は、建築を一種の活きた自然事物と見なすものである。いわゆる自然的材料とは、空気のなかで呼吸する材料という意味であったり、あるいはすでに長期間使用されたのち回収された材料という意味であったりする。これは中国の目下の現実のなかで必ず向かい合うべき問題であろう。数多くの伝統建築が取り壊され、大量のレンガや瓦や石材が勝手気ままに処理されてしまっているのだから。現代の建築家であればこの現実に対して応答せねばならないはずだと、我々は考えている。

《象山キャンパス》では、我々は700万個を越える回収されたレンガ、瓦、石、陶器の欠片を使用し、それらをコンクリートと結合させながら積み上げる技術を発展的につくり上げた。私はこのつくり方を〈時間との交易〉と呼んでいる。この建築は完成してすぐにすでに数十年、数百年の歴史を包含している。この手法は我々がこのキャンパスのある地域一帯の建築を調査したときに生まれた。この地域では夏季には台風が多いため、建築は倒されたのち素早く建て直される必要があり、崩れたレンガや瓦を精確に分類する時間などないため、職人たちは〈瓦片(瓦の破片)〉と呼ばれるこの手法を発展させていたのである。我々はかつて、4m²の一枚の壁面に80種類を超す様々な材料の破片が異なったサイズで積み上げられているのを発見したことがある。破片は積み上げられた壁体のなかでいかなる無駄も生じてはいなかった。これらのレンガや瓦は異なった年代につくられている。あるいは1000年も昔のものもあった。私が〈循環的建造〉と呼ぶ自然材料を対話させる建造システムは、ずっと伝統のなかにあったことをこの壁は教えてくれたのだ。そして職人たちは、長い年月をかけ、この実用的手法を徐々に精美な技芸にまで発展させていたのである。

しかしこの地域の現在の職人たちは、この手法について大まかに知っているだけで、すでに〈瓦片〉による壁体をふたたび制作する機会をほとんど失っていた。いかにしてコンクリートと結合し得るのかについても、彼らは試したことがなかった。それゆえ私は2003年から一組の職人たちと杭州にて研究をはじめ、《象山キャンパス》の施工現場で繰り返し実験を行い、そのテストが20回を数えたのち大規模な建造にまで展開させた。我々が〈厚い壁と厚い屋根(厚壁厚頂)〉と呼んだこの建築の建造方法は、施工は簡単で費用を低く抑えることができ、他方では人工空調の使用を効果的に減少させている。

こうした新しいつくり方は大量の未知の問題を生じさせるから、建築家は必ず現場にぴったり張り付き、適宜その方法を改善せねばならない。こうして建築家は、職人と非常に深いコミュニケーションを取り、真の意味で材料とつくり方を理解し、彼らとのあいだにある種の相互指導の関係を築くチャンスを得るのである。これによって施工プロセスはある種手を動かして絵画を描くようなものとなり、このことは建築を、昨今の専門化した建築学の操作からでは得がたいような生き生きとした

アマチュア・アーキテクチュア・スタジオ
《中国美術学院象山キャンパス第二期》の壁面詳細
撮影=市川紘司

アマチュア・アーキテクチュア・スタジオ《五散房》寧波、2005
都市新区内にある公園に設計されたパヴィリオン。
形状の異なる5つの建物が東屋のように公園内に点在することで、風景を異化させる
撮影=朗水龍

循環的建造のポエティクス 自然のような新しい建築世界を創造するために Poetics of Construction with Recycled Materials - A World Resembling the Nature

王澍+陸文宇 WANG Shu + LU Wenyu

状態へと導くだろう。また、幾百人の職人たちとともに仕事をするということは、建築を、ある建築家の大脳から生まれ出たものとしてではなく、多くの人の手の接触と労働から生まれ出たものにするだろう。このとき建築は、建築家の設計を超え、ある種の〈人類学的事実〉に変質するのである。打ち捨てられた廃材は職人たちの手を通じて尊厳を取り戻し、そして現代の施工現場において使い物にならなかった伝統職人もまたその尊厳を回復するのである。

もし中国の現況のように、伝統が博物館に納められた物をしか意味しないのならば、伝統は実際にはすでに死んでいると我々は思う。伝統は職人の手のなかでのみ活きる。現代の建築家に求められるのは、職人たちと彼らが得意とする自然材料の処理が現代テクノロジーと共存できるような機会を維持させ、さらにはより推し広めるような建築学を展開することであろう。ここではじめて、我々は伝統がまだ生きているのだと言える。

我々の建築学校にとって、アマチュア・アーキテクチュア・スタジオによる《象山キャンパス》は、単にキャンパスの建設（建築学院の建築物を含む）であると同時に、ひとつの教師養成のプロセスでもあった。多くの青年教師たちが我々のスタジオでこの実験的な設計のすべてのプロセスを学んだ。ある者は詳細な施工図設計を完璧に完成できるようになったし、各種材料の使い方を試す実験を行ったり、エンジニアや職人と協働した。我々の影響下で、アマチュア・アーキテクチュア・スタジオの助手たちはみな一定の現場研究とセルフビルドの能力を備えている。2006年に我々はヴェネチア建築ビエンナーレにおける最初の中国館の設計とセルフビルドを担当したが、ここでは13日間かけて、6名の建築家と《象山キャンパス》の3名の職人が、5,000本の竹と6万枚の回収された中国伝統の瓦を用いることで、700㎡の建築が建造された。観覧者はこの建築の上面を気ままに遊覧することができる。我々はこれを《瓦園》と呼んでいる。こうした建築をつくり得る能力を備えた建築家こそ、あるいは我々が述べるところの〈哲匠（高度な技術を持った文人）〉なのかもしれない。

5
失われた記憶と新しいランドスケープの創造

《象山キャンパス》には全国各地から人々がやって来たが、感動しない者はほとんどいないようだった。けれど我々がよく聞いた評価は以下のようなものである。これは普通には実現不可能な夢想みたいなものだ。芸術学院のキャンパスのなかにだけ実現できるものだ。キャンパスの外の今日の中国はこれを受け入れることはできないだろう。だからこれは徹底的にユートピアなのである。

我々は、ここ数年にわたって、中国の建築に向けてひとつの議題を提起している。すなわち、〈中

アマチュア・アーキテクチュア・スタジオ《中国美術学院象山キャンパス第二期(11棟)》杭州, 2007
左頁:外観 右頁:内観
撮影=呂恒中
図版提供=アマチュア・アーキテクチュア・スタジオ

循環的建造のポエティクス 自然のような新しい建築世界を創造するために　Poetics of Construction with Recycled Materials - A World Resembling the Nature　王澍+陸文宇　WANG Shu + LU Wenyu

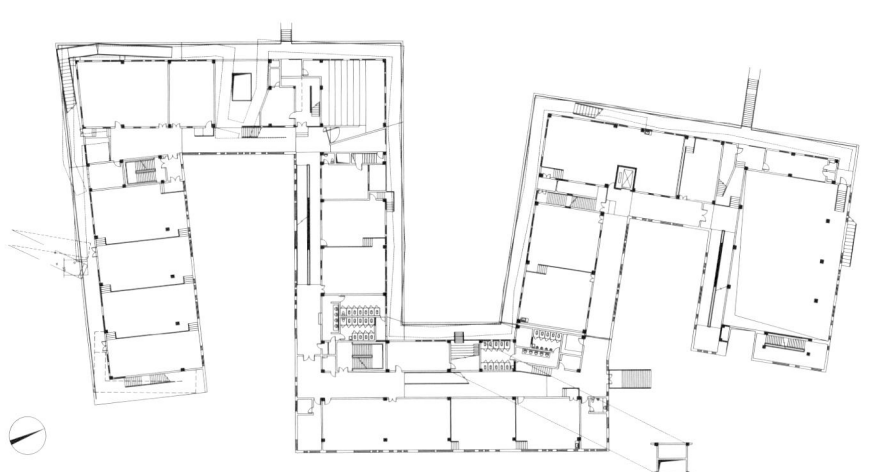

1階平面図　SCALE=1:1,200

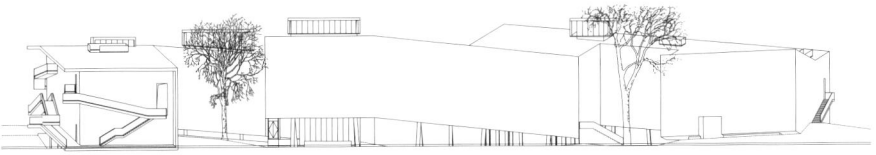

東立面図　SCALE=1:1,200

西立面図　SCALE=1:1,200

Essay

国固有の当代建築〉を再建することは可能だろうか？ その基本的な考え方と原型は地方性を基礎とするものであり、国家主義的な空虚な象徴を基礎とするものではない。もし《象山キャンパス》の実験が芸術学院の内側のみに限定されるならば、この議題は非常にアカデミックなものでしかないだろう。ゆえに真正の現実に接触し、チャレンジしなければなるまい。

　知っている人は少ないだろうが、《象山キャンパス》の第一期工事がまだ終わっていない2003年に、アマチュア・アーキテクチュア・スタジオは《寧波博物館》の設計も開始していた。これはプロセスが異常に複雑なプロジェクトで、二度のコンペが立て続けに行われ、2004年にようやく設計案が確定したのち、クライアントは我々の設計案に対して異議をずっと唱え続けた。我々の仕事に対して信用が置けなかったのである。しかし我々から言わせれば、クライアントの問題は決して大きなものでなかった。問題であったのは、この《寧波博物館》が建設される都市の新しい中心区には、もともと30個の村落があったのだが、すでにそれらが取り壊され、半分しか残っていないことだった。この地方は数年前まではまだ豊富な伝統建築を有していた。とくに〈瓦爿〉のような優れた組積の技芸がまだあったのである。しかし突然ほとんど何の記憶も持たない場所へと変質してしまった。都市計画はこの中心区を異常にだだっ広く取り、24mの高さ制限が掛けられた建築を150m以上の間隔で並べている。これが意味するのは、この場所においては建築間に都市の肌理やコンテクストが存在しないということ、そして博物館は自身が都市文化のなかで占める位置を探し当てがたいために、中身の空っぽな巨大な記念物となってしまうことであった。

　我々はこの建築をひとつの山のように見立てて設計した。もし実際に存在する事物にコンテクストとして依拠できないならば、我々は自然に戻って探せばいい。この地域はかつて豊かな山水画の伝統があったから、こうしたやり方は美術史的にも関連するのである。同時に、我々はこの建築をひとつの村落のように設計した。この建築の上部で裂けたボリュームは山と村落というふたつの印象を混

アマチュア・アーキテクチュア・スタジオ《寧波博物館》寧波, 2008
都市新区の中心につくられた寧波市の歴史を展示する博物館。周辺環境に立ち向かう「要塞」のような建築である。外壁には、都市新区の建設時に取り壊された老住宅のマテリアルが再利用されている

左頁上：屋上　左頁下：全景
撮影＝市川紘司
右頁上：中庭　右頁下：1階エントランスホール
撮影＝呂恒中

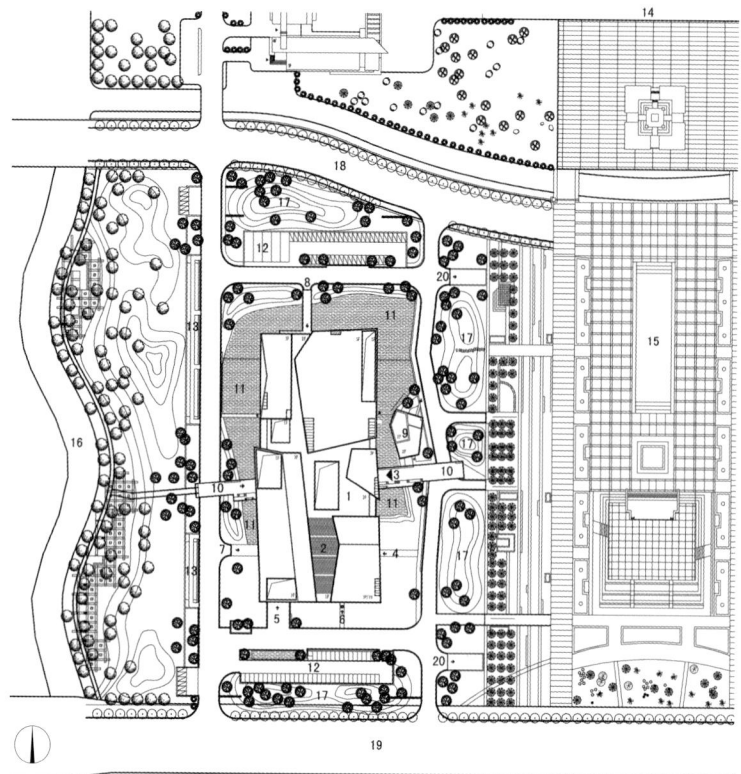

配置図

在させている。また、我々はこの建築の皮膜を一種の物質的記憶と見立てて設計をした。外壁には〈瓦片〉が大量に使用されている。この材料は撤去された村落から回収したものである。我々はこの建築を異なる種類の物質・材料の〈対話〉として設計した。旧いレンガや瓦、石や陶器の欠片を用いる技芸はこの地域の伝統建築を出自とするものであり、この〈瓦片〉と対話するコンクリートの壁は竹による特殊な型枠で打たれていることで、自然のような繊細な状態が生み出されている。こうした作り方は職人とともに現場での大量の実験を行なう必要があった。我々と彼らはすでに長年にわたって仕事を協働してきていたが、竹の特殊な型枠にコンクリートを流し込むための実験だけは20度もの失敗を経験した。結果的にはこうした実験精神と技術に対する厳しい試行錯誤が、我々にクライアントからのいかなる保留もない信頼を与えた。都市の中心部における大型公共事業として、《寧波博物館》は《象山キャンパス》よりもかなり厳格な政府審査を受ける必要があったが、〈瓦片〉や竹型枠コンクリートのような技術は建築法規のなかでは検査基準がないため、テストを繰り返して政府組織の専門家委員会による許諾を得る必要があり、もしクライアントの決断と信頼が無ければ、どの技術も実行できなかっただろう。

建築家はクライアントから信頼を得るだけでなく、そのゆるぎない文化的自信を伝え、彼らに文化的探索とその価値が重要であるという認識を共有させる必要がある。感動的なのは博物館の竣工後であった。もともとの想定では一日の参観者は3,000人以下であったが、開館初日を迎えると、毎日10,000人を越える人々が参観に訪れたのである。周辺に住む多くの人々は幾度となく訪れていた。彼らの多くは展示物ではなくこの建築物を見に来ているらしかった。我々は幾人かの市民にその理由を尋ねたのだが、どうやら彼らは、すでに撤去されてしまった故郷と自分たちとの関係をここで新たに見つけ出したようである。彼らはここに

やって来て記憶を探しているのだ。そして人々は《寧波博物館》の屋上に立ち、その裂けたボリュームの谷間を通りぬけ、視線を〈瓦爿〉と竹型枠によるコンクリートからなる壁上に滑らせて、遠く離れた今まさに建設中の新しいCBD地区（訳注：《寧波博物館》の南に位置し、多くの村落を取り壊したうえで開発されている業務中心区）を眺めている。そこでは100棟以上の超高層建築が建設中であり、〈小マンハッタン〉などと呼ばれていた。

我々はそのうちのひとつとして設計することを拒んだ。

もし誰かが中国建築の未来の発展はどんな趨勢だろうかと尋ねたとしても、今日の中国の現実のなかでは回答することが非常に困難な問題である。我々はある種の狂気と、視覚的な物珍しさと、メディア・スターと、ファッションが先導する社会状態のなかに在る。こうした過熱する気違いじみた状況では、文化的自信を喪失するにしたがい、〈文化的健忘症（文化失憶症）〉がもたらす恐さと軽率さ、そして成り金の空虚なプライドの誇張が混在してしまっている。しかし、我々の仕事の信念が存在するのは、こうした世界とは別の平静な世界が存在していることを信じる地点である。その平静な世界は、これまで一度たりとも消失したことなどなく、ただ今は一時的に影に隠れているに過ぎない。我々が信じるのは、都市と農村の区別を越えるような、建築とランドスケープを貫通するような、専門と非専門の境界を貫通するような、建造行為と自然の関係を強調するような新しい建築的実践が、必ず将来には建築学に一種の根源的な変化をもたらす、ということである。今まさに建築学は、伝統的な意味でのランドスケープからそれを現代的な考えへとアップデートする必要を悟るプロセスのうえにある。建築に対するある種奥深い思索が乏しいなか、こうした思考こそが、新しい考え方と手法を振興させるだろう。

《象山キャンパス》が完成したばかりのころ、一人の友人と、キャンパスの建築のポーチから象山を観ていたときのことを我々は覚えている。「この山はいつ出現したのだ？」とその友人は聞いてきた。我々はしばらくのあいだ答えることができなかった。答えを言ったのは友人であった。「この山は、あなたたちの建築が完成して、ようやく出現したのだ」。

アマチュア・アーキテクチュア・スタジオ《寧波博物館》寧波, 2008
図版提供＝アマチュア・アーキテクチュア・スタジオ（左右頁ともに）

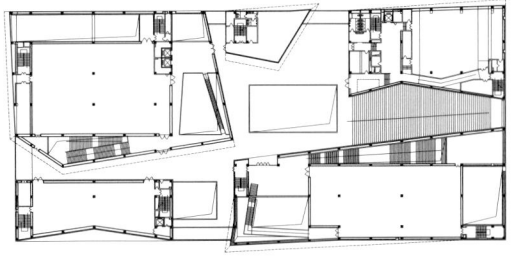

3階平面図

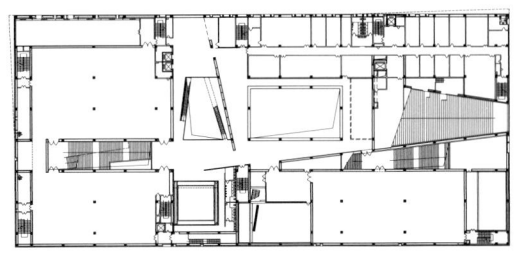

2階平面図

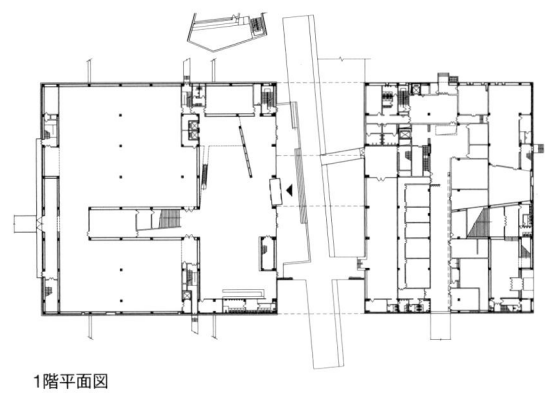

1階平面図

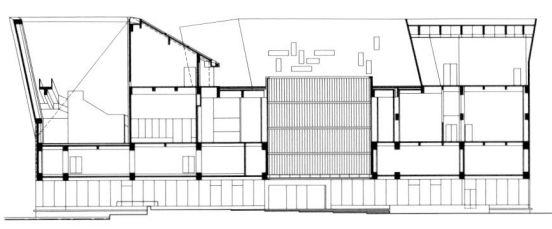

長手断面図

アマチュア・アーキテクチュア・スタジオ《寧波博物館》寧波, 2008
本頁：断面詳細図
図版提供＝アマチュア・アーキテクチュア・スタジオ
右頁：ファサード
撮影＝呂恒中

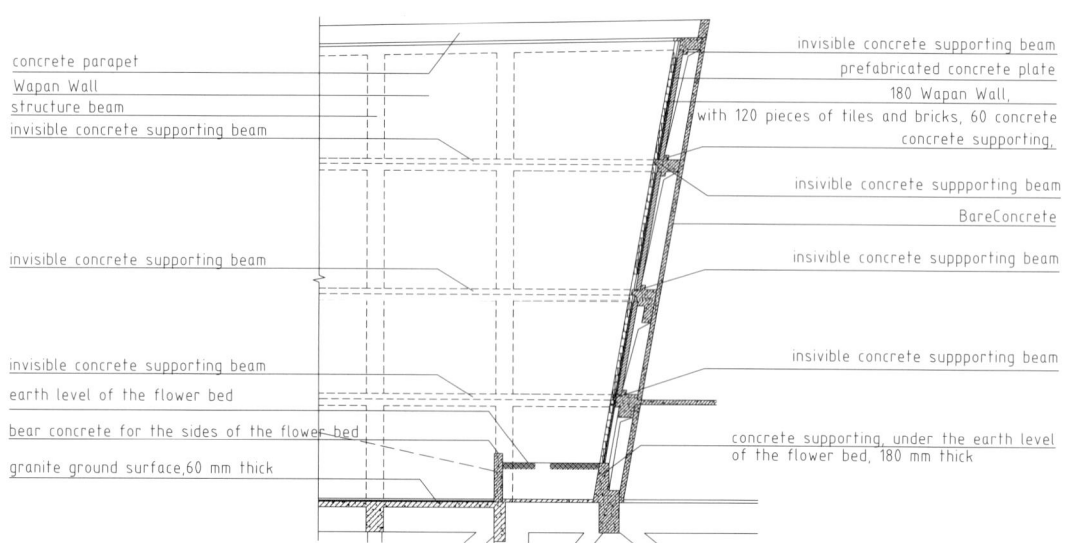

循環的建造のポエティクス 自然のような新しい建築世界を創造するために Poetics of Construction with Recycled Materials - A World Resembling the Nature

王澍+陸文宇 WANG Shu + LU Wenyu

INTERVIEW　馬岩松　MA Yansong／MAD Architects

[聞き手] 吉富遥樹＋市川紘司　[翻訳] 市川紘司

「山水都市」の創造
Creating Shan-shui City

　MADアーキテクツを共同主宰する馬岩松氏は、2000年代以降次々と話題を振りまく中国現代建築シーンのなかでもとりわけ注目すべき建築家であろう。北京オリンピック開催前の2006年、〈中国現代建築〉といえば外国人建築家によるド派手なプロジェクトばかりが目立つ時代状況のなかで、MADアーキテクツはカナダでの国際コンペにて一等を勝ち取った。これは中国建築家が実施を前提とする国際コンペでの初めての勝利であり、馬氏がまだ30歳を迎えたばかりの若手であることも相まって、大きな〈事件〉となった。こうして一躍その名前を広く中国社会に知らしめたMADは、一足飛びにビッグプロジェクトに次々と着手しはじめ、現在に至っている。国際コンペで勝ち得た《アブソルート・タワー》はカナダで完成を迎え、中国国内でも《オルドス博物館》や《中国木彫博物館》など、すでに竣工済みの大型作品は数多い。ヨーロッパでのプロジェクトもいくつか進行中であるという。

　本インタビューは、以上のようなまさに〈中国的サクセスストーリー〉を歩んできた馬氏の思想を聞き出すためにおこなわれたものである。インタビューを通じて意外だったのは、馬氏が中国の伝統的な空間や思想に関して、繰り返し言及していたことだ。ザハ・ハディドを師に持ち、未来的・宇宙的な造型を得意とするMADであるが、そのアイデアの根本に〈伝統〉への深い洞察が隠されていたのである。日本と異なり、中国建築界ではいまだ〈伝統〉をめぐる話題が活発に議論され続けているのだが、若手建築家のなかでも随一のグローバルな活動を進めている馬氏も、またこのトピックについて鋭く関心を向けていることは興味深い。目下、MADはこうした思想の集大成として《山水都市》なる建築都市の構想を描いており、その展開が期待される。

　大小さまざまな建築プロジェクトを抱えるMADであるが、他方ではアンビルドやアートワークの制作も非常に積極的である。これは馬氏が建築の形式に拘ることに否定的で、文化的な位相で広く建築的実践を試みようとしていることによる。彼にとって建築家とは〈理想〉を抱き、社会のアクチュアルな問題に応答しなければならない存在である。このとき建築物が実現するかしないかは大した問題ではなくなるのだ。社会の問題に応答し、あるいは問題を提起する建築（家）を理想とする馬氏のスタンスは、きわめてクラシカルなものであるように思われた。

マ・イェンソン　1975年北京生まれ。北京建築工程学院を卒業後、イエール大学で修士号を取得。
MA Yansong　ザハ・ハディド・アーキテクツに勤務後、2004年に北京にてMADアーキテクツを設立（早野洋介、党群との共同運営）。
2006年に中国人建築家として国際実施建築コンペを初めて勝利し一躍注目を浴びる。
主要作品に《オルドス博物館》（2011年）や《中国木彫博物館》（2013年）など。
近年は銭学森が提唱した《山水都市》を援用し、独自の都市建築の提案を進めている。

1. MADアーキテクツの多国籍性

——馬さんは1999年に北京建築工程学院を卒業してから、アメリカに行ってイエール大学にて修士号を取得していますね。まずは留学をしようと考えた動機をお聞かせください。

馬岩松 MA Yansong（MA） 別の学校に受からなかったからというのと、仕事をしたくなかったからかな（笑）。とにかく、より多くのことを見たかったんだ。当時の僕にとっては、それまで雑誌でしか見ることの出来なかった建築や都市を見に行くことはすごく重要に思えたんだよ。だから留学は、その体験のための機会だったね。

——大学に行く、というよりも、実際に中国の外の建築や都市を体験することのほうが重要だったわけですね。

MA そう。だから卒業してからは必ず外の大学に行こう、とずっと考えていたんだ。これは今の若い人たちと同じだと思うけれどね。イエールを選んだのは、そこが前衛的な思想と長い伝統の両方を持っていたから。長い歴史があるのに今ではとくに開放的な場所だよ。こういう感覚に僕はすごく魅力を感じたんだ。というのも、それは僕自身がずっと親しんできたものだったからね。つまり、北京にも同じような感覚があると思う。北京では若い人は自分たちの興味があって、でも同時に、歴史的な厚みもある。

——イエール大学を修了するのは2002年。その後はザハ・ハディドの事務所で働いていますが、ザハ事務所に勤めることになった経緯についてお聞かせください。

MA ザハは僕のイエールでの先生でもあって、彼女が事務所に来ないかと誘ってくれたから行くことにしたんだ。実はこのときも僕はまだ仕事をしたいとは思っていなかったんだけれど、でもザハが誘ってくれたからには行ってみようかってね。それ以前にもピーター・アイゼンマンのところに短い期間インターンをしたことがあったけれど、ザハの事務所での一年間が、僕の唯一の正式な仕事の経験。みんなザハは良いボスではないと言うけれど（笑）、僕は彼女を先生や友人として考えていたからね。ザハは素晴らしい先生だと僕は思っているよ。

——馬さんを惹きつけたポイントはどこだったんでしょう？ ザハの先生としての特徴というか。

MA おそらく僕は設計するときに感覚的なものに重きを置いているんだけれど、ザハはそれをすごく肯定してくれて、その方向を推し進めることを支持してくれたね。それと大勢のアーティストやアートを紹介してくれた。ザハは僕にとって最初の現代アートの紹介者でもある。彼女自身もアーティストだし、彼女は建築もアートの一部であり、感覚的であるべきで、人の思想を体現すべきものだと考えているように思う。ザハとの〈教える―学ぶ〉関係は、普通の〈教えてもらう〉ものじゃない。ザハは知識だけをたくさん教える教師ではなかった。それが僕にはすごく合った。

——なるほど。そして2004年には北京に戻り、MADアーキテクツを設立しますね。実際のところMADはアメリカですでに登記してあったようですが、MADが特徴的なのは、馬さんと早野洋介さん、そして党群（ダン・チュン）さんという3名による共同運営形式を採っていることだと思います。この理由をお聞かせください。

MA まず最初に早野洋介とはロンドンで知り合った。僕らの関係はすごく良かったから、北京に戻って事務所を開くことになったときに彼に一緒にやらないかと誘ったんだ。日本人と中国人が一緒に中国で事務所を開くなんていうのはこれまで無かっただろう？ だから一緒にやるからには、未来のアジア建築はどうあるべきか議論しようと言っていたんだ。今思えばこれは一種の口からでまかせだけれど、当時から僕らはひとつかふたつだけ仕事をしたり、中国だけで仕事をしたりする、といったことは考えていなかったことは確かだね。MADははじめから、グローバルな環境を背景にした事務所であることは決定付けられていたんだ。

——現在に至るまで、お三方はどのように仕事を分担してきたのでしょうか。

MA 党群は設立から一年後に加入した。彼女はアメリカでの実務経験があって。建築事務所はものすごく多くのことを処理する必要があるけれど、僕自身はこのことについて全然ダメだから、それを彼女に協力をお願いしたんだよ。彼女は事務所の運営や事務作業、プロジェクトのマネージメントとかの責任を負っている。要するに僕が出来ないことをすべてやってもらっている。早野洋介は設計を深化させてくれる。建築の設計は、アイデアを実施に至るまでデベロップさせるプロセスが数多くあるけれど、彼はそれが出来るからね。北京に事務所を設立してから現在までのあいだの3、4年間、東京にも事務所を開こうとしていたんだ。それで彼も東京に戻って事務所を開いて、小住宅を作ったりした。彼は今は北京に戻っているけれど、でもそ

INTERVIEW
馬岩松　MA Yansong / MAD Architects

れも僕らが日本で活動を発展させることの妨げにはならないよ。日本では今でも幼稚園のプロジェクトがひとつある。

――馬さんご自身の役割はどんなところにありますか。

MA　そうだな。設計と、自分たちが進む〈方向〉に責任を負っている、という感じかな。〈方向〉というのはつまり、自分たちの設計が注目しているポイントはどんなところで、我々はなぜ我々であるのか、というようなことだ。MADは8年間続いているけれど、これは短くはない時間だね。だから現在の僕らの思想は8年前から多くの点で変化しているはずで、この変化に僕はすごく関心がある。自分たちの思想がどのように変化して、自分たちはそもそもどんな人間だったか、そしてどんな人間になるのか。こういうことに関心があるね。

2.《アブソルート・タワー》以前、以後

――MADは2006年に国際コンペで一等を取ります。カナダのミシガンで現在建設が進められている《アブソルート・タワー》ですが、このコンペの勝利は〈中国人建築家による最初の国際実施コンペの勝利〉として、非常に大きな話題となりました。この〈事件〉によって、その後のMADの状況は大きく変化したと思うのですが、まずはこのコンペ以前のMADの活動についてお聞かせください。

MA　とにかくコンペばかりしていた。コンペといっても、誰も僕らのことなんて知らないから招待されるわけもなく、自分たちでウェブ上で公開のものを調べて、申請して、という風にね。実ははじめから僕らは簡単にコンペに勝つことが出来たんだ。すごく簡単なんだよ、とくに二等は

(笑)。二等になるというのは、つまりコンセプトは〈普通〉ではなくて魅力的なんだけれど現実的ではないということ。一等案はおそらく実現するから、そういうわけで僕らは二等になるわけだ。少し経つといくつか一等も取ったけれど、でもいつも最後には実現しなかった。カナダの国際コンペの前には広州での設計コンペで一等を取っていた。これはアイデアコンペではなく、入札もされたんだけれど、でも結局このプロジェクトも立ち消えになってしまった。当時すごくこのことに失望してしまったんだよ。その後、ウェブで中国国外のコンペを見つけたんだ。それが《アブソルート・タワー》のコンペだった。

――はじめて参加した国際コンペで一等を取った、ということですね。

MA　それ以前はすべて中国国内のコンペだった。というのも、国外のものの多くはアイデアコンペで、実際に建つ見込みはなかったから。国内のほうがチャンスは多いだろうと思っていたんだ。

でも、広州では勝っても建たなかった。《アブソルート・タワー》以前は、クライアントも見えないし、誰がそれを建てる必要があるのかも分からないから、僕らは自分たちだけで好きにやっていたような状態だったね。学生の頃と一緒さ。好き勝手に画を描いて、プロポーザルを提出して、その結果何点を取って、一位になったり二位になったり、あるいは名前が入らなかったり。そういう好き勝手な状態だったんだ。

カナダのコンペへの参加自体は偶然だけれど、その後も不思議なことばかりだった。そもそも僕らは期限から遅れて書類を提出しているのに、最終的には勝ってしまっているしね。その他にも色々と変なことがあって、今建っている。

――《アブソルート・タワー》の設計コン

セプトはなんでしょうか？　たとえば各階、各棟のかたちがすべて異なっていますが。

MA　形態は重要な点ではないよ。僕が最初に考えたのは、これはアメリカの高層建築や都市に批判をくわえる良い機会だ、ということ。アメリカにある高層建築は、モダニズムの革命から生まれて、より高く・より速く・より強大なものになって、最後には資本と権力を示す一種の記念碑のような代物になった。ニューヨークのエンパイアステートビル（1931）は当時世界で最も高い建築で、技術的な観点からすればものすごいわけだけれど、最終的には帝国的な野心の象徴になっているよね。あの当時のソ連建築の目標はエンパイアステートビルよりも高くなることだった。でも結局つくれなかった。可笑しいことに、かつてのソ連や北朝鮮と同じように、今の中国はこの種の〈最も高い建築〉を建てようとやっきになっているわけだけれど。ともかく、巨大建築はあの時代のどの国でも同じように記念碑のように考えられていた。

僕はこうした巨大建築は人間性を軽く見積もっていると思っている。だからもし、高層建築を建てる機会を持てたら、より〈自然的〉なものをつくることが出来るか試したかったんだ。

――いわば〈反・高層建築〉としての高層建築をつくる、というコンセプトが《アブソルート・タワー》の根幹にあったわけですね。それでああいううねうねとした、種自然的なかたちが生まれている。

MA　四角くて、権力や資本を誇示するようなものだけはつくりたくなかったね。最初のアイデアでは現状よりももっと自由な曲線を考えていたんだけれど、現在建てられているものも、カーブが下の方ではゆっくりで、中間部に差し掛かる

MADアーキテクツ《アブソルート・タワー》カナダ, 2013
2006年の国際コンペによって勝ち得たカナダでのプロジェクト。
微妙に形状のことなる2本のタワーが踊るように立ち上がる高層アパート。
撮影=Tom Arban

INTERVIEW
馬岩松 MA Yansong / MAD Architects

MADアーキテクツ《アブソルート・タワー》各階平面図　図版提供＝MADアーキテクツ

と急に曲がりが強くなるようにデザインしてある。色んな場所から見ても機械的なカーブには見えないだろうね。機械でつくったような常に同じカーブではなくて、生命のような、なんとなく感情を持っているようなカーブになっていると思う。そういうものがつくりたかったんだ。もちろん、実際に建設するという観点から言えば、平面は同じようにしなければならないし、工業化されたテクノロジーも用いている。それでも、工業的ではな

い効果を生みだすことが出来たと思う。
　こういう効果は、ふたつのタワーが並んだあとにもっと良くなった。ふたつ目のタワーの曲線はひとつ目のものと違っていて、どの角度から見ても四本の曲線が重なり合わさっているような感じになっているから、生命感や成長している感じがもっと強くなっている。大体のツインタワーの建築は、より立派であるように見せかけるために、同じかたちのものをふたつ繰り返しているだけだよね。

《アブソルート・タワー》では、二棟のタワーは絶対同じであってはならない、それはふたつでひとつの生命のようであるべきだと思った。だから、この建築はやっぱりアメリカの伝統的摩天楼への批判であり、新しい可能性の提起なんだ。
——《アブソルート・タワー》は、その曲線がマリリン・モンローのようだからということで、今では〈モンロー・タワー〉という愛称で呼ばれているようですが。
MA 自然的なものであれば何でも良くて、

「山水都市」の創造
Creating *Shan-shui City*

それこそガーキン(ピクルス)だって何だって良いんだ。ただ、マリリン・モンローは、彼らの文化の中ではセクシーな女性であると同時にひとつの文化的なアイコンなわけだから、彼らがこの建築を好んでくれていることが分かって嬉しいね。

3. 建築家が都市に負うべき責任

——さて、《アブソルート・タワー》以後のお話を伺いたいと思います。このコンペ勝利後、MADは次々とビッグプロジェクトに着手します。内モンゴルの《オルドス博物館》(2005–2011年)やハルピンの《中国木彫博物館》(2009–2013年)など、すでに竣工しているものも多い。

MA 《アブソルート・タワー》は中国の建築家が国外で設計する最初のプロジェクトということで大きなニュースになって、中国ではとても多くの人がこの建築の存在を知っている。でも、現代の都市にどのような批判を加えるのかとか、あるいはどんな未来の都市を考えているのかとか、この建築がそもそも提起したかった問題についてどれほどの人が語っているだろうか? 結局、中国人の建築家が外国で設計しているようだという、そういう文化的な現象としてしか語られて来ていないのは残念だね。

——《アブソルート・タワー》以後、MADは急速に成長していて、外国人から見れば、それは非常に〈中国的〉なサクセスストーリーに映ります。コンペに勝利することで若手建築家が一躍スターダムに上がり、巨大建築の設計チャンスを次々と手に入れる、というのは近年の日本ではなかなかあり得ません。こうした状況の変化について、馬さんご自身はどのように捉えているのでしょうか。

MA 建築家は、永遠に、あるひとつの環境の中で仕事をしなきゃならない。この〈環境〉というのは問題やチャンス、それへのチャレンジも含むけれど、どの建築家もそういう環境には向き合わなければならない。だからどんな環境の中で仕事をするかは、建築家の仕事を決定する重要な側面のひとつだよね。仕事の数というのも、その環境のひとつに過ぎないと思うね。中国ではMADに限らずプロジェクトがたくさんあって、たとえば北京建築設計院なんて、僕らよりも圧倒的に多い量をつくっている。

二年前に伊東豊雄さんが僕らの事務所に来たことがあるんだ。その当時、僕は自分の仕事に困惑していた時期で、仕事が多すぎて良いものがつくれなくて、どうすべきかが分からなかった。「まだ若い人間だから、多くの物事をどうすべきか僕自身クリアーには分かっていない。こんなに多くのことをやって、もし上手くつくれなかったらどうしたらいいんだ?」と彼に聞いてみたんだよ。そうしたら伊東さんは「もし僕だったら、ある分だけ死ぬ気でやるね」と言うんだよ。

つまりそれは「その人のすべきことはその環境から出てくるから、その環境が要求してくることは必ずやり遂げなくちゃいけない」ということだ。仮にこの環境を変えて、仕事の数少なくしても、たぶん一緒なんだろうと思う。体力的なチャレンジは減るかもしれないけれど、でもそれが楽なものだとは限らない。数の多寡は人を疲れさせるだけで、良い建築作品がより多くつくれるということを保証するものではないけれど、でもどんな環境の中でもチャレンジ出来ることがあるからね。僕はわりと楽観的な人間だから、どんな環境でもなんとかチャレンジすることが可能な部分を見つけることが出来るんだ。

——環境に対するある種の楽観的なスタンスは、MADが世界各地の異なる環境に適合しながら多数のプロジェクトを回せるゆえんなのかもしれませんね。

MA 思うに、《アブソルート・タワー》はあまりにもスムーズに物事が進みすぎた。このプロジェクトでは、僕らはまだ環境ごとに自分たちの方法を変更する、といった葛藤や格闘を経験していなかった。デザインは最初からみんなに喜ばれていたから、こういう〈環境〉が与える影響について意識することがなかった。だから、やっぱり、カナダのプロジェクトは偶然の事件に過ぎないんだろうね。MADは最近ではヨーロッパでのプロジェクトもあって、これは良い機会だと思っているんだ。ひとつはローマで、ひとつはパリでのものだけれど、どれも自分たちで積極的に仕事を取りに行ったものだ。ローマは北京よりも歴史のある文明都市だから、じゃあここでは歴史をテーマにしよう、一方パリでは優れた現代建築がたくさんあるけれど、さてどんなものをつくるべきか。そういうような問いを立ててつくっているんだ。さっき言った「自分たちが何者で、自分たちの興味が何処にあるのか、自分たちの脳みその中にある未来の都市と建築はどんなか」という問いに対する答えは、異なる文化的な環境のひとつひとつへの応答の中にあると思う。

建築は常に異なる〈環境〉の中で行なわれることだからね。社会的な環境やフィジカルな意味での環境、もちろん文化的な環境もある。今、中国の文化的な環境はすごく面白い時期にあると思うよ。都市に要求されている水準や嗜好と、その現実の能力とのあいだに大きな溝が

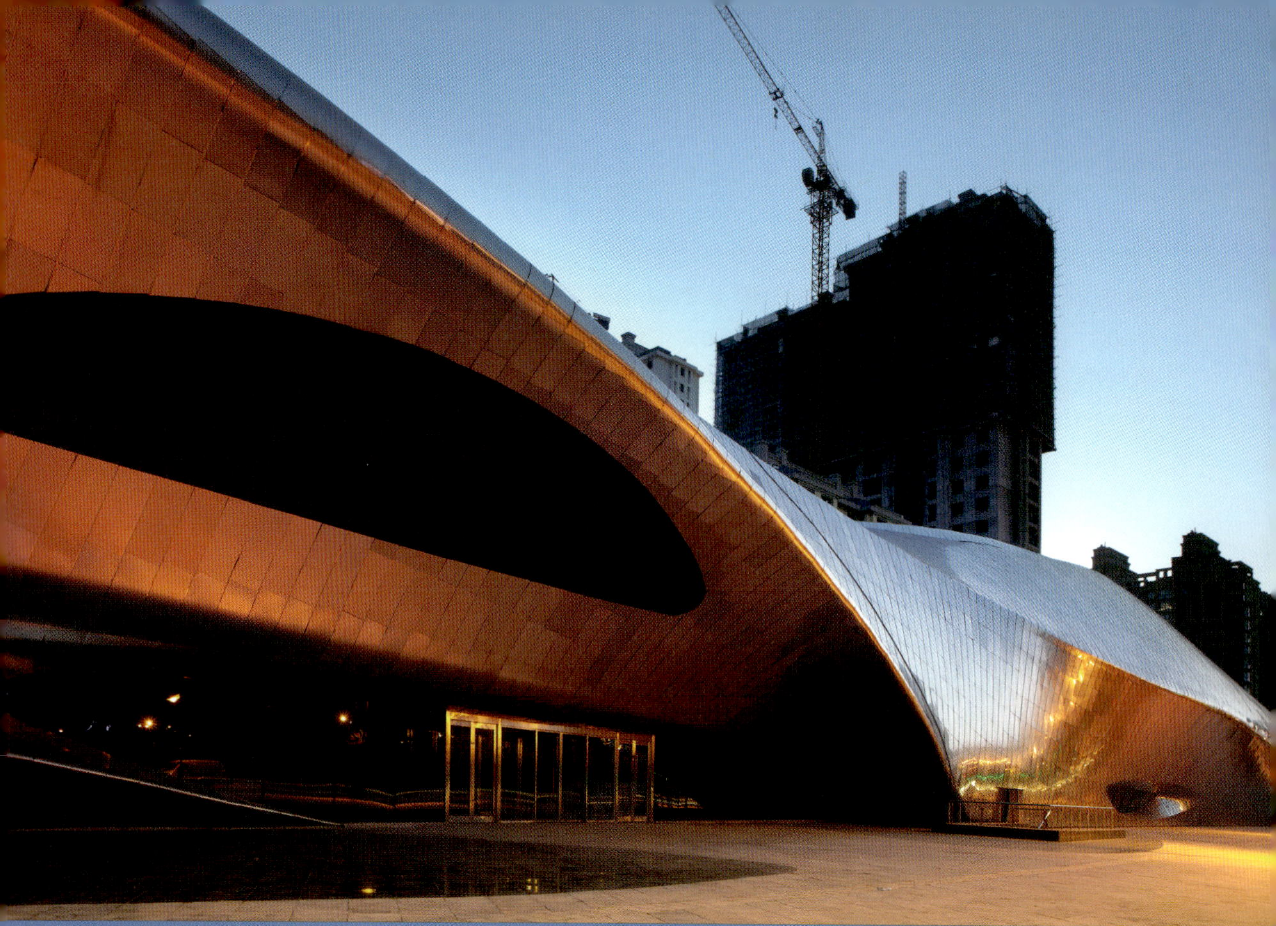

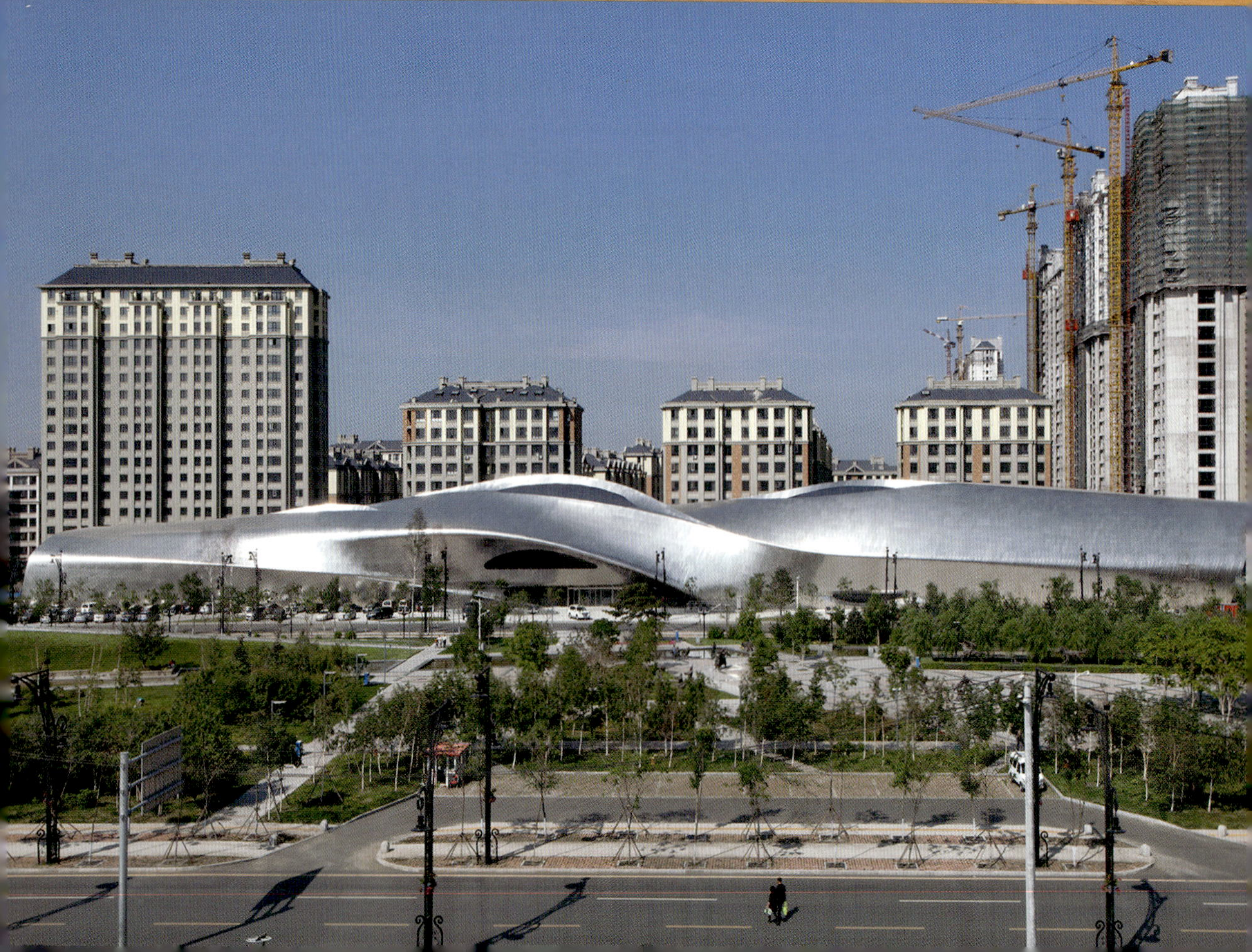

MADアーキテクツ《中国木彫博物館》ハルビン, 2013
全長200mの巨大な流木のような形状をした博物館。スチールプレートによる外殻は、冬には積雪によって反射される光を増幅させ、一般的な中国の宅地風景を非日常的なものへと変質させている。

左頁上下：外観
撮影＝Xia Zhi
図版提供＝MADアーキテクツ

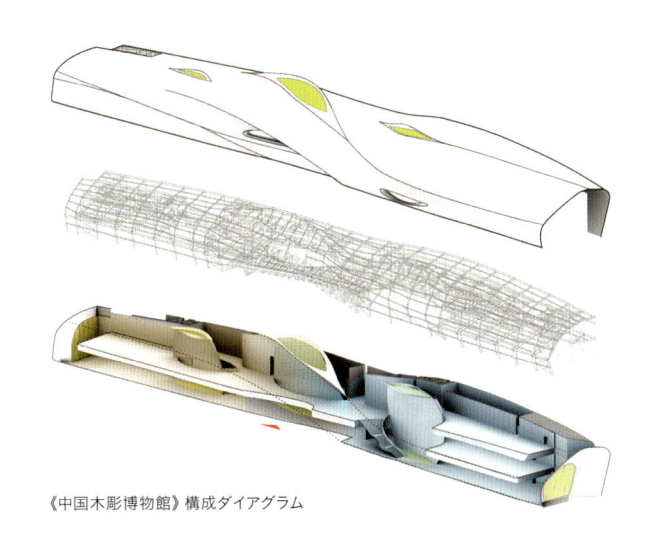

《中国木彫博物館》構成ダイアグラム

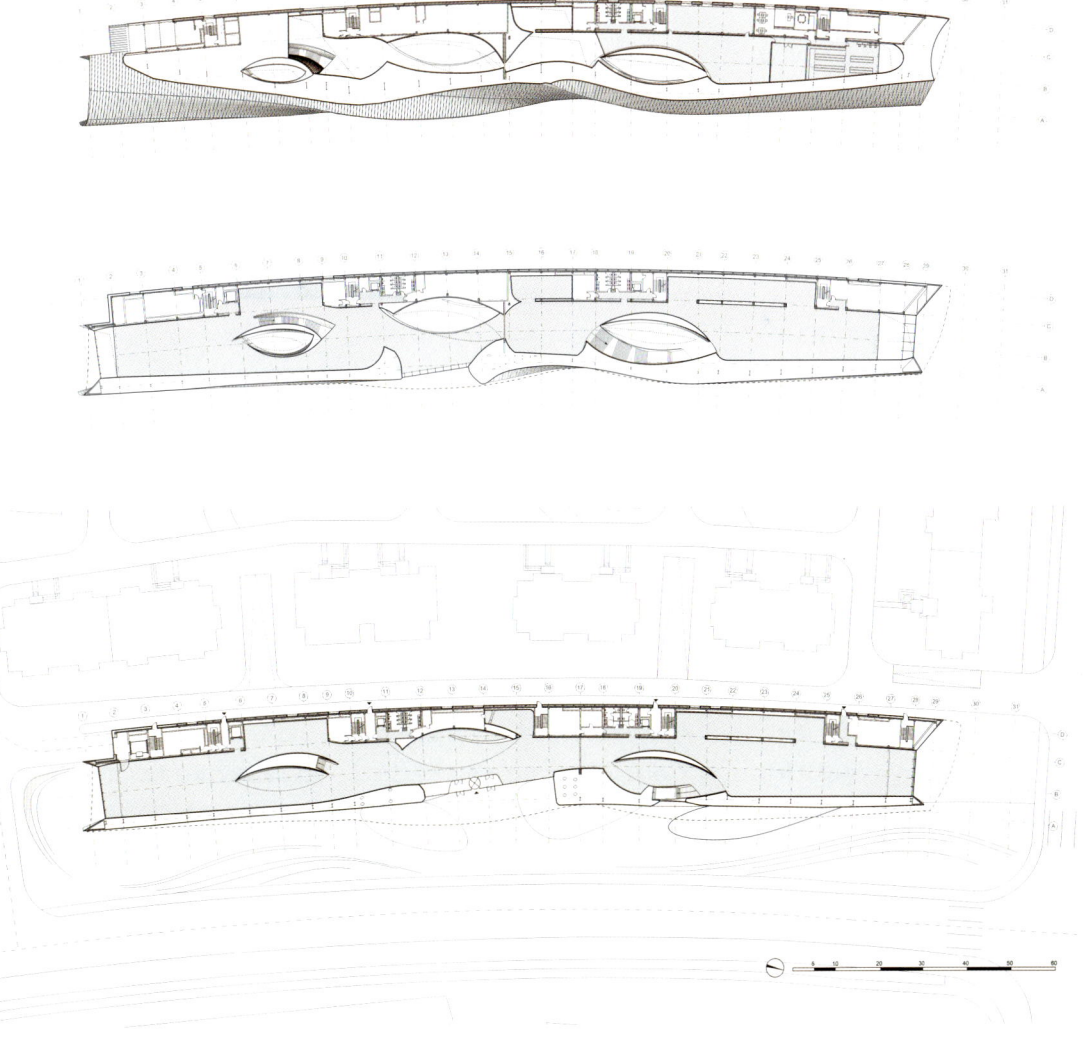

《中国木彫博物館》各階平面図

45

INTERVIEW
馬岩松　MA Yansong / MAD Architects

あるから。都市はすぐに建設されるのに、その文化はまだ準備出来ていない。この落差、アンバランスさは面白いと思う。

——中国は今まさに急速に都市化していますね。2012年には都市化率が50％を超えています。建築家はこうした環境にどのような応答をすべきだとお考えですか。

MA　中国の都市化はすごく多くの問題を生じさせている。この大量の問題に対して、若い建築家はとくに積極的に関与すべきだと思う。たとえ成熟していなくても、ほんの少しだけ現実の問題を解決することが出来たら、それで良いんだ。でも現実には、中国の都市は大規模な設計院と商業的な会社によってつくられていて、若い建築家や小さな事務所はアイデアはあっても、実際の行動は起こさずに批評を加えるだけの状況。万が一うまくつくれなかったとか、自分が資本や権力に買収されたと後ろ指さされるのが怖いからだね。僕はそうあるべきじゃないと思うんだよ。都市はそもそも資本と権力が集中する場所だし、それがこの都市を成立させているわけで、肝心なのはその背後にあるべき価値観、建てられる建築物の背後にあるべき価値観には、建築家が影響を与えるべきものだってことだ。建築家は努力してそれに立ち向かわなければならないし、直接この〈環境〉と社会が自分に与えてくれているチャレンジに向き合わないといけない。

——都市化に積極的に関与すべきだという考えは興味深いです。というのも、中国の多くの建築家には、このようなコミットメントを避ける傾向があると思っていからです。たとえば王澍は、少なくとも現在は都市化に参加する必要はなくて、建築をそうした事象から積極的に分けようとしていますね。

MA　彼もまた参加すべきだと思うけれどね。だって彼は文人的な建築家だから。文人的な建築家は優れた側面を持っていて、それは何かというと、彼が理想を持っているということ。今の社会は現実的過ぎて理想を喪失しまっている。それを補う必要があると思う。

——それは先ほど触れられていた、都市の建設の背後にあるべき〈価値観〉ということですね。

MA　ただ、文人の理想が問題なのは、それが厭世的な個人個人の理想に過ぎなくて、社会を改造しようとするものではないことだろうね。今、誰かが社会を改造しようと言えば、みんな「社会を変えるだなんて、誰がそんな能力を持っているんだよ」と笑うけれど、もしもあらゆる人間がそういう風にしてその可能性を疑ってしまえば、本当に社会は変革されない。建築家は、都市化や都市を改造するプロセスの中で立ち回ることの出来る唯一の知識人としての役割を担うべきだと思う。権力や資本の側にもそれぞれの考えがあるが、建築家は中立者として都市の歴史や文化に対する責任を負うべき立場なんだ。もし建築家が言葉を発せず、自分の文化的な役割を放棄してしまうならば、都市の建設がすべて知らず知らずのうちに進められてしまう。王澍は歴史感覚や理想を持っている人間なのだから、都市化に参与する責任があるはずだと思う。参与してから問題が何なのかが分かるはずだ。批評するだけなら簡単なんだよ。僕たちの誰だって、それこそタクシーの運転手だって出来る。

——たしかに文人の理想というのはえてして厭世的です。歴史的にも、山水や自然空間、あるいは牧歌的な農村へ隠遁することが理想のひとつでした。だから都市に関わる必要があるのか、そもそも都市化する必要があるのか、という立場に立つのでしょうね。

MA　中国が都市化すべきかどうか、というのは討論する問題ではないと思う。きっと大都市はますます増えていくだろうからね。客観的に見ても、都市がどうしたって今後も存在することを多くの要因が示しているだろう。農村をより良くしても、田舎町をより良くしても、つまるところそれは〈都市〉ではないし、都市の問題には抵触し得ないんじゃないだろうか。だから農村の問題と都市の問題は分けて考えるべきだと思う。四合院が好きだからって、それで都市の中いっぱいを満たすことが出来ないようなものさ。

いかにしてより良い都市をつくるのかという問題については、もっと多く人間が関わるべきだろう。でも今の中国では、すぐれた建築家、思想家、文人が欠席している。彼らはもともとその中に参加せず、誰もが〈都市の方向性は自分の負うところではない〉と思っているから、中国は日本の〈メタボリズム〉のような運動は起こったことがない。中国では都市を計画する連中はイデオロギーか、あるいはテクノロジーからだけで考えているから、この都市計画の問題を引っ張るような理想が生まれていないんだよ。だから若い建築家は当然中国の都市化に参与すべきだ。個人的には王澍のような文人的な建築家も参与すべきだと思うけれど、彼本人がそうすべきではないと考えているなら、強制する必要はない。若い建築家こそが積極的に参与すべきだと思う。

「山水都市」の創造
Creating *Shan-shui City*

4. 建築と自然、都市と自然

——MADのつくる建築の特徴について伺いたいと思います。MADの建築は概して〈未来的〉、〈ブロブ〉、あるいは〈オーガニック〉などと形容されることが多いと思いますが、こうした特徴についてどのようにお考えですか。たとえばザハからの影響などは？

MA ザハと僕らは違うと思うよ。実際、僕らは直線的な建築もデザインしているし。たとえば《皇都芸術センター》(2008)はすべてのスラブが方形でつくられているプロジェクトだよ。

——それでは、建築デザインにおいて最も追求している点は何でしょう？

MA 建築はさまざまな側面を持っていると思う。敷地だったり、機能だったりね。でも建築は環境の中でそれ自体の〈感覚〉があって、それを探し出そうとしている、かな。たとえば《胡同泡泡32号》(2008–2009)は、かたちは泡のようなものとして描写出来るよね。だから僕らも〈泡泡〉と呼んでいるけれど、でも、この建築には周囲の環境が反射されていて、この反射は人に一種の〈夢の境地〉を見せると思う。その反射は時間によって変形するから、うねうねと曲がりくねった夢の中の物事のように、〈錯覚〉というか、現実を超えた感覚を与えてくれるんじゃないかな。こういう〈感覚〉が僕は好きなんだ。 新しい〈感覚〉を建築に導入したいんだよ。たとえば天安門広場に木を植えてしまうプロジェクト《北京2050》(2006)だって、形式は無いし、何らかの建築的言語だって使われていない。僕は一つの言語を使うことにはこだわりたくはないんだ。直線で構成されている《皇都芸術センター》は最後には不規則な山のようなものに出来上がったし、重慶の《都市森林》(2011)は建築全体が境界を持たずに、形式も全然なくなった。おそらく僕が最終的に追い求めているのは、〈建築的な〉言語の裏側にある何らかの〈感覚〉だろうね。スタイルを持つことや、単一の言語をもって自分の思想を代表するのは好きじゃない。だから僕らの作品の中に何か一貫性があるとすれば、それはきっと建築的言語ではないはずだ。

——形式的な言語の背景にある〈感覚〉というのは面白いですね。より具体的に言うと、どのようなものでしょうか？たとえば我々はMADの建築から、外部環境に対して非常に開かれた印象を受けます。《アブソルート・タワー》でも外周はほぼすべてヴェランダで囲まれていて、高層ビルでありながら外に出れるように配慮されている。こうした要素は、馬さんが育った北京の四合院の経験から何か関係があるように見えますし、それが馬さんの建築が持つ一貫性と関わっているような気がします。

MA もちろん関係があるだろうね。僕の記憶の中では〈住む〉というのはずっと、室内と室外のそのあいだにある概念だった。ひとつの住宅の中だけの概念ではないってことだ。でも、こういう考え方は、四合院に限らず、北京という都市全体の環境と関係しているはず。昔の

MADアーキテクツ《皇都芸術センター》2008
図版提供=MADアーキテクツ

MADアーキテクツ《胡同泡泡32号》2008–2009
図版提供=MADアーキテクツ

INTERVIEW
馬岩松 MA Yansong / MAD Architects

MADアーキテクツ《北京2050》2006
図版提供=MADアーキテクツ

北京は都市の中に山や川、橋、商店街、鼓楼や鐘楼なんかがあって、それは建築でもあり、ランドスケープでもあったんだ。たとえば僕らが小学校のときに遊んだ《少年宮》は景山（紫禁城の裏にある人工山）の中にあって、まさに室内と室外が曖昧という感じで、常にこの中間的な状態にあったように思う。四合院もこういう感覚がある。建物に囲われている中庭は外部だけれど、それこそが重要なんだよね。古典的な園林だってそうだ。そこでは住み、遊び、眺めることが出来る。純粋な機能的な代物ではなくて、人間のための精神的な住居、という感じがする。

僕は人間を動物と同じように見てはいけないと思っていて、だから最近語られているようなエコロジカルな建築、たとえば垂直の農場を重ねる、というような考え方にはちょっと否定的な感覚があるんだ。ああいう考え方は人間の精神的な側面から理想的な住居を語るものではなくて、単により多くの空間が必要だという具体的な必要性から始められている。その点、園林は非常に美しい状態だと思う。文学とか音楽とか絵画とか、あらゆる文明を醸成した。これらは人間にとっての最高の智慧の形式であって、それをあの（園林という）ひとつの環境が体現している。でも、中国の今の住居は全く精神的なものではなくて、監獄のように見えるよね。

—— あくまでも建築と自然、都市と自然が結合するような仕組みが、人間の精神的な住居という観点からすれば、理想的な状態であるわけですね。

MA 理想はね。でもたぶん昔の北京はそういう都市だったんだよ。というよりも、杭州でも蘇州でも、あるいは日本の多くの都市でも、かつてはそうだったはずだ。東洋にはそういう文化があったんだ。でも、これは伝統の中だけにあるわけではないはず。だってもし君が大きな四合院や園林を与えられたら、今でも嬉しくて死んでしまうだろ（笑）。

—— そうですね（笑）。どちらも非常に気持ちの良い空間ですから。

MA 単に制限されているだけなんだ。制限されて制限されて、その末に自分の窓台に盆栽を置くだけになってしまっているだけ。だからかつてあった人と自然の関係を都市の中でもう一度呼び起こせばいい。それだけでいいんだ。だって誰も嫌いじゃないんだから。みんなそれを求める手立てがないだけ。可能性を提出するだけで良い。

これは建築が処理すべき側面だし、もちろん都市計画が処理すべき側面でもある。都市も山水や園林のような存在であり得る、ということをね。今の都市は建築と同じで機能化され過ぎているんだ、大通りが一本あって街区で区切って建築を積み重ねて、という具合にさ。でも古い都市を見れば、都市というのはまったくそういうものではなかったんだ。〈燕京八景（北京の8つの歴史的景勝地）〉があったりね。都市は機能だけでなく、文化的な含みを持っているんだ。

5. アンビルドとアートワーク
　　形式の裏側にある表現

—— 馬さんはまだ大学院生だった2002年に《フローティング・アイランド》（239頁掲載）を発表しています。これはWTCのリノベーション案です。この案から非常にディストピア的な印象を受けますが、当時考えていたことは何だったのでしょうか。

MA これは夢に出てきたアイデアだった。当時全然アイデアが出てこなくてね。みんなすごく複雑な感情を抱えていたし、種族の問題、心理的な問題、経済や政治の問題、こういう大きな問題を扱うことがすごく難しかった。でも、WTCが崩壊したあとに空間が出現したとき、ニューヨークはこんな機会を得たからには、現代の都市文明を超越するような作品を残すべきだとは思った。それが当時思ったことかな。

「山水都市」の創造
Creating *Shan-shui City*

WTCのリノベーションは〈一時的な〉問題を超越すべきで、種族や政治の問題は、僕からすればそういう問題だった。今のフリーダム・タワーは当時は無数の被害者が参与したものだけれど、実際に作られているものは中国の二級都市のCBD地区に作られているようなオフィスビルみたいで、特徴がないよね。WTCのような究極的な存在には及ばないよ。一種の後退だと思う。僕が考えたのは雲のように浮かぶ建築で、その上面は全部公園になっている。人は地面で影に隠れる必要がなくなり、最も高い場所で光を浴びることが出来る、というようなもの。そして横に広がっている。その他の建物のように上へ上へ延びるものではない、高さを追い求めるようなものではない、ということを示したかったんだ。この作品は僕にとっても非常に重要な作品だね。

——アメリカ的な発想を批判するという点では、《アブソルート・タワー》での考えにも通じるところがありますね。この案を提出した当時、周りの人々の反応はどうでしたか。

MA 建築だとは思わなかったんじゃないかな。記念碑ではないし、昔の建築を賛美するわけでもないし、ましてや偉大なアメリカのイメージを表現してもいないしね(笑)。どうしてテロリストはあの建築に突っ込む必要があったか？それは都市の中で本当の人間性を示していないからで、新しい時代の帝国建築だったからだよね。WTCはそういう地位や権力を代表する存在だった。9.11以降はそうしたことに多くのアメリカ人が注目したけれど、結局それでも天地をひっくり返すような結果や革命的な変化は何も起きなかった。その後に作られたのは普通のオフィスビルに過ぎない。だから僕は多くの人はすでにこの〈帝国〉の暗い影の中にいることに慣れきってしまったんだと思った。それでその帝国の実力を示さなければいけない、とか思ったんじゃないかと。

建築はそういう〈我々の実力〉を示すためのものではあり得ないよ。エンパイアステートビルの時代だったらそうかもしれないけれど、今では高層建築をつくることなんて何も難しくない。お金があれば可能なことなわけでね。

——この《フローティング・アイランド》にはじまり、MADは非常に積極的にアンビルドをつくっているように見えます。馬さんにとってアンビルドとはどういう存在なのでしょうか。磯崎新やザハ・ハディドは、実現しなくとも非常に強烈な問題提起として、アンビルドをつくっていましたが。

MA さっき言った建築家が持つべき〈理想〉の問題だ。建築家はその運命の中に、社会に対する抱負のようなものを持つ。それが彼の仕事の中で最も感動的なものだから、ある建築家は一生涯絵だけを描き続けたりもする。実際には建築を設計せず、永遠に理想の中だけで生きるわけだ。最近亡くなったパオロ・ソレリは、ずっとアリゾナでアーコサンティをつくっていたよね。あれは自分で描いた空想の建築で、それを自分自身でつくって、そして多くの志願者が手伝っている。こういうのが心の中に理想を持っている人たち。

こうした理想は僕にとっても非常に重要なんだ。実際、事務所をはじめて最初の数年間、アイデアだけを設計する段階にいたあの時間は、本当に多くの時間をアートを制作するのに使ったりしたんだ。それは内心から表現したもので、誰かからもらった仕事ではなかった。僕らはよく衝動的になって自分の考え方を表現しようとしたんだ。

——アンビルドは仕事というよりも、自分たちがつくりたいと思ったときに作るものだと。

MA たとえば《北京2050》だって、誰かが僕らにつくることを求めたものではなかったんだ。まず自分の中にアイデアがあって、その後たまたま展覧会のチャンスを得たから、展示しただけ。展覧会が僕らにつくらせたわけじゃない。北京を眺めていたときにこの都市の未来はどうなるだろうとか自分で考えていたから、つくったんだ。これが〈理想〉で、じゃあこの理想をどう現実に引っ張ってくるのか、それを考えることはまた別の仕事。僕らはこういうスタンスの建築家なんだ。これに関してはさっき君が挙げた二人の建築家に少し似ているかもしれないね。

理想は現実と距離があるべきで、だからさっきのアイデアは《北京"2050"》なわけ。2050年はすごく遠い。あと数十年ある。あのアイデアが見れるか見れないかは確かじゃない。でも、それはひとつの実現され得る未来なんだ。僕の〈理想〉というのは、基本的にいつもそういう考え方でつくられる。天安門広場に木を植えることなんて、それ自体は何も難しくない。ただつくってこなかったに過ぎないんだ。ニューヨークのものは今は難しいね、すでに建ち始めているから。でもあの《フローティング・アイランド》だって1%でも可能性がないわけではない。だから僕が作る理想というのは、未来で起こることを確かに希望しているものだ。今はまだ見えないだけで、時間が要するのを必要としているに過ぎない。そういう風に考えているよ。

——アンビルドをあえて建築の外側の

INTERVIEW
馬岩松 MA Yansong / MAD Architects

プロジェクトと呼ぶとすると、その他にもMADは非建築領域での制作も積極的ですね。アートワークやデザインなどです。そもそもMADという事務所の名前の"D"はデザインの意味でしょう。つまり建築領域に自分たちの仕事を制限していない。

MA 建築の外側、建築の内側というのは一つの形式に過ぎない。この種の形式的な違いについては僕は全く興味が無い。僕が興味があるのは、建築の社会的側面と、文化的側面だけだね。もちろん建築はその他にもいくつもの側面があるけれど、最も関心があるのはこの側面。

とくに文化的な側面においては、建築はその他の領域と多くの点で相通じることが出来ると思うしね。何かをつくる、ということは、その何かの形式のためにつくるわけではない。そうした行為は、ある言語を用いて、自分が人や社会や自然に対して感じている関心を表現するということだからね。

──建築の内外を問わず、表現という行為それ自体に関心を向けているということですね。ウェブ上で馬さんのレクチャーを見たことがあるのですが、その最初に挙げられているプロジェクトが建築ではなくアート作品《魚缸（フィッシュ・タンク）》（2006）であったことがすごく印象的でした。

MA この《魚缸》だってひとつの建築になり得るんだ。実際のところ、それは魚のための住居でもあるわけだしね。スケール上は普通の住宅じゃないけどさ。あるいは、魚のこの《魚缸》での生活は人が都市で生活することの苦しさを映し出しているかもしれない。《魚缸》は、こういう一種の比喩の作品なんだ。実際に住宅をつくるときも、こういうことを考えているね。その他では、《墨氷》は墨を凍らせて室外に置き、自然に溶かすというインスタレーション。三日三晩したのち、誰もそれを見ることが出来なくなる。自然の融化だけがその形式を失わせて、最後には存在を無くさせる。これは時間や、自然の能力に関する作品で、建築と人と環境の関係性についての比喩だね。ときには家具を作ったり、もっと小さい作品もつくったりするけれど、常にこういう比喩みたいなことを関連させているんだ。そしてこういう作品では、常に最も根源的なことを考えたいと思っている。だから設計自体は多くはない。だけれどこの一点だけは通じていると思う。

建築やランドスケープや都市という、こういういくつかの事がらは分けるべきじゃないんだよ。形式の越境、みたいなこと自体が成立しない。だって伝統的な園林をつくる大師（マスター）を見てみなよ。彼らは全部をひっくるめてつくっているじゃないか。分業や専門分化というのは効率や専門性を高めるための西洋の概念で、でも人間の生きる空間や体験というのは連続していて分離出来っこない。僕にとって、だからそれらは根本的には同じことなんだ。

6.《山水都市》の創造

──中国語版の『ABITARE』で馬さんの特集が編まれているのを読みました。馬さんが世界各地に飛び回る姿を《情熱大陸》のようにクールにドキュメントする内容で、非常に面白かったです。国際的に注目される建築家として、MADの今後の活動の方針をお聞かせください。

MA 自然のままに進むよ。人の成長は自然のルールに従うものだからね。でも正直に告白すれば、今後重要なチャンスを得たとき、自分が十分うまく処理することが出来るかを心配しているかな。だからもっとも重要なチャンスは後ろのほうに残しておいて、ゆっくり成熟した後に得ることが出来たら良いとは思う。でもあまり多くの計画はない。とにかく止まることなく成長して、その後に自分たちがもっとも注視すべき事物を見つけ出したいね。

──ここ数年でMADは《山水都市》と呼ばれるアイデアを発表していますね。中国伝統の〈山水〉と都市問題を嚙み合わせたものであり、MADの建築にとってある種のひとつの集大成のようにも見えますが、これがその注視すべき方向性に当たるでしょうか。

MA 実は《山水都市》は僕ら自身が考えだしたものではないんだ。20年前に科学者の銭学森（チエン・シュエリン）が提起したものだ。でも、僕らはこの考え方は現在でもすごく前衛的で将来性のあるアイデアだと思っている。都市に対する理想が無かった中国において、西洋的な都市の考え方を乗り越えているような理想だと思う。

〈山水〉と言うとちょっと古典的な言葉に聞こえるかもしれないけれど、その価値観は非常に未来的なんだ。《山水都市》は単なる緑化やエコロジカルといったことを超えて、人間性を賛美する都市の考え方だ。こういう考え方は、都市が生まれて以来、今までずっと無かったものだよ。都市はもともとは神のもので、その後には権力や資本のものになって、人間性というのはずっと都市の範疇にはなかった。でも未来の都市は開放的で人間的で、そのことを賛美する

「山水都市」の創造
Creating *Shan-shui City*

MADアーキテクツ
《魚缸（フィッシュ・タンク）》2006
図版提供＝MADアーキテクツ

MADアーキテクツ
《山水都市》2012
図版提供＝MADアーキテクツ

べきだということ。僕ら自身、今では、これまでの自分たちの作品にもこういう特徴があったことを発見しているんだけれど、それが20年も前に提起されていたなんて驚いたわけさ。

──銭学森の概念に自分たちの作品の特徴と重なりあう部分があって、それで今では参照しつつ、新しいプロジェクトを動かしているわけですね。20年前（1990年代）には銭学森の《山水都市》はどのような評価を得てきたのですか。

MA 思うに、当時の中国にはあまり適合していなかったんじゃないかな。あのときの中国はちょうどあらゆることを新しく建て直そうという時期だったし、こういうアイデアを誰かが聞くなんてことはなかったんだと思う。でも、今は世界中のあらゆる都市で、自然や、エコロジカルな環境について語られはじめているけれど、そんな中でも〈山水〉を語るこの概念は、すでにもっと高次の段階に達していたんだと僕は考えている。〈山水〉と〈都市〉を一緒にしようなんていうのは、ものすごいユートピア的なアイデアだよね。

今はこのアイデアを実現することが出来るか、そしてそれをより系統立てることが出来るのか、そういうことを試しているところ。僕らは3年前にこのアイデアに注目し始めていて、つい最近になってよりクリアーに整理が出来たところだ。でも建築だって、アイデアから完成まで5、6年かかるわけだからね。これは正常な時間だよ。急いだって仕方がない。だから僕らの今の状態は、まさに自分たちの方向性をちょうど理解したところ、だろうね。

──《山水都市》は、MADが中国の都市に参与する方法ということでしょうか。あるいは、馬さんが先ほど述べられた建築家が都市に対して責任を果たすための手段であると。

MA そういうことだね。《山水都市》はさっき僕が言った都市の理想ということになる。今の都市の建設は無意識的で、過去の慣性だけで進められてしまっている。このすべてのプロセスの中で、人々は都市の根源的な目的を忘れてしまっている。どうして都市が必要なのか？ それは人々が共同して生活する必要があるからだろう。このことが将来もっとも重要なものになる。

〈山水〉というのは、伝統的な概念だけではなくて、未来の都市をもっと詩情にあふれたものに出来る概念だと考えている。情緒があって、美しいものに。そして、それが人々に共有される環境に。都市化や高密度といった前提は受け入れるとして、そうした都市の条件の下でどのようにしてより良い都市を作り上げることが出来るか。それが僕の考えていることで、《山水都市》という方法によって僕らは都市に参加出来るし、都市の進む方向を変えることが出来ると思うんだ。

51

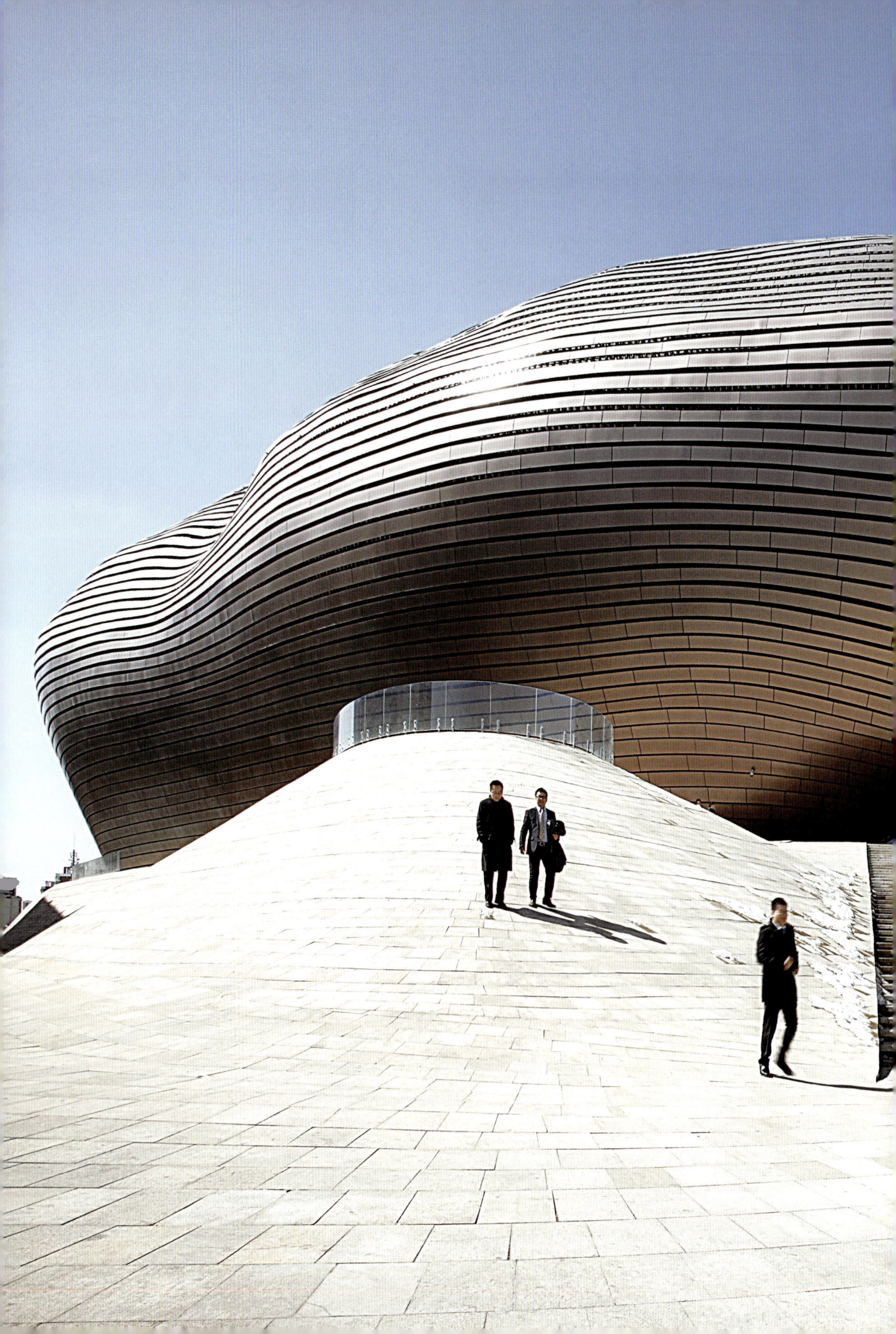

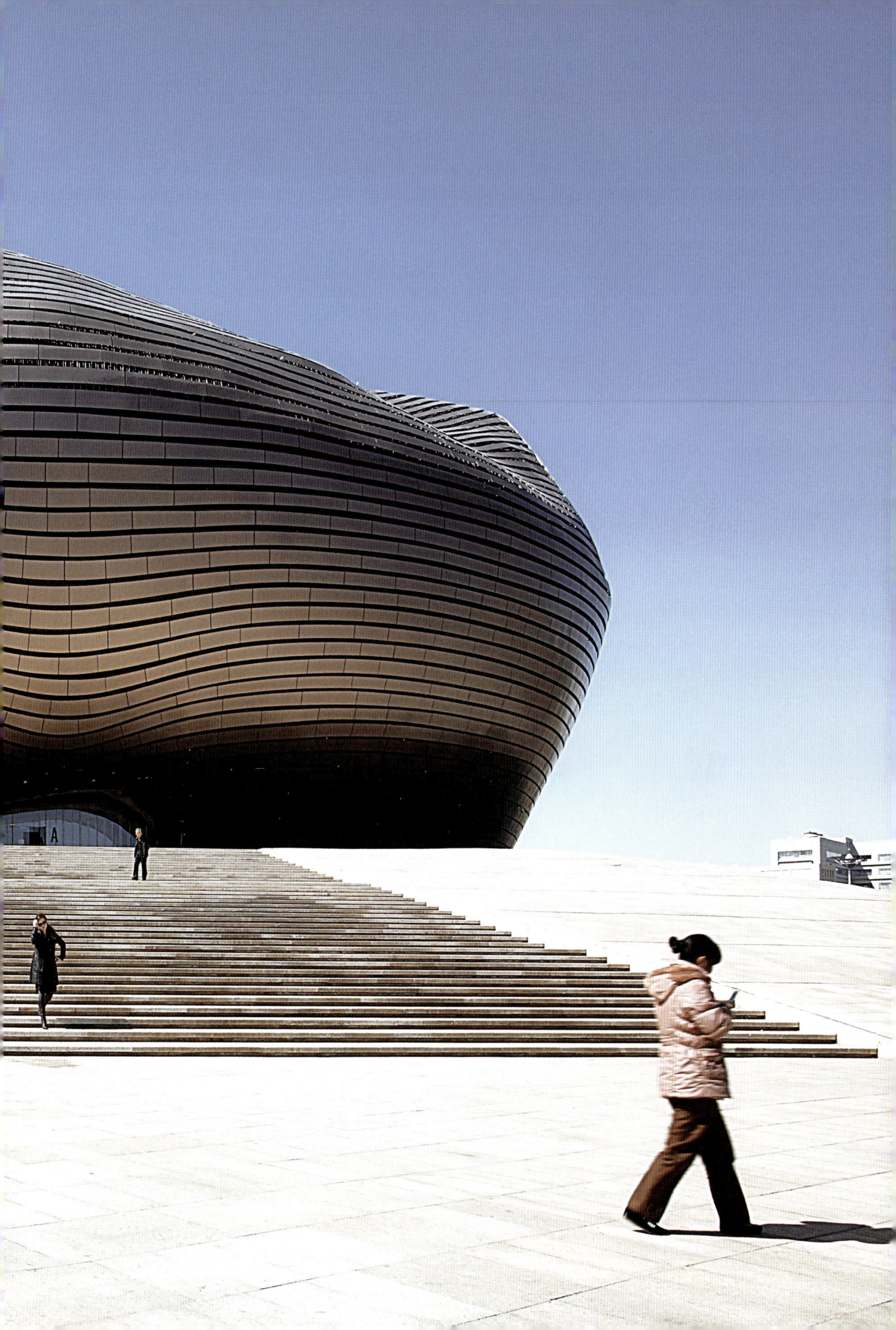
A

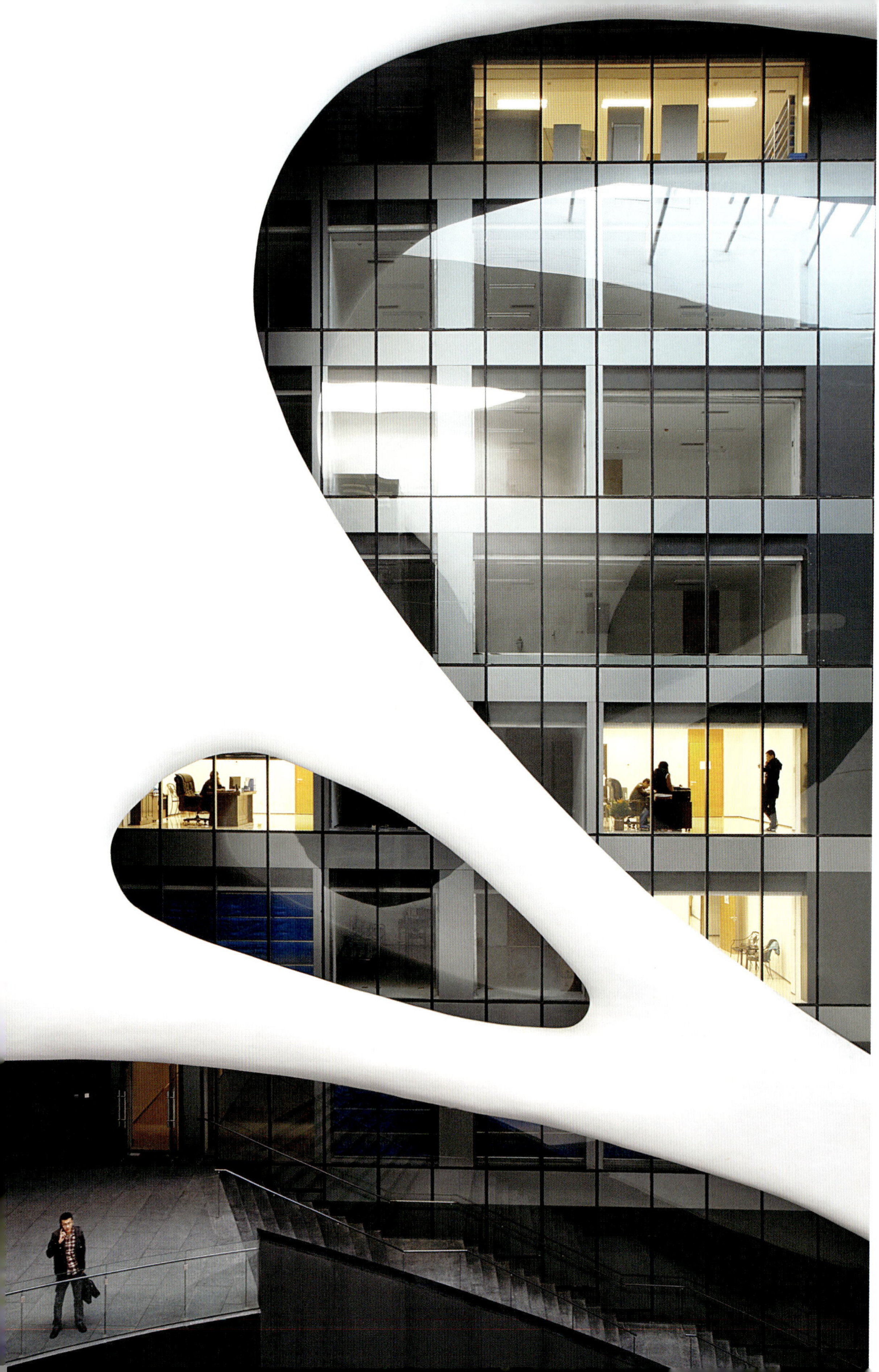

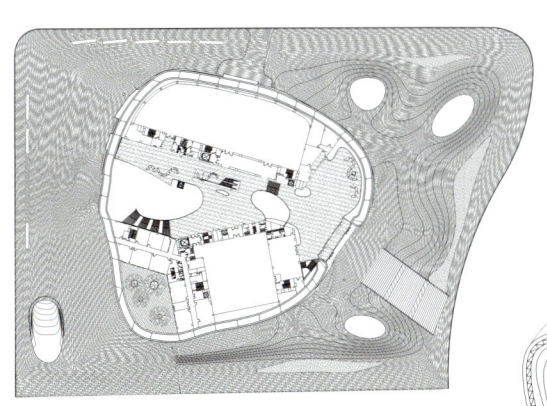

《オルドス博物館》2階平面図

MADアーキテクツ《オルドス博物館》オルドス, 2011
内モンゴル自治区オルドス市の都市新区（「カンバーシ」）に建設された博物館。曲線によって形づくられるその建築形状は、砂漠に降り立った宇宙船のような印象である。室内は、左右に配置された諸室を白色の曲面壁がくるむ構成。

52-53頁：全景
左頁、右頁上：内観
撮影＝Xia Zhi
図版提供＝MADアーキテクツ

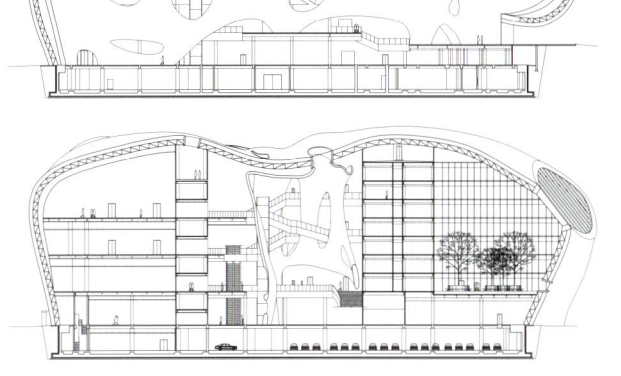

《オルドス博物館》断面図

亜熱帯の建築をめざして

川島宏起

環境技術から設計を考える

　私は2008年に建築学科に進学したときから建築設計における環境技術に興味があった。地球環境保全が叫ばれる時代の中で、風や熱のような環境要素に向き合うことで線の引き方が決まるという考え方に魅力を感じたからだ。そのため、建築設計の勉強に全力を費やす一方で、「環境要素に向き合う」ということを掲げるからには、大学で工学に向き合うチャンスを生かさない手はないと考え、環境工学系の前真之研究室に4年間所属して環境エンジニアとしての訓練を受けた。

　そのなかで何がきっかけというわけでもないが、大学に所属しているだけでは打ち破れない壁を感じるようになっていった。なぜなら、当時の自分の設計はひどく理論的で、情熱が足りなかった。それは建築設計においてもとくに論理的なアプローチが必要となる環境建築に興味をもっていた立場の弱点でもあった。そんな殻を打ち破るべく、奨学金を利用して中国・北京のMADアーキテクツ（以降、MAD）へ6ヶ月のインターンに行ったのが2011年の春であった。

中国の環境建築事情

　「建築家の実験場」とも揶揄される中国と環境建築という組合せには違和感を覚える人は多いだろう。しかし、中国の終わらない建設ラッシュの中で、省エネルギー性と快適性、美しさを兼ね備えた建築の設計を目指す試みは数多くある。

　代表的な例として挙げられるのは、北京市内の清華大学敷地内に建てられたマリオ・クチネラ設計の《SIEBB》(2006)である。この建物は太陽光パネルを日射避けのルーバーとして採用することで、日射を吸収しエネルギーへ変換することと、人の居住環境に入る日射をコントロールすることを両立する意欲的な試みを行なっている。中国最大の組織設計事務所であるBIAD（北京設計院）では、最新の風・日射シミュレーション技術を用いて建築の概形を規定する試みがいくつかなされている。その中でも《Phoenix Media Center》(2012)においては、日射を遮蔽するルーバーと有機的な構造体を結びつけ、北京市内の新しいアイコンとなるようなデザインとなっている。

　中国における建設投資の潤沢さ、現地で調達できる材料費、職人の人件費の安さが、先進国では不可能なほどの高価な仕様の建物を大量につくることを可能にしている。そのため建築デザインの自由度は高くなり、過激な形状の建物が国内に多く生み出されることとなったわけだが、コストに余裕がある状況が精査の不足を招き、デザインの質を下げてしまっていることは否めない。これは環境建築においても同様で、太陽や風などの環境的なコンセプト一本で形を決めてしまうような危うさがある。しかし、エンジニアリングをベースに建築の形をつくり上げられる面白さもそこにあるのかもしれない。

MADアーキテクツと環境建築

　一方で、私が中国での6ヶ月インターン生として所属したMADでは、建築のデザインを決める過程に環境エンジニアリングが入り込む余地は無かった。それどころか、簡単なコンセプトやダイアグラムをベースに建築のデザインを決めるようなこと、そのようにプレゼンテーションすることも無かった。

　これは単純な論理で建築のデザインを決めてしまうことを嫌っていたためである。MADのデザインが目指すところは、論理的に構成される西洋的な建築の考え方とは差別化したアジア的な・東洋的なデザインなのだ。そのため、参照するものは中国・日本の伝統的な庭園や山水画が中心であり、その文化の延長線上に自分たちが設計する空間を位置づけようとしている。

　それではMADのデザインは環境建築とまったく関係ないところにあるのか。

　西洋のカトリックの教会や宮殿に代表されるように、思想や権威に対して敬意を払う空間をつくることは、古来より建築文化を発展させる原動力となっている。東洋においてもそれは同様であるが、自然の無限の広がりを感じさせるようにつくりこまれた日本の茶室や、宗教施設でありながら天を見上げるためだけの空間である中国の天壇・圜丘のように、自然に敬意を払うための空間も同時に育まれてきた。実際に、私がインターン時に担当したプロジェクトはテーマとして「昔の中国の風流人が散策の中で感じ取った自然の情景」を掲げていた。馬岩松によるプロジェクトのエスキスでは毎回、人がそこにある自然との強いつながりを感じ、佇むような空間づくりを目指すことを強調された。

かわしま・ひろき
1987年生まれ。2009年、東京大学工学部建築学科卒。同学科最優秀卒業設計賞（コンドル賞）受賞。MADアーキテクツを経て2013年、東京大学大学院・前真之研究室を修了。同年日本建築学会優秀修士論文賞受賞。現在、株式会社竹中工務店勤務。環境×建築×人間の新しい関係のデザインを目指して活動中。著書に『SK+01 ル・コルビュジエの住宅と風のかたち』。

『SK+01 ル・コルビジェの住宅と風のかたち』（新建築社、2013）

　この考え方は当初、環境建築とはまったく関係ないように思えたが、時がたつにつれ、人が自然に対して敬意を払うような空間をつくるという価値観が環境建築の考え方として重要なのではないかと考えるようになった。

　建築というのは自然から人を守るために生まれたものであり、人間が自然を守るための建築をつくるという考え方が生まれたのはごく最近のことである。そのため、自然を守ると称して太陽光パネルを上に乗せただけであったり、自然から人を守る機能が削がれたりしたものを環境建築と呼ぶのははばかられる。私たちがしばしば違和感を覚える環境建築なるものは、そういうものばかりなのだ。その点、人が自然と強いつながりを感じる、佇むような空間をつくろうという動機は、昔から引き継がれてきたものであるし、守る守らないの利害にとらわれない純粋なものである。

　それでは、人を自然から守りながら、同時に人からも自然を守ることを基本としつつ、自然と人の関係をより強くするということを満たした空間の設計は難しいのだろうか。前のふたつを両立することは、魔法びんのような建築をつくれば自ずと達成される。実は、一番難しいのは人を自然から守りながら、自然と人の関係をより強くする建築を設計することだ。まず、人にとって心地良い環境をつくることが第一なので、人を自然から守るという観点を忘れてはいけない。しかし、人が感じる温度や風などの心地良さは写真でもデータでも伝わりにくいものである。一方で、自然と人が視覚的に強くつながれるようなわかりやすい空間は、得てして人を自然から守る機能が欠けていることが多い。

　この手詰まりの状態が生まれているのは、体感という一番大事なところが「見えない」ままだからではないか。たとえ良い環境建築があっても、その技術を蓄積し引き継いでいくことが、意匠や機械の歴史のように簡単にはいかない。

「見えない」体感をビジュアライズする

　この難しさを解きほぐすきっかけとして、同じ問題意識をもつ仲間と研究会を組織し、話し合いながらつくったのが『SK+01 ル・コルビジェの住宅と風のかたち』（新建築社、2013）である。建築の形で風を操作するにはどうすれば良いのかという技術の伝承には、その機能性の表現である数値を可視化することが第一だと考えたわけである。このために用いたのがFlowDesigner（株式会社アドバンストナレッジ研究所）という名前のCFD（数値流体力学）ソフトウェアで、図面をもとにCADで作成したル・コルビジェの住宅の3Dモデルを用いて風の流れのシミュレーションを行った。この本ではその計算結果をビジュアライズして、ル・コルビジェの住宅のどこに快適な空間があるのかを表現している。ル・コルビジェの意匠とともに見えてくる風のかたちをインスピレーションとして示すことによって、自然と人のつながりを体感的にも視覚的にも強める空間の伝承ができるのではないかと期待している。

亜熱帯地域における環境建築の可能性

　私達がこれほどまでに自然との関わり方にこだわりをもてるのは、亜熱帯という気候で暮らしているからに他ならない。実際、環境建築がこの先一番発展していく気候は亜熱帯である。ヨーロッパ等の寒帯なら冬の寒さに対して完全防備をした住まいを計画し、夏の日射をほどほどにふせげば十分快適な家になる。東南アジア等の熱帯なら一年中日射をふせいで暑さをしのげればそれ以上工夫することはない。しかし亜熱帯では、夏の暑さと冬の寒さ双方に対してしのぎ方を考えなければならない。このバランスをとるのが非常に難しい。だからこそ、建築家と環境エンジニアは、亜熱帯気候におけるシェルターとしてのふたつの役割の両立を夢見て、環境建築の理想の姿を探求し続けることができる。環境建築のデザインが最も難しい亜熱帯という気候、日本という場所でやれることはまだまだある。

INTERVIEW 佐伯聡子 + Kok-Meng Tan／KUU

[聞き手] 和田隆介

動きつづける中国で建築をつくる
Architectural Practice in Changing China

　KUUは日本人の佐伯聡子とシンガポール人のKok-Meng TANによるパートナーシップである。2011年に《マイナスKハウス》で新建築賞を受賞し、日本国内でも注目を集めている。

　中国で活動する建築家としてKUUが極めて独特である点は、日本人とシンガポール人という外国人建築家でありながら、現地の個人クライアントとつき合い、ローカルな職人と素材を使って建築をつくっていく手法だろう。本インタビューでは、こうした手法に至った彼らの思想的背景を、これまでのプロジェクトを俯瞰しながら探ることを目的としている。

　KUUの設計スタイルは一見すると、カラフルでかわいらしいドローイングや曲線を多用するプランニングなど、日本の流行に近いように見えるかもしれない。しかし実際に話を聞いてみると、彼ら自身「条件や制約に基づいてものをつくるタイプ」と語っているように、そうしたプランやドローイングだけでなく組織形態に至るまで、中国特有のプラクティカルな状況に対する、地道な応答の積み重ねであることに気付かされる。そしてそれは、あらゆることが常に変化し、動き続ける中国という状況のなかで生みだされた手法であると同時に、アジア的・東洋的な可能性を現したものであると言えるだろう。

　上海のスカイラインの足下、下町らしさが残るフランス租界にKUUの事務所はある。2000年代半ばの大規模開発を横目にローカルな中国に根ざしてきたKUUの活動は、建設ラッシュが一段落したと言われる中国において、今後の建築家のあり方としてひとつの可能性を示しているのではないだろうか。

KUU　佐伯聡子　さえき・さとこ　1973年愛知県生まれ。1997年明治大学建築学科卒業。2000年ペンシルバニア大学大学院修了後、2000〜2002年MADA s.p.a.m.勤務を経て、KUU主宰。
Kok-Meng Tan　コック・メン・タン　1964年シンガポール生まれ。1992年シンガポール国立大学卒業。2000年U.P.C.バルセロナ大学院修了後、シンガポールアーキテクト編集長を経て、KUU主宰。

0. KUUのはじまり

──まずはお二人の経歴とKUU開設の経緯について簡単にお聞かせください。

Satoko SAEKI（SA）　日本の明治大学を卒業した後、アメリカのペンシルバニア大学で修士号をとりました。卒業してしばらくニューヨークで働いたのですが、少し違うなと感じはじめ、修士時代の恩師（馬清運）が上海で始めた事務所MADA s.p.a.m.で働くことになりました。もともと中国やほかのアジアでの暮らしに興味があったのです。そこで数年勤めてから徐々に自分の仕事をするようになりました。

──MADA s.p.a.m.ではどのようなプロジェクトを担当されましたか？

SA　何のプロジェクトだったか記憶が無いほど大小さまざまな物件に関わりました。当時一番勢いのある事務所だったと思いますから。集合住宅、商業施設、教育施設と種類もさまざまで、それらの締め切りに週ごと日ごと追われていました。頭と体の訓練みたいなところがありました。プレゼン資料担当のようなポジションにいたので、建築をつくるという行為の全体を捉えることができずにいました。当時は言葉も理解できず、システムや習慣自体が違うわけですから、何が起こっているのか分かっていなくて、ある意味学生生活の延長のようなものだったのかもしれませんね。そして分かっていなかったからこそ、怖いもの知らずで、その後自分で事務所を始めることができたのだと思います。

Kok-Meng TAN（TA）　私はシンガポール国立大学を卒業し、いくつかの設計事務所で実務を経験してから、スペインのU.P.C.バルセロナ大学で都市文化や都市理論を学び、修士課程を修了しています。同時期に、大学で教鞭を取り、雑誌『シンガポール・アーキテクト』の編集長を務めていました。『シンガポール・アーキテクト』は学会誌のようなものですが、いわゆる建築理論に関心があったその頃は、建築だけでなく都市を含む議論のできる場にしようとしていました。そしてその後、シンガポールに自分の事務所を構え、住宅等の設計を始めました。ただ好景気にあるシンガポールでは建築が急速に商業化され、消費されつつあり、自分が面白いと思える建築はつくりにくい状態になりつつありました。大学時代から親しんで来た西洋的な理論から建築を生み出すことの難しさを感じ始めていたのもその頃です。そんな時、上海でフランス租界に建つ建築の改修計画に関わったのを機にこちらでも設計活動を始め、その後KUUのパートナーになりました。

──なぜ上海のフランス租界で事務所をはじめようと思われたんでしょうか？

SA　もともと好きだったのでしょうね。上海というと高層ビルの印象が強いですが、私たちにとっての上海の魅力とは「下町」の様なエリア。スケールの小さな建築と道路で町並みが構成され、個人商店の並ぶ商店街で買い物ができて、隣人の気配を感じることのできる暮らしです。もともとは上海中がそのような環境で溢れていたはずですが、いまはそれが開発で失われてしまいました。ただ租界エリアの建築

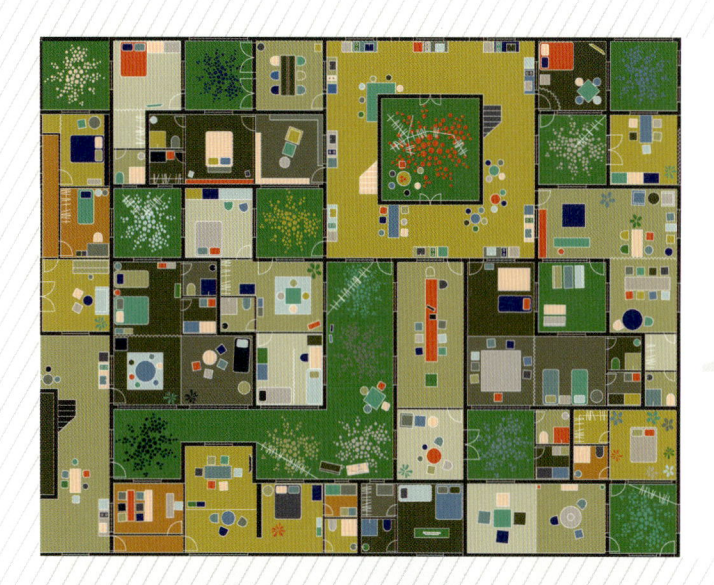

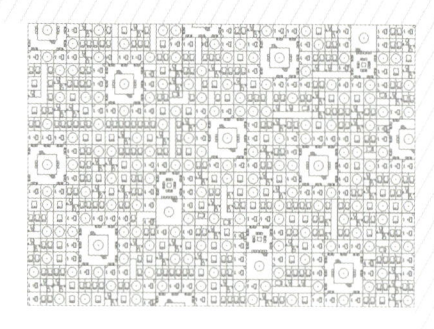

INTERVIEW
佐伯聡子 + Kok-Meng Tan / KUU

上海シェアハウス
Shanghai Shared Housing (2009)

上海のフランス租界地に見られた「下町」的な住まわれ方をベースにした低層高密度集合住宅のスタディ。機能が固定されない4m×4mの基本ユニットからシェアキッチンのある中庭にアクセスする構成。　図版提供＝KUU

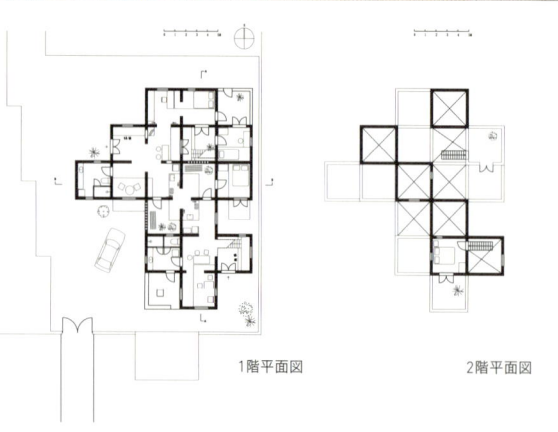

マイナスKハウス
Minus K House (2010)

1階平面図　　2階平面図

スペースシェアハウスを基に実現したシェアハウス。中央のキッチンを二世帯で共有する。3.3m×3.3mグリッドとスパンを小さくし、地元の職人が慣れ親しんでいるブロック造を採用することで低予算に抑えている。　撮影＝Jeremy San, 図版提供＝KUU

動きつづける中国で建築をつくる
Architectural Practice in Changing China

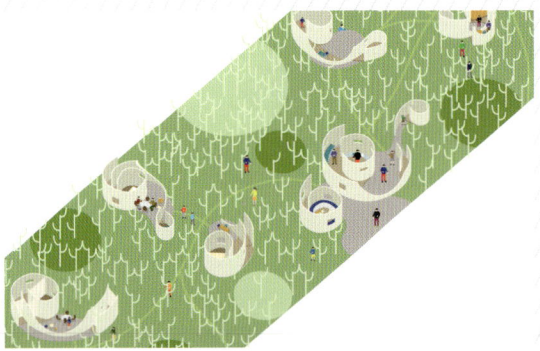

横沙島ビレッジ
Hengsha Hamlet (2010)

植林地の中に計画された宿泊・レジャー施設。樹々をよけるようにカーブした壁が、領域をゆるやかに分ける。部屋単位の小さなユニットをさまざまに組み合わせて利用されることが想定されていた。　図版提供＝KUU

安吉ティーバレー
Tea Valley 17 (2012)

茶畑に建つ小さな宿泊施設。オーナー用ユニットと4つの貸し出し用のユニットからなる。ブロック造の利点を活かしたカーブ壁を要所に配し、ゆるやかに領域をわけながらも拡張可能性のあるプランニングとなっている。　図版提供＝KUU

INTERVIEW
佐伯聡子 + Kok-Meng Tan／KUU

は保存建築としてあつかわれることになったので、開発からうまく逃れて、かつてのスケールや暮らしごと残っているのです。しかも面白いのは「中国にあるフランス風な街並み」という特殊な状況です。中国のほかの都市とはちがうし、実際のフランスの都市とももちろんまったくちがう。あくまでフランスを演出した都市が100年ほどの時間を経て中国的に消化されている様子が、特殊解としてとても魅力的だと思っています。その辺りのことを独立後、仕事がまだあまりなく時間に余裕のあった頃に《スペースシェアハウス》というスタディにしています。

1. 上海シェアハウス

SA 租界がはじまった20世紀の初めに、外国人によって比較的裕福な中国人や外国人向けに家族用の住宅がつくられました。その後、共産主義化していく過程で、すべての家を国が取り上げて再分配するということが起こり、また毛沢東は農民を大事にする政策を行っていたので、農村から大量に農民が流入してきました。その過程で、もともと一家族用につくられていた住宅が分解されて「一部屋に一家族」が住み、キッチンや水回りを共有する状況が生まれました。こうして、動線や機能が混ざり合うような暮らし方が生まれ、現在まで残っています。一方で、近年の中国のデベロッパーによる住宅開発では、家具の設えからすべてセッティングされ、パッケージして売られています。日本のLDKよりもさらに行き過ぎたパッケージングです。

これまでの中国の住宅の暮らし方と、この新しい高層マンションの暮らし方と

の乖離があまりにも大き過ぎるんじゃないかと思っていたんですね。それで、都心における高層ではないオルタナティブを考えたのが、この2層タイプのスタディです。容積率は1.5くらいで、都心の高層よりは容積が少ないですが、郊外にある7層ぐらいの集合住宅の容積とは勝負できるくらいです。中庭にはシェアのキッチンスペースがあって、そこから各ユニットにアクセスするという案です。ユニットに関しても、4m×4mの箱のみを用意し、使われ方を縛らないでプランニングしています。オフィスにしたければオフィスにすればいいし、小さいお店にしてもいいし、ベッドルームやリビングにしてもいい。多目的に使えるプランを考えていました。

TA ただ中国ではデベロッパーや政府にとって、住宅開発は格好の投資対象の場であり商品です。効率のみが求められている状況で、こういう話をしても埒があきません。なので、わたしたちとしてはアカデミックな方向にアプローチできないかと考えて、こうしたスタディを行い、大学の講義等で紹介してきました。

2. マイナスKハウス

SA ラッキーなことに、《スペースシェアハウス》のスタディをある方にお見せしたら、「面白そうだからつくってみましょう」とおっしゃってくださいました。それで実現したのが《マイナスKハウス》です。クライアントはスリッパ工場を経営されている方で、そのご本人の別荘と工場の倉庫の管理人の家を兼ねた二世帯のシェアハウスです。

プランで見ると3.3m×3.3mのグリッドが強く見えるかもしれませんが、もともとこれまでお話しした抽象的なスタディから

始まっているプロジェクトなので、私たちとしては、この抽象的なグリッドは重要なものではありませんでした。むしろ生活する人の目線でさまざまな開口を開けることで各スペースがつながり、実際、内部にいるとグリッドはほとんど意識のレベルに引っかからなくなったので、とても良かったと思っています。開口部のサイズや位置、床の細かいレベルの設定などを、人が体を使って歩き回るということをかなりリアルに想像しながら決めています。

──もともと抽象的な空間を指向していたわけではなく、むしろ抽象性を打ち消すために身体性に基づくスタディを重視されたわけですね。抽象性を崩すという意味では、この荒々しいブロック造もかなり影響しているように思います。

TA ブロック造というのは中国ではものすごく一般的な工法です。中国のように大きな人口を抱える国では、労働を生むという点において、この工法は選択肢の1つとして相応しいものだと思っています。ブロック造であればスパンをできるだけ小さくした方が良いだろうということで、この3m～4mというグリッドスパンは決まっています。特にグリッドにしたかったわけではなく、こうしたプラクティカルな理由からなんです。現実問題としても、このプロジェクトは低予算だったので、大きなゼネコンを介さずに小さな職人チームに施工をお願いしています。ブロック造は彼らが一番親しんでいる一般的な工法でした。

3. 横沙島ビレッジ

SA 《マイナスKハウス》のクライアントとはその後も良い関係を築くことができま

動きつづける中国で建築をつくる
Architectural Practice in Changing China

した。《横沙島ビレッジ》は、上海から北に車で1時間程の距離にある島に、そのクライアントが投資をして、宿泊施設やレジャー施設をつくろうという計画でした。敷地には植林地として使用されている場があり、木の密度が自然の林と比べると少し密なんですね。その密度感がとても面白いので、そこにつくるのはどうかという提案をしています。植林の中なので、方向性のある形よりは方向性のない形で、林のなかに埋め込むような、リゾートでもなければキャンプ場でもないような宿泊施設を考えました。敷地が農地であったために、施設の面積は500㎡に限られていました。最初は100㎡を5棟それぞれちがう建築で、と考えていたんですが、何だか立派すぎて建築エキスポみたいになってしまった。別荘で100㎡もあると、そこそこ内部完結できるので、ここでの体験も閉じてしまっては、みんなで郊外に来ているにも関わらず、建物の中で食事して団らんしてそれで終わりになってしまってはもったいない。だからもっと思い切って部屋単位に分解することにしました。中国には、大人数で旅行する習慣があるので、一度に何部屋か借りることになったとき、その部屋の組み合わせ方によって異なる体験ができるんじゃないかと考えています。

《横沙島ビレッジ》では、建築の設計と同時に、運営についても提案する必要がありました。個人でホテル運営経験のないクライアントさんなので、設計者である私たちがプログラムや宿泊代の設定なども行ったおかげで設計の視点も広がった気がします。たとえば2部屋借りる場合には、近い2部屋を選ぶか遠い2部屋を選ぶかによってまったくちがう空間体験になるので、泊まる部屋はお客さんに前もって選ばせるシステムをつくったりとか。また、

キッチンやリビングを共有できるようにして、各部屋に閉じこもらないような工夫をしています。

──《マイナスKハウス》では抽象的なグリッドを消去することを目指したというお話がありましたが、《横沙島ビレッジ》ではカーブが多用されていますね。KUUにとって、カーブはどのような意味をもつのでしょうか？

SA 方向性をもたないことと、ブロック造なので曲面の壁はつくりやすい、ということがあります。あとは、カーブによって人の動きと空間のつながり方がすごくしっくりくることが気に入っています。平面的に困ったとき、カーブを使うと解決できることは多い。たとえば、直角だとデッドスペースになってしまうところも、カーブにすると通り抜けられたりする。カーブはこのプロジェクト以降よく使うようになりましたね。直線だと向こう側とこちら側が生じてしまうのが、曲線だとその関係性を曖昧にすることができます。

TA 平面的にカーブを使うと、直角よりも人が歩き回りやすいと思います。この《横沙島ビレッジ》は林のなかのプロジェクトですし、平面的にもパーフェクトな円である必要はないのですが、施工の精度も悪いので、パーフェクトな円はそもそもつくりようがありません。木がたくさんあるので、現場で線を引くときは、違うカーブになっても良いとさえ考えていました。図面と現場は一致しないという前提で、思い切ってフリーハンドのカーブにしています。カーブを使うことで、すごく自由になるんじゃないかと。あとは屋根をどこまで架けるかで、内部と外部の関係を多様にしています。内部と外部の間をつなぐ部分をつくれないだろうかとスタディしていました。

4. 安吉ティーバレー

SA 《横沙島ビレッジ》は残念ながらストップしてしまったんですけれど、《マイナスKハウス》をグーグルで見つけた別の若い女性のクライアントから、新しいプロジェクトの話がありました。すごく綺麗な一面茶畑の敷地につくる小規模の宿泊施設の計画です。茶畑なので、《横沙島ビレッジ》と同様に㎡数に制限がありました。建物の1ユニットは家族で使うがそれ以外は全部おまかせ、という依頼でした。私たちは家族専用ユニット以外にそれぞれタイプの異なる4つのユニットを提案しました。友達同士やもちろん家族でも大丈夫で、色んな人たちが色んな組み合わせで訪れられるような宿泊施設を目指しています。ひとつの建築なんだけれども、外から簡単に俯瞰できないようにつくられています。ビジネスが順調にいった場合は将来的に拡張したいという要望もあったので、拡張可能性を残した平面だとも言えます。

──ここでもカーブの壁面が効果的に使われていますね。

TA カーブはとても便利なんですね。異なるジオメトリーをひとつにまとめることができる。それから、中国では、工事が始まってからもクライアントからの変更要求が非常に多いんです。工事が始まったあとのどの時点でも、プログラムを変えてきます。もうひとつ部屋が欲しいとか、やっぱりこれはいらないとか。そういうとき、カーブで処理する可能性を残しておくと、対応しやすかったりする。だから、けっこうプラクティカルな理由でカーブが選択されていることが多いです。

SA このプロジェクトはすでにだいぶ進んでいて、壁はほとんど立ち上がり、屋根も一部かかっています。《マイナスKハ

INTERVIEW
佐伯聡子 + Kok-Meng Tan / KUU

トレインイン
The Train Inn (2013)

鉄道コレクターが所有していた列車群を宿泊施設とレストランとして整備するプロジェクト。列車の内装とレセプション機能を持つ新築建築、その間の広場スペースのデザインを手がけている。広場には高さや形の異なる椅子やテーブルがランドスケープ的にちりばめられ利用者とともに場をつくる仕組みとなっている。
図版提供=KUU

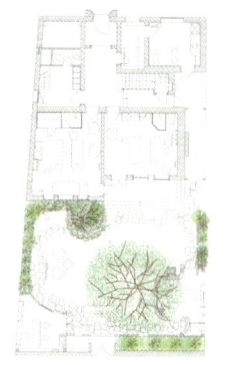

長楽路スパ
Spa at CHANGLE Road (2011)

1階平面図　　2階平面図

古い住宅をスパにリノベーションするプロジェクト。上海元租界エリアでは庭に新築をしてはいけないことになっているため、もともと建っていた外周部のバラックをなぞるように計画された。そのため、擁壁から建て増されているかのような不思議な建ち方となっている。
撮影=Jeremy San, 図版提供=KUU

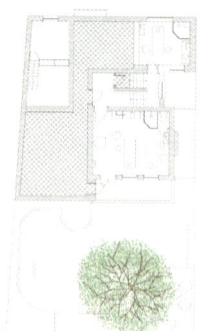

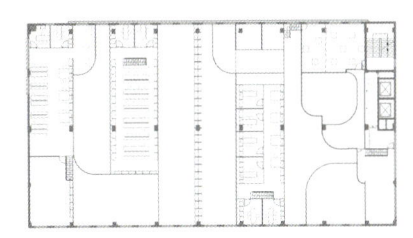

動きつづける中国で建築をつくる
Architectural Practice in Changing China

2階平面図

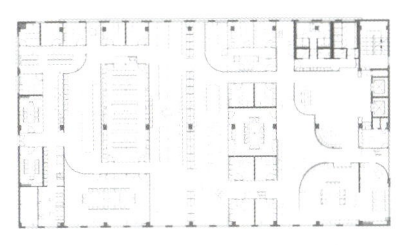

1階平面図

FUTOWN オフィス
FUTOWN Office（2012）

古い倉庫からアクセサリー会社のオフィスへのリノベーション。梁背が大きく2層にすると頭を打つため、2階は梁に沿ってプランニングされている。ゴールド塗装や、透明・不透明の波板ポリカーボネートを多用することで、高価な素材を使わず、いかに「豊富」さを獲得するかを模索したプロジェクト。
撮影＝ナカサアンドパートナーズ、図版提供＝KUU

INTERVIEW
佐伯聡子 + Kok-Meng Tan／KUU

ウス》とは異なり、今回はブロックを仕上げで隠す予定です。床から天井までガラスならガラス、壁なら壁と分けることを基本にして、場所によってはそうしたルールを崩しています。上海の古い家を改装する別のプロジェクトが平行してあるのですが、そこからもってきた古い円形の建具をこちらのプロジェクトに使っています。

――KUUのパース表現はとても独特ですね。平面的なイラスト調で、いわゆるCGレンダリングはあまり使っていないように思うのですが、パース表現にたいして何か特別なお考えがあるのでしょうか？

SA 中国には派手な色を使ったり、たくさんの素材を使ったり「装飾的なもの」を求める指向があります。それを象徴する言葉として、中国語で「豊富（フォンフー）」という言葉があります。

――中国では装飾的な建築が、設計が「豊富」だと評価されて好まれますよね。逆にミニマルな表現は設計が足りないと言われがちです。

SA 私たちのデザインはシンプルだと言われることが多いんですが、こういうパースを書き始めたのは、建築における「豊富」さを色や材料ではなく、もっと人のアクティビティや空間の構成にあるんだ、ということを伝えたいという思いからです。この画法は、もともと中国で「農民画」と言われているものを模倣しているのですが、そこで表しているには生活自体の彩り、楽しさだと思うのです。

TA パースというのは、そもそも建築家のリプレゼンテーションです。建築を写実するのがパースではなく、そこでの生活や、そこをどう使うかというストーリーを現すものだと思っています。中国では建築家が基本設計のフェーズまでしか関ることのできないケースが多いですが、このとき建築家の最終成果物はパースです。外観やインテリアの素材や形状を示して終わりです。でも本当はその先がとても大切ですよね。仕上げが大理石かどうかよりも、どのように使われるかということが重要。それをどうすれば伝えられるかを考えて、こういうパースを始めました。

SA もちろんこのパースが通用するときとしないときがあるのですが、私たちのクライアントは個人の方が多いので、通用する場合も多いです。実際には、クライアントの顔色を伺いながら、普通のパースもつくってますよ。

5. トレインイン

SA 《安吉ティーバレー》のクライアントとは、別の仕事も始めています。クライアントのお父さんがドイツ製の寝台車や中国製の食堂車をコレクションしていて、それらを置く場所をようやく見つけたということで始まったプロジェクトです。寝台車はそのまま宿泊施設として、食堂車はレストランとして使用します。すでに自分たちで電車の引き込み線やプラットフォームや屋根はほとんどつくってしまっていて、それで途中で不安になられたのか私たちに相談が来たんですね。私たちのタスクとしては、電車のインテリアと、レセプション機能をもつ新しい建築の設計でした。建築はメインの機関車や電車がよく見えるように薄くて背の高いガラスの建物にして、さらにそれをできるだけ敷地手前に配置することで、広場スペースをつくるというアイデアです。この広場には、高さの異なるテーブルや椅子をあちこちに配置して、実際に使用する人たちが、人数や気分によって座る場所を選べるようにしています。ガラス建築のエッジは、中庭の家具に合わせて凹凸させていて、広場や家具に寄り添うような存在にしています。

――半分新築、半分リノベーションのような変わったプロジェクトですね。KUUでは改築や内装も多く手がけられていますが、新築と改築や内装で取り組み方にちがいはありますか？

SA 私たちは制約や条件に基づいてものをつくっていくタイプなので、その制約や条件の量が多いか少ないかのちがいに過ぎないかもしれません。改装と新築、内装と建築という枠組みではとくにちがいはないですね。

6. FUTOWNオフィス

SA 《FUTOWNオフィス》は、古い倉庫をリノベーションしてオフィスにするプロジェクトです。クライアントはアクセサリーのデザインと販売をおこなう会社です。天井高は十分あるのですが、梁背が大きいために2層にすると梁に頭が当たってしまうため、梁と梁の間に2階をプランニングしています。通常のオフィススペースのほかにレセプションや展示スペース、大小ミーティングルーム、応接室等から構成されています。けっこう広さと高さがあったので、インテリアというよりも、建築的にあつかっていますね。廊下をつくり、そこから各諸室へアクセスしたり、通り抜けたり、歩き回れるようにしています。透明と不透明の2種類のポリカーボネートを使っているのは、面積が大きかったのでコストを抑える必要があったからです。

動きつづける中国で建築をつくる
Architectural Practice in Changing China

倉庫を改修してオフィスにする、というのは現在の中国ではトレンドになっています。黒く塗装された太い鉄骨でロフトをつくる、いわゆる「ロフト内装」のようなスタイルがあるんですけど、《FUTOWNオフィス》ではそれは避けようということで、部材はできるだけ細いものとし、塗装も黒ではなくゴールドにしました。アクセサリー屋だからといって大理石を貼るようなやり方で豪華さを演出するのではなく、ポリカのレイヤーだったり、照明のデザインを工夫することで「豊富」さを出そうとしています。照明器具は私たち自身でつくったものなのですが、同じデザインのものを天井から吊ったり、壁に取り付けたり、床に置いたり、さまざまな方法で用いています。シンプルなモチーフを繰り返し使うことで、贅沢な素材を使わずとも「豊富」さが生まれたように思います。

繰り返しとバリエーション。シンプルな物を使いながら、どのようにリッチにするか。空間的なリッチさという意味で、カーブを多用したプランニングも影響しているかもしれません。材料的にはものすごくチープなんですが、ある種のゴージャスさもある不思議な空間になりました。

TA 中国では綺麗なディテールで納めてくれる施工業者は非常に高額です。なので、普通の施工業者のラフなディテールでも効果を発揮するようなつくり方が重要になる。パーフェクトなディテールを追求することは中国では重要ではないと思っています。塗りムラがあっても良い、クラックしても良い。そういうつもりで素材を選んだりしますね。カーブをガラスやアクリルで実現させようとすると非常に高価になってしまうので、今回はポリカが活躍しました。パーフェクトではないですが非常に効果的な材料です。

7. 長楽路スパ

SA 《長楽路スパ》は、私たちのオフィスからも近い古い住宅の1階と2階の半分、庭の部分をスパにリノベーションするプロジェクトです。上階には人が住んでいます。住宅部はリノベーションで、庭の部分にはもともと建っていたバラックを建て替えた新築です。普通は庭に新築することはできないのですが、現在の上海のルールでは既存の建物がある場合はその位置を変えない限りは良いということになっていて、大きさと場所をほぼ同じにして立て直しています。このプロジェクトはそういう意味で少し変わっているのは、既存のバラックの配置を残してつくったので、擁壁に沿って建物が展開されています。普通はやはりセットバックしないといけないので敷地の真ん中に建物を配置することが多いのですが、これは既存の建物があったので、外壁から建て増されて中庭を残すように建てられています。なのでちょっとつくり方が特殊です。もともとあった木との関係と、入り口からの入り方や既存とメインの配置関係を考えながら、カーブでつなげるプランニングをしています。

——申請関係の緩さは中国の面白みと言えそうですね。日本であればルールがあれば絶対に従わないといけない。

TA そうですね。シンガポールでもありとあらゆる図面やディテールが建設が始まる前にチェックされます。そして一度申請したものは、後からはまったく変えられない。

SA これは、中国で建築をつくることの楽しさであり、難しさでもあります。つねにルーズなところを残しておかないといけない。設計もそうですし、事務所のフォーメーションにしてもそうです。だから、スタッフ一人ずつに担当物件がありますが、それぞれ何かあった場合には全員で動けるようにしています。そしてその何かが本当に起こるのが中国です。マインド自体もそれに対応できるように準備しておかないといけない。醍醐味でありつつ、大変なところでもあります。

面白いなと思うのは、建築がフィックスされた存在ではないことですよね。施工中でも、竣工したあとでも、クライアントが自分でじゃんじゃん手をくわえる。なので、もうメディアの方はお連れできないプロジェクトも多いです（笑）。「建築は手をくわえられてなんぼ」という捉え方もできますが、あまり極端な方向に変わってしまうと、やはり残念です。だから竣工した建物であっても、完全に完成された状態ではないんですね。それがそのまま何百年も何千年も残るという西洋的な建築の在り方とは全然ちがう。この点は意識しながら設計しています。それこそ、施工中に「ここは図面とちがうな」というところが出てきたとしても、図面と現場が一致しているかどうかなんて、誰にとってもあまり重要ではないのです。現場はつねに動いているから、それはそのときどきで誰かが判断して生まれたことで、その状況を私たちやクライアントがどのように引き受けていけるか、そういう考え方もあるような気がしています。

TA 模型やドローイングも常に動き続けます。ヨーロッパの事務所のように、ガラスボックスに入った模型や、サインと日付が入ったスケッチというのとは、少しちがうんですね。事務所も同じで、つねに動きつづけています。上海では、建築における「時間」の概念が少しちがうんじゃないかと思っています。

MAIL INTERVIEW

建築とその評価土台を設計する
Architectural Design and a Platform for Evaluating Design

ネリ&フー　Neri & Hu

[インタビュー・翻訳] 永田賢一郎

1
アメリカ時代

——まずはお二人の経歴についてお聞かせください。ネリさんは、カリフォルニア大学バークレー校を卒業したあと、ハーバード大学デザインスクールを卒業されています。当時はどういう意図でこの大学を選んだのでしょうか。

Lyndon NERI(NE) バークレー校は多くの理由から人気がある大学です。バークレーという都市は非常に活気に満ちた場所であり、1960年代の人権運動の発端となる抗議活動が行われたという、非常に重要な歴史もあるところです。芸術、科学の分野における創造的な思考も注目されていました。私が大学を受験したときは、アメリカでもっとも優れた建築学科としてあったので、自分にとって建築を学ぶにはふさわしいと思ったので、バークレー校に行こうと決意したわけです。ハーバードのデザインスクール(GSD)にその後進学したのも、最高の専門学校であるという評判があったからでした。すでに西海岸のバークレー校にいたので、それとは違う経験がしたいと思い、今までと異なる建築の理解の仕方が学べるのではと思って東部の学校へ行きました。これらの二つの学校はつねに私のなかで行きたい学校の上位でしたので、受け入れが決まったときは自然と行くことを決めていました。

——アメリカの東部と西部という両極に行くことで相対化しようとしていたのは面白いですね。一方、フーさんは、カリフォルニア大学バークレー校を卒業したあと、プリンストン大学大学院を卒業されています。

Rossanna HU バークレーについてはネリとまったく同じ理由です。プリンストンに行ったおもな理由としては、当時の大半の大学の建築の学部長がプリンストン出身であったことや、たくさんのアドバイザーから「教育者になるならばプリンストン大学がもっとも良い大学だ」と薦めてられていたことからです。当時のアメリカでの建築理論の教科書のほとんどがプリンストンの教授によって書かれたものでしたから、建築理論と建築史について、もっとも優れた大学であると感じていました。

——お二人とも、バークレー校時代には、マイケル・グレイヴスのもとにいたとのことですが、どういった経緯で彼のもとで働くことになったのでしょうか。またどのようなプロジェクトに取り組んでいましたか?

NE 最初のきっかけは本当に偶然ですね。でも、あとになって思い返してみると、当時のグレイヴスのスタジオが現在までで最高の環境だったと思うほど、素晴らしいスタジオだった。彼が教育者だったからというだけではなく、非常に学術的な研究も行っていましたし、何より教育方法がとてもオープンだったので、一緒に設計をする際も、非常に有意義な対話をすることができました。アジアとニューヨークでのプロジェクトが大部分で、そのほかにも世界中の仕事をしていました。設計スタイルについては、彼と私たちでは明らかに距離がありましたが、建築の本質的なものに関しては多くのことを共有していましたし、彼は非常に丁寧に教育してくれましたから、私たちは建築の思想や実務を始めるにあたって、今でも彼のやり方を手本にしています。

——お二人ともその後すぐには上海には来ずに、アメリカでしばらく働いていますね。アメリカに残ろうと思ったのは、どういった理由からでしょうか?

NE 大学院を卒業した後、私たちは実践的なトレーニングを積むためには、まずはアメリカでしばらく働かねばいけないと感じていたんです。専門的な環境が整っており、最高峰の環境で学ぶことがとても重要でした。当時は中国では建築の分野の土壌はまだ整っていなかったので、かりに早い時期に中国へ渡っていたとしたら、高いレベルでデザイン活動を実践していくのに必要な専門的な基盤を整えることができなかったと思います。

Neri & Hu

リンドン・ネリ(Lyndon NERI)とロザンナ・フー(Rossanna HU)によって2004年に上海にて設立された。ネリはカリフォルニア大学バークレー校を卒業後、ハーバード大学で修士号を取得。フーは、カリフォルニア大学バークレー校を卒業後、プリンストン大学で修士号を取得。2人はその後、おもにマイケル・グレイヴスに師事したのち、上海にて建築事務所を開いた。2006年には「デザイン・リパブリック(設計共和)」というデザイン会社も設立している。

2

ネリ&フーの設立

——2004年には、上海にてネリ&フーを設立されていますが、これを決意したきっかけは何だったのでしょうか?

NE 私たちはつねづね、アジアに戻ろうとは考えていました。とくにどこの国というわけではありませんでしたが。私はマイケル・グレイヴスのもとでアジアのプロジェクトのディレクターをしていたので、日頃から様々なプロジェクトでアジア中を動き回っていました。ロザンナも、その当時は数々のアジアプロジェクトに関わっていたので、アジアに関しては精通していましたし、地域に有力なコネもできていました。具体的に、中国へ移ろうという話になったのは、上海でのプロジェクトがきっかけでした。当時担当していたプロジェクトで上海に赴いていたのですが、そのときのクライアントが、私に上海への滞在を勧めたのです。最初は短期だったのが次第に長期滞在になっていき、そのあいだに、中国の建築事情がどんどん刺激的になっていくのを感じました。そしてその一部に私たちが貢献できるという感覚があったので、上海へ移転することを決めたのです。

——ネリ&フーはお二人でのパートナー制を採っていますが、この経緯をお聞かせください。事務所のなかでそれぞれ役割分担のようなものがあるのでしょうか?

NE 結婚していたので、それが一番都合がよかったのです(笑)。また互いに異なる強みがあるので、弱点を補い合えるというのもあって、共同でやることにしています。役割としては、私がたいていデザインを先導し、ロザンナが批評役とマネージャーをしてくれています。一緒にプロジェクトを進めていくというのは、もちろんほかの強みもありますし、たいていのことは共有していて、時間や有効性、興味によって有機的に動くようにしていますね。

——オフィスのことについて、もう少しお聞かせください。ネリ&フーのオフィスでは、海外のプロジェクトも多く、非常に国際色豊かな事務所のように見受けられました。現在、何人ほどのスタッフが事務所にいるのでしょうか。そして皆さん、どこの国から来ていますか?

NE 最近は非常に多くの国でプロジェクトが進行していて、「デザイン・リパブリック」という私たちが運営しているもう一つの事務所と合わせると、総勢90名ほどのスタッフがいます。私たちの設計オフィスでは、30以上の言語が飛び交っていますね。

——それだけ大勢かつ多国籍のスタッフがいて、どのようにプロジェクトをマネージメントしているのでしょうか? どのプロジェクトのデザインも施工精度も、クオリティが保たれているように見えます。エンジニアやデザイナーを所内で抱えているのでしょうか?

NE エンジニアは抱えていませんよ。シニアスタッフが所内でスタジオを抱えて、プロジェクトをコントロールしているんです。ときどき、デザイナーとプロジェクトマネージャーを変えることがありますが、基本的にはないですね。

——中国ではデザインと施工のクオリティを維持するのがとても難しいと思うのですが、どのようにコントロールしているのでしょうか?

NE つねに最高のクオリティを主張し続けることです。最高のものを提供できるように、関わるすべての人と戦い続けることですね。施工現場をマネージメントするときは、つねに細部にまで非常に細心の注意を払い、すべての過程において一番上に立つように心がけています。現在の中国では細かい点まで管理することがクオリティの高い仕事をするための唯一の方法でしょう。

―― 先ほど、グレイヴスのやり方は、現在でも手本にしていると仰られました。お二方はアメリカから上海に渡ってきたわけですが、設計をするにあたり、アメリカ時代の経験やグレイブスから受けた影響というのは、具体的にどんなところにあるとお考えですか？

NE 日頃から私たちは、世俗的で何気ないものから、とても刺激を受けています。上海の都市としての構造自体がそういう性格のものだからというのもありますが、日々の生活はとても刺激的です。私たちは西洋の伝統的な建築教育を受けてきましたので、根幹には「西洋的なもの」があるのですが、文化的にはとても中国的なところがありますし、仕事をしている場所が中国であるということは、際立って影響しています。私たちはプロジェクトの行われる場所のローカルな文化を調べることも好きですから、中国のどこで仕事をするかということについても、非常に影響されます。マイケルからはデザインもそうですが、本当に多くのことを学びましたけれど、設計のスタイルとなると、やはり全然異なるスタイルでやっていると思います。

―― 西洋的な思想と東洋的な習慣がぶつかるというのは、上海という都市の特徴として、そのまま当てはまりそうですね。そういう意味では、ネリ＆フーは非常に「上海」的な建築家なのだと思うのです。上海は中国のなかでもとくに国際的で勢いのある都市ですが、お二人にとっても、この場所に拠点を置くということは重要なことなのでしょうか？

NE 上海での生活というのは、当然私たちが暮らしてきたほかの街とは全然違います。移動することひとつとっても、交通の便がとても悪く、移動すること自体がチャレンジングだったりもします。でも同時に、それは都市が非常に活発で、突発的であることも意味します。また、上海という都市は、中国と世界をつなぐ「窓」のような役割を果たしていることも重要なポイントです。私たちは、新しい中国には、世界の様々なことを取り入れ、世界にそれらを提示する必要があると信じていますし、上海はそういう場所であると思っているのです。

―― たしかに、上海という環境はとても刺激的ですね。新旧入り交じる文化に加えて、20世紀の租界時代の影響もある。街中では、非常に多くの外国人を見ますが、とくにネリ＆フーの建物のなかでは多くの外国人と出会う気がするのですが、何かインターナショナルな視点というのを特に気にしていることはあるのでしょうか？

NE そこについては、あまり深く考えてはいません。おっしゃるとおり、上海という都市自体がそもそも外国人の多い都市です。だから、私たちのプロジェクトだから、という特別なことではない気がします。

3
デザイン・リパブリックとは何か

―― 先ほどお話にも出てきた「デザイン・リパブリック」についてお伺いします。設計事務所として「Neri&Hu」を立ち上げた2年後の2006年に、お二人はデザイン・リパブリック（設計共和）というデザインカンパニーも立ち上げていますね。この会社は、デザインプロダクトの流通や国外デザイナーの紹介などを行っています。このように、並行して2つの会社を運営するスタイルは珍しいと思うのですが、どういった経緯で設立に至ったのでしょうか？デザイン・リパブリックのコンセプトとは？

NE デザイン・リパブリックは生活とスタイルの新たな誕生を意味しています。根幹にあるのは「生活の共和国」というテーマで、住むことに関わるもの同士の関係性を通して、「もの」のもつ意味と理解を深めようとしています。人と、日常的に使われるもの（皿、ティーカップ、椅子など）の関係性を探求しているのです。また、新しいスタイルのデザイン、小売り、流通の概念から、新しいスタイルの生活を作るという考えのもと、現代中国の独特の美学を具現化すべく「スタイルの共和国（リパブリック）」という意味も持たせています。古いものと新しいもの、伝統的なものと現代的なもの、贅沢なものと簡素なものという古典的な境界を曖昧にし、ダイナミックなデザインプラットフォームを作ろうとしているのです。

というのも、上海は経済的に急激に景気づいていましたが、デザインに関してはまるで真空状態で、私たちは社会全体がデザインに対する意識を高める必要があると真剣に感じていたんですね。なので、まず「デ

ザインのプラットフォーム」を立ち上げること意図したんです。デザイン・リパブリックでは、素晴らしいデザインが展示され、売られ、またそれについて楽しんで議論がなされて、誰でも学ぶことができる場所になる。世界中の最高の製品を持ってくることで、うまくいけば、いずれは世界に中国の最高の製品を持っていけるようになると思っています。

——デザイン・リパブリックを通して、デザインの啓蒙活動を行っているということですね。ソフトとハードの両方のプラットフォームを自分たちで作るというのが非常に面白いです。上海市内にも、いくつかお二人みずからが手がけたデザイン・リパブリックのストアがありますが、設計事務所としてのネリ&フーと、デザインカンパニーとしてのデザイン・リパブリックは、相互に影響を与え合っているのでしょうか?

NE ネリ&フーとデザイン・リパブリックの両方の会社は密接にリンクしていますが、非常に異なるやり方でそれぞれ顧客にサービスを提供しています。フロアも分かれていますし、スタッフもそれぞれ別です。デザイン・リパブリックでは、私たちは卸売業者ではなく、小売をするためのプラットフォームだと考えていて、繰り返しになりますが、そこでデザインの素晴らしさが展示され、売られることで、人々が楽しみながら論じたり学んだりできる環境になれば良いと思っています。

——デザイン・リパブリックという場所は、設計事務所のようにある特定の個人のクライアントがいるのではなく、不特定多数の一般客を相手にするという点で、ある意味社会全体の流れを見ることができる場所だと思います。実際に運営をしている立場として、中国国内の人々のデザインに対する意識はどのように感じますか?

NE 中国国内、特に上海の人々は、デザインを理解するよりも「流行」に対する理解を深めていると思います。彼らがデザインに対して成熟した理解ができるようになるにはまだまだ時間がかかると思います。ただ、その時期は遅かれ早かれやって来るでしょう。すでに急速に変化しているので、やがて世界中のほかの場所と同じように、またはそれ以上にデザインを成熟させ、重要なものにしていくことを、このプラットフォームでは望んでいます。これは、おそらく若いデザイナーたちを勇気付けることにもなるでしょうし、中国から世界にむけて最高のデザインを発信することにもなるかもしれません。一般の人々のデザインに対する理解と鑑賞に役立つ何かになることを期待しています。

——社会全体のボトムアップを図ろう、というのは、建築家のひとつの役割ですね。社会全体に影響を及ぼす方法のひとつとしては、ほかにメディアの存在があると思います。中国国内のデザイン雑誌だけではなく、海外の雑誌や多くのウェブ・メディア、シンポジウムなどで、ネリ&フーの作品やレクチャーを多く見かけますが、メディア戦略についてはどうお考えでしょうか? デザイナーや建築家のなかには、メディアをきわめて有効に利用する人たちもいて、お二方もとてもうまく使われているように思いますが。

NE 私たちはなるべく、メディアに関しては見ないように、考えないようにしているんです。なぜなら、それはまったく別のフィールドだと思っているからです。私たちのフィールドは実際のデザインであり、実際の建築であり、実際のプロジェクトです。良い仕事ができれば、メディアにどう捉えられるかは、あまり重要なことではありません。

——私は実際に上海で仕事をしていたとき、建築が写真やイメージだけで語られる場面に多く出会いました。中国社会全体が即効性を求めるなかで、そういった建築の消費のされ方は非常に危ういものであるように感じました。実物としての建築の設計と、実物のデザインを見せる「場所づくり」という、ふたつのオフィスを並走させるお二方のスタンスは、中国で活動する建築家として、広範囲に参考になり得るものだと思えます。

NE ある場所で何かに貢献できるとすれば、それは圧倒的な量のマスによってなされるのであり、個人で何かができるということはなかなかないと思っています。そのなかで、私たちを少しだけユニークな存在にしてくれているものがあるとするならば、それは私たちの仕事や信念を突き動かす「理想」だと思っています。しかし、残念ながら、ここ上海で働くたいていの専門家がとっくに理想を描くことを放棄してしまっています。それでも、私たちは、現在でも建築が「ちがいをつくる」ことができる力を持っていると信じています。

The Waterhouse at South Bund

黄浦河を目の前に建つ南外灘のホテル。その象徴ともとれるコールテン鋼のボリュームは船着場であったこの地の記憶を残す。ボロボロのコンクリートの躯体と錆びた鉄骨の中に、アクセントとしてモダンな家具や空間を配置することで既存と改修部分のコントラストに相乗効果を与えている。

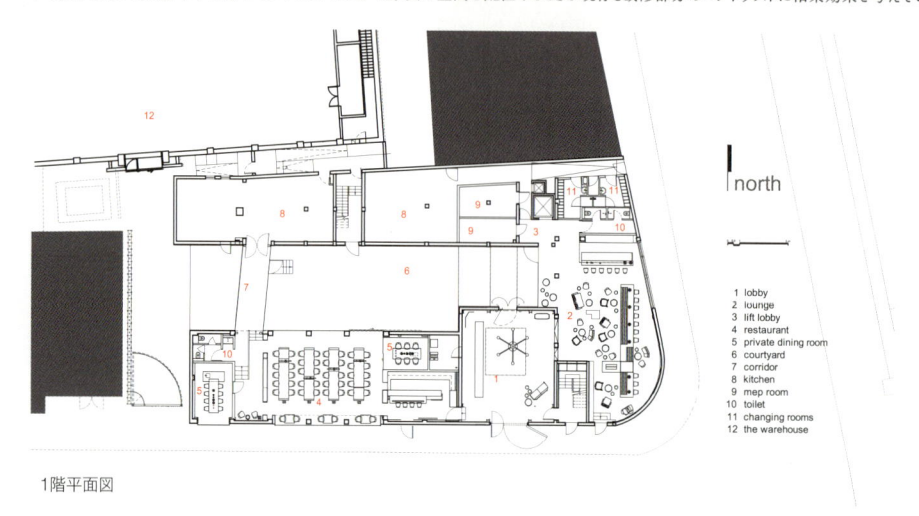

1 lobby
2 lounge
3 lift lobby
4 restaurant
5 private dining room
6 courtyard
7 corridor
8 kitchen
9 mep room
10 toilet
11 changing rooms
12 the warehouse

1階平面図

断面図

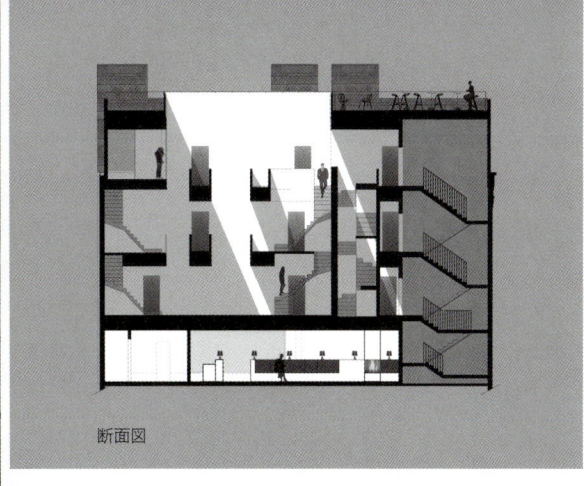

1. 外観
2. 中庭
3. 屋上
4. 受付
撮影=Derryck Menere

建築とその評価土台を設計する　Architectural Design and a Platform for Evaluating Design

ネリ&フー　Neri & Hu

73

デザイン、リサーチ、プロモートを兼ねる

文＝永田賢一郎

　上海の中心を流れる黄浦江を一望できる南外灘に一軒のホテルがある。錆びたスチールに割れたタイル、外装材が剥がれてむき出しになったコンクリート躯体の上に、ひときわ目立つ赤茶色のコールテン鋼のボリューム。解体現場のような荒々しい表情の残る租界時代の建物を、最先端のホテルへと昇華させたこの《ウォーター・ハウス》(2010)で、ネリ＆フーは一躍有名になった。

　ネリ＆フーは、ハーバード大学大学院を出身校とするリンドン・ネリと、プリンストン大学大学院で都市計画科を修了したロザンナ・フーによって創設された。2人はともにマイケル・グレイブスに師事し、ニューヨークでもいくつかの事務所で勤務している。2004年より上海に拠点を構え、建築事務所としては設立10年目であるが、スタッフの数は90名以上、30以上の言語が飛び交う国際的な事務所となっている。プロジェクトも、国内外において家具やインテリアからマスタープランまでをじつに幅広く手がけていて、その活動は建築雑誌やウェブサイト、展覧会などの多くのメディアに登場している。現在の中国において対外的にもっとも成功している建築事務所のひとつと言えるだろう。

　上海という地域は、租界時代の影響を今なお色濃く残しつつ、近年の経済成長にともなう急速な開発がほどこされることで、「過去」と「未来」が同時に存在するような状況を作り上げている。外灘を訪れれば、川の両側に広がる対比的な建物群に、上海の歴史性と地域性、将来性と国際性を同時に見ることができるだろう。ネリ＆フーはこうした上海の特性に注目し、「デザイン・リサーチ・オフィス」として、多方面からのリサーチをおこないながら設計活動を進めている。プロジェクトの種類、場所、規模ごとに、歴史や文化といった各々の背景から素材、ディテールにいたるまでを徹底してリサーチしたすえに導き出される彼らのデザインは、きわめて現代的なスタイルであるにも関わらず、上海がもつ「raw(生々しい)」な空気感を建築にまとっていて、街のなかに自然に存在することを可能にしている。

　外灘のイタリアンレストラン《MERCATO》(2012)や《THE COMMUNE SOCIAL》(2013)は、古木や金属板やタイル、細かいディテールの金物などを組み合わせて用いており、素材のもつ粗い物質感と技巧的なディテールが、中国の風土や職人文化にうまく馴染んでいるように見える。

　ネリ＆フーのデザインは新しいものと古いものを対比的に見せる点も特徴的である。1910年代にイギリスによって建てられた警察本部跡を改修した《Design Republic Design commune》(2012)では、既存のレンガ造をガラスとスチールで覆い、朽ちた内壁からむき出しになった木組をそのまま間仕切りとして残している。彼らのオフィス《Neri&Hu and Design Republic》(2009)や、ロンドンで進行中のホテルプロジェクトでも、新しく手を加えるファサードはなるべくフラットでミニマルな仕上げを施すことで、逆に、組積のレンガや木材といった時間を経た素材独特の細かく不均一な表情が際立つように仕向けている。こうすることで建物がもつ生々しい質感を際立たせ、そこに培われた歴史を浮かび上がらせるのである。

　彼らの手法は「サンプリング」とも呼びうるだろう。単に古いものの再利用や再構築を越え、その場所の持つ歴史性を呼び覚まして、あらたに息を吹き込む。このような対比の手法は彼らの建築写真にも見て取れる。真ん中で半分に切り分けられたかのようにセンターラインが強調された独特の写真構成を彼らはよく使うのだが、空間性よりもそこに配置されている素材の組み合わせやディテールを際立たせる。厚みを見せず、面と線を際立たせるこの写真構成は、素材の表情を最大限に引き出していると言える。

　設計活動のかたわら、デザインカンパニー「デザイン・リパブリック(設計共和)」という会社も2006年に立ち上げ、世界中の優れたデザイナーズプロダクトを紹介・販売するストアを展開するとともに、外国人デザイナーを招集しシンポジウムをおこなうなど、中国国内におけるデザインのプラットフォームとして積極的な活動を進めている。中国の乱開発やデザインに対する意識の低さを世界という枠組みの中で相対化させ、そのレベルを引き上げようとしているわけだ。

　設計事務所とデザインカンパニーというふたつの組織を立ち上げ、相互に補完しあう仕組みを作り上げたネリ＆フーの活動は、デザイナーや建築家といった職業の役割が広く認知されていない中国において、その可能性を十分に感じさせるものである。

CAMPER 2013

上海市内に2013年にオープンしたCAMPERの旗艦店。上海の典型的な「弄堂=ロンタン」と呼ばれる入り組んだ路地にインスピレーションを受け、既存の倉庫のシェルにレンガや木材張り2階建ての家の形式を挿入し、建物をふたつに分割した縦断面をファサードとして見せている。

1. シューズが天井から吊るされる空間
2. 内部の吹抜け
3. エントランス
撮影=Dirk Weiblen

MAIL INTERVIEW

Design Republic's Design Collective

上海郊外の都市、青浦に建つ「デザイン・リパブリック」のストアの入る建物。グラフィックが施されたカーボンファイバーのパネルで覆われた外装とは一転、内装は白を基調とした空間を自由につなぐ階段が印象的な空間が広がる。

1. 外観
2. 内観
3. 階段
撮影=Shen Zhonghai

The Black Box

上海市内の租界エリアに建つ5階建の建物を改修したネリ&フーの拠点となるオフィスビル。開口部が押し出されたメタルパネルのブラックボックスを支える木製ファサードの基壇の部分には「デザイン・リパブリック」のストアが入る。

1. 外観
2. 内観
撮影=Derryck Menere(1), Tuomas Uusheimo(2)

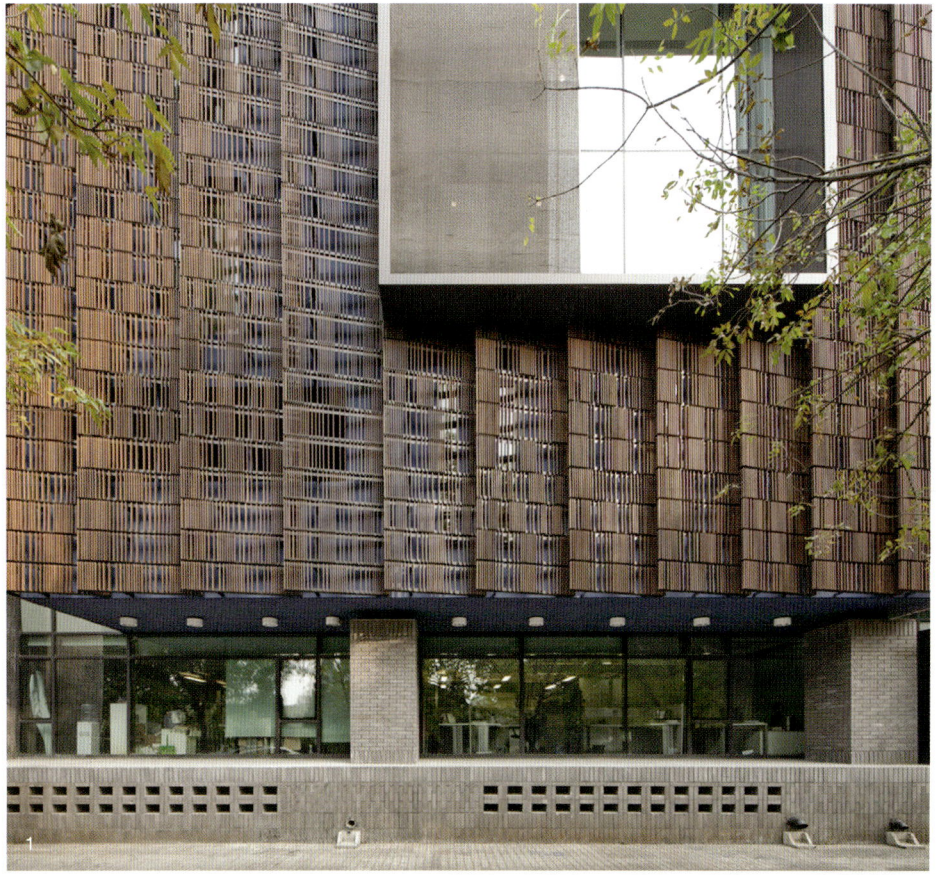

Yingjia Club

中国万科の北京本社内に建つ5階建ての多目的VIPクラブ。北京の伝統的な住宅のもつ中庭形式を用い、パブリック空間とプライベートな場所を道によってつないでいる。トンネルのような暗い入り口を通って2層分の吹き抜け空間へと導かれるように、訪れる人が歩きながら空間の展開を感じられるようにデザインされている。

1. 外観
2. 内観
3. 階段
撮影=Shen Zhonghai

〈集群設計〉プロジェクトリスト

A 内モンゴル自治区オルドス市
《オルドス100》, 2008 → 詳細 1
《オルドス20+10》, 2010 → 詳細 2

B 北京市
《長城脚下公社》, 2001-2002 → 詳細 3
《永豊科技園用友軟件園》, 2004-
クライアント　用友軟件会社
参加建築家　張永和ら中国人建築家4組
北京市郊外に計画された企業オフィスの集合開発

C 寧夏省銀川市
《賀蘭山房》, 2002-04
クライアント　寧夏民生房地産開発有限公司
参加建築家　中国人アーティスト12名
ディベロッパーによる別荘地開発だが、建築家ではなくアーティストに設計が依頼されている

D 河南省鄭州市
《鄭州鄭東新区CBD副中心》, 2001-
クライアント　市政府
参加建築家　SANAAや張雷ら
黒川紀章から磯崎新へと引き継がれた鄭州市の新区開発。如意型の湖を中心に、高層建築群が計画

E 上海市
《青浦区営造》, 2004-
クライアント　区政府
参加建築家　大舎建築ら国内外の建築家多数
建築学科出身の政府高官の意向のもと、従来の都市開発とは異なり、アトリエ建築家が積極的に起用されている

《九間堂別荘区》, 2002-2005
クライアント　上海証大三角州置業有限公司
参加建築家　磯崎新ら国内外の建築家6組
上海東部郊外にあるアートセンター内に計画された別荘地の開発計画

F 江蘇省南京市
《中国国際建築芸術実践展》, 2004- → 詳細 4

G 浙江省金華市
《金華建築芸術公園》, 2004-2005 → 詳細 5

H 四川省都江堰市
《青城山中国当代美術館群》(2007-)
クライアント　市政府
参加建築家　劉家琨ら中国人建築家9組
8人のアーティストのための独立博物館を含む、計10棟のアート施設の建設計画

I 四川省成都市
《建川博物館集落》, 2003- → 詳細 6

J 浙江省杭州市
《良渚文化村玉鳥流蘇》, 2004-
クライアント　万科集団
参加建築家　張雷ら中国人建築家4組
巨大遺跡のある良渚区において、大手デベロッパー万科によって開発された宅地内に設置された商業施設群

《西溪国家湿地藝術村》, 2008-
クライアント　市政府
参加建築家　王昀ら中国人建築家12組
文化施設のあつまる湿地帯に建設された別荘開発

《鴻茂八墅》, 2010-
クライアント　浙江鴻茂股份集団
参加建築家　古谷誠章ら国内外建築家6組
2010年ヴェネツィア建築ビエンナーレでも展示された別荘地開発。キュレーションを担当したのは方振寧

K 広東省東莞市
《松山湖科技産業園区》, 2001- → 詳細 7

L 天津市
《于家堡中心商業区》, 2008-
クライアント　市政府
参加建築家　崔愷ら9組の中国人建築家
天津新区中に用意された9つの正方形敷地に9つのオフィスが計画。マスタープランはSOM

《半山人家—天津ハウジングプロジェクト》, 2004-
クライアント　不明
参加建築家　西沢立衛ら5組の日本人建築家
天津市郊外に計画された戸建住宅とアパートからなる宅地開発。マスタープランは山本理顕

M 台湾台北市
《ネクストジーン20》, 2008-
クライアント　台湾捷年集団
参加建築家　外国人と台湾人が各10組ずつ参加した隈研吾ら20名の建築家に、それぞれ1棟ずつ住宅を作らせる宅地開発

蒐集される外国人建築家たち
《オルドス100》とは何だったのか?

A Study on a Collecting Star-chitects in China, 2000-10　What was《Ordos 100》?

市川紘司　Koji ICHIKAWA

〈集群設計〉の中国建築ゼロ年代

　中国建築にことさら注目していなくとも、《オルドス100》というプロジェクトの存在を耳に挟んだことのある人は、わりあい多いのではないかと想像する。

　《オルドス100》は、内モンゴル自治区オルドス市に100名の非中国人建築家を集め、1,000㎡のヴィラを100棟、建設しようともくろんだ計画だ。北京オリンピックが開催され、四川大地震が起こった2008年に、アイ・ウェイウェイとヘルツォーク&ド・ムーロン(HdM)が音頭を取ることで、進められていた。

　この《オルドス100》は、今から見れば、ゼロ年代における中国現代建築の盛り上がりを体現したような計画であった。1990年代後半からゼロ年代の中国では、加速する経済成長やオリンピック開催などを背景にして、外国人建築家によるド派手なプロジェクトがつぎつぎと立ち上げられていた。1998年に国際コンペが開催された《国家大劇院》(勝ったのはフランスのポール・アンドリュー)にはじまり、OMAの《中国中央電視台(CCTV)》、HdMの《北京国家体育館(鳥の巣)》、あるいはその他名立たるスターアーキテクトたちが、ゼロ年代なかばまでに、中国にてプロジェクトを多数抱えるようになった。

　こうした中国建築を取り巻く新しい状況は、驚嘆半分、揶揄半分に、〈外国人建築家たちの実験場〉と評されることが多いのだが、そのゼロ年代中国建築の〈景気の良さ〉が端的に刻印されているのが、世界中から100名の建築家を大集合させる誇大的計画の《オルドス100》であったと言えるだろう。

　しかし、じつは、《オルドス100》のように建築家を多数集結させるプロジェクトは、オルドスに限らず、ゼロ年代の中国のあちこちで立ち上げられていた。左の地図を見て欲しいのだが、筆者が調べただけでも、台湾を含めると18個もある。クライアントは政府かデベロッパー、用途は別荘というのがもっとも多い。

　建築家を集めるこれら大規模開発は、中国では〈集群設計〉と呼ばれ、すでに〈中国ゼロ年代建築〉に特徴的な現象の1つとして認知されており、研究論文もいくつか発表されている。

　以下のページは、筆者が実際におとずれた〈集群設計〉の現状をレポートである。ゼロ年代に喧伝された〈イケイケ〉な中国現代建築の、2013年時点での状況を理解するのに役立つことができれば幸いだ。

79

オルドス100
Ordos 100

敷地	内モンゴル自治区オルドス市
時間	2008
面積	197ha
クライアント	内モンゴル自治区オルドス市江源水工程有限公司
マスタープラン	アイ・ウェイウェイ＋ヘルツオーク＆ド・ムーロン（スイス）
参加建築家	アレハンドロ・アラヴェナ（チリ）、アトリエ・ワン（日本）、Coll-Leclerc（スペイン）、マス・スタディーズ（韓国）、五十嵐淳（日本）、テリトリアル・エイジェンシー（スイス）、JDS アーキテクツ（デンマーク）、MOSアーキテクツ（アメリカ）、NL アーキテクツ（オランダ）、スミルハン・ラディック（チリ）、藤本壮介（日本）、R&Sie(n)（フランス）等

　内モンゴル自治区オルドス市は、石炭の産出によって、2000年代に急成長をとげ、不動産投機が強烈に盛り上がった場所である。旧市街地とは別に用意された〈カンバーシ新区〉には、超巨大な広場を軸線として、これまた超巨大な市政府ビルや諸々の文化施設が配置されている。

　ただし、大量に建設された高層住宅は明らかに供給過多であり、投機目的の購入者ばかりであるため、都市の巨大スケールとは裏腹に人影は少ない。その姿は〈ゴーストタウン〉とたびたび形容されてきている。

　《オルドス100》が計画されたのも、この〈カンバーシ新区〉だ。200ha近い敷地を区分けして、100組の建築家に、100日間かけて、1,000㎡のヴィラを計100棟設計させている。

　しかし、現在敷地に行っても、そうした計画の壮大さは微塵も感じることができない。なにせ敷地は造成すらおこなわれていない。近くには、《オルドス100》に付随して計画されたホテルやレストラン、それといくつかの戸建て別荘などが見られたが、どれも建設途中で放棄されているような状態であった。プロジェクトは完全に立ち消えになってしまっているのだろう。

　《Ordos100》というアイ・ウェイウェイによるドキュメンタリー映像がYouTubeに公開されているのだが、それを見てみると、設計アイデアを統制するキュレーションの不在や契約内容の不整理など、プロジェクトはその開始当初から問題が山積みであったようだ。結果的には、各建築家が制作した建築模型が、《オルドス美術館》に収蔵されるのみとなっている。

●1-1 《オルドス100》近くに建設された《オルドス美術館》（徐甜甜, 2007）。内部に入ることはできなかったが、ガラス越しに《オルドス100》の建築模型が展示されているのを確認できた。　●1-2 《オルドス100》近くに建設されている戸建ての別荘《デューン・ハウス》（HHFアーキテクツ）。その他にも、いくつか躯体が建ち上がった施設があるが、どれも竣工を待たずに放棄されている。　●1-3 《オルドス100》の敷地。ゆるやかに傾斜する砂丘に草木が茂った状態のまま。

オルドス20+10
Ordos 20+10

敷地	内モンゴル自治区オルドス市
時間	2010-2011
面積	120ha
クライアント	区政府
マスタープラン	斎欣＋単軍＋李興剛＋梁井宇＋孫煊＋張悦
参加建築家	ビュー・アンリミテッド・ランドスケープアーキテクツ、崔愷、崔彤、大舎建築、胡越、湯樺、李興剛、梁井宇、劉域、馬清運、齊欣、単軍、孫煊、王輝、王路、王昀、張雷、張永和、張悦、周愷、朱锫、松原弘典（日本）、アルカエア（イタリア）、NEXTアーキテクツ（オランダ）、BYN（スペイン）、レッドハウス（ベネズエラ）、ティム・ヒース（イギリス）、GRAFT（ドイツ）、PLASMAスタジオ（イギリス）、プレストン・スコット・コーエン（アメリカ）、ハイリム・ス＋ネイダー・テラーニ（アメリカ）

《オルドス100》が頓挫したあと、オルドスにて新しく計画されたオフィス開発である。敷地は《オルドス100》が予定された〈カンバーシ新区〉北部にある東勝区。クライアントとなったのも区政府である。プロジェクト名称に含まれている〈20+10〉とは、2010年という時間と、中国人20組・外国人10組という参加建築家の割合を示している。

この《オルドス20+10》は、さまざまな意味で《オルドス100》と対照的である。まず、参加建築家の2/3を中国人が占めていること。そして外国人建築家についても、中国支社を持つような、中国経験が豊富な面々がセレクトされている。実際の設計案の制作についても、キュレーションチームを組織して、容積率や分棟形式に関するものなど、非常にこまかな建築的ルールが設定されている。これらのルールは、崖をふくむ起伏に富んだ敷地形状を考慮しながら適用されている。

いわば、《オルドス20+10》は、《オルドス100》の失敗をかんがみた堅実な計画であったのである。しかし、比較的に〈堅実〉とは言っても、結局は大言壮語なビッグプロジェクトに変わりはない。2013年5月に筆者が訪問したさいには、路面が舗装され、躯体が一部で建ち上がったまま、工事はストップされていた。

●2-1 完全に更地であった《オルドス100》であったが、《オルドス20+10》は一応着工はされ、実現に向けて具体的に動き出していたようである。ただし現在は工事途中段階でストップしていて、この写真のようにフレームが作られたまま放置された建築がいくつか敷地内に散在される有り様であった。　●2-2 建物だけでなく、動線である道路も一部舗装されている。ところどころに「立入禁止」の文字が。　●2-3 《オルドス20+10》の敷地は起伏が激しく、諸々の建築ルールもこの起伏を活かすように設定されていた。

長城脚下公社
Commune by the Great Wall

敷地	北京市
時間	2001-2002
面積	80,000㎡
クライアント	SOHO中国
マスタープラン	厳迅奇（香港）
参加建築家	アイ・ウェイウェイ
	ゲイリー・チャン（香港）、坂茂（日本）、承孝相（韓国）、崔凱、厳迅奇（香港）、簡学義（台湾）、安東、隈研吾（日本）、カニカ・ラクル（タイ）、ケイ・ニー・タン（シンガポール）、古谷誠章（日本）、張永和

北京市北部、〈万里の長城〉近くの山中に計画された別荘開発である。12組のアジア人建築家によって、1棟のクラブハウスと11棟の別荘が設計・建設された。ドイツの管理会社によって現在もきちんと管理されており、ブティックホテルとして、一般客が宿泊することも可能となっている。

《長城脚下公社》としてつくられた建築物のうち、とくに隈研吾による《竹屋 great(bamboo)wall》は、日本のテレビCMからチャン・イーモウによる北京オリンピックの映像にも用いられるなど、人気が高く、これまでにいくつものメディアに登場している。ちなみに、〈アジア人建築家〉という枠組みに注目するプロジェクトでありながら、中国本土からの参加建築家は張永和と崔凱の二人のみ。2000年代前半における中国人建築家の不作的状況が読み取れるだろう。

もともとのプロジェクト名は〈建築師走廊〉であった。このことからも分かるとおり、施主であるSOHO中国には〈建築家作品を集める〉という明確な意図が当初からあった。《長城脚下公社》によって、SOHO中国CEOのジャン・シンは、2002年ヴェネチア建築ビエンナーレの〈建築芸術促進賞〉を受賞している。そして2010年代現在も、ザハ・ハディドら外国人建築家たちを積極的に起用しながら、大規模開発を数多く進めることで、中国都市の空間やイメージの刷新を試みている。

《長城脚下公社》の成功は、建築家の手がける〈建築〉が有するさまざまな価値を中国の開発業界に気付かせるには充分であった。中国における〈集群設計〉ブームの実質的な引き金となったプロジェクトだと言えるだろう。

●3-1《スーツケースの家》張智強 ●3-2《竹の家具の家》坂茂 ●3-3《クラブハウス》承孝相 ●3-4《三号別荘》崔愷 ●3-5《怪院子》厳迅奇 ●3-6《飛行場》簡学義 ●3-7《キャンチレバーハウス》安東 ●3-8《グレート（バンブー）ウォール》隈研吾 ●3-9《シェアードハウス》カニカ・ラクル ●3-10《ツインズ》陳家毅 ●3-11《水関の家》古谷誠章 ●3-12《スプリットハウス》張永和

金華建築芸術公園
Jinhua Architecture Park

敷地	浙江省金華市
時間	2004-2005
面積	15ha
クライアント	金華市金東新城区建設委員会
マスタープラン	アイ・ウェイウェイ＋ヘルツォーク＆ド・ムーロン
ランドスケープ	アイ・ウェイウェイ
参加建築家	ティル・シュヴァイツァー(ドイツ)、クリスト＆ガンテンバイン(スイス)、タティアナ・ビルバオ(メキシコ)、HHFアーキテクツ(スイス)、劉家琨、徐甜甜＋王興偉、ブフナー＆ブリュンドラー(スイス)、丁乙＋陳叔瑜、王澍、アイ・ウェイウェイ、森俊子(日本)、エアナード・キンツェルバッハ(ドイツ)、FUNデザイン(オランダ)、フェルナンド・ロメロ(メキシコ)、ヘルツォーク＆ド・ムーロン(スイス)、マイケル・マルツァン(アメリカ)、張永和

浙江省のいち地方都市である金華市が、新区の建設に際して文化的な要素を交えるために建設した公園。市街地を区切る河川に沿って、幅80m長さ2.2kmの敷地に、17組の建築家がパヴィリオンを手がけている。

《金華建築芸術公園》のそもそものきっかけは、父親が金華出身であるアイ・ウェイウェイが、公園のランドスケープや商業センターのマスタープランなどを制作していたことにある。そのアイのもとに、陶器美術館の設計が依頼され、それでは国外建築家を多数起用して建築公園をつくろうというアイの提案から、この公園の計画はスタートした。

起用された建築家は、ヘルツォーク＆ド・ムーロンやフェルナンド・ロメロなど豪華そのもの。これはアイの人脈によるものだろう。つくられたのは、明確な目的性が薄いパヴィリオン建築であるため、参加建築家はかなり自由に、言ってしまえば〈アーティスティック〉に作品を展開している。

ウェブ上では、イワン・バーンによる綺麗な竣工写真が公開されているのだが、筆者がここを訪れた2012年1月には、その様子は完全に〈廃墟〉と言うべきものであった。

メンテナンスは完全に放棄されていて、張永和による《総合空間》にいたっては、出稼ぎ労働者の住宅と化していた。鉄道駅からこの公園に行くためにタクシーに乗っても、誰もこの公園の存在自体を知らない有り様である。その後ほどなくして、3,000万元をかけたぜいたく公園が廃墟化しているとして、中国のニュースにも取り上げられていた。

●4-1 義烏江沿いにつくられた全長2.2kmの《金華建築芸術公園》 ●4-2《マルチメディア空間》エアナード・キンツェルバッハ ●4-3《展示ルーム》タティアナ・ビルバオ ●4-4《ブリッジ茶室》フェルナンド・ロメロ ●4-5《総合空間》張永和 ●4-6《トイレ》徐甜甜＋王興偉 ●4-7《茶室》劉家琨 ●4-8《レストラン》FUNデザイン ●4-9《考古学アーカイヴ》アイ・ウェイウェイ ●4-10《読書空間》ヘルツォーク＆ド・ムーロン

中国国際建築芸術実践展
China International Practical Exhibition of Architecture (CIPEA)

敷地	江蘇省南京市
時間	2004-
面積	20ha
クライアント	南京四方建設会社
キュレーション	磯崎新＋劉家琨
マスタープラン	エキスティクス都市計画事務所（カナダ）
参加建築家	スティーヴン・ホール（アメリカ）、磯崎新、劉家琨、エットレ・ソットサス（イタリア）、周愷、馬清運、SANAA（日本）、張雷、マティアス・クロッツ（チリ）、ヒューボ・ニレッジ（クロアチア）、デヴィッド・アジャイ（イギリス）、ルイス・マンシラ（スペイン）、ショーン・ゴッドセル（オーストラリア）、オディール・デック（フランス）、劉珩（香港）、姚仁喜（台湾）、ガボール・バックマン（ハンガリー）、湯樺、王澍、アイ・ウェイウェイ、張永和、崔愷、アルベルト・カラッチ（メキシコ）、サナクセナホアーキテクツ（フィンランド）等

南京の中心市街地から、西に向かってバスに揺られること2時間程度。国家森林公園近くの山中に建設されたのが、《中国国際建築芸術実践展》である。木々が豊かに生い茂る傾斜地に、佛手湖を取り囲むようにして、4棟の公共施設と、20棟の別荘が散在的に計画されている。

〈建築芸術実践展〉というプロジェクト名のとおり、基本的にはデベロッパーによる別荘地開発でありながらも、建築自体を展示物としてあつかう展覧会の様相を呈している。20棟の別荘を手がける建築家20組が、劉家琨と磯崎新によって中国国内（台湾香港含む）と国外から10組ずつが選ばれたのち、スティーヴン・ホールとエットレ・ソットサスが公共施設の設計のため、リストにくわわった。

筆者が訪れたのは2012年9月のことである。プロジェクト開始から8年が経っているわけだが、いまだ絶賛建設中で、個人の見学も原則受け入れておらず、交渉のすえ、案内役（というか監視役？）付きでの敷地入場が許可された。

ホールによる《四方美術館》（2013年末開館）、磯崎による《会議中心》、劉による《宿泊中心》、ソットサスによる《娯楽中心》という4つの中心的施設は、見学時にはほぼ竣工していた。ヴィラ20棟のうち完成しているのは半分以下であり、着工後に資金が尽きたことによって、建設が遅れたり、ストップしているものが多い。SANAAによるヴィラは、施工の難しさなどから、建設しないことになったという。

●5-1《中国国際建築芸術実践展》の全景。左からスティーヴン・ホール、劉家琨、磯崎新、エットレ・ソットサスによる公共施設が見える ●5-2《四方美術館》スティーヴン・ホール ●5-3《娯楽中心》エットレ・ソットサス ●5-4《会議中心》磯崎新 ●5-5《六間》アイ・ウェイウェイ ●5-6《四号住宅》張雷 ●5-7《八佛手》ルイス・マンシラ ●5-8《ライトボックス》デヴィッド・アジャイ ●5-9《三合宅》王澍 ●5-10《睡蓮》マティアス・クロッツ

建川博物館集落
Jianchuan Museum Cluster

敷地	四川省成都市
時間	2003-
面積	33ha
クライアント	樊建川＋成都建川房屋開発有限公司
マスタープラン	張永和＋劉家琨＋朱成(雕塑家)
参加建築家	馬国馨、邢同和、徐尚志＋徐行川、チェスター・ウィダム(アメリカ)、磯崎新(日本)、王維仁(台湾)、程泰寧、張雷、王路、朱競翔、李興剛、劉家琨、張永和、朱亦民、周愷等

　四川省の省都である成都市郊外につくられている博物館の集合開発。およそ33haという広大な敷地に、抗日戦争と文化大革命、四川大地震をテーマにした計25棟の博物館が計画された。2012年4月時点で完成を確認できたのは、そのうちの10棟。現代中国における〈厄災〉をテーマにした開発だけあって、参加建築家の大半は中国人である。この特異な展示物は、施主である樊建川が、公務員からデベロッパーに転身して成功を納めたのち、忌まわしい記憶を後世に伝えるため、個人的にコレクションしたものである。

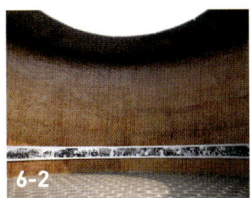

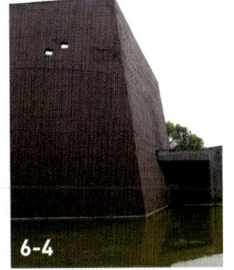

松山湖科技産業園区
Dongguan Songshan Lake Science & Technology Park

敷地	広東省東莞市
時間	2001-
面積	70km²
クライアント	東莞市政府
マスタープラン	中国都市計画設計研究院
参加建築家	崔愷、張永和、周愷、湯樺、斉欣、胡越、李興剛、張雷、劉家琨、王澍、孟建民、柳亦春、朱文一、王輝、都市実践等

　改革開放以後、中国の経済成長の先陣をきった珠江デルタにある東莞市で計画された都市新区の計画。行政区や商業区、図書館などの公共文化施設、そして東莞理工学院キャンパス内の初施設を、20組近くの中国人建築家が手がけている。通常、新区開発というとグリッド状に建物を羅列させていくスタイルが多いのだが、ここでは松山湖を中心とする自然景観を活かしながら、エコロジカルな計画が実践されている。

●6-1《胡慧珊記念館》劉家琨　●6-2《文革クロックアートギャラリー》劉家琨　●6-3《汶川大地震博物館》李興剛　●6-4《抗日戦争捕虜館》程泰寧　●6-5《侵華日軍館》磯崎新　●6-6《文革ポスターアートギャラリー》張永和　●7-1《生産力ビル》張永和　●7-2《図書館》周愷　●7-3《東莞理工学院文学館》王澍　●7-4《東莞理工学院学生寮》方略建築　●7-5《東莞理工学院服務中心》李興剛　●7-6《東莞理工学院計算機系棟》大舎建築

〈集群設計〉の季節を過ぎて

筆者が実際に見学した〈集群設計〉のプロジェクトを7件見てきたが、最後に、未見のものも含めて、全体の特徴についていくつか考察してみたい。

まず、〈集群設計〉の特徴として挙げられるのは、その大半が2008年代以前に開始されている点である。《オルドス100》の代替として立ち上げられた《オルドス20+10》と、黒川紀章から磯崎新にマスタープランが引き継がれた《鄭州鄭東新区CBD副中心》が例外的に2010年スタートであるのみで、それ以外はすべて2000-2008年に始められたものとなっている。

この時間的特徴は、中国社会全体の〈金の廻り方〉の変化を反映したものと考えることができる。2008年に起こったリーマン・ショックに対して、中国は政府が大量の対策費を投じて景気に刺激を与えたことで大きな影響を免れたわけだが、このとき重点に置かれたのは公共的なインフラ施設の整備であった。ゆえに大量の資金を投入することで実現される〈集群設計〉は、政府系のものはもちろん、国から土地を借り受けることでしかプロジェクトを起こせないデベロッパーのものも同様に、一気に減少したのである。

また、〈集群設計〉には明確なビジョンが欠けているケースが目立つ。

歴史を振り返れば、ミース・ファン・デル・ローエやル・コルビュジエが参加した住宅展である《ヴァイセンホフ・ジードルンク》(1927)もまた〈集群設計〉の一種だと言えるが、ここには新しい「近代」という時代における正しき住宅の姿を示そうとするビジョンがあった。しかしゼロ年代の中国における〈集群設計〉は、建築家が開発に参加することに対して絶対的な価値を見出すSOHO中国による《長城脚下公社》をのぞけば、大部分はただ豪華絢爛さを売り出すためにスター建築家を起用しているに過ぎないと言える。

ゼロ年代前半にスタートしたは良いものの、現在にいたるまで完成に漕ぎ着けていないプロジェクトが多いのも〈集群設計〉の大きな特徴である。

これには当然、2008年以前/以後の経済状況の変転からの影響が強いだろう。えてして中国の開発プロジェクトは、最初は威勢よくスタートするもののその後パッタリと音沙汰が途絶えてしまったり、実際に着工しても、積立式であるがゆえに資金繰りに苦労したすえに工期が遅れたり、途中で放棄されることが多くなっている。〈集群設計〉も同様である。

筆者がもっとも興味深いと思うのは、〈集群設計〉に中国人アトリエ建築家が多く起用されている点である。張永和や劉家琨、王澍といった、2000年代前半に台頭をはじめた現在の中堅どころのアトリエ建築家は、繰り返し繰り返し〈集群設計〉に参加している。

よく知られているとおり、中国では都市部の土地は国家が所有しており、民間の建築プロジェクトは国家から土地を払い下げてもらうことではじめて成立する。この結果として、中国における建築プロジェクトはデベロッパーによる都市スケールの巨大なものばかりとなり、建築家には個人住宅を設計するチャンスが、日本のようには存在しえない。

〈集群設計〉は彼らアトリエ建築家にとって非常に貴重なチャンスであった。〈集群設計〉の王道パターンは、建築家に1棟ずつヴィラを設計させようというものだからだ。数少ない住宅スケールでの設計チャンスが、〈集群設計〉にはあったのだ。

しかし、アトリエ建築家が〈集群設計〉に参加することは、やや矛盾した行為でもある。改革開放以後の第一世代の建築家である彼らの使命は、中国建築の主流、すなわち政府やデベロッパーによる大規模開発とは異なる建築的可能性を追求することにあったはずだ。その追求のためのフィールドが、じつはそうした大規模開発の一部にしか存在しなかったのだから、皮肉である。しかも結局は一括開発のなかでの建築物であるから、実際に使用するユーザーの顔は見ることができない。2000年代を通じて、中国の建築家が建築の使われ方や生活ではなく、材料やテクトニクスを突き詰める方向に向かった理由は、ここに求められるかもしれない。

いずれにしても、〈集群設計〉の季節はもう過ぎた。政治や資本によって用意されたゲームボードのうえで建築と戯れるのではなく、プロジェクトが発生する根幹の契機にコミットするスタンスが新しい世代の建築家たちには求められている。

いちかわ・こうじ
1985年東京都生まれ。東北大学大学院工学研究科都市・建築学専攻博士後期課程在籍。
2013年から中国政府留学生(高級進修生)として清華大学に留学。専門は中国近現代建築史。建築雑誌『ねもは』編集長。

迫慶一郎　Keiichiro SAKO

[聞き手] 市川紘司＋和田隆介

INTERVIEW

現状は変えられる
日中両国での活動を展開する建築家の考えかた

We can Break Status Quo
Respond to the Alterable Situations Between Japan and China

　日本の建築メディアにおいて、中国建築がある種のムーブメントとして喧伝された2000年代。迫慶一郎氏はその渦中の建築家であり、若くして中国へ渡ったパイオニアとしてキャリアの初期から注目を集めた。現在は、東京事務所だけでなく地元の福岡にも拠点を構え、震災後にいち早く復興プロジェクトを発表するなど、日本においても精力的に活動の幅を広げている。
　2000年代当時の日中の建築が実際にどういう状況にあったのか、そして2010年代はどのような変化が生まれつつあるのか。中国でキャリアをスタートしたきっかけから、中国に対する印象の変化についてたずねるとともに、震災復興をはじめとした日本国内でのプロジェクトについて、今後の展望について語っていただいた。

INTERVIEW
迫慶一郎　Keiichiro SAKO

1. 2000年代の〈中国建築ブーム〉

——本誌では、近年の中国建築をめぐる状況にスポットを当てています。2000年代には、日本の建築メディアが中国に注目していた時期があったと思うのですが、現在ではそうした情報交換が途絶えているので、一度情報を再構築したいと考えています。

迫　2000年代半ばまでは、日本の建築メディアは、中国のプロジェクトであればさほど面白いものではなくても紹介してしまう、というような時期がありましたね。日本のあらゆる雑誌が中国の特集をやっていたような印象がある。でも、ある時期から、「これは面白い」と感じるようなプロジェクトすらあつかわなくなっているように感じます。

ただ、当時の中国建築を紹介する雑誌では、組織事務所の作品もアトリエの作品もとにかく集めて、ただ並べられているような状況でしたから、僕自身はそのブームに少し違和感を感じていました。〈中国でつくる〉とは言っても、とり組み方は各事務所で全然ちがうはずなのに、〈中国プロジェクト〉というだけで一緒にされてしまう。僕が北京で独立したての2004年からしばらくの間は、中国というフィルターを被せられたり、下駄を履かせてもらうことに対して否定的でした。とにかく〈つくったもの〉だけを見てほしかった。クラフトマンシップが足りないとか、ディテールが汚いとか、そういう批判はすべて受け入れるから、ちゃんと作品として見て欲しい、という気持ちがありましたね。

——迫さんは中国で活躍する日本人建築家のパイオニアと言えますが、もともと中国建築に対する何か強い思いはあったのでしょうか。

迫　中国で活動をはじめたのは、山本理顕設計工場で《建外SOHO》の現場を担当していた関係で、2004年に方振寧さん(118-129頁)から《金華キューブチューブ》(竣工は2010年)のプロジェクトを紹介してもらったことがきっかけだったんですね。中国という国を分析してから、〈今だ〉と思って飛び込んだ、というわけではなくて、いつの間にか巻き込まれていったと言ったほうが正しいかもしれません。僕にとっての2000年代の中国というのは、〈チャンスを与えてくれた〉ということが一番大きくて、それ以上の思いや戦略は徐々に生まれていったんです。

——当初から中国の状況に対して意識的に介入していったわけではないということですね。当時、2000年代初頭の中国建築の状況についてはどう捉えていましたか。

迫　2003年に『チャイニーズ・ブランド・アーキテクチャー』という文章を書きました(『建築雑誌』2003年6月号)。これは、スピード(Speed)、スケール(Scale)、スコープ(Scope)、スタート(Start)という4つの〈S〉によって、中国ならではの建築の状況に対する認識を書きました。

〈スピード〉と〈スケール〉は説明する必要はないですね。〈スコープ〉というのは、中国では建築家に依頼が来た時点では決まっていないことが多いから、建築家が自由に提案できる余地が多く残されているということを意味しています。東京の大型開発では、個人の建築家の役割はファサードを飾るだけに限定されてしまうけれど、中国であれば何10万㎡のプロジェクトの話でも何も決まっていないことが多く、ゼロから考える面白さがあります。未成熟だからこそ細分化されていない状況の中で、横断的に自分の職能を使っていく醍醐味があるんですね。〈スタート〉は、中国では2000年に入ってから現代建築がつくられ始めたということです。1990年代までの中国には見るべき現代建築はなかったと思います。それが一気に経済ブーム、建築ブームになった。

この4つの特殊な状況が組み合わされれば、中国にしか成立しえない、中国ならではの建築がつくれるのではないか。それを目指していくんだと当時は考えていて、これは現在でも変わりません。

2. 中国ならではの建築のつくり方

——中国で多くの建築を竣工させている迫さんですが、通底する考えはありますか。

迫　内装か建築か都市なのか、プロジェクトのスケールの違いによって、最も効果が大きい方法を探すのですが、針の振り切れたところまで行った建築をつくりたいと思っています。中国の現状の条件で成り立つぎりぎりのつくり方で、地域や社会にとって良い影響を及ぼすようなことを意図的に狙っています。だから《北京モザイク》(2008年)や《北京バンプス》(2008年)、《北京ピクセル》(2012年)などは、他の場所でも同じように成り立つわけではありませんね。クライアントからの要求は〈ランドマークをつくって欲しい〉というものが多いです。

——迫さんの中国での作品を見ると、かなり明確で目立ちやすいコンセプト

迫慶一郎
さこ・けいいちろう

1970年福岡県生まれ。1996年東京工業大学大学院修了。1996-2004年山本理顕設計工場に在籍し、《建外SOHO》の現場担当を経て2004年SAKO建築設計工社を北京にて設立。現在は東京と福岡にもオフィスを構え、日本と中国を行き来しながら数々のプロジェクトを手がける。

を意識的に採用されているように見えます。〈場所名＋キーワード〉という風に名前の付け方が統一されているのも面白いですね。ブランディングのような意識でしょうか。

迫 自分のクリエイティビティを世界に発信したいと考えたら、誰でも共有できるくらいのシンプルなコンセプトが必要だと思ったんですね。それで作品名の付け方は今も継続しています。それから、たとえば〈モザイク〉というテーマを最初に決めておくと、非常に分かりやすいので、施工ワーカーたちとの共通言語にできるわけですよ。《北京モザイク》では、このテーマが共有されていたから、ワーカーたちから逆に〈ここはモザイクにしないのか？〉と質問されたりしました。《金華キューブチューブ》も、正方形と正立方体でつくっていますが、このルールからモデュール化されたブロックの基準線を引いて、そこからはみ出すな、と伝えやすいわけです。

──施工段階でのトラブルが多い中国的問題を解決できるわけですね。

迫 とくに金華（浙江省）は、事務所のある北京から遠かったためディテールをコントロールしきれないことは分かっていたので、明確なものを最初に設定しなきゃ、という意識が強かったですね。3mm厚・550mm角のアルミの切板を使っているんですけど、この設計手法のおかげで中国らしくない（笑）良い精度ででき上がっていますよ。

──10年近く拠点を北京に置いて、2000年代から2010年代にかけて変化したと感じることはありますか？

迫 2000年代前半だと、日本の有名建築家たちがプロジェクトベースで呼ばれていましたけれど、現在は新規ではほ

SAKO建築設計工社《金華キューブチューブ》金華, 2010
写真＝広松美佐江／Ruijing Photo

とんど声がかからなくなっていると思います。日中の建築レベルのちがいが急速に縮まってきたので、わざわざ中国の現状が分からない外国人建築家を呼ぶ必要がなくなっている。設計院のレベルアップもありますね。だから、中国支社を出している外国人建築家や大手組織時事務所のように、国内に窓口をもたないと中国プロジェクトに関わるチャンスは減っていると思いますね。

──外国人建築家の関われるチャンネルが限定されてきていると。こうした状況のなかで、改めて日本人建築家が中国に関われるとしたら、どのような側面からでしょうか。

迫 どんどん取捨選択されている感じはします。しかし、とは言っても、中国は非常に大きいですから、一言では言えないというのが結論になってしまうんですが（笑）。僕だって中国全体のことは

語れないし、自分のプロジェクトを通して関わった部分からしか中国は見えません。中国人でも全体を語れないと思います。56の民族と広大な国土があり、地域によって気候も全然ちがう。中国の国土は全ヨーロッパの面積とほぼ同じですからね。

日中のお互いの国民感情は悪化して対立しましたが、それでもビジネスは続いていますよね。建築の話からは少しずれますが、マーケティングの観点からみれば、ひとつの戦略で13億という人口を相手にできることは相当効率が良い。多様性とは言いながらも、言語は統一されていますし、中国全体での出来事に共通性があることも事実ですから。多様性と単一性が共存しているわけです。

日本は今後、中国とどう付き合っていくかを真剣に考えなければならないでしょ

INTERVIEW
迫慶一郎　Keiichiro SAKO

SAKO建築設計工社《北京モザイク》北京, 2009
写真=広松美佐江/BEIJING NDC STUDIO, INC

SAKO建築設計工社《北京バンプス》北京, 2008
写真=広松美佐江/Ruijing Photo

う。年老いた国である日本のほうが、将来の関係を見誤ってしまうんじゃないかという危惧はあります。人口構成のボーナスは中国にあるし、逆に日本は世界で最も進んだ高齢化社会です。だから日本は〈問題先進国家〉として、中国に先んじてそうした社会問題の解決方法を示すことで、優位性を見出すべきだと思いますね。

3.《東北スカイビレッジ》構想

——中国とは別に、日本でのご活躍も増えていますね。現在はどんなプロジェクトが進行中でしょうか。

迫　先ほどの問題先進国家という観点から高齢化の問題で言うと、福島県白河市でデイケアセンターのプロジェクトを進めています。これは工場に併設されるもので、〈託老所〉というコンセプトで動いています。今、親の介護が必要になったために、働きたいけど働けない介護失業者がどんどん増えています。そういう方々が親を車に乗せて先にデイケアセンターで降ろして、自分たちは工場で働いて、終わったら親をピックアップして家に帰る。失業者が労働者になるという仕組のプロジェクトですね。これによって税金で食べていた人たちが税金を収める側になり、またセンターの中で介護士の雇用が生まれる。良い循環が生まれるわけです。こうした社会問題に対しては、日本人は知恵があると思うんですね。これから高齢化社会に突入する中国にも、こうした知恵は必ず需要はあるはずで、そのために日本で実践すべきことはまだまだあると思います。

——東日本大震災後のプロジェクトとして、《東北スカイビレッジ》は非常に興味深いです。こうした大規模な構想を立ち上げることは、ビッグプロジェクトの多い中国での経験が豊富な迫さんならではというような気もします。

迫　中国で培ったものを日本で活かそう、とかは、最初の頃はあまり考えないようにしていました。どのプロジェクトでもそうなんですが、できるだけ頭を空っぽにして、来た球をどうやって打ち返すか、その時々の状況に反応してつくり始めたほうが良いんじゃないかなと思っているんですね。これまで中国で依頼された多様な仕事に対しても、ひとつのデザインメソッドで全てを解決しようとは思ってきませんでした。

ただ、《東北スカイビレッジ》はまちづくりの規模なので、振り返って考えてみると、中国で大型プロジェクトに取り組んできたことが発想の根源にあるような気がします。僕が中国で得たものを言葉にすると〈現状は変えられる〉ということです。つねにデフォルトの状況まで戻して、物事を見るようになりました。だから、東北の津波の被害のあと、街全体のレベルでどのような方向

現状は変えられる　日中両国での活動を展開する建築家の考えかた
We can Break Status Quo Respond to the Alterable Situations Between Japan and China

SAKO建築設計工社《北京ピクセル》北京, 2012
写真=広松美佐江/Ruijing Photo

　に進めば良いのかということを先入観なしで考えられた。《スカイビレッジ》では、今まで分かれていた建築と土木を一体にした街づくりをすることで、津波からも安全・安心で、かつ海との関係が連続された再生ができると思いました。一言で言うと〈海と共生する街〉ですね。そのためには、建築と土木が分かれていては駄目で、だからプレゼンのときには、これまでの〈土木〉が防波堤という線をひいて陸と海を分け、陸に〈建築〉があるという水平の関係には限界があることを示して、下が〈土木〉で上が〈建築〉となるような垂直の関係を強調しました。

　——高台を人工的に海側につくることで、海に近い生活を維持しながら安全も確保するという、スケールの大きな逆転の発想が面白いですね。

迫　それと、《スカイビレッジ》では、海抜20mの土木構築物の上部が公共の避難所になっています。港で働く人や海岸で遊んでいる子どもたちもすぐにここに避難できる。それと、ここに漁港もドッキングさせることを考えていて、構築物全体を港の中に半分くらいせり出させて、中に船が入れるようになる予定です。今回の震災では津波に向かって船に出した漁師たちの中には、波を超えられずに亡くなった方もたくさんいらっしゃったようです。そのように命を懸けずに船を守る方法として、《ス

カイビレッジ》の中に格納することを考えています。

　《スカイビレッジ》の中は7.8万㎡くらいあるので、漁港施設だけでは埋まりきりません。なので、民間企業に出てきてもらって、残りの床を使ってもらうことが必要です。スカイビレッジの計画を知ってくれたある大手企業が、企画書をつくってもってきてくれました。CSR（企業の社会的責任）という意味も含めて、何かしら自分たちのコンテンツを使って東北に貢献したいと思っている企業は少なからずあります。住宅だけ再生しても本当の復興にはならない。企業進出の受け皿となるような魅力的な計画が必要とされているのです。

91

INTERVIEW
迫慶一郎　Keiichiro SAKO

SAKO建築設計工社《東北スカイビレッジ》
図版提供＝SAKO建築設計工社

4. ビッグプロジェクトを実現させるために建築家ができること

——《東北スカイビレッジ》のような巨大な構想がかなり具体的に話が進んでいるようで驚きました。

迫　四川大地震のあと、ボランティアで学校をつくるプロジェクトをやったときに痛感したのは、最初の企画段階から実際に使われるまでの道のりがとても広く長い道のりだということでした。建築家の役割というのは、ひとつの建築が生まれ、使われていくプロセスの中では一部分でしかない。《スカイビレッジ》では、学校をひとつ寄贈するようなプロジェクトよりも遥かにお金がかかるし、建築と土木の領域にまたがっているので、縦割りの行政においてコンフリクトも当然起きるわけです。それで、建築家が無邪気に絵を描いているだけでは動かないというのは、四川のときに分かっていたので、事業性も担保した上で、経済界人たちと積極的にコミュニケーションを取るようにしています。

《スカイビレッジ》では、市長と一緒に、農水省の官僚に会いに何度か霞ヶ関に行っているんですね。最初は、直接的に批判はされないけれど距離を置かれているような印象だったんですが、2回目に行ったら実現に向けてのアドバイスをくれるようになって、最後には、実は私自身もこのような先進的な漁港を考えたことがあるんですよと言っていました(笑)。官僚は頭が固くて新しいことに踏み出すことを認めない、というのは実はメディアがつくり出しているステレオタイプかもしれない。官僚たちはやはり頭が良いし、蓄積もあって、そして何より日本を良くしたいと思っている。そういう人たちの力をいかに引き出すか、と

いうことを真剣に考えるべきですね。

——建築家も今後は、行政に積極的に関わっていく必要がありますね。

迫　どこの地方自治体も冷えているから、意識の高い上の人たちは何とかして打開したいと必死なんだと思います。だからこそ、山崎亮さんのような存在が必要とされているわけで。山崎さんのやっていることは素晴しいと思うけれども、僕はそもそも建築家がああいうコミュニティデザインの役割をするべきなんじゃないか、という風に思います。

——日本では、建築をつくったり語ったりするさいに、政治的なものや経済的なものに巻き込まれることを不純なものとして避けがちであったように思えます。ただ、中国で活躍する建築家のお話を聞くと、純粋に設計理論とかデザインの話と同じくらい、泥臭い政治的な駆け引きが建築において重要であることがよく分かります。迫さんの《スカイビレッジ》も、こうした政治的・経済的な事がらを積極的に引き受けている点で、特徴的であるように思いました。

迫　中国で仕事をしていると、デザインの能力が優れているというだけでは、すぐ立ち行かなくなります。さまざまな能力を全精力で引き出さないとプロジェクトを良い方向にもっていけないという環境の中でやってきたから、自分のもっているものはフルに活用しようとしていますね。日本で教育を受けたということは、それだけで世界から見たら、ものすごく恵まれているんですよ。文化的な水準も高いし、おもてなしやサービスに囲まれて育つことができる。大学を卒業して社会で働いた時点で、世界的に見ればかなり良いところにいるはずで、あとはそれをどう活かすかだけの話。そのためには、

現状は変えられる　日中両国での活動を展開する建築家の考えかた
We can Break Status Quo　Respond to the Alterable Situations Between Japan and China

〈普通〉の視点を得ることが大事だと思うんですよね。普通というのは、自分の業界の見方だけに陥らないということです。僕はスティーブ・ジョブスの〈究極の素人たれ〉という言葉が好きです。普通の感覚で一旦全部を見れば必ず何か問題かが見えてくるし、それをどう解くかという直感も芽生えてくると思う。こうした感覚をみんながもっていけば、確実に社会は良くなっていくはずです。

──先ほどの〈現状は変えられる〉という発言にも端的に示されていますが、迫さんは非常にポジティブな感覚で建築に向かっていますよね。

迫　僕は日本でも絶望的な閉塞感とかは感じません。街づくりでも、建築家を必要としているところなんて、日本全国いっぱいあります。北陸や東北の被災地で仕事をしている実感としては、適確なアイデアをもとに街づくりを進めれば、絶対に現状を変えられると思っています。絶対需要があるわけだから、建築家はどんどん入り込んでいくべきです。

──最近でも、福岡に事務所を新しく開設されていますね。日本の北側だけでなく、南側にもプロジェクトが展開されていくのでしょうか。

迫　福岡には非常に可能性を感じています。というのも、福岡は、人とか経済とか文化とか、色んなポテンシャルを持っているのに全然活かしきれていないからです。福岡の埋立地で僕が勝手に提案しているプロジェクトがあるんですけど、これは埋立地をもう一度削って運河を巡らせて、高級住宅地をつくろうというものです。世田谷に家を建てたら数億円かかりますが、福岡なら1億円程度で、目の前に自分のボートをつけられる場所を所有できるわけです。自分の家の前に自分のボートをとめることができるような水辺がある環境はとても魅力的でしょう。日本はこれだけ海岸線があるのに、海との関係にどこか隔たりがある。僕は大学のときヨット部だったから海の怖さを知っています。たしかに台風もあるし津波の心配もあるけれども、日本全体に渡って等しく甚大な被害が予測されているわけではありません。そのひとつが、福岡の博多湾なんです。ここで、日本の海との関係を一度考え直したいと思っています。中国で開発プロジェクトに関わっていると、中国人の水辺に対するモチベーションが非常に高いことに驚かされます。内陸部の開発をするときは、彼らは巨大な人工湖とか平気で掘ってしまおうかと考えるわけです（笑）。彼らのエネルギーを見ていたら、なぜ島国の日本が水際を活かせていないのかと思わされるんですね。

5.100万人がシェアをする中国都市

──最後に、中国で現在進められているプロジェクトについても、簡単にご紹介していただけますか？

迫　いま、都市をつくるときに20世紀と異なっているのは、IT技術という要素が新しくくわわったことですね。このIT技術をフル活用しようとしているのが、中国で計画している《鎮江生態ニューシティ》です。これは20-30年くらいかけて自動車に頼らない100万人のための都市をつくろうというものです。メインの交通機関は路面電車(LRT)です。軌道上に乗っている交通は、歩行者とフラットな関係で共存ができるから、人が歩ける範囲で生活圏をつくったときに有利ですね。自動車をもたなくても不便にならないように、全住民が駅前に住むように計画しています。要するに、駅から半径500m圏内にしか街をつくらない。こうした街が連なってつくられる都市計画です。

そして、この都市では、交通手段を公共でシェアする社会を目指します。自転車をシェアするという考えが本当にリアルなものとして実現できたら、都市のつくり方はまったく変わるでしょう。このとき、ビッグデータを制御するIT技術が役立つんです。たとえば、公共交通を使ってある駅で降りようと思ったとき、スマートフォンでシェア自転車の空車台数が表示されて、タップすると予約できる。自分のスマートフォンをかざしたらロックが外れ、その自転車も会社で乗り捨てることができるし、管理会社も需要と供給のバランスを考えて回収する。IT技術の進化によって、初めて〈シェアをする〉ということに対してリアリティが生まれたと思います。環境先進国の人たちだけがするものではなく、21世紀の都市全体が間違いなくその方向に向かうはずで、その先駆けを中国で計画しています。

Essay

王澍論
中国における文人建築の伝統とその現代的発展

中国文人建築伝統現代復興与発展之路上的王澍
WANG Shu and the Revival and Development of Chinese Literati Architectural Tradition

頼徳霖 LAI Delin

［初出］『走進建築 走進建築史——頼徳霖自選集』、上海人民出版社、2012年
［翻訳］市川紘司

ライ・ダーリン LAI Delin

建築史家、建築批評家。ルイジアナ大学美術学科副教授。1962年福建省生まれ。1985年清華大学入学。1992年清華大学にて建築史・理論の博士号を取得。1997年シカゴ大学に入学し、中国美術史で博士号を取得。おもな著作に『近代哲匠録——中国近代重要建築師、建築事務所名録』(編著、中国水利水電出版、2006)、『中国近代建築史研究』(清華大学出版、2007)、『走進建築 走進建築史——頼徳霖自選集』(上海人民出版社、2012)、『中国建築革命——民国早期的礼制建築』(台北博雅本屋、2011)など。

● ページ数の都合上、原注は掲載することを諦めざるをえなかった。興味のある方は原典にあたって欲しい(翻訳者)

1
中国建築史のオルタナティブとしての文人建築

筆者が王澍建築に注目するのは、これまで中国文人の建築的伝統が現代においてどのように復興してきたのかを考えてきたことと関連がある。私の考えでは、宋代の『営造法式』や清代の『工部工程作法』に代表される官製の古典建築の伝統が20世紀にいかに盛衰したかについては、現在の建築学界でもに広範かつ深められた研究がすでにおこなわれている。しかし、文人建築を中国の建築的伝統におけるもうひとつの重要な構成要素だと考えるならば、それが近代以降どのように変化し、発展してきたのかというのもまた中国建築史にとって大切なテーマとなろう。［近代以降の］1世紀以上の時間のなかで、文人建築の伝統に関する専門書やエッセイの量はおびただしい数にのぼり、それに関連するような建築の事例も枚挙にいとまがない。しかしその転換の軌跡を回顧してみると、8名の建築家が果たした貢献や方向付けが意義深いと言えるかもしれない。すなわち、童寯、劉敦楨、郭黛姮、張錦秋、漢宝徳、馮紀忠、イオ・ミン・ペイ、そして王澍である。私が見るところでは、童寯はこの一連の伝統の現代における発見者である。劉敦楨と郭黛姮、張錦秋、

漢宝徳はその解釈者であり、馮紀忠とペイはそれを現代的に実践し、発展させた。そして王澍はそれを大々的に活用することで、多くの側面から世界の現代建築に貢献する、きわめて優れた建築家となった。彼らと中国現代建築の在り方を模索しようと試みてきた多くの建築家たちによって、文人建築の伝統は現代において復興し発展してきた。

広義には、文人建築とは、文人的美学を体現した建築を意味する——この「文人的美学」という概念の定義自体が文人建築研究のひとつの対象ともなるのだが。文人建築は、劉禹錫(772-842)による「陋室［劉禹錫が安徽省に建てた住まいであり、みすぼらしく狭い部屋という意味になる］」や蘇軾(1037-1101)による「雪堂」のようなインテリア、白居易(772-846)による「廬山草堂」や徐渭(1521-1593)による「青藤書屋」のような戸建ての住宅、また「岳麓書院」や「白鹿洞書院」といった大型の建築群のどれにも当てはまる。そうした建築が集中的に見られるのは疑いなく文人庭園であろう。しかし、こうした建築はとうの昔から存在していたものの、建築家たちがその存在に対して関心を向け、研究、評価、解釈をしたり、参考にしたり活用したりするのは、1930年代以降のことである。

2
文人建築の現代における発見者:童寯

　　文人建築の現代における発見者は童寯(1900-1983)である。彼が1937年に完成させた『江南園林誌』は中国現代史上の最初の庭園研究の専門書であり、彼自身もまた中国建築界においてはじめて文人建築の美を提示した人物であった。『江南園林誌』のなかで、童寯は、「虚実が呼応し、大小が対比され、高低が釣り合う」中国庭園における配置の妙に注目して、庭園設計の三種の境地を「疎密が適切であること、曲折が徹底されていること、眼前に風景があること」とした。童寯は植物の重要性についても触れており、「庭園に花木がなければ生気はない」とし、計成(1582-?)による「古い庭園は繰り返し改修されることに優れ、枯木や花が生い茂る」という指摘についても「建物は古く、植物は生い茂ることはすぐには実現し得ない」という観点から賛同している。また、童寯は庭園の家屋を賞賛し、それらが「宮殿や寺院に比べて本質的に自由な構造を有する」としている。さらに庭園を取り囲む塀を「様式が変幻自在」のものとし、壁に穿たれた洞門を「自由に変化し規律による制限のない」ものとし、また漏窓は日光を「意外な趣を増加させる」ものとし、地面は「形状や色彩の無限に変化し、材料が多種多様であることで趣をもつ」と賞賛している。それゆえ私はかつて『童寯の職業意識、アイデンティティとモダニティの追求』のなかでこのように書いた。「1930年における梁思成や劉敦楨に代表される中国営造学社の研究者たちがまず注目したのが、宮殿と寺社に象徴される官式建築とそこに体現される中国古代建築の法式であるとすれば、童寯は中国の近代建築家のなかでもっとも早く古典庭園が体現する文人建築の美学的追求を発見したのである」。

　　少し残念に思われるのは、童寯は［文人建築だけでなく］西洋のモダニズム建築の研究についても傑出した先駆であったにも関わらず、梁思成や林徽因が構造合理主義の美学から中国の木造建築を分析したようには、文人建築をモダニズムの角度から解読し、中国における現代建築の創作の参考に資することがなかったことである。この使命は別の建築家に託されることになる。その代表的存在が劉敦楨、郭黛姮、張錦秋、漢宝徳である。

3
文人建築の現代的解釈:劉敦楨、郭黛姮、張錦秋、漢宝徳

　　1956年10月、劉敦楨(1897-1968)は南京工学院第一次科学討論会において『蘇州的園林(蘇州の庭園)』という論文を発表し、中国庭園が有する空間デザインの特徴を指摘した。また1963年には、郭黛姮と張錦秋(1936-)が雑誌『建築学報』において『蘇州留的建築空間(留園の建築空間)』を発表し、庭園建築の特徴をその動的な空間体験から「変化を尽くすことに長け、内外空間が結合されたもの」と概括した。何人かの学者が庭園の空間性を重視したのは、モダニズムからの影響を受けていたためだ。1941年、モダニズムの著名な理論家・歴史家であるジークフリード・ギーディオンは、『空間・時間・建築』においてモダニズムの出現を新しい空間概念による産物と見なした。そしてこの新しい概念を「空間─時間」の一体化としてまとめている。すなわち、空間は三次元的なものではなく、運動を生み出すで時間を含んだものと見なしたのである。空間と時間を一体として見なすギーディオンの思想は、1950年代にはすでにモダニズムの古典理論となっていた。1950年代の中国でもその影響はあり、いくつかの大学の建築教育には「流動空間」概念が導入され、連続性のある空間を描出することに用いられている。そしてこの概念によって、伝統庭園に対する現代的な新しい認識が学者や学生のなかに生まれていったのである。

　　筆者の知るところでは、「文人建築の系譜」というアイデアをもっとも早期に提案し、その建築観をまとめたのは漢宝徳(1934-)である。彼の文人建築についての解釈は、その他の研究者に比べて広範にわたっている。1972年に出版された『明清建築二論』のなかで、漢宝徳は、計成の『園冶[造園技術書]』(1634頃)や文震亨(1585-1645)の『長物志』(1621)といった明時代の書籍をもとに、文人の建築観を「平凡さと淡雅さ」「簡素さと実用性」「環境全体に関する意識」という3点に要約している。「平凡さと淡雅さ」を解釈するとき、彼はこのように述べている。

fig.1 馮紀忠《上海松江方塔園》上海，1970年代末-1986
撮影=頼德霖

「建物に宿る実質的な優雅さが表現されるのは彩色や彫刻によってではなく、材料に対する周到かつ慎重な選択によってであり、また質感と色感に対する入念な鑑賞と玩味によってである」。また、「簡素さと実用性」については、西洋のモダニズム建築の機能主義と関連づけて、このように述べている。「経験的な機能主義の方法は、その長い実践を経て少しずつ思想的習慣に変化しており、そして材料を吟味することについての高度な敏感さによって、一種の精神的な機能主義がこうした人々のなかで徐々に発展されるようになった……そして少しずつ判断の基準として総合されていき、自然は設計に際する基準となった」。また漢宝徳は、計成が『園治』のなかで提出した「借景」の思想を、環境全体に関する意識を起点とする建築観として考えた。「ヨーロッパの建築界では、モダニズムの建築思想が都市景観についても触れるようになってからはじめて環境の一体性に関する理解がおこなわれた。ヨーロッパ人が言うところのタウンスケープとは実際には都市のなかでの借景の応用に過ぎないのである」。漢宝徳は構造、機能、環境という3つの側面から文人建築の現代性を解釈したのだ。

4
文人建築の現代的実践：馮紀忠とI.M.ペイ

中国文化に対する深厚な教養をもつ建築家である馮紀忠(1915-2009)が1970年代に設計した《上海松江方塔園》fig.1(1970年代末-1986)は、文人建築の美学に関するより多くの示唆を我々にもたらしてくれている。《方塔園》では、馮紀忠は当時流行していた復古的手法に背を向けて、宋時代の方塔や明時代の照壁、清時代の天后宮や現代の何陋軒といった異なる年代の建築物を、きわめて抽象的なコンポジションを用いることによりひとつの全体としてまとめている。そしてそのなかで柔軟に多種の材料を用いた。たとえば伝統的なレンガ、石、木、竹、そして近代的な鉄骨である。これによって新しくつくられた建築は伝統的な意味とその時代の精神が担わされたのである。《方塔園》は竣工以来、中国の建築界からさまざまな点で注目され、研究が進められている。私が見るところでは、この建築が我々に与えてくれた示唆とは、それが文人建築という角度から、モダニズムの「空間－時間」概念に対する新鮮な理解を提示した点に大きいと思われる。

劉敦楨と郭黛姮、張錦秋は空間に注目することで中国庭園を詳細に解読し、建築学界の文人建築に関する認識を深めさせた。しかし、彼らの空間概念は視覚的なものであってその他の物質性が欠けていたし、またその時間に関する概念も現在時制でしかなく、歴史的次元を欠いていた。また、彼らは庭園の「意境[主客が一体となったような感覚や情緒のことであり、中国古典藝術のなかで重要な鑑賞概念]」の問題について注目してはいたものの、この問題を深く掘り下げて、文人建築における想像的な時空感覚を解き明かすことはしなかった。漢宝徳は借景に関する「物と情が戯れ、眼のなかで新しいものが現れる」という計成の考えを「純粋唯心的論法」だとさえ見なしている。さらに、文震亨が水石について述べた「ひとつの石に山脈を思い、一杯の水に巨大な江湖を思う」ということを「精神病でないとすれば、白昼夢を見たに違いない」だと批判しており、文の誕生からさらに1世紀前にあった日本の枯山水庭園をまったく軽視していたのである。

《方塔園》は、モダニズムの理論家による空間概念の抽象性や普遍性とは異なり、さまざまな建築材料、林、木、花、草、そして御香や鈴といった要素が用いられることによって、人の視覚や触覚、嗅覚、さらには聴覚上の体験までをもたらすものとなっている。馮紀忠の制作した《方塔園》の「空間」は、この点ではからずも現象学における「場所」概

念と一致している。クリスチャン・ノルベルグ・シュルツが述べるとおり、場所とは「抽象的な所在地に過ぎないわけでないことは明らかである。我々が意味するところの場所とは、材質や形態、肌理、色彩からなるその全体である」。あるいは《方塔園》ではもともとの地形が利用されているのだが、これは「批判的地域主義」が強調する地形条件や土地の歴史を尊重する点にも符号しているだろう。ケネス・フランプトンが述べるとおり、「批判的地域主義はモダニズムの正統的な前衛が認める抽象性よりより直接的に自然との対話的関係性を含まなければならない」。もちろん、文化大革命の過ぎ去った直後の馮紀忠には、当時の西洋建築の新しい動きを知ることを不可能なことであったから、その設計理論はむしろ、「借景」や古典文学で表現されていた空間認識──すなわち多様な感覚器官の交じり合った感覚（「交感」）──といった中国庭園の原則を尊重した結果であった。

また、馮紀忠は《方塔園》において宋塔や明壁、清構、さらには古い石碑といった歴史的遺物を引用している。これによって《方塔園》は、伝統画や書法、文学が追求してきた「古意」、あるいは19世紀の西洋美学が明らかにした「経年的価値（age value）」といった時間感覚を体現している。元時代の画家、書法家である趙孟頫（1254-1322）は「絵を描くときには古意が重んじられるべきであり、もしそれがなければ、精巧であったとしても意味がない」と述べている。ここから「古意」は後世の絵画や書法、篆刻にとって重要な美学的基準のひとつとなった。また、19世紀オーストリアの美学者アロイス・リーグルによれば、経年的価値は物体にアウラやオーセンティシティをもたらし、それによって懐古的な雰囲気を生み出すものとされている。書画と篆刻における「古意」の探求は、秦－晋時代の芸術に見られる素朴で恬淡でありながら深遠であるような意匠の追求として体現された。かつて童寯は庭園を評価する際にこの美学的基準を用いている。「庭園の古さについて語る人間はみな拙政園を推す。拙政園はいまは狐や鼠が家屋を駆けまわり、路面は苔で覆われているが、小山や池はもとの古い感覚のままで恬淡な風景であり、かえって趣がある。……拙政園を愛好する者

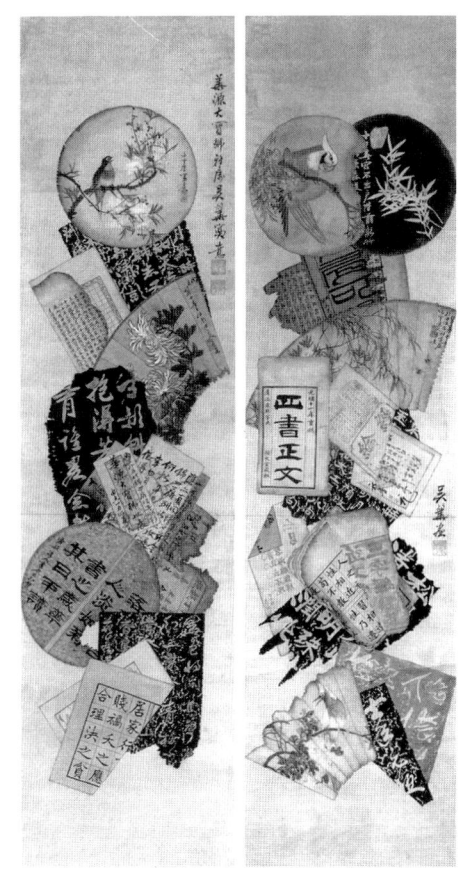

fig.2　呉華《什錦屏之一》1885
出典＝万青『並非衰落的百年』広西師範大学出版，2008

は、むしろその半老の風姿を保持して建て替えることを望まない」。

さまざまな歴史様式、あるいは歴史遺産を並置させる手法について、馮紀忠自身は「与古為新」、すなわち「今日の事物、今日の作法を「古い」ものと一緒に並べることで「新しさ」が現出される」と説明している。この「与古為新」の手法もまた中国の文人芸術のなかにすでに先例がある。たとえば明朝期の「雑書」における書法、や、清時代の人々による「什錦屏」fig.2、および種々の「八破図」や「錦灰堆」を主題とする絵画などだ。一種の視覚的体験として、この手法は、古い材料を新しく用いるという点において日本庭園や絵画の中の「見立て」の思想とも暗合しているfig.3。

《方塔園》において「古意」を増加させるもうひとつの手法に「用典」がある。つまり歴史典故によって建築を名づける手法であり、たとえば「何陋軒」

fig.3 「見立て」を体現する岡山県頼久寺の枯山水庭園（17世紀）
出典＝Stephen Mansfield『Japanese Stone Gardens: Origins, Meaning, Form』Tuttle Pub., 2009

がそれに当たる。この手法はイオ・ミン・ペイ(1917-)にも採用されている。《北京香山飯店》(1982)の敷地選定や配置デザインの際には、ペイもまた「借景」の思想を参照しているのだが、時間感覚の表現では「経年的価値」ではなく「典故[古典を拠りどころとすること]」の手法が採用されている。たとえば庭院に設置されている流杯渠[曲がりくねる水路]は、歴史上の「蘭亭の集い」を想起させるだろう。これは清代乾隆帝の庭園における「禊賞亭」、北海における「濠濮澗」、頤和園の諧趣園における「知魚橋」に見られる方法の同工異曲であり、庭園空間を遊歩する人々が現実的空間を超え出て一種の歴史空間の幻境に入り込めることに目的がある。また、《蘇州博物館》(2006)の設計では、ペイは拙政園において文徴明(1470-1559)が植えたフジの一枝を中庭に移植することにより、21世紀の新しい建築のなかに文徴明の「手澤[長年使用することで自然に生まれる艶や雰囲気]」、あるいはリーグルの「アウラ」を持ち込んだのである。この移植は、仏教寺院の「分香」や祖先崇拝の「通譜」に似ていて、文化的・宗教的・血統的な正統性と延長性を確立することにその目的があった。

モダニズムの理論家が論じた時間概念を現在時制(present tense)、一連の復古主義や未来主義のデザインを過去時制(past tense)および未来時制(future tense)とするならば、馮紀忠の《方塔園》とペイの《香山飯店》《蘇州博物館》において表現されている時間の感覚は一種の現在完了形(present perfect tense)のものであろう。過去と現在を連携させ、空間を体験する時間の流れのなかに歴史的次元が挿入されることで、その体験が現在と過去という時間の交流、対話に転換されているのである。

5
文人化された中国建築学へ：王澍

王澍(1963-)が中国文人の伝統を敬慕し、それを追求していることは、建築界ではすでによく知られている。簫[管楽器]を好み、書法と山水画に長け、龍井茶を飲んで妻と庭園を歩くことを生活の不可欠な一部分にする王澍の姿は、『浮生六記』(1808)の作者である沈復(1763-)や、『儒林外史』(18ct)で描かれた杜少卿を想起させるだろう。そしてまさに文人建築の伝統の復興というコンテクストのもとでこそ、我々はようやく王澍の建築デザインが模索している性質や成果、そして文人建築の今後の復興がどんな方向に向かうのかを、はっきりと理解することができるのである。

王澍の文人としてのアイデンティティとその専門的な追求は、まず「業余建築工作室(アマチュア・アーキテクチュア・スタジオ)」という事務所名称に反映さ

fig.4 アマチュア・アーキテクチュア・スタジオ《中国美術学院象山キャンパス》杭州, 2001-2007 撮影=頼徳霖

れる。彼の解釈では、みずからは「まず文人であり、建築家はアマチュア」となる。「文人」としての身分をまず先に置き、職業としての「建築家」を二の次にする王澍の自己定義は、中国史上の文人画における、いわゆる「利家」(あるいは「戻家」、アマチュア画家の意味)の伝統に呼応しているだろう。「利家」の出現が宮廷絵画の伝統に対する批判であったのと同じように、「アマチュア・アーキテクチュア」という名称もまた、その本質に批判性を備えている。その批判が指し示す方向はいくつかあるけれど、最初かつ根源にあるのは中国の「専門的」な建築教育に向けられたものである。王澍はかつてこのように述べている。「我々が建築を学んだ当時の基本的な方式のすべては間違っていたかもしれない。この間違いは、それが[大学の外にある]真実の世界との関係のなかではまったく使いものにならない点に現れている。それはさほど面白くもない物事に対する非常にナルシスティックなひとつのシステムである」。そして「真実の世界」——生活様式、歴史や伝統、営造手法——に対する関心は、その後の王澍の建築的実践にとって中心的な内容となった。

「アマチュア・アーキテクチュア」が批判を向けるもうひとつの対象は、建築家という職業の「専門的な」商業的な働きである。何人かの評論家がすでに指摘しているとおり、「アマチュア」の本意とは「物質的利益や専門的要素からではなく、純粋な興味から研究や運動、行動を起こす個人」である。王澍自身の職業に対する態度はこうである。「建築家である以前に、私は一人の知識人であり、一人の文人である。……知識人は立場を有し、文人とは気骨を有する者のことだ。どんな態度が気骨と呼ばれるのだろうか? おそらく、あなたが私の前に金を一山並べたとしても、もし私が、あなたのプロジェクトが社会にどのように向き合うのか、文化や伝統にどのように向き合うのか、あるいは一般人の生活にどのように向き合うのかを考えていない単なるデベロッパーのものに過ぎないと認識したとき、すぐに直接断ることである」。

王澍の批判的戦略は「当代中国における固有な建築学の再構築」である。それは建築の体験を強調し、人文的な訓練を強調する建築学である。ゆえに王澍は工匠から学び、「工人とともにみずから手を動かして建物を建造する」。そしてもちろん、よりいっそう文人建築から学び、「蘇州庭園を100回以上も遊歩し、地歩を暗記できるほどに熟知した」。彼はまた童寯を崇拝し、《方塔園》を素晴ら

fig.5 アマチュア・アーキテクチュア・スタジオ
《寧波博物館》寧波, 2004-2008 撮影=頼德霖
fig.6 《寧波博物館》の壁面詳細 撮影=頼德霖

しいものと考える。王澍による文人化された固有の戦略は、中国国内の専門領域における西洋的なものへの無闇な崇拝や舶来贔屓に対する批判をも示している。

多くの建築家による中国建築の固有性に関する議論がいまだ造形やスタイルにとらわれているとき、王澍はすでに中国人の生活や審美的特徴を有する空間イメージを発掘しようと試みている。たとえば《銭江時代小区》(2001-2007)において制作されたのは「庭を有する高層住宅」である。4個の家族がひとつの小さな庭──「木が植えられた小さな庭……庶民の小庭にも似たような」──を共有するのだ。《中国美術学院象山キャンパス》fig.4(2001-2007)では、「我々は中国の伝統的書院の息吹をもった大学キャンパスを復活させようとした」という。また、北宋時代の王希蒙(ワン・シーモン)による「千里江山図」(1113)のような広がりを理解できることも、王澍が望んだことであった。他方、《寧波博物館》(2004-2008)に向かい合ったときには、南宋時代の夏圭(か・けい)の「渓山清遠図」が描き出した複雑な表情の絶壁を感じ取られることが期待されているのである。王澍の作品には、童寯が指摘した庭園に対する3つの境地、すなわち「疎密が適切であること、曲折が徹底されていること、眼前に風景があること」と、「庭園に花木がなければ生気はない」という考えが示されている。また、「自由に変化し規律による制限のない」洞門と「意外な趣を増加させる」漏窓も同様に備えている。建築家は、レンガや木、コンクリートといった素朴な建築材料にくわえて、俗気のない造形をそれらに与えることにより、文人化した「衣服」を建築に着せているのだと言えるだろう。

また、多くの建築家のつくり出す空間が単一の時制に過ぎなかったなか、王澍は中国の建築空間における時間感覚の問題に敏感にもいち早く気づいていた。彼はかつてこのように述べている。「中国伝統のなかでとても重要なのは、時間がもつ詩意[ポエティクス]を理解することだ。中国建築には時間の感覚が強固に含まれているのである」。この「時間がもつポエティクスの理解」や「時間の感覚」について、王澍はこれまで詳細な解釈を加えているわけではないけれど、彼のデザインがその説明となっていることに疑いはあるまい。たとえば《銭江時代小区》について、王澍はこのように述べている。「ここ[小庭]に座って世間話をすることが私は最も好きだ。私はそれを『隔世の感』と呼んでいる。歴史的な時間があって、現代だけではない。それは自分がいまいる時空がよく分からなくなったような感じだ」。また、《象山キャンパス》や《寧波博物館》などの設計では、撤去された建物から廃棄物であるレンガや瓦を集めてきて、それを雑然と外壁に積み上げていくことによって、歴史的記憶や経年的価値を生まれながらにして建築に備えさせているfig.5, 6。こうした手法は、「雑書」の書法や「什錦屏」、《方塔園》、あるいは「見立て」のことを想起させるだろう。

王澍の計画による《杭州市中山路南宋御街保存プロジェクト》fig.7(2007-2009)では、古代や近代、現代といった多くの異なる時期の建築スタイルが雑居しており、また保存された考古学の発掘現場をとおして、宋時代のレンガ、あるいは元時代や清時代の石材などを人々は確認することができる。それゆえにあるジャーナリストは「これは歴史の切断面である」と述べている。こうした設計は、「ヴェネチア憲章」が強調する歴史の正統性という概念に明らかに符合するものである。馮紀忠の《方塔園》と同じように、王澍のこれらのデザインが追求

し、表現するものとは現在完了形の時間感覚であろう。彼らは、建築を観る人間が歴史を改めて発見し、過去との対話を現代生活の一部に変化させるように試みているのである。しかし、王澍が馮紀忠と異なるのは、その追求と表現を大規模な公共建築や都市の設計において運用して、と同時に、より多くの社会的・人文学的配慮を加えている点である。それゆえに彼の建築は、より大きく、より広範な現実的意義を獲得していると言えるだろう。また、1980年代に呉良鏞(ウー・リャンヨン)(1922-)は都市の有機的更新に関する思想を提出しており、そこには都市空間の歴史的連続性に関する議論が含まれていた。しかし彼が強調したのは、都市の肌理の歴史的連続性である。王澍の《宋御街保存プロジェクト》は、呉の思想の実践を、歴史の運び手としての建築や生命力を豊富に携えた庶民の生活にまで拡張させているのである。

6

文人建築と世界建築の相互影響

　王澍は孤立しているわけでは決してない。彼と共鳴する設計理念をもち、文人建築の伝統から意識的に素養を吸収しようとする新しい世代の中国建築家は多い。もちろん文人建築に対する理解は一様ではないものの、張永和、劉家琨、童明、丁沃沃、葛明、都市実践、李曉東らもそうである。王澍はまた閉鎖的ではない。西洋の建築思想が紹介されることによって、中国人建築家たちがみずからの建築的伝統を見つめ直すうえで、多大な影響が与えられている。たとえば、1980年代には王坦(ワン・タン)(1941-)による『建築理論翻訳叢書』をとおしてヒューマニズム建築や建築体験の重要性が広く知しめられ、1990年代以後には、鄭時齢や陳伯沖、陳克寧、彭怒らによって建築現象学が普した。そして新世紀に入ってからは、王駿陰や趙辰、朱濤、史永高らによるテクトニクスの理論、あるいは廬永毅や支文軍、王穎らによる批判的地域主義の提唱があったし、また童明による『コラージュ・シティ』(コーリン・ロウ)の翻訳があった。王澍は、現代建築のなかで模索されてきた文人建築の伝統に対する模索を結合して発展させ、何代にもわたる中国人建築家の努力

fig.7 アマチュア・アーキテクチュア・スタジオ《杭州市中山路南宋御街保存プロジェクト》杭州, 2007-2009 撮影=頼徳霖

を新しい高さに押し上げた。その彼の成功とは、中国人建築家の文化や歴史、伝統に対する絶え間ない模索の結果であると同時に、［彼らの］外来思想との絶え間ない対話と交流の結果である。そしてもちろん彼本人の天才と一貫された追求の結果なのである。

　プリツカー賞は王澍個人が達成した成果に世界の建築界が与えた最高の賞であろう。しかし同時に、中国人建築家が中国現代建築の進むべき道程を模索してきたこれまでの努力に対する最大の肯定でもあるだろう。王澍の成功は、一人の天才による突出した成果だと見なされるべきではないし、中国人建築家たちによる現代建築に対する貢献はまた、イデオロギー論者によって抹殺されるべきものでもない。王澍本人もきっと同意するだろう、個人の探究は集団の努力の一部分に過ぎないということ、そして文人建築の文化的伝統のなかにはいまだ数多くの発掘されるべきもの、理解されるべきことが残っているということを。その復興と発展の道は依然として果てしないままである。現在から1000年ほど前、郭熙(かくき)(推定1020-1090)が『林泉高致』のなかで山水画についてこのように述べている。「世に言うところの山水とは、訪れるものであり、眺めるものであり、遊ぶものであり、住むものである。画においても、これらの感覚を備えていれば、妙品となる。しかし、訪れたり、眺めたりすることは、住んだり、遊ぶことには及ばない」。住むことと遊ぶこと——すなわち生理と心理のうえで場所に対する愛着を持ち、物質と精神の双方に対する需要を満足させること——、これこそは、文人建築が追求するところの本質ではなかったか？

Essay

四川大地震から5年後の被災地を歩く
Sichuan, the Fifth Year After the Earthquake

五十嵐太郎　Taro IGARASHI

いがらし・たろう
1967年パリ生まれ。建築史家、建築批評家。東北大学大学院工学研究科教授。1992年東京大学大学院修士課程修了。博士（工学）。著作に『新編 新宗教と巨大建築』（筑摩書房、2007）、『被災地を歩きながら考えたこと』（みすず書房、2011）など多数。

　2013年12月に天津、北京、重慶の大学で日本の現代建築に関するレクチャーを行った後、四川大地震の被災地を二日間まわる機会をえた。3.11後の日本との比較をするうえでも、前から訪れたかった場所である。マグニチュード8を記録した震災は、北京オリンピックを間近に控えた2008年5月12日に発生し、7万人近くが亡くなり、2万人弱が行方不明となった。清華大学の許懋彦先生と、重慶大学の龍瀬先生に同行し、現地にて担当者の案内を受けながら、主要なエリアを見学した。鉄道はつながっておらず、いずれもクルマがないとアクセスは難しい。都市部から遠く離れて、山水画に出てくるような自然の風景に囲まれた山間部をしばらく走り、被災した少数民族の街に到着する。初日は重慶から4時間以上をかけて被災地に向い、北川県の廃墟と化した街ごと残し、今は観光地になった震災遺構、その結果、全住民が移住した復興ニュータウン、現地再建した少数民族の集落、そして二日目は綿陽市を出発し、震源地である映秀鎮のテーマパークのような現地再建の街並みと保存された倒壊した中学校、震災記念館などを訪れた。

観光地となった震災遺構

　もっとも訪れたかったのは、四川省北川県の広大な震災遺構である。ここは震災だけでなく、頭上からは山崩れで中学校がつぶれ、足元からは川の氾濫と土石流による二次災害が重なるという厳しい状況ゆえに、現地再建を断念し、チャン族の街がまるごと残された。このエリアは坂道を降りて近づくので、まず先に途中の展望スペースから街の全容を見下ろす。遠景なので細部はわからないが、建物群が傾いていることは確認できる。その後、谷間に入ると、道路から公共施設、集合住宅、商業施設などのビルの窓や壁が壊れていることがはっきり見え、それらの手前に解説のパネルが立つ。そして中学校の前には、2008年5月12日を刻んだ石碑のあるメモリアル・スペース。危険なために、建物の内部に入ることは許されないが、数十センチ先に時が止まったままの世界が存在する。

　この地は震災以外にも土砂崩れや川の氾濫が重なり、津波の被災後を想起させる今も水に浸かったままの建物群、山肌が崩れ、岩でつぶされた中学校が痛々しい。道路もかさ上げされ、ホテルの1階が少し埋もれている。注意深く観察すると、傾いた建物は支柱を入れたり、斜めの支え棒をあてている。

四川省北川県の広大な震災遺構
撮影=五十嵐太郎

またビルの内部に鉄骨のフレームを挿入し、補強しながら保存されていた。巨大な《「ゼンカイ」ハウス》(宮本佳明)のようだが、修復するのではなく、壊れたままの状態を維持することが目的であり、広島の原爆ドームに近い。単体の建物ではなく、ポンペイの遺跡のように、破壊された街がまるごと保存されているから、見渡す限りの廃墟に囲まれる。まともに建っていない、すべて傷ついたビルしかない無人の街を歩くのは、希有な体験だろう。本やデジタル情報で得た知識ではなく、身体の全感覚で震災の脅威が伝わってくる。単体の震災遺構ですら保存が困難な日本の状況とはあまりにも違う。

少数民族のための復興ニュータウン

山奥の被災した小さな集落は、現地再建を基本としている。訪れたところでは、すっかり真新しくなった民族様式の家屋、祭壇のある広場、店舗、塔などが建設され、観光も意識したテーマのようになっていた。しかし、前述したように、震災遺構となり、観光地として開放されたチャン族が暮らす北川県城の場合、住民は別の場所に集団移住して「永昌」と命名されたニュータウンが建設された。驚くべきは、そのスピードである。2008年の5月中に移住先の検討が始まり、11月には新しい場所を決定、2010年秋には完成し、12月には最初の入居が始まった。震災からわずか2年半である。2011年10月にはニュータウンの建設記録を紹介した本も刊行された。国家主導による少数民族を手厚く保護する復興の目玉プロジェクトとはいえ、東日本大震災からもうすぐ3年になろうとしているが、日本では考えられない速度だろう。

ニュータウンは整然とした街区割をもち、北に行政区を置き、文化施設、メモリアル・パーク、商業ゾーン、屋根付きの橋などが続く中心軸が東西を貫き、そのまわりに三角屋根の集合住宅が並ぶ居住区が広がる。一気に大量の建物を設計するために、様式を伝統式と現代式、その中間に分類し、エリアごとにデザインコードを決めてつくられた。とくに中心軸の散策路は、羊を神聖視するチャン族に特有な装飾、すなわち羊の角をモチーフとした意匠のほか、伝統的な屋根や壁が目立ち、ポストモダンのにぎやかなテーマパークのようだ。チャン族の村によく

上:現地再建されたチャン族の山地の小さな集落
下:北川永昌ニュータウンの商業エリア
撮影=五十嵐太郎

ある典型的な灰色の塔も、ここではサイズを拡大し、ニュータウンのランドマークとなっている。メモリアル・パークの中心には、7,000㎡に及ぶ「英雄園」の広場を設け、再生を象徴するレリーフをもつ高さ25mの塔がたつ。モスクは伝統的な様式、学校はモダンなデザインである一方、復興の歩みと都市計画を展示する「幸福館」は、OMAの《カーサ・ダ・ムジカ》をほうふつさせる多面体の特徴的な造形だった。また行政区は落ち着いた茶色の威厳のある古典調の建物で、同じ形態の施設を反復する。

2010年までに、永昌では被災者のために9千戸が建設され、さらに今後の成長も計画しており、将来、7k㎡のエリアで7万人が住む都市になることを見込む。何もなかった場所に出現したニュータウンだが、少数民族の街としてユニークな風景が生まれている。

地震の記憶を伝えるミュージアム

震災から5年という節目にあたる2013年5月12日、震災遺構のすぐ近くに北川地震記念館はオープンした。なだらかな芝生の広大なランドスケープの中に、大きなヴォリュームを隠すように配置し、傾いたコー

上：北川震災記念館　下：社会主義リアリズム風の彫刻
撮影＝五十嵐太郎

ルテン鋼の壁が斜めに切り込みを入れるようなデザインである。傾きや切れ込みといった不安的な造形の手法は、地層がズレて、モノを破壊する地震を想起させるだろう。また唯一の垂直要素である塔屋には鐘を吊るす。設計は、同済大学建築設計研究院の蔡永潔が手がけた。傾いた壁に挟まれた空間はリベスキンド風、ランドスケープに溶け込むコールテン鋼の外観は、越後妻有トリエンナーレで設置されたカサグランデ＆リンターラによる「ポチョムキン」を巨大化したような造形である。

屋内に入ると、人民の団結を示す、いわゆる社会主義リアリズム風の大きなレリーフ彫刻が出迎え、壊れた自動車や震災が発生した午後2時28分で止まったままの時計のコレクション、勇ましい音楽とともに救援活動の紹介、仮設住宅の様子、震災関係の書籍、デジタルで献花する鎮魂のスペース、そして救援の現場、復興の計画、建設の作業などの場面を表現する社会主義リアリズムの彫刻などが続く。最後は被災した各エリアを中国の各省がサポートするシステム、復興計画の図面、模型、写真のほか、赤い国旗を掲げて多民族が共生する絵画などが展示される。3.11の後、日本ではアートに何が可能なのかがしばしば問われたが、中国では過去のものだと思っていた社会主義リアリズムのアートが現役で活用されていた。実際、都市部よりも山間部に暮らすチベット系やチャン族といった少数民族が多く被災しており、これは彼らをちゃんとサポートしているという政治的なメッセージだろう。つまり、震災記念館は、党の強い指導のもとに、救援から復興までを遂行する一連の流れが強調され、ナショナリズムをかきたてる場として機能していた。

震源地である四川省汶県の映秀鎮では、北川汶川県に先行して、山の中腹に震源地記念館がオープンしている。上海万博の中国館を手がけた何鏡堂が設計し、早くも2010年末に完成した。屋外では、コンクリートのヴォリュームが複数の軸線をつくり、自然の中に幾何学的なランドスケープを形成する。外観は、やはり斜めに傾いた大きな壁が印象的だ。ここの展示内容と雰囲気は、壊れた自動車、デジタル献花、社会主義リアリズム的な彫刻、ハリウッド風のドラマチックな音楽などが展開し、おおむね北川の記念館と同じものだが、空間の構成が工夫されていた。屋外の導入部は、中庭を囲む四面の傾いた壁から水が滴り落ちる、瞑想のスペース（訪問時は水がない状態だったが）。内部に入ると、上からスロープに沿ってスリット状に光が落ちる、三角形の吹抜け空間が広がる。ここでは横のラインが積層し、地層をイメージさせるコンクリートの壁づたいに地階に降りて、被災状況の展示に続く。地下にもぐりながら、過去に戻っていくイメージである。

映秀鎮の震源地記念館
撮影＝五十嵐太郎

左：映秀鎮中学校遺跡　右：七一映秀鎮中学校
撮影＝五十嵐太郎

　途中、円形の台にのると、激しい振動が始まり、鑑賞者を360度のパノラマで包む震災の再現映像を体験できる。そして三角形の中庭に出ると、今度はスロープを登り、建設作業をしている労働者のマネキンや再建された街の写真などを使い、復興への歩みが紹介されるのだ。すなわち、上下する空間の体験が、被災から復興へのプロセスに重なる。再び屋外に出て、足元を眺めると、復興した映秀鎮の街並みと、震災遺構として残された中学校が見える。現在、大きなキューブ型の新しい施設が建設中だった。また眺めがよい場所に、救助活動中に亡くなった地元のヘリコプターの乗組員を追悼するメモリアルも設置された。自然災害が相手とはいえ、やはり戦争博物館との類似性を感じさせるだろう。

　東日本大震災が起きた日本でも、今後、震災博物館は確実につくられるだろう。しかし、もうすぐ3年経つが、現時点では、敷地や内容など、まだほとんど具体的な方向性すら決まっていない。もっとも、阪神淡路大震災記念の人と防災未来センターがオープンしたのも、2002年であり、1995年から7年後だった。時間がかかるのである。

震源地、映秀鎮の現在

　最後に震源地記念館がつくられた映秀鎮の街の状況を紹介しよう。ここも人口の半分にあたる約6千人の死者・行方不明者をだし、甚大な被害を受けたが、断層帯は避難場所にもなる公園としつつ、3年で現地再建を行い、観光に力を入れている。永昌のニュータウンと同様、古い建物がなく、すべてがピカピカの新築であり、民族の伝統的な意匠を積極的に導入しているために、映画のセットのような街並みだ。興味深いのは、公共施設が集まる北の端部に、壁で日常生活の視線からは隠しながら、倒壊したことで震災後に注目を集めた有名な漩口中学校と学生寮がそのまま保存されていること。激しく傾いた学校の手前にある大階段には、震災の日時を示す時計の彫刻が置かれ、その隣につくられたメモリアルの壁に献花がなされている。現地再建がなされたことから、ここでは象徴的な震災遺構として学校だけを残した。明るいニュータウンの一角で、ここだけが時間が止まり、過去とつながっている。いずれも記念館の屋外から見下ろすことができる。

　震災遺構となった代わりに、映秀鎮の新しい中学校は、近くの別の場所において国の肝いりで再建された。清華大学の建築設計研究院が手がけ、中心に大階段をもつ4階建ての立派な校舎がつくられている。赤く塗られ、鎌と槌による共産党のシンボルを入れたエントランスのホールには、被災と再建のプロセスが展示されていた。新しい中学校の名称にも「七一」の文字が入り、中国共産党が創立した日になっている。川を挟んで、中学校の向いの山肌には、大きな岩石が落下した震災遺構もあった。ともあれ、中国の復興計画は、日本の政治と社会では、なかなか実現されないタイプのプロジェクトが多いが、東日本大震災後のダークツーリズム的なヴィジョンを描くならば、参照すべき事例となるだろう。

INTERVIEW　梁井宇　LIANG Jingyu／Approach Architecture Studio

[聞き手・翻訳] 市川紘司　[協力] 孫思維（Dashi-lab）

中国で「住民参加」は可能か？──《大柵欄プロジェクト》について
Is Community Participation Possible in China Taking Dashilar Project as an Example

　改革開放以後の急速な経済発展は、中国の都市から歴史的な空間を次々と失わせてしまった。北京に限って言えば、天安門広場を中心に同心円状に広がるマスタープランを採用した1950年代から、こうした喪失の歴史は始まっていたと言えるだろう。オリンピック開発はそれに拍車をかけたに過ぎない。もちろんこうした状況への対応策が無いわけではなく、1990年代には保存すべき地区を指定しそのなかでの開発行為などへの制限は行われていた。しかし四合院と胡同（フートン）からなる「古き良き」北京都市空間の大部分はすでに失われてしまっていたのである。

　大柵欄（だいさくらん）は、北京の保護指定されている歴史的地区の一つである。天安門広場の南西に位置しており、かつては科挙の試験を受けに来る外地人が滞在するなど、商業的にも栄えた下町空間であった。しかし現在ではその住環境はお世辞にも良好なものとは言いがたく、ほぼスラムのような状態となってしまっており、デベロッパー主導の開発が近年進められている。

　興味深いのは、この大柵欄プロジェクトが、一般的な中国の開発計画とはやや異なった仕組みで動いている点である。住民を退去させてタブラ・ラサのようにして一帯を開発するのではなく、むしろ住民たちとの対話を重視し、既存の建築物を保護しつつ、ノードを絞って開発しようと試みているのだ。

　こうした特殊な開発計画が立てられた背景には、建築家としてこのプロジェクトに参与している梁井宇氏の存在がある。梁氏はこの北京の中心地に適した開発の方法を提案するだけでなく、大柵欄の現状を精確に把握するためのリサーチやワークショップなども積極的に行なっているようだ。建築を設計する以前の実践を重要視するこの建築家のスタンスは、あるいは近年の日本建築界の関心とも重なるところが多いのではなかろうかと想像する。なぜ梁氏はこうした活動を推し進めているのだろうか？本インタビューでは、彼の建築家としての変わった経歴を聞き出すとともに、大柵欄プロジェクトの特徴とそれが直面する中国特有の問題について尋ねた。

リャン・ジンユ　1969年江西省生まれ。天津大学建築学系を卒業後、広東省にて建築設計の仕事に従事したのち、1996年にカナダへ渡る。
LIANG Jingyu　カナダではいくつかの建築家アトリエ事務所に所属し、その後はコンピュータゲーム業に転身。
エレクトロニック・アーツ社などで背景デザインやシステム設計を担当した。2003年中国に帰国。2006年場域建築（Approach Architecture Studio）を創設。
《イベリア現代芸術センター》（2008）など建築設計業と並行して、《大柵欄プロジェクト》（2011-）などの都市リサーチも行なっている。

第一部　建築家としての経歴

1. ハイスピードとロースピード

──まずは建築家としての経歴にについて伺います。1996年に梁さんはカナダのコンコルディア大学に留学し、その後もカナダで仕事を続けていますね。当時のいきさつをお教えください。

梁井宇　LIANG Jingyu（LI） 中国を離れた理由は簡単です。1996年前後の中国は経済改革の第一段階にあって、大学を卒業した建築家がする仕事の大部分は、スピード重視でつくられる工場建築などでした。このとき建築家にはデザインの決定権はないんですね。大体エンジニアが決める。中国が今ももっとも求めているのはエンジニアであり、建築家はちょっと余計な存在なんじゃないかということを私は当時思っていました。それで場所を換えてみようとしたわけです。カナダに行ったのは偶然です。当時学校で学んでいる知識はヨーロッパとアメリカのものが多かったんですが、ちょうど友達がカナダに行っていて、来てみないかと。

──梁さんが天津大学を卒業するのは1991年ですから、カナダに行くまでに5年ほどの時間があります。この間はどんな仕事をしていたのですか？

LI 当時私は広州と珠海にいました。そこはまさに中国の「改革開放」の第一線で、香港と台湾の投資が集中していた「珠江デルタ」の一角です。だから私が担当したプロジェクトも標準化された工場がほとんどでした。

我々は数週間のうちに工場の図面を描き終え1、2ヶ月で建設することが求められた。ここでは、建物にはいかなるキャラクターも持たせてはダメで、柔軟性があることが最も良い。つまり柱以外は要らなくて、クライアントがその時々でつくり変えるようなものが良いわけです。大学卒業からカナダへ行くまでの3、4年間、私の担当はすべてこんなプロジェクトなわけで、それでウンザリしてしまったのです。

──「ヨーロッパの10分の1の建築家が100倍の量の建築をつくる」というのが、当時の中国建設業に対するレム・コールハースの指摘でしたが、梁さんはまさにその渦中にいたわけですね。こうした経験からすると、カナダでの実務はどうでしたか？

LI 当時のカナダはあまり経済状況が良くなくて、仕事を手に入れることができたのは運が良かったんですが、モントリオールのわりと良い事務所に居ても、プロジェクトは非常に制限されていました。最初から最後まで手がけることのできるプロジェクトは少なく、基本的にプロジェクト全体のうちの一部分を手がけることが多い。たとえばある門窓のデザインとか、図面の修正とかですね。運良く設計作業に携わったとしても、あるディテールを反復したり、調整したりする作業でしかなかったりする。カナダでも中国でも、私は事務所の仕事によって大きな成長が得られるとは限らないということを思い知りました。カナダでの建築家との仕事で発見したのは、そのプロセスがすごく緩慢であるということですね。

──中国は超ハイスピードなわけですから、カナダは真逆ですね。

LI そう。中国の「高速」とカナダの「低速」というふたつの極端な状態を経験したことで、「自分は建築家というこの仕事をうまくできるのか？」という疑いが自分のなかに生まれました。そして、別のことをちょっと試してみようと思った。建築業はカナダではあまりやることが多くなさそうで、このまま続けていてもあまり大きな役割を果たせそうになかったんです。

──カナダの建築事務所では、具体的にはどのようなプロジェクトを担当していたのですか？

LI 工場や小住宅などです。基本的に我々の仕事というのは、もともとの建物をベースに調整したり修正したり、地形に合わせたりするようなもので、これは私の見るかぎりですが、みずから新しいことを試すといった機会はないように見えました。現在の建築のシステムのなかでは、中国にしろカナダにしろ、自分がつくりたいものが必要とされていない、自分は余計なものであるように思えていましたね。建築家は、中国ではエンジニアほど必要とされておらず、またカナダでは新しいものがつくれないと思えました。

2. 建築から遠く離れて

LI 今振り返って見れば、こうしたことは若者が仕事をはじめた最初に感じがちな幻覚なのですが、当時の私はこうして伝統的な建築の教育や実践に対して

INTERVIEW
梁井宇　LIANG Jingyu／Approach Architecture Studio

疑いを持ってしまった。この職業に未来はあるのだろうかと。1996年か1997年だったか、当地の新聞に掲載された大きな記事を覚えています。その記事が言うには「建築家という職業は20世紀の鍛冶屋である」。鍛冶屋は産業革命以後の19世紀にほとんど市場を失ってしまった職業ですね。今度は建築家が20世紀にこの鍛冶屋のように消えていくというわけです。私はこの文章を読んで、さっき話した中国の状況もあったから、すごく気が滅入っていました。

——その後、梁さんはゲーム業界に勤めます。ゲーム業界に勤めていたというのは、建築家としての経歴にとって非常に特徴的です。これはつまり、当時建築へのある種の失望があったからなんですね。

LI　そうです。当時はちょうどITバブルがピークのときで、コンピュータ業界には非常に多くのチャンスがあるように見えました。「建築自体に興味はあるものの、本物の建物を建てることだけが設計ではないだろう。三次元空間の設計が自分の興味を満たしてくれるか、その職業に将来性はあるのか試してみたい」というのが私の考えていたことです。そんなわけでカナダにいた7、8年のうち、大体最後の2年間は、ゲーム会社でゲームデザインや場面デザインをしていました。いま思うと「逸脱」した活動ですが、あまり遠くはない逸脱であったと思う。建築家という職業の境界はどこにあるのか、そのプロフェッションとは何か、手がけることのできる仕事の範囲はどこにあるのか、そういうことを模索していたのですね。

——梁さんが勤めたエレクトロニック・アーツ社は、《シムシティ》や《ザ・シムズ》などで、日本でも有名なゲーム会社です。建築を学んだ人間として、ゲームの設計にはどのようなかたちで関わったのでしょうか？

LI　この会社の開発本部はアメリカであり、カナダのチームはスポーツゲームを主に担当していました。だから私は実際にはそのふたつのゲーム開発には関わっていません。ただ個人的に興味はありました。そのなかのAIシステムが非常に面白かったからです。このシステムは人が建築のなかでどのような反応を起こすかを研究できる。人間の行動の「憲法（constitution）」のようなものですよね。人があるシチュエーションに遭遇したときにどんな反応を起こすのか、そのすべての行為がAIのなかに記述される。この研究が未来の建築を研究する方向なのではないか、あるいはこのツールを用いて人と建築の関係を考えるべきなのではないかと、非常に興味を惹かれました。

コンピュータの演算能力がこれほど強大であるからには、我々のつくる建築はもはや主観的に作る必要はないわけです。もしかしたら我々は自分のつくる住宅を《シムシティ》のなかに放り込み、それがどのように住まわれるか、どのように都市のなかで人との関係を取り結べるのか、試すことができるかもしれない。《シムシティ》は本来は子どもに都市に何があるのかを教える児童教育に似たソフトウェアでしたが、私はこういう風にそのポテンシャルを考えて、上層部に掛けあって研究テーマにさせたんです。

——梁さんは2002年にブリティッシュコロンビア大学（UBC）の建築学系と研究を行なっていますが、それはこのことと関係していますか？

LI　しています。というのも、もともとエレクトロニック・アーツ社には建築家があまりいなかったんです。私の他に一人いただけです。それでUBCと協同でこの研究をやろうとしたわけです。しかし残念なことに、プロポーザルを整理し終わってプロジェクトを始めようとしたとき、中国に帰国するチャンスにちょうど出会ってしまった。プロジェクトは見通しが立ったばかりのタイミングだったのですが、最終的にはこの研究を諦めて、帰国しました。

3. 建築と中国への回帰

——中国に戻られるのは、2003年のことです。帰国に向かわせたチャンスとは何だったのでしょうか？

LI　中国を離れていた7年のあいだ、中国の建築界にはけっこう大きな出来事が起きていました。《国家大劇院》とか《CCTV新社屋ビル》とか、いくつかの国際コンペが注目を集めた。私が離れたときの中国には、建築家はクライアントからできるかぎり簡単に多くの工場を作ることを要求されるに過ぎなかったけれど、どうやら業界は変わったようでした。こうした背景には、これは1998年か1999年だと思いますが、銀行が個人が住宅を買うときの資金を貸し付けることが中国で可能になり、中国の不動産業の発展を刺激したことがありますね。

この「都市化運動」が徐々に高まり、私が帰国する前の時期にちょうどピークを迎えていました。地方政府はまずより多くの土地を売って、それで得た金銭を公共施設やインフラの建設に充てます。そして大規模な文化施設の

中国で「住民参加」は可能か？——《大柵欄プロジェクト》について
Is Community Participation Possible in China Taking Dashilar Project as an Example

建設に投資しました。江沢民政権の第二期晩期です。江沢民のスタンスは、フランスのミッテラン大統領のそれに似ていて、中国は新しい大規模な公共文化施設をつくるべきだと考えたのです。もちろんこれらの建築が完成する頃には胡錦濤と温家宝の時代になっているわけですが、そういうわけで、この期間には大型公共建築の国際コンペが非常に多く行われていて、私は非常に興奮しました。中国には新しい可能性、チャンスがあるのではないかと思った。それで悩みに悩んだすえ、帰国を決意しました。これは最後には、この建築という職業への興味が無くならなかったことが大きかった。

——コンピュータゲーム業界への参与は、建築に対するある種の失望があったにも関わらず、やはり実際の建築への興味は強かったと。

LI ええ。ひとつには建築それ自体が私を惹きつけていたこと、そしてもうひとつには、2年間のゲームデザインが私に十分なチャレンジを与えてくれなかったことが理由に挙げられます。実際、こういった仕事の難易度は高くはなく、創造性もさほどありませんでした。現実の建築家の仕事には、コストや材料など具体的な問題がたくさんあるわけですが、コンピュータゲームのなかには建設のためのエンジニアの思考がない。舞台セットや映画の特撮の思考と一種似たものなのです。だから視覚上の事がらにこだわることはできるのですが、その反面、構造上のロジックは何なのかとか、コストを抑えようとかいう概念は不要です。重力はないし、災害や雨水、空気の循環とかの自然的要因からも影響を受けない。現実の環境的条件がなければ、三次元空間のデザインであっても、現実における設計のための思考を本当に突き動かすことは難しくて、あまり意義があるようには思えなくなったんです。

——中国帰国後は、まずはどのように活動を始めたのでしょうか。

LI 帰国してすぐには自分の事務所をつくろうとは思いませんでした。経験が足りていないし、クライアントもいなかった。まずは場所はどこでも構わなくて、自分が喜んでできる設計の仕事がありさえすれば良かった。それで帰国した2003年から2006年までの3年間は、比較的大きな設計会社で建築家として働きました。この期間の仕事で中国建築の現場を深く理解できましたね。

この頃の中国では、文化建築の第二次建設ラッシュが起こっていて、さらに北京オリンピック関係のプロジェクトも生まれていたから、個人でのチャンスは突然増加しました。それ以前だったらどんなプロジェクトでも良いと思っていた私も、徐々に選択肢を持てるようになっていきます。けれど、この選択のときに私と当時のボスは衝突してしまった。彼は大きな居住区のようなプロジェクトをしたかったのですが、というのも設計費は面積から計算されるので、より大きいプロジェクトの方が多く稼げるからです。私はもっと小さい規模のものをやりたかったんですね。デザインの反復を避けられて、よりコントロールできて、実現性の高いプロジェクトの方をやりたかったんです。

——そして2006年に「場域建築工作室（アプローチ・アーキテクチュア・スタジオ）」を設立しますね。場域建築は当初、組織事務所（九源三星事務所）との共同運営形式を採っています。この理由に ついてお聞かせください。

LI これは日本とは異なる中国建築の状況が理由です。日本では1,2名でもクライアントと応接することが可能でしょうけれど、中国のクライアントは、もしあなたの事務所に所員が一人しか居なかったら、おそらくプロジェクトは任せないんですよ。だからどこか事務所と提携を結ぶことで、彼らの力を借りつつ、と同時に自分がプロジェクトを選択できる独立性を保ちながら活動したいと考えたのです。

——しかしその後しばらくして、完全に個人での経営に切り替えていますね。これはいつ頃でしょうか？ そしてその理由は何だったのでしょう。

LI 九源三星と提携した3年目ですね。彼らからすると、我々と協働しても、経済的なリターンが無いように見えたんですね。私の興味はお金にはなかったから、プロジェクトで得たお金はすぐに別のプロジェクトに充ててしまったりしていた。こうした協力体制は彼らからすると何の意味もない。それで2008年に、私は完全に独立しました。

4. 構法への注目

——2008年というと、場域建築が《イベリア現代芸術センター》[fig.1]と《上海民生現代美術館》[fig.2]を完成させた年ですね。これは我々が最初に知った梁さんたちの建築作品であり、代表作と言ってよいと思いますが、独立以後の作品として考えてよいのでしょうか？

LI そのふたつは共同経営だったころのものですね。でも、設計は独立的に手がけています。そもそも、我々2社の

109

INTERVIEW
梁井宇　LIANG Jingyu／Approach Architecture Studio

おもな関係というのは経営と施工技術に関するものでしたから。

——このふたつの建築には、梁さんがかつてコンピュータゲームに関わっていた経歴が影響を与えているように見えます。物質の滑らかさや透明性が強調されていて、どこか非現実的な感覚がある。設計のときに実際に追い求めていたことはどのような点でしょうか？

LI　たしかにその通りで、このふたつの建築は、それ以前のコンピュータゲームの設計のときにやっていたことと関係しています。当時は材料性を追求していたのですが、それはゲーム設計の中では実現しようのなかった本当の材料が持つ効果を埋め合わせたかったからです。バーチャル空間では、本当の材料の感覚が得られない。光の感じとか重量感とかしなやかさであるとか、そういうものは永遠に偽物です。だから私はこれらの建築では材料の真実さを過剰に求めていました。それがこの建築において材料の存在感が強く現れる結果になっているのだと思います。

　材料の表面に、その「真実らしさ」が表出されることを望んでいたんですね。でも当時はゲーム業界からの影響が残っていたし、建設プロセスや構造に関する理解も少なかったから、どうしても材料にやや表面的な感覚が出ている。あなたが立面に見た滑らかさや透明性といった性格は、そういうテクスチャーの部分だと思います。おそらく私が材料の背面にある接合や構造についての知識と処理能力が不十分だったため、結果的にそれを隠し、その表面性にのみ注目させることになったんだろうと思います。

——なるほど。しかし、このような特徴は中国の他の建築家の作品には見られない興味深いものです。

LI　現在は、自分たちのこの頃の作品を批判的に見つめ直す段階にいます。たとえば構造的な問題や、建設技術に関する問題についてですね。技術の角度から、意識的に設計の問題を捉えていきたい。くわえて、材料を用いるロジックについてももっとはっきりとさせたいですね。我々は今、西安でプロジェクトを行なっているのですが、ここで我々の問題がよりはっきりとすることを期待しています。

——中国の建築家として、現在特別に注目していることは何ですか？

LI　伝統建築に興味があります。我々が受けた大学教育のなかでは、本当の意味での伝統建築は習っていません。基本的には全て西洋式の教育ですから。そして現在の中国においては、伝統的な作り方を参照して新しい建築をつくる、などというのはあまり有り得そうにないでしょう。

　中国の伝統工芸は代々伝承される過程で、工芸の存在理由を失ってしまっていて、工法だけが残っています。つまり「どのようにつくるか」は知っているのですが、「なぜこうつくるのか」が分からないのです。木匠も泥瓦匠も、師匠が教えた内容は知っていても、その原因＝「何故そうなのか」ということが分からない。我々は中国伝統建築の因果関係を理解する手立てがないのです。だから古建築の技術やスタイルを了解し、伝承し、発展させることが非常に困難になっています。

　しかし現状の中国では、これは農村なども含めてですが、多くの要求が伝統的な建造を改良することで充分賄えるものであったりする。これは建築家の設計する建築とは、別の要求としてあります。中国の農民は建築家に住宅をお願いするなんてことはしませんし、彼ら自身が作っている住宅も伝統的なものではないし、エンジニアの作っているようなものでもなく、デザインの質が極端に悪く、材料の使い方も非常に不合理に作られてしまっています。そして規模も大きい。後ほどお話する《大柵欄プロジェクト》は、こうした方向の研究を切り開くことを期待しているんです。つまり、建築家に向けられたものではなく、建築を使用する居住者が簡単な方法で良い住宅を作ることはできないか、という方向に向けられたリサーチの展開です。普通の住民に材料の使い方を教えたり、工匠たちが備えている伝統的な工法の能力や水準を与えたりして、住宅が作れるだろうかということを試してみたいんです。

　もちろんこうしたテーマは格別に複雑であり、我々もまだ資料収集とその整理の最初期の段階にいます。けれど私からすると中国の伝統建築はまだ多くの知恵を有していて、それをゆっくり整理し体得して、今後運用できないかを改めて考えたいんですね。

——伝統的な構法を活かして、住民や農民たちに質の高いセルフビルドを教えるような活動を活性化させたいということですね。

中国で「住民参加」は可能か？──《大柵欄プロジェクト》について
Is Community Participation Possible in China　Taking Dashilar Project as an Example

fig.1
アプローチ・アーキテクチュア・スタジオ
《イベリア現代芸術センター》北京, 2008
図版提供＝アプローチ・アーキテクチュア・スタジオ

fig.2　アプローチ・アーキテクチュア・スタジオ《上海民生現代美術館》上海, 2008
　　　図版提供＝アプローチ・アーキテクチュア・スタジオ

INTERVIEW
梁井宇　LIANG Jingyu／Approach Architecture Studio

《大柵欄の3Dマップ》
図版提供=日本デザインセンター

第二部　北京・大柵欄プロジェクト

5. 〈大柵欄（Dasliar）〉とはなにか？

――続いて天安門広場南東にある《大柵欄プロジェクト》について伺います。《大柵欄プロジェクト》とは、北京の歴史空間である〈大柵欄〉地区の保存開発プロジェクトです。しかし、日本人にとって大柵欄という場所はあまり馴染みがありませんから、まずはこの地区の特徴をお教えいただけますか？

LI 位置から説明します。大柵欄は、北京城の中心軸の脇にあります。この立地を知ることがまず大事です。大柵欄は現在だけ中心にあるだけでなく、金王朝（12-13世紀）の中都から元王朝（13-14世紀）の大都まで、北京城が微妙に移動したときのちょうど中間地点であり、また明清王朝（14-20世紀）に至るまで、常に商業と居住が混在し最も栄えた地区なのです。

そして、大柵欄にはひとつの特徴があります。つまり、内城の外側にあったということです。かつては内城のなかでは商業は営めなかったから、前門（天安門広場の南端）の外にある大柵欄は、交易が非常に活発に行われた。そうして大体600年ほどの歴史を積み重ねて、北京の重要な娯楽地区のひとつになったのです。京劇も、ここで生まれています。昔は夜になれば城門が閉じますから、北京の外からやって来た人々はまずは大柵欄に泊まり、次の日の朝、内城に入る。そういうわけで旅館業や夜遊びのための施設なども発達しています。科挙制度のあった明清時代には、全国のエリートたちが北京に集まりまし

中国で「住民参加」は可能か？──《大柵欄プロジェクト》について
Is Community Participation Possible in China Taking Dashilar Project as an Example

たが、彼らがテストを待つときも滞在したのは大柵欄です。

──これほど繁栄した大柵欄ですが、現在はそうした活気はないように見られます。変化はどのようにして起こったのでしょうか？

LI 大柵欄の衰退は最近100年間に起こりました。それは都市構造の変化が原因です。もともと北京に入城するための交通の最終地点がこの大柵欄でしたが、まず汽車駅が前門につくられ、また空港も郊外につくられた。大柵欄は、北京に来る人々が最初に到着する場所でなくなるわけです。こうして自然と人々が集まらなくなり、商業の中心地としての機能も徐々に別の場所に奪われていきます。王府井と西単、そして前門（大柵欄）はもともと北京の主要な商業区でしたが、大柵欄だけは純粋な商業区ではなく大量の居住人口も同時に抱えていたため、残りのふたつの地区の開発から遅れてしまったのです。つまり、大柵欄は、交通と商業というふたつの機能が徐々に失われていったすえに人の賑わいを少なくしていったんですね。

また、1976年に起こった唐山大地震では、もともとの建物の危険性が生まれたことで、政府が中庭に臨時の避難住宅を建てることを奨励しました。しかしこの臨時住宅はその後撤去されることなく住民によって使い続けられてしまい、何年も経つうちに環境はひどいものになってしまった。環境がひどいから貸し賃も安くなり、貸し賃が安くなるから大家が修繕するためのお金もままならなくなる。こういう過去50年の悪循環によって、大柵欄は北京で最も高密で、平均所得の最も低い区域になったのです。

──地震が大柵欄の現状を生んだひとつの原因であるというのは興味深いです。臨時住宅が過密したまま存在する現在の大柵欄は、「スラム」と呼んでもよい環境にあるのでしょうか？

LI そうですね。

──現在、大柵欄に住んでいる人たちは北京人が主でしょうか。あるいは、外部からやって来た労働者なのか。

LI 中国の流動人口は統計上正確な数値が無いのですが、いずれにしろ大柵欄の流動人口は非常に多いです。登記上の固定人口は5万人ですが、くわえて2、3万人の流動人口が居ると考えてよいでしょう。たとえ5万人であってもすでに非常に高密なわけですが。私の実感では、大きな通りに沿った場所の居住者は基本的に流動人口が占めている気がします。

6. タブラ・ラサ型開発からノード型開発へ

──歴史的には厚みがあるのだけれど、都市構成の中で価値を失い、環境も悪化する一方である。簡単に言えばこういった理由で「大柵欄」には再開発プロジェクトが生まれた。こう理解して良いでしょうか？

LI それだけではないのですが、ひとつの直接的な原因ではありますね。こういうスラムが天安門広場の近くにあることは、中国政府にとっては〈面子〉が立たないことなんですね。それで、北京オリンピックの申請が成功したのちに、大柵欄を徹底的に改造することが決められたわけです。

しかし、政府の当初の改造のためのアイデアは、十数年前の中国が都市化したての頃から変わっていませんでした。要するに、この地区の住民全てを立ち退かせ、建物を取り除き、新興区のように作り直してしまおうと。中国ではこういう再開発が、少なくない場所で実現していますが、大柵欄は都市の中心にあまりに近過ぎるから、住民全員を立ち退かせるとなると、彼らへ支払う補償金が非常に高くついてしまう。新しい建物を作っても、その建物の価格は市場が受け入れる金額よりも随分高くなってしまう。また、北京市の都市規定によって、建築面積はさほど増やすこともできないし、この地区は北京の歴史文化保護区だから、「文物の保護」という観点から、容易に取り壊すわけにはいかない。建物を壊したあとにいまと同じ四合院の形式で建て直すとか、色々と方法を考えたみたいではあるようですが。

つまり、歴史保護の必要という理由と、商業的な利益が立たないという理由から、大柵欄の開発はこれまでの中国的な改造方法では不可能であることが分かった。改造はしたい。けれど方法がない。そういう理由が、我々がこのプロジェクトに参与するチャンスを与えたわけです。

──なるほど。確認しておきたいのですが、《大柵欄プロジェクト》では開発主体は誰になるのでしょうか？

LI 政府と密接な関係のある国有株式のデベロッパー（大柵欄投資有限責任会社）です。政府がサポートするデベロッパー、と理解して良いでしょう。

──このプロジェクトの特徴は、実際に手を加える建物を限定している点ですね。中国の一般的な開発手法は、一旦敷地を「タブラ・ラサ」に戻してしまう

113

INTERVIEW
梁井宇　LIANG Jingyu/Approach Architecture Studio

ものでしょう。しかし大柵欄では、ノード的に開発対象を絞り、環境の破壊を最小限に留めようとしている fig.3。この手法は梁さんが提案したものですか？
LI 完全に我々が提案したものというわけではありません。デベロッパー側も、これまでの手法では出口が無いことは分かっていて、彼らの方でも色々と模索していました。そして彼ら自身もこうした開発手法で試してみようと準備を始めていたとき、我々がその成り行きに沿った解決案を提案したものだから、彼らもすぐに同意したという流れです。
——そもそも梁さんが、このプロジェクトに関われることになった直接の機会を教えていただけますか？　こうした大規模開発に、アトリエ建築家が関わるケースは、中国ではあまり多くないと思いますが。
LI 我々は、そのデベロッパーと北京市計画委員会のある会議で知り合っていたんです。

7. 建築的リサーチのためのラボ

——《大柵欄プロジェクト》の中で、梁さんたちはどのような作業を手がけてきたのでしょうか？
LI 実は、我々はまだ本当の意味での設計を始めていません。伝統的な建築設計業では、建築の用途や使用者を知ってから、設計を始めますよね。しかし大柵欄の問題は、多くの建物が改修されることを必要としているのは確かであり、かつデベロッパーもそのために多くを買い取っているのですが、それらを何に使うべきかが分からない、という点にあります。こうした建物をいつ、どのよ

うに設計すべきか、理由や道理が見つからないんです。
　それで我々が考えたのは、この場所の建物の用途や使用者といった問題を明らかにしてはじめて、設計の問題が浮上するだろうということでした。我々と施主の関係は、一般的な設計者と委託者という関係を飛び出ていて、ひとつの研究チームとしてこうした事がらを分析する関係になっています。おそらく、こういう仕事は建築家ではなくデベロッパー側の仕事ですが、彼らもどうすべきか分からない。建築家という職能が設計段階にのみ特化する必要はなく、設計の前段階も、建築家が参加すべき仕事になり得ると思います。
——リサーチやキュレーションなどを実践する「大柵欄跨界工作室〈Dashilab〉」は、こうして設立されたわけですね。
LI このプロジェクトは保存問題や、都市計画の問題にも抵触していますから、計画案をひとつ提案すれば解決するような簡単なものではあり得ない。だから都市を更地にしてしまう中国の伝統的な手法ではなく、すでにある都市空間に何が必要なのかを詳細に理解して、そのうえで具体的な解決策を提出しよう、ということになっています。ただし、具体的な解決策を展開するときに分かったのは、この地域の大部分の建築は新しい設計を必要としていないことでした。多くの場合、古い建物に適した借り手や用途を与えたりすることの方が、急を要していたのです。そういうわけで、このプロジェクトを始めて3年が経ちますが、我々自身が本当の意味で設計したものというのはありません。大体は設計以前の段階、クライアントを説得したり、古い建物の使い道や借り手を考えたり、

改修の方法を交渉したり、そういうことをしています。
——DashilabはAMOのような組織だと捉えて良いでしょうか？　設計以前の条件から考え直す、というスタンスは興味深いですね。近年の日本でもリサーチの段階を重要視する傾向が見られてますから、非常に共感できる問題意識です。
LI 我々はプロジェクトの関係上、クライアントとの関係が密接になります。しかし、これまでの経験を踏まえれば、AMOのようにクライアントから独立性を保てるような組織形態の方が適切だと、私は思います。もしかしたら建築家という職能は、あのカナダで読んだ記事のように、鍛冶屋のようにして消えていくのかもしれませんが、この職能のために訓練を受けた人間はきっと多くの仕事を切り開くことができる。設計以前の研究作業もそうです。建築事務所として、こうしたことは重要な仕事の範囲に入るべきです。
——日本ではバブルの反省から箱モノ建築への批判が根強くありますが、中国ではまだ箱モノ建築ばかりを建設しているように見えます。こういう状況のなかでDashilabのような活動はかなり異端な存在ではないでしょうか。
LI 現在の中国全体から言わせれば、我々のしていることは非常に異端的でしょうね。主流とはちょっと違う。けれど私個人からすると、これはなんら特別なことだとは思わないんですね。需要があるんですから、自ずと起こり得ることです。こうした問題は、その解決策を発想することのできる建築家を求めているわけです。
——我々がこの《大柵欄プロジェクト》に興味をひかれたのは、MoMAの展覧

中国で「住民参加」は可能か？——《大柵欄プロジェクト》について
Is Community Participation Possible in China　Taking Dashilar Project as an Example

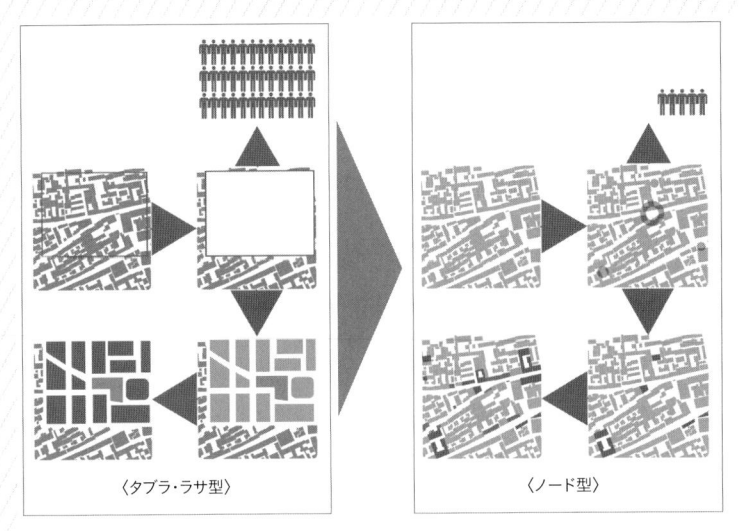

fig.3
《大柵欄プロジェクト》では、中国に多い大規模再開発（〈タブラ・ラサ型〉）を避け、開発対象を絞る〈ノード型〉の手法を取ることで住民や既存の都市環境に与えるインパクトを軽減することが試みられている

会（Small Scale Big Change）で紹介されたプロジェクトと、よく似た問題意識を感じたからです。つまり、伝統的な意味での建築設計の枠組みを一旦取り外し、社会的な行為として建築を捉え直すというような。それゆえ、Dashilabのような実践が、もっと中国建築界の中に浸透して行けば良いと思うのですが、周囲建築家からへの影響はどうでしょうか。

LI 我々のプロジェクトが多くの人々やプロジェクトに影響を与えるというような、大きな確信があるわけではありません。というのも、私がこのプロジェクトのなかで感じているのは、やはり現在の中国では人々の意識はまだ準備が出来ていないということからです。建築家に限らず、住民や政府やデベロッパーなどもそう。当初正しいと思ったアイデアでも、彼らとの協働作業の中で具体的に実行すると、多くの部分が一致しなかったり、遅れていったりするんですね。一人の力で、巨大な慣性で進む物事を変化させることは難しい。

我々自身も、我々がしていることをより大きな範囲で拡げてみようと考えてみたことがないわけではありません。出版物や展覧会で多くの人に共有してもらうとかですね。別の事務所が同じような問題に直面したとき、我々の今日の仕事が、彼らの何か助けに成り得るかもしれないと、私も考えてはいるのですが、まだ充分にはできていませんね。

——中国のクライアントは、すごく短い期間で成果物を求めるところがあるから、Dashilabのような、リサーチベースの活動はなかなか成立しないのかなと思います。実際、こういう側面でクライアントからプレッシャーを掛けられたりしますか？

LI これは、彼らの理解を得ることが最も難しい部分のひとつですね。我々がしている多くの仕事は見えないもの、あるいは見える必要のない準備的なものばかりです。ある土地に花や植物を植えるさいに、まず土地の栄養を良くしてやったりすることに似ています。種を撒いたあとには花が芽生えて果実がなり、また新しい種ができる。こういう循環で、ようやく見えるものになるわけですが、しかしこういう目に見える循環は、我々がする必要は無いと思うんですね。種は自分で育ちますから。我々の仕事の多くはそうした環境のベースを整備するもので良いのです。しかし中国の大抵のデベロッパーや政府は、今日、この土地を整理したら、明日には花が開いて欲しいと願う。彼らは土壌を培養したり、種を成長させる時間を与えないんです。成長を待つことができない。彼らは花園が一夜で育つことを望むんです。

こういう心理は我々とクライアントとの協働プロセスのなかでも巨大なプレッシャーを発生させています。ただ、《北京デザインウィーク》での仕事[fig.4]は、こういう圧力を少しだけ解消しました。簡単なインスタレーションやテンポラリーな店舗などの〈見えるもの〉をつくったからです。でも我々はこれが表面的な解決にすぎないことをよく分かっています。

8. 中国における「住民参加」の可能性

——《大柵欄プロジェクト》のクライアントはデベロッパー（と政府）ですから、NPOやNGOのように文化的な事がらを重視する以上に、やはり商業的な追求が、このプロジェクトでは重要な位置を占めているのでしょうか。

INTERVIEW
梁井宇　LIANG Jingyu／Approach Architecture Studio

LI デベロッパーと協働するうえで、彼らが期待するような商業性には注意を払っています。ただ、我々がこのプロジェクトに介入する以前には、彼らの方法は賃貸収入か改造した建物を売り払うかの二択に過ぎず、そして大柵欄ではこのふたつの方法では利益を上げることが難しかった。現在の環境は良くないので、賃金が高くできませんし、買い取って改造するとなると、北京でいま最も高価以上に高価な住宅になってしまう。だからデベロッパーは、政府に金銭的な見返りを求めない〈民生プロジェクト〉として扱ってもらうよう当初交渉していました。彼らの発想は、簡単にはこうです。〈大柵欄は儲からないから、その埋め合わせとして別の場所を安く用意してくれ、そこで稼ぐから〉。

けれどこういう方法でも、大柵欄はきっと死んでしまうでしょう。政府が見返りを求めないプロジェクトというのは、2008年の四川大地震の後につくられた建物と違いがありません。つまり、市民がその後どのように生計を立てていくかは、まったく考慮の外です。予算を立てて一度お金を投入して、それで終わりです。政府が絶え間なく輸血のようにして改造しても、永遠にそこは自立し得ないでしょうし、むしろどんどん虚弱になっていき、政府のお金を求め続けるだけです。だから我々のプロジェクトでキーとなる考え方として、大柵欄を自分たちで経済循環を持続できる環境をもった区域に変化させることが挙げられます。
——自立を促すということはたしかに大事ですね。具体的にはどのような方法を考えているのでしょうか。

LI まず、政府からの立ち退き命令を待つ住民の態度を変化させようとしています。ここに残って住民たち自身で投資を少しすれば、自分たちの商売や居住条件は良くなり、もっと家賃を高くすることができるということを示そうとしています。そうすることではじめて、住民の積極性が生まれ、大柵欄の未来に対する希望が喚起されるからです。

デベロッパーは政府のお金を多く持っているとはいえ、せいぜい大柵欄の一部の不動産を買取るので精一杯です。それならば予算を思い切って10〜20％程度の場所に使ってしまって、ひとまず見返りを求めずに賃貸料を安く設定し、地区全体の性質を高めるような施設を招き入れてみないかと提案しています。文化施設とか書店とかカフェとか、この地区全体が求めるサービスの基礎になるような施設です。こういう施設が参入すれば、きっと周囲のその他の商業に相乗効果を生むでしょう。このとき住民は〈大柵欄には商業のポテンシャルがある〉と気付き、それからようやく、自分たちが出て行くべきか留まるべきかを考えることができると思います。

大柵欄は、この地区の住民自身が建物を少し良くしたいと思うだけで、政府から輸血するだけのプロジェクトから、みんなが積極的に参与できるプロジェクトに変質するはずなんです。そして政府からの単一の投資を待つのではなく、様々な人が次から次へと投資すれば、この地区全体の土地価格も上がるでしょう。土地価格が上がれば、デベロッパーが得る資本も増加するわけです。こうしたことを我々は考えていますね。
——デベロッパーからの採算度外視の提供が住民の積極的な参加を生み、結果的には商業的利益を生むだろうということですね。住民たち自身に積極的にこの地区を改造させ、環境を維持させるよう働きかけることで、良好な環境を長く保たせようという方法は非常に理にかなっているように感じます。

ただ、お聞きしたいのは、彼らの権利の問題です。中国の所有権の問題は外国人には非常に難しいのですが、大柵欄の土地や建物の権利は一体誰に帰するのでしょうか？　もし土地や建物が彼ら自身の所有物ではなかったら、こうした循環が生まれにくいと思うのですが。

LI 個人の私有する建物は我々の想像よりは多くはなく、半分が公有のものでした。しかし、たとえ公有でも——これが中国の権利関係の非常に複雑なところなのですが——居住者は〈使用権〉は持っているんです。この場合、彼らは管理費くらいの非常に非常に安い家賃を払いさえすれば、ずっとその建物を使って良い。国家は建物を所有していても、使用者をどかす権利はありません。大柵欄の中ではこういう人たちが全体の50％で、私有の人たちは20〜30％ほどでしょう。それ以外は曖昧であったり軍隊のものであったり、あるいは政府の資産だったりします。

この地区で発生するやや深刻な問題は、〈使用権〉を有する人と〈所有権〉を有する人が分かれていて、たとえばひとつの四合院のなかにもたくさんの世帯が住んでいますが、そのうちのいくつかは私有で、いくつかは公有だったりすることです。このとき、参加したい人がいたとしても、〈所有権〉がなかったら参加できない。政府にとって《大柵欄プロジェクト》は、つまるところ〈試点項目（試験的なプロジェクト）〉ですから、〈使用権〉だけを有する住民は、もし参加したければもともとの〈所有権〉を持つ組織や人

116

中国で「住民参加」は可能か？──《大柵欄プロジェクト》について
Is Community Participation Possible in China Taking Dashilar Project as an Example

fig.4 《北京デザインウィーク2012》では、Dashilabの展示やインスタレーション、ワークショップなどが行われた
図版提供＝アプローチ・アーキテクチュア・スタジオ

にこだわらず〈使用権〉を有するだけの人とでも協働する、という簡単な対策を講じました。後者のケースでは、使用権を持っている人と、所有者と、デベロッパーという三者関係になるわけです。

──〈公有〉というときのその建物の所有者は誰になるのでしょうか？

LI 住宅管理局、つまり政府ですね。デベロッパーはこの機関と協議を行なって、彼らが建物を回収するのを助け、一方では使用者に対しては彼の商売に出資して、共同経営する。大柵欄は普通の都市に比べると非常に複雑で、まさにこの複雑さがこのプロジェクトの進展を楽観視させないのです。

本来の協働関係では、デベロッパーはその公有の建物を買い取って改造しなければならなかった。でも、管理局は政府の一部門で、デベロッパーも政府の企業のようなものです。だから、この二者にあいだで一種の協働関係が成立しました。つまり《大柵欄プロジェクト》では実験的に、建物の〈所有権〉はデベロッパーのものに変更せず、こうしたやり取りは不問にしようと。本当は住民側は、自分たちが住んでいる住居を管理局から名義変更したうえでやり取りしたいんですが、これは政府が同意しません。

──私有・公有を問わず住民たち全員がこのプロジェクトに積極的に関われ

るように、こうした実験的な関係を成立させることで、状況を整備したわけですね。このベースのうえで、具体的にはどのようなやり方で住民参加を促していますか。

LI 我々はまず、彼らのこの地区に対する自信を回復する必要があると考えています。住民の多くはこの場所から離れたいと思っていて、残りたい人があまり多くありませんでしたから。実際に住民たちとの対話を行うと、我々に対して一種の敵対的な状態にあることが分かりました。我々の仕事が彼らが引越すことを妨げていると考えているようだったのです。彼らからすれば引っ越すこと

117

INTERVIEW
梁井宇　LIANG Jingyu/Approach Architecture Studio

も良い選択肢のひとつなわけです。満足な補償を得て、水道や電気やトイレのある高層住宅に住む。でも我々は〈ここはすごく良い場所だよ〉と留まることを薦めているから、彼らは我々が障害を与えていると思ったんですね。彼らは騙されているんじゃないかとか、デベロッパーと何か言えない目的が裏であるんじゃないかとか考える。だから我々がワークショップを開いても、住民たちの理解は正確にはならなかった。もし我々がある〈建築の〉モデルをつくることが出来たとしても、そう簡単には〈私もこうできる〉とは思わないでしょうし、〈自分の空間を奪っていったからあなたたちはこんなに良い物を作ったんだ！〉と思うのかもしれません。こういうことは住民の敵対的な心理状態からはじまっています。

だからまずは最も基本的な対話関係を回復して、お互いの敵意を取り除く必要がある。現在もまだ正常な対話の基礎が欠けていますが、彼らが我々のしているプロジェクトについて了解を持つことは非常に重要なことですから、プロジェクトの経過や理由、そして以後にはどんな状態が生まれるのかを徐々に知らせていっているところです。

9. 未来の大柵欄

──これまでのお話から《大柵欄プロジェクト》が中国特有の複雑な問題の中で進められていることがよく分かりました。こうした大規模なプロジェクトに対して、梁さんのようなアトリエの建築家はどのように参加することが有効だとお考えでしょうか？

LI　大柵欄では、我々もあまり上手く処理できているとは言えません。これまで述べてきたとおり、状況は複雑です。もともとはクライアントとともにDashilabを設立することで、問題の在り処とその解決策を模索しようと期待していましたが、これまでの期間で我々が発見したのは〈待つ必要がある〉ということでした。協働する相手や住民もまだ準備ができていない段階では、たといいくら労力を使って彼らに説明したところで、結局彼らは理解できない。ただ待つ必要があるのです。

何か別の方法は無いだろうかということも、考えています。OMAとAMOの方式はおそらく正しいと思う。Dashilabは、やはりクライアントと過剰に密接であるべきではない。アイデアをデベロッパーに提出して、彼らがゆっくりと実行して、それである一定の期間を経て、我々の目論見のとおりに現実が変わっていったら我々はまたすべきことをする。そういう状態がよくて、そのプロセスのなかで、我々は独立した存在でいるべきですね。アイデアも唯一のクライアントのためにつくるものではなく、その他の場所に応用出来るようなチームであるべきです。

──Dashilabの今後についてはどのような計画がありますか？

LI　伝統的な意味では非建築的な実践をするこのチームの未来の方向性については、私自身も明確なアイデアが実はありません。やはりこの《大柵欄プロジェクト》というひとつのプロジェクトにこだわるべきではないということは、少なくとも思っていますが。中国の現在の環境下では、我々の考える設計以前における実践の必要性について、クライアントの理解が充分ではありません。だから今は、もしかしたら、このチームは存在したとしてもあまり意味はないかもしれない。しかしクライアントがその存在を求め始めたとき、このチームの研究成果は、より普遍性な価値を広げられると期待しています。歴史都市の保護や計画の研究に限らず、もっと大きな問題のうえで討論できるようになれば、このチームの価値もより生まれるでしょうね。

──リサーチとは別に、今後、大柵欄のプロジェクトのなかで、具体的には何か建築物をつくる計画はありますか？あるいは、この地区にはどのような建築がふさわしいとお考えでしょうか。

LI　大柵欄の未来の建築は、オープンな建設の状態にあることが良いと私は考えます。大柵欄は全ての建築が歴史的価値を持っているわけではありません。四合院もあれば、フラットルーフのものもある。材料やスタイルなど、多くの点で、大柵欄の建築は多様です。何らかの統合が起きて巨大な建築が建てられたりせずに、現在の都市の肌理、スケール、高さが維持されるならば、こうした異なる建築スタイルのままがいいと私は思います。これがこの地区をより活力あるものにしているからです。

REPORT
北京国際デザインウィーク2013の大柵欄

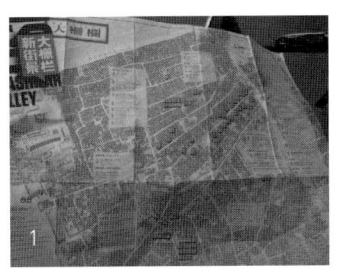

　2011年から、中華人民共和国の建国記念日である国慶節の休日になると、北京国際デザインウィーク（BJDW）が開催される。第3回目となる今年も、1950年代の工場を転用した798芸術区や751D・PARKなどで、特別展示やレクチャーが多数開催されている。

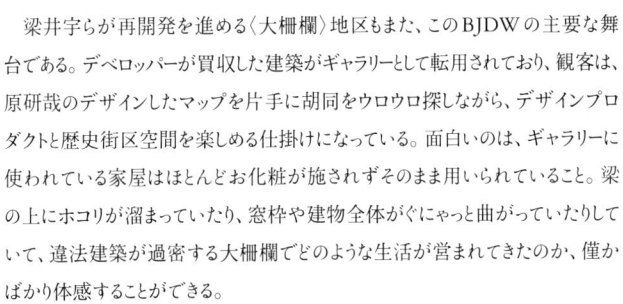

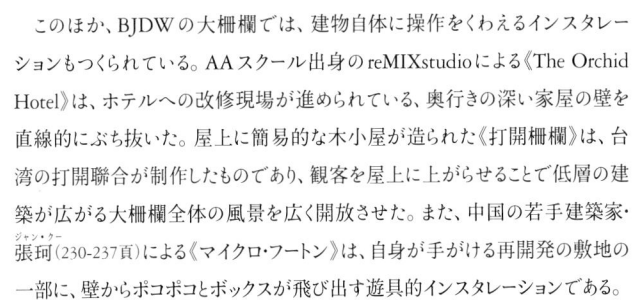

　梁井宇らが再開発を進める〈大柵欄〉地区もまた、このBJDWの主要な舞台である。デベロッパーが買収した建築がギャラリーとして転用されており、観客は、原研哉のデザインしたマップを片手に胡同をウロウロ探しながら、デザインプロダクトと歴史街区空間を楽しめる仕掛けになっている。面白いのは、ギャラリーに使われている家屋はほとんどお化粧が施されずそのまま用いられていること。梁の上にホコリが溜まっていたり、窓枠や建物全体がぐにゃっと曲がっていたりしていて、違法建築が過密する大柵欄でどのような生活が営まれてきたのか、僅かばかり体感することができる。

　このほか、BJDWの大柵欄では、建物自体に操作をくわえるインスタレーションもつくられている。AAスクール出身のreMIXstudioによる《The Orchid Hotel》は、ホテルへの改修現場が進められている、奥行きの深い家屋の壁を直線的にぶち抜いた。屋上に簡易的な木小屋が造られた《打開柵欄》は、台湾の打開聯合が制作したものであり、観客を屋上に上がらせることで低層の建築が広がる大柵欄全体の風景を広く開放させた。また、中国の若手建築家・張珂（230-237頁）による《マイクロ・フートン》は、自身が手がける再開発の敷地の一部に、壁からポコポコとボックスが飛び出す遊具的インスタレーションである。

　大柵欄を東西に走る〈楊梅竹斜街〉は地面がきれいに舗装され、あらたにカフェやショップが多数設置されはじめた。2013年のBJDWに合わせて大柵欄は確実に変化している。〈ノード型〉開発によって、こうした更新が歴史的空間の匂いを残しながら進められ得るのか、今後数年間の変化が注目される。

1 原研哉（日本デザインセンター）のデザインによる《大柵欄マップ》
2 リサーチ組織〈moving cities〉による胡同レクチャー
3 AAスクール出身のreMIXstudioによる《The Orchid Hotel》
4 地元の小中学生たちスタンプラリーなどに参加
5 使い古された状態の個室をそのまま展示室としている
6 若手建築家・張珂（standardarchitecture）による《マイクロ・フートン》
7 台湾の建築グループ打開聯合（Open Union）による《打開柵欄》
8 メインストリートである〈楊梅竹斜街〉

写真・文＝市川紘司

大柵欄の生活風景を撮る

大柵欄の路地
細い路地には生活が滲み出している。
干された衣服、将棋を指したり、新聞を読む老人たち。
トイレも各家屋の外側に公共のものが用意されている。

楊梅竹斜街
大柵欄地区の東西を横切る中心的大通りである〈楊梅竹斜街〉。
路面は舗装され、両脇に建つ建築も改修が進んでいる。

煤市街
天安門広場から延びる〈煤市街〉。
北京オリンピック開発に合わせて、2008年に建設されたものであり、
もともとひと繋がりだった胡同を分断することになる。

延寿街
蛇行しながら南北に伸びる〈延寿街〉には商店がならぶ。

photo & text 孫思維

屋根
大柵欄地区を屋上から見ると、低層の伝統屋根が広がっていることが分かる。

中庭
各家屋にはかつて中庭が存在していたが、
現在は違法建築によって占拠されてしまっているものがほとんど。
所有者も細分化が進んでいる。

室内
伝統的な生活の多くの要素は外で行われるものであったため、
内部空間はそもそも小さかったが、人口の増加、違法の無理やりな増築によって、
室内はさらに細分化し、物で溢れかえっている。

INTERVIEW

方振寧　FANG Zhenning

[聞き手] 市川紘司＋孫思維　[翻訳] 市川紘司

中国建築はいかにして西洋に伝達されるか？
How Does Chinese Architecture Connect with the Western?

　方振寧氏はこれまで、中国建築に関する展覧会を数多く企画してきた建築批評家・キュレーターである。その活動フィールドは、中国の国内・国外を問わない。ヴィトラ・デザイン・ミュージアム（ドイツ）やMAXXI（イタリア）での中国建築家展、さらに2012年に催された第12回ヴェネチア建築ビエンナーレ中国館の展示も彼の手によるものだ。
　外国からやって来たスターアーキテクトの「実験場」であった中国では、いまや自国産の若手建築家が次々と台頭をはじめている。こうした状況の変動のなかで、中国建築はいま、国外に向けて積極的に情報を発信する側に立とうとしている。しかしこのとき、その情報をいかに伝えるかは慎重に考える必要がある。人びとの生活に密着し、土地から動くことのできない建築の情報を正確に的確に別の社会へと届けることはきわめて困難な作業だ。建築の「すべて」を伝えることはできない以上、あらかじめ取り上げる建築（家）をセレクトし、論点をクリアーにしなければならない。展覧会が開かれる当地とは別の社会の別の建築であることを明瞭に伝える必要があるが、しかし過度にその「ちがい」を主張してしまってはオリエンタリズム的理解を呼び寄せてしまう……。この点で、伝える情報のバランスをとり、取捨選択をほどこすキュレーターの役割は非常に重要である。数々の展覧会を取りまとめてきた方振寧氏に注目する理由がここにある。
　方振寧氏は中国中央美術学院で版画を専攻し、その後日本にわたり、美術家としてそのキャリアをスタートさせた。もともと建築を専攻としない彼が、どのようにして中国国内外における中国建築展のキュレーションを担当するようになったのか。中国建築の紹介者・方振寧氏から見える中国建築の風景と、国内外における中国建築の受容の仕方についてたずねた。

ファン・ジェンニン　建築評論家、キュレーター。方媒体工作室主宰。1982年中央美術学院（北京）卒業。1988年に日本へ渡り、アーティストとしての活動を始め、
FANG Zhenning　2000年代後半からは中国国内外において中国建築に関する展覧会の企画を多数手がけている。
2012年には、第12回ヴェネチア建築ビエンナーレ中国館のキュレーションを担当した。
現在、中央美術学院建築学院や北京大学建築学研究センターなどで教鞭を執る。

第一部　日本でのアーティストとしての活動

1. アートと建築を横断する

——方さんが建築の展覧会を企画するようになるのは、2000年代後半からです。インタビューは、まずはキュレーター以前の経歴から始めたいと思います。方さんは1982年に中央美術学院を卒業したあとは、日本に拠点を移してアーティストして活動しています。大学時代の専攻は版画だそうですが、日本では抽象的なパブリックアートなども手がけている。この辺りの経緯についてお聞かせください。

方振寧　FANG Zhenning（FA）　元々、抽象やミニマリズムが好きだったんですが、中国の大学で習う版画はみな具象だった。1980年代の中国の芸術教育というのは、どの大学でも具象的な作品を要求していましたから、抽象作品をつくっていたら卒業できなかったでしょうね。それで、卒業してからようやく抽象的なものをつくり始めたわけです。中国の大学教育のなかでは、誰も抽象作品について語ったりつくったりしていなかったから、当初はどうすれば良いのか分からなかったですが、直感を頼りにして最初の抽象版画を制作しました。

日本に行ってみると、たとえば焼物に表れる模様など、多くの物事が抽象的であることに気付きました。こういう日常的な美術やデザインをヒントにして、自分の版画作品のなかでそうした模様を真似ていました。ただ、版画で食って行くことはやはり難しく、後には建築事務所でパースを描くアルバイトをしています。

——建築事務所で仕事をした経験があるとは知りませんでした。

FA　でも、私は建築用のパースを描くことがあまりできませんでした。普通に絵を描く方法でしかパースを描けず、写実的ではありましたがボスは良くないと言う。それで本屋に行って自分で勉強して、さらにその後になると安井建築設計事務所のインテリアデザイン部で働いています。ただ、タイムカードを切ってするような仕事が好きになれず、半年ですぐに辞めてしまいましたね。

——そもそも、方さんが日本に向かったのはなぜでしょうか？ 他の国に行くことは考えましたか。

FA　元々の行き先は日本ではなく、パリの国立高等美術学校でした。しかし入学手続きのなかで問題があってビザが取れず、それで妻の母国である日本に向かったのです。でも思うに、日本は私により重要な影響を与えました。日本では、日本だけでなく、ヨーロッパの物事も理解できる。それに、中国に関する物事も見ることができるのです。中国の展覧会が日本に来ると、展示方法やカタログの出版まで非常に出来が良く、また品質も高い。これらは中国では見ることが難しいものでした。こうした学習環境は、私に違う観点から中国を観察させることになりました。とくに日本の中国文化に対する理解は、オリジナルな角度からのものであり、あるいは中国人自身の理解よりも本質的なのではないかと思わされました。日本はヨーロッパの紹介も早かったですね。こうして私は、日本で3つの世界の物事を同時に理解することができたのです。

——方さんが来た頃の日本は経済的に

fig.1　方振寧《star light》日本, 1996

豊かだったから、そうした展覧会が数多く催されていたことが想像できます。日本に来た方さんがアーティストとしての活動を本格的に始めるのはいつ頃でしょうか？ そのきっかけをお教えください。

FA　1995年に南條史生さんが私を見つけたことを覚えています。当時の南條さんは個人で活動するキュレーターで、パブリックアートに関する一連の企画をしていました。私の方は当時横浜美術館で展覧会に参加していて、その作品を南條さんが見て、新しいアートの領域に私を連れて行くことになります。それが当時の日本で盛り上がっていた都市におけるパブリックアートのプロジェクトでした。それで、上大岡（神奈川県）に《star lights》(1996)[fig.1]をつくりました。

INTERVIEW
方振寧　FANG Zhenning

それ以前はずっとギャラリーで展示を行っていましたから、これが私がパブリックアートに触れた最初です。その後は、福岡アジア美術館(博多)の開館計画のなかで、ここで南條さんは私と蔡國強などをセレクトしています。それと、山本理顕さんと埼玉県が上大岡の作品を見て私を訪ねてきまして、山本さんの埼玉県立大学で作品をつくらせてもらいました。
——インテリアとして飾られている《正方形そして変容》(1999)fig.2ですね。山本さんとの仕事が建築と関わる最初の機会ということで良いでしょうか？
FA そうです。実は私は、中央美術学院で美術を専攻する以前には、清華大学建築系に行くという希望も持っていたんです。数学の成績に不安があったので芸術学院に行ったのですが、結局、アートを勉強する時間がずいぶん長くなってしまいましたね。

2. コールハースとSOHO中国

——ということは、元々建築に対する興味も強かったわけですね。
FA よく覚えているのですが、京橋のINAXブックギャラリー(現・LIXILブックギャラリー)で買った『安藤忠雄の都市彷徨』(マガジンハウス、1992)です。本書のなかの、ある教会のモノクロ写真を見たとき、芸術的な震えを強烈に覚えたんです。アートと建築の力は同じだと思った。20年以上前のことですが、このときから、アートと建築の関係性についてよく興味を抱くようになったんですね。
あと、1995年にTNプローブが開いた《OMA IN TOKYO：レム・コールハースのパブリック・アーキテクチャー》が、私の

運命を変えました。この展覧会で初めてレム・コールハースを知ったのですが、同じ材料を使っているだけでなく、都市に関する思想や設計理念など、そのすべてに共感したのです。このときから私は彼の忠実なファンになりました。展覧会には結局4回行って、台湾の雑誌『藝術家』で「アジアにまで届くレム・コールハースの旋風」という評論を発表しました。おそらくこの評論はコールハースの思想を中国に伝える最初期のものだったはずです。コールハースの漢字名(雷姆・庫哈斯)は、私が最初に翻訳したものです。
——アート作品で建築に接触したのち、今後は展覧会に対する評論で建築にコミットしたわけですね。
FA 展覧会の後はコールハースに関するニュースは逐一チェックしていました。彼は2002年にはCCTV新社屋のコンペを取りましたね。当時、私はABBS(中国の建築系情報ウェブサイト)でその建築パースが掲載されているのを見て、すぐに心を掴まれていました。それで自分のコラムのなかで、「コールハースによるCCTVが中国建築史の新しいページを開いた」と書いています。北京CBD地区(ビジネス中心区)を手がけていた建築家と言えば、当時はみなマレーシアやシンガポールなどから来ていました。東南アジアの建築家が悪いとは言いませんが、しかしこの重要な地区はマンハッタンみたいなものなのだから、スター建築家が設計しなければ、都市リソースの無駄遣いです。だから日本に滞在していた頃から、積極的にウェブ上で優れた建築や建築家を中国に向けて宣伝していたんです。
ちなみに、あのクライアントたちは、CCTVコンペを開くとき誰を指名すれば

良いか分からなくて、中国語に翻訳された淵上正幸さんの『現代建築の交差流 世界の建築家―思想と作品』(彰国社、1996)を助けにしたと言うんですね。文化の伝播というのはかくも重要なのです。
——日本の建築本が参考にされていたとは、興味深い事態ですね。話が前後しますが、方さんはCCTVコンペ以前の2000年に中国に帰国されています。そのきっかけをお教えください。
FA 中国を離れたとき(1988年)には、この国は完全に希望がないように思えていました。鄧小平が死んだ後には、きっと中国は混乱するだろうから、彼が死ぬ以前には中国を離れなければならないと考えていたんです。2度目の文化大革命を経験したくはありませんでした。
私が中国に戻った理由はふたつあります。まず第一には、当時コールハースは中国について先進的な研究をし、珠江デルタの研究を発表して、世界の中心がアジアに移るだろうと予言していました。私は中国人なのに、なぜオランダ人が好ましく思っているらしい中国に関心がないのか？自分自身を懐疑するようになりました。コールハースは一体中国のどこに興味を持っているのか。それを知るために、自分がかつて疑った国家を見てみようと思ったのです。
第二の理由は、SOHO中国(中国の有名デベロッパー)が、彼らの建築プロジェクトが参加するヴェネチア建築ビエンナーレの宣伝をして欲しいと私に依頼してきたことです。彼らはそのとき《長城コミューン》(2002、17名のアジア建築家が一棟ずつ別荘を設計)を手がけており、「建築を収集する」というアイデアを提案していました。私はこのアイデアに共感していました。中国建築の「春」が来ること

中国建築はいかにして西洋に伝達されるか？
How Does Chinese Architecture Connect with the Western?

を示しているように感じられたんですね。

——その建築ビエンナーレは、SOHO中国が、クライアントとして初めて特別賞を受賞した年ですね。彼らが方さんに宣伝を依頼した意図はどこにあったのですか？

FA SOHO中国のジャン・シンは、私のことをウェブ上で建築評論を旺盛にしている人間だと認識していました。彼らが当時依頼したメディア関係者のうち、個人で活動する唯一の人間が私でした。彼女は眼力に長けていて、その他のデベロッパーにはない素質ですね。

　実は私は2000年にもヴェネチア建築ビエンナーレに行っています。そのときのキュレーターが東京に宣伝にやって来たとき、私は中国の建築家の名前（=張永和）を見つけて、ひどく驚きました。中国人はそれまで、国際的には映画やアートや文学のなかでは名を出していましたが、建築ではまだ聞いたことがなかったからです。それで私は興奮して、国際電話を使って張永和にインタビューしました。そして彼を「新世代の建築家」として、1万字強の評論を書き、夏には彼が参加しているヴェネチアにも行ったわけです。

　以上が、私が中国に帰った理由です。この数年来、私はヨーロッパで中国現代建築の展覧会を企画していますが、いずれもその始まりはこのふたつから始めてもいます。コールハースが建築の新潮流を中国にもたらしたこと、そしてSOHO中国という政府に挑戦する民間企業がいるということ、ですね。

3. アートとしての建築写真

——中国に帰った方さんは、世界の建築を紹介する写真集『デジタル・ワール

fig.2　方振寧《正方形そして変容》日本, 1999

fig.3　方振寧『界面 INTERFACE』2007

ド・アーキテクチュア』(2002)と、こちらも建築写真集である『インターフェース』(2007)fig.3を発表しています。こうした建築を主題とする写真作品集を出すきっかけをお教えください。

FA まず、1995年5月にニコンのデジカメを買ったことが、私の物の見方を変えてしまった。それで、これを使って写真集を出版したかったのですが、雑誌社はなかなか同意してくれなくて、自分でA4サイズに印刷したものを編集者に渡して、ようやく出版に至ったのが『デジタル・ワールド・アーキテクチュア』です。

——どちらかと言えばオーソドックスな建築写真集である前者に比べて、『インターフェース』はより抽象的な色合いが強いですね。

FA 『インターフェース』は、前作のときに撮影した写真のなかから、とくにミニマリズム的な傾向のものを選んでつくっています。

——建築を撮影するときにもっとも気にかけている点はなにでしょうか？『インターフェース』を見ると、建築の全体性ではなく、むしろある部分であるとか、ディテー

ルに着目しているように見えます。

FA 写真にしろ、作品集の装幀にしろ、ミニマリズムであることは私のそれまでのアート作品と一緒です。たとえば私はデザインをするとき、できる限り一種類の材料を用いることをルールとしているんです。グラフィックデザインのときは一種類のフォントで、その大小や線の太さだけを変える。それで、建築を撮影するときには、材料や質感により注目しています。

——だから建築全体を撮影することを重視していないわけですね。建築写真もアート作品をつくるのと同じだというスタンスということでしょうか。

FA そうですね、分かれてはいません。しかし中国では、写真について理解できる人間がとても少ない。写真集をあるフランス人に見せたんですが、彼は「これは中国人が撮影したものではない」と言うんですよ。中国人がこんな静かな作品は撮れないだろうと。彼の言っていることはある意味では正しいんです。というのもこの多くの写真は、私が日本に滞在した期間に撮影したものだからです。

INTERVIEW
方振寧　FANG Zhenning

第二部　主要キュレーション・ワーク 2009-2012

――ここからは、方さんがキュレーターとして関わった主要な展覧会についてお話を伺います。

4.《心造》
ブリュッセル都市建築学研究センター, 2009

――まず、2009年のベルギーのブリュッセル都市建築学研究センターで開催された《心造》fig.4について伺います。これは方さんにとって最初の本格的な建築展覧会ですね。

FA 実は最初ではありません。最初は、2006年のヴェネチア大学の教授らが開催した《MAD in CHINA》です。ただこれは中国国内ではあまり知られていませんね。《心造》という名前は、「心來營造（精神を用いてデザインする）」という意味です。私は手やツールは重要ではないと考えていました。大事なのは心でつくることであると。これは中国思想の伝統的な考えかたです。たとえば『文心雕龍』などの古典はみな心の作用を重視しています。

――この展覧会は、新築から四合院の改築まで、中国建築の作品を広く紹介していますが、セレクトは方さんによるものですか？　興味深いのは、建築のみならず、アートも含めて紹介されていることですが。

FA 私が選びました。サウンドアートやパブリックアート、映画なども好きで、アートを建築と融合させたいと考えていたからです。それがアートでしょう。けれど、2012年のヴェネチア建築ビエンナーレ中国館の《源初》の展示は、もっとアートの方法で、普段は設計だけしている建築家のアイデアを表現しようとしています。あるいは、2011年のMAXXIでの展覧会《向東方――中国建築景観》は、建築とアート、そしてランドスケープについての大型の総合展示ですね。

――先ほどMADの話も出ましたが、《心造》のカタログを見ると、最初がMADですね。方さんにとってMADという作家が重要ということでしょうか？

FA そう、というのもMADは私にとって「子ども」のようなものだからです。

MADの馬岩松に最初にインタビューしたとき、彼はまだ学生でした。ある意味では、私が彼を発見したと言っても良いかもしれない。彼の評論は10年くらい書いていますよ。9.11のあった2001年、イェール大学に行ったとき、彼は大学院に入学したてでした。私は当時、彼の気質を見て、将来中国建築のスターになるかもしれないと思ったんです。

馬岩松という人物については、多くの人々が議論を戦わせていますが、私は彼の若い人たちに対する影響を重要視しています。彼が影響力のある人物であるということは認めざるを得ないでしょう。彼の成功は多くの若者に夢を与えています。私はこのことがもっとも重要だと思うんです。中国では、多くの物事が人々の夢を破壊します。だから、もし人の創造性を鼓舞したり、夢を実現させることを鼓舞することができたら、どこに悪い点があるのでしょうか？　作風は二の次です。中国では、スタイルの建立よりも重要なことがあるわけなんですよ。

《心造》のカタログはベルギーで出版され、オランダの出版社の名前が記載されていますが、しかしこの本は私と私のキュレーションチームが編集したものです。テキストは私が書いたものです。けれど、この展覧会は政府と政府、国家と国家の文化交流プロジェクトであったので、私に対しては何の利益もありませんでした。5,000冊刷って、数十冊が与えられただけです。版権も相手方のものになってしまった。その後には私はカタログを相手方が出版させないように、自分で協賛を引っ張ってきて出版しています。

fig.4
《心造(Heart-Made)》――中国当代建築的前沿》展（ブリュッセル都市・建築学研究センター, 2009）現場・デジタル・映像・インスタレーション・音声の5つの部門から構成。海外留学組と国内組を半々で紹介する

中国建築はいかにして西洋に伝達されるか?
How Does Chinese Architecture Connect with the Western?

5.《東風》
ヴィトラ・デザイン・ミュージアム
＋リヒテンシュタイン大学, 2010

——つづいて、2010年の《東風》fig.5です。

FA 《東風》という名前は、東方(中国)が西洋を圧倒するという意味で、革命的で民族主義的な言葉ですね。

——この展覧会は建築家の建築作品に特化したものですが、方さん自身は、《心造》の延長線上にあるとカタログでは書かれていますね。展覧会は、ヴィトラとリヒテンシュタイン大学というふたつの場所で同時に開催されています。ふたつの内容が微妙に異なっている理由は?

FA ヴィトラに入らなかった作品がリヒテンシュタイン大学の方に入っている、ということです。ヴィトラとの交渉では、少なくない困難に出会いました。開幕式の日には我々の仕事について満足していると言っていたようですが、彼らは、最初我々を見下していたんです。

——それで、たとえば崔愷(ツイ・カイ)などの作品は、リヒテンシュタイン大学のほうの展示にまわったんですね。

6.《向東方》
ローマMAXXI, 2011

——2011年には、ローマの国立21世紀美術館(MAXXI)で《向東方》fig.6があります。この展覧会は12のパートに分かれていますが、「災後の建築」や「博物館建築」といったテーマのなかに、「コールハース」というパートも独立されていることが興味深いです。

FA 《心造》以来、私はコールハース

fig.5
《東風(Rising East)——中国当代建築2000-2010》展(リヒテンシュタイン大学、ヴィトラ・デザイン・ミュージアム, 2010)国内外建築家計12名によるプロジェクト23件を展示。展覧会場の中央には、MADによる《超星——移動する中国城》が据えられた

fig.6
《向東方(Verso EST.)——中国建築景観》展(21世紀国立現代芸術博物館MAXII, 2011) 30名超の建築家・芸術家による80超の模型・写真・インスタレーションが。12のテーマに振り分けられて展示。イタリアで最初の中国現代建築展となった

を展覧会に選んでいます。なぜなら、彼が中国の現代建築界に対して与えた影響は否定できないものだからです。コールハースのCCTVのコンペ案がなければ、中国建築の向かう方向はおそらく別のものとなっていたはずです。

——コールハースの中国建築に対する影響というのはそれほど大きいわけですね。

FA 《向東方》は、最初はローマで行う予定ではなく、ミラノ・トリエンナーレが会場だったんです。けれど文化部が私にMAXXIが開館したと教えてくれて、一度見て、この美術館のためにローマに展覧会を持っていくべきだと考えました。当初は300㎡しか与えられなかったのですが、この展覧会は中国を代表する建築展だからそんな小さなスペースでは展示できないと反対して、中国美術館館長も交渉に入って、中国とローマで今後お互い無料で展覧会をしようという条件で、これは実現しています。

——方さんの関わったエキシビジョンのカタログはどれもかなりのボリュームですが、このカタログはとくに分厚いですね。

FA この展覧会の敷地と規模が「記念性のあるカタログ」を求めたんです。MAXXIのキュレーターもこんな大きなカタログはつくったことはないと言っていましたが、結果的にとても好評です。

——非常に多くの建築作品を展示しているわけですが、方さん自らすべての建築を見に行き、セレクトしているのでしょうか?

FA もちろんです。建築プロジェクトを選ぶときは、基本的に私自身が見たことがあるものを選びます。国外の建築賞では写真で判断して賞を与えたりする

INTERVIEW
方振寧　FANG Zhenning

fig.7
《建築中国100（Architecture China 100）》展（マンハイム博物館, 2012）
1950-80年代生まれの建築家によるプロジェクト100件を展示。2013年にはスペインにも巡回している

ようですが。私の展覧会は国家のプロジェクトとしてありますが、一方でこういった展覧会を通して、私自身は、個人と国家と時代の関係を表現しようと試みてきています。たとえば、この展覧会のなかで私のコールハースに対する共感、コールハースの思想が中国に伝播したことへの解釈を見せています。展覧会で選ばれているのは、私が中国現代建築と関わっている時間のなかの建築作品であり、2000年以降のみです。私は資料から現代建築展をつくることはありません。

7.《建築中国100》
マンハイム美術館, 2012

——2012年には、ドイツのマンハイム美術館が《建築中国100》fig.7を催しました。これは中国とドイツの国交40周年を記念するものですね。21世紀以後の100個の建築プロジェクトを紹介し

ていて、さきほど話されたスタンスがよく現れていると言えます。

FA　中国現代建築にとって「北京」はふたつの意味があって、つまりグローバリズムという国際的背景と、勃興する中国という大国的背景です。ここでは、現代の中国建築の現実を反映するプロジェクトをいくつか選びました。とくに、北京CBD地区のものが以前から増えています。

——カタログには、王澍との対談が掲載されています。これは王澍がプリツカー賞を取った後のものですが、方さんは彼の建築をどう評価していますか。

FA　これ以前の展覧会でも彼の作品はセレクトしており、プリツカー賞に関しては、もし中国人が取るとしたらそれは王澍だろうと思っていました。けれど、王澍の設計にも問題はあります。彼は伝統技術を重要だと考えていますが、彼自身はこうした技術を持ちません。それは装飾的であり、構造上は独立した価値を有しておらず、建築は一つのオ

ブジェか彫刻ですね。

《寧波博物館》を見てみなさい。都市から撤去された古いレンガや瓦からなる壁の裏は普通のコンクリートです。両者には構造上の内在的な関係がなく、それゆえあれを建築の手本とすることはできません。地震が来たらどうなるか。また、彼の《南宋御街改造》は、見た目は美しいけれど、一般の人たちから見えない屋根の部分には、木造建築物における屋根の美学を欠如している。これでは意義のある作品だとは認めにくい。

だから私は、王澍の作品の意義は、多くの古建築が破壊されている中国の近代化状況のなかで、彼が強烈な声を上げ、過去の記憶を探している点にあると考えます。もうひとつの意義は、彼が中国伝統の美学——たとえば山水や絵巻物——を建築に導入していることでしょう。でも、彼の建築設計の機能性は多くの問題があって、使いにくいのです。

——《建築中国100》では、1980年代生まれの建築家も紹介していますが、彼らがこんなに巨大なプロジェクトを回しているとは驚きです。いかにも中国的な状況ですね。

FA　そうです、信じがたいことですがね。これこそまさに、時代と建築家の関係と言えるでしょう。ジョゼッペ・テラーニやアダルベルト・リベラが、ムッソリーニの時代には良かったのと同じです。建築家と時代は関係があるんです。中国のこの時代もかつての日本と類似性があって、つまり「バブル」ですね。ただし、けなす意図は私にはなく、逆にもしバブルがなければ偉大な建築は世に問われないと考えています。

——建築は権力や資本と密接に絡むことで存在しますから、たしかにそうですね。

中国建築はいかにして西洋に伝達されるか？
How Does Chinese Architecture Connect with the Western?

第三部 ヨーロッパが求める中国建築の展示

8. 中国文化部との協働

──さて、キュレーションワークを概観してきましたが、以上の展覧会はどれも中国政府文化部が方さんにキュレーションを依頼したものですね。こうした関係はどのように生まれたのでしょうか。

FA 2008年に中国美術館現館長の範迪安（ファン・ディアン）さんから、ブリュッセルでの中国現代建築展の企画を依頼されたのです。私の活動が彼に評価されたと思って、喜んで引き受けました。中国は2009年の「ユーロパリア芸術祭」の主賓国として参加することに招待されていて、そのとき開かれる中国の展覧会は50個以上あったのですが、建築展はこのひとつだけです。これが《心造》で、一連の建築展覧会の始まりとなったんですね。

──2009年の《心造》から2012年の《建築中国100》まで、毎年、ヨーロッパの展覧会に携わっていることになります。このことは我々に、方さんと文化部の信頼関係の強さを想起させます。ご自身から見て、文化部は方さんのどのような能力を評価し、長期間にわたる協働につながっていると考えていますか。

FA 返答するのが難しい問題ですね。私は体制の外側の人間であり、独立した立場で物事を動かすことが好きですし、妥協のできない性格なので、政府筋の関係者とは簡単に摩擦が生じてしまいます。《心造》のときも面倒なことが起きました。私は日本のパスポートを持っているから、ある人間が「中国人ではない人間が、なぜ中国を代表して展覧会を企画するのか」と発言したんです。でもそのときは、範さ

んなどが弁護をしてくれました。私が中国の出身であり、建築方面の専門家で、中国における建築評論の第一人者だと。

《心造》が成功したことは、その後の展覧会のための基礎となりました。もちろん毎回の展覧会では、異なる状況のなかで私は最良の成果をもたらすように努力したので、そのうちに相手方の信頼が得られたのだと思います。MAXXIでの展覧会は非常に上手くいったので、試しに上官に聞いてみたんですよ、「今回の展覧会についての私への褒章はあるのか？」と。彼の答えは「来年もあなたにやってもらうことが最大の褒章だ」というものでした。

──我々の知るかぎり、中国には建築に関するキュレーターは、方さん以外にも史建さんや、歐寧さんなどがいます。こうした方々と方さんの仕事のちがいはどのように理解したらよいでしょうか？ 言い換えるならば、方さんが企画する展覧会と中国の一般的な建築展覧会とでは、どのような点で異なるのでしょうか。

FA お二人もそれぞれ特徴的です。史建さんは建築事情を整理することに長けていて、建築界での仕事の経験も私より長い。また、歐寧さんはリサーチや研究といった領域で旺盛に仕事をしています。彼のいくつかの仕事は非常に史料性が高く、先進的でもありますね。

私が彼らと異なる点は何でしょうか。まず、ウェブ上で建築評論を大量に速く発表していることですね。書かれたものの多くは建築批評です。批評と評論は異なります。批評は人を責め立てるものです。それゆえ中国では批評する人間がとても

少ないですが、私は何かが起きたら真っ先に評論と批評を書いてきました。

もっとも異なる点は展覧会のキュレーションでしょう。2009年の《心造》以来、私はほぼ毎年、ヨーロッパで少なくとも一度は展覧会に関わっています。この密度と連続性は、中国のどのキュレーターでも真似できないはずです。場所の選択、コンセプトの確立、出展者と出展プロジェクトの選択、空間構成の設計、カタログの編集とデザイン、建築作品の撮影、足りない経費のための協賛先探しなどの長い作業を私とごく少数の人員の協働によって完成させています。私自身もアート作品をつくりながら展覧会の企画をやっているので、展覧会の見た目や、印刷物の質や流通方法について要求するレベルが高い。アートと建築というふたつの領域に対する理解があり、また展覧会のルックに対してつねに新しさ求める態度は、中国のなかで先進性があったのだと思います。

9. 向東方と向西方

──ヨーロッパで多く展覧会をキュレーティングしていますが、中国建築を紹介するときに気を付けている点は何ですか？

FA 私は文化的な建築をおもに紹介しています。中国の多くの建築は商業建築だから商業性を回避するとはできませんが、しかしそういう建築を紹介するときでも、クライアントやデベロッパーの名前は紹介しません。SOHO中国は例外ですが。私は展覧会を商業的な宣伝にはしたくな

INTERVIEW
方振寧　FANG Zhenning

い。これがまず第一点。
　第二点は、民間の建築に注目することです。現代建築のスタイルや思想を本当の意味で中国に伝えるのは、民間企業による作用が大きい。民間企業がつくるものはアイコン性の高い建築ではないが、機能性があり、一般人のためのものです。その他には、出展作品をセレクトするときには少数民族や地域性についても気をつけます。チベットや台湾、香港のプロジェクト、あるいは女性建築家のデザインも選ぶように注意を払います。古い建築物のリノベーションにも特別注目します。
　《向東方》の前言にも書いたことですが、中国はすでに「世界の建築大国」になっています。中国建築展が世界で特別需要されているのはなぜか？ 世界が中国の建築状況、あるいは都市の状態を知りたいからでしょう。だから中国の都市建設に対して大きく貢献している劉家琨や王昀、都市実践や馬岩松などを私は展覧会に選出しています。
——具体的にヨーロッパは中国建築に関するどんな情報を求めていると感じていますか？
FA　彼らは、ヨーロッパの建築家が中国で仕事を得ることができるかどうかを知りたがっていますね。ビジネス方面について非常に敏感であるように感じます。
　《向東方》という展覧会は、そもそもはこの名前ではなかった。この名前は、コロンブスが新大陸を見つけて、東方やインドを見つけたというようなものですが、しかしこの展覧会は中国がお金を出し、中国のキュレーターによって中国のプロジェクトが選ばれているのだから、《向西方》であるべきでしょう。ではなぜ《向東方》なのか？ イタリアの観客に中国事情を知らせて、彼らの建築家に中国へ行って仕事の機会を得なさいと鼓舞しようという意図があるんですよ。
——面白いですね。中国の建築を紹介するという方向性（向西方）と、同時にその国の建築家が中国に向かうという方向性（向東方）が共存している。

10. 分厚いカタログ

——展示の形式についてはどのようにお考えですか？ 写真や模型、映像などがありますが、方さんが重視している形式をお教えください。
FA　場所と予算次第です。たとえば《向東方》を開いたMAXXIは美術博物館だから、先方は建築展をここでやるときは、「プロジェクト報告」のような展示ではなく、アート的な見え方になることを求めました。それで結果的に、展示物はどれも大きなインスタレーションのようなものになっています。たとえば都市実践のものは直径4.5mの円形土楼です。
——インスタレーションは、美術館内に収められるし、建築家それぞれの作る建築の空間性も部分的に体感できますね。我々が方さんの展覧会を見ながら特徴的だと思ったのは、カタログがかなり分厚いことです。
FA　カタログを作るには多くの金銭が必要ですが、キュレーターとしてはつくらないわけにはいかないと考えます。カタログがなければ自分が展覧会を手がけたことを後世に伝えられないし、今後の出展建築家に対しても自分の仕事を説明できないからです。
　私に非常な啓発を与えてくれたのは、《心造》のときに話したフランス人キュレーターでした。彼は中国の革命とアートに関する展覧会を企画する予定で、話しているとき、私は彼の持っている本に目が止まりました。それはとても薄い30年前の本で、私が大学生の頃にフランスで開催された中国木彫に関する展覧会パンフレットだったんです。そこには私の名前と作品もあった。30年も過ぎたあとでも、このフランス人キュレーターがそのカタログを参考資料として持っていたことにとても深い感慨を覚えました。そして出版物の重要性に思い当たったのです。展覧会は長くても数ヶ月ですが、カタログを作れば、100年200年も流通される可能性がある。
　なぜ私のカタログは分厚いのか？ 現在の中国はかつての日本のバブルと同じです。そして私はバブル経済期の日本の建築雑誌を見て、それらが非常に分厚かったのを知っています。現在では『建築文化』や『SD』はなくなり、『新建築』や『a+u』は薄くなってしまった。10年後の中国はこういう厚いカタログをつくることはできないでしょうね。
——カタログを分厚くすることも、中国建築の現状を表現しているのですね。

11. オルドスと中国建築バブル

——展覧会とは別に、方さんは《オルドス20＋10》(2010)fig.8 にも関与されていますね。《20|10》は内モンゴルオルドス市のプロジェクトです。30組の建築家を集めて、オフィス地区を作ろうというものでした。同じくオルドス市を舞台にした《オルドス100》(2008)と並んで、日本でも有名な中国プロジェクトです。
FA　《20＋10》は当時、20名の中国

130

中国建築はいかにして西洋に伝達されるか?
How Does Chinese Architecture Connect with the Western?

fig.8 内モンゴル自治区に計画された《オルドス20+10》2010

人建築家と10名の外国人建築家に一緒に案をつくらせました。でもその後どうすれば良いか分からず、専門家グループを招聘して、講評をさせたんです。私はここに呼ばれて、グループ長としてオルドスに行って案の講評をしました。

——それでは、30名の建築家のセレクト自体には関わっていなかった?

FA 私が選んだわけではありません。設計者たちによるプロジェクトチームが決めたものです。私は、デベロッパーと建築家が設計案を決定したあと、開幕式や宣伝、展覧会やカタログなどの制作を担当しました。

——その展覧会はどのような内容のものですか?

FA 展覧会は開幕式と一緒に行われるもので、建築家たちのプロジェクトの模型を展示しました。それに合わせてカタログを作り、テレビ局のアナウンサーを呼んだりもしました。でも、展覧会が終わった夜にデベロッパーは模型を持ってどこかに行ってしまった。彼らは石炭で商売をしていて、政府とともにこのプロジェクトを回していたのですが、現在は進行していません。だから単なる「バブル」だったのです。途中までつくったのに、多くの建築家の設計費は払われないままです。

——方さんの携わったデベロッパー関連のプロジェクトとしては、ヴェネチアでの《鴻茂八墅——アジアにおける生活態度》(2010)もありますね。これもオルドスやSOHO中国のプロジェクトのように大勢の建築家を一堂に集めるものです。

FA 《鴻茂八墅》も、デベロッパーが、SOHO中国の《長城コミューン》を参照しながらやったもので、建築家は私が選んだものではありません。彼らは私がSOHO中国の宣伝をしていたことを知っていたから、私に協力を求めたのです。でも、これは《長城コミューン》とは比較できるものではありません。彼らのプロジェクトは何ひとつ完成しておらず、ただのパースだからです。

——こうした大勢の建築家を集めるビッグプロジェクトは、2000年代の中国建築の特徴のひとつだと思います。方さんはどのような考えをお持ちですか?

FA 非常に短い時間で小さな都市をつくろうとしたわけですが、しかし都市はそういう風に形成されるものではありません。都市の形成方法は自然的で、植物や人が成長するのと似ているでしょう。私はこうしたプロジェクトを「バブル方式」と呼んでいます。もしある企業がこういう都市をつくろうとしたら、それは大半は政治的な「点数稼ぎ」のためでしかありません。《100》は資金の問題で建たなくなりました。《20+10》もそうです。当時建築家に設計費が支払われるとき、領収書もなく、正式な契約書もなく、「いくら払いました」という一枚の紙切れがあるだけでした。これではポケットから出したお金を払っているようなものです。

12. 中国建築の「オリジン」

——2012年のヴェネチア建築ビエンナーレでは、《源初》fig.9という展覧会を企画しています。

FA 実はこれはこの前回の建築ビエンナーレ(2010年)のときに提出した中国館の展示案なのです。ただ、そのときは選ばれませんでした。案は良かったのだが、人選を間違えていると言われましたね。私は当時馬岩松を選んでいたのですが、どうやら彼は評判が悪く、それで私は当選しなかった。2012年の中国館の公開コンペは結果が思わしくなく、文化部が焦ったすえ、前回応募した

INTERVIEW
方振寧　FANG Zhenning

fig.9 《源初(Origin)》展(第13回ヴェネチア建築ビエンナーレ中国館、2012)王昀、北京市建築設計院の邵偉平、魏春雨、許東亮、陶娜という5名の建築家によるインスタレーション作品を展示。

fig.10 方振寧《中軸線》ヴェネチア, 2013

私に電話をかけてきたんです。
――《心造》《向東方》《建築中国100》などは中国建築家を数多くまとめて紹介するものでした。しかし《源初》は作家が少なく、建築家にアート作品をつくらせるような形式で、一風変わっていますね。
FA 中国建築の現実は多くの残酷な側面を持っています。たとえば、建築家が設計案をつくっても、クライアントによってひどく改変されてしまって、最終的に実現した建築が設計者のつくりたいものではなかったりとか。展示場所が中国館だから、こういう消極的な一面を見せず、積極的な面を見せる必要がありました。しかし、もしそういう積極的な側面だけを語れば、それは真実ではないから何の意義もない。だから私は、建築をつくる以前を考えられないだろうか、と考えました。
――それで「源初」というタイトルなんですね。現実に晒される以前のアイデアを展示すると。
FA これらの展示は、実は私が1990年代に日本にいたときにつくった草案や模型をもとにしています。この展覧会は成功でした。次のヴェネチア建築ビエンナーレは「根源」というタイトルですよ。コールハースのアイデアですが、それは「源初」と基礎を同じくしています。私のほうが一歩早かった(笑)。
――さらに2013年のヴェネチア・ビエンナーレの《心跳》という中国館の展示のなかで、方さんは出展アーティストとして参加しています。発表されている作品をメディア上で拝見しましたが、中国建築および都市と関連するものですね。
FA そうです。私は550枚の鏡を使って、軸線をつくりました。北京の旧城を保存し、アート作品としてヴェネチアに置くのです。とても建築的な作品です。

第四部　日本の建築をいかにして中国に紹介するか

13. 中国に紹介すべき日本建築

――最後に今後の活動についてお聞かせください。
FA 2014年はフランスとイギリスで中国建築展を行なう予定です。もしかしたらヴェネチア建築ビエンナーレでもキュレーションをするかもしれないから、これまでで一番忙しい年になりそうです。次の建築ビエンナーレは、コールハースのキュレーションですから、何かつくることをすごく望んでいます。
――ヨーロッパ以外の国でのキュレーションの計画はありますか?
FA アメリカや東欧、北欧でもやりたいんですけどね。とくに日本でも行いたいのですが、日本はヨーロッパのような、自分の国の建築家を中国に行かせて仕事をさせるというようなビジネスの視野がないですよね。だから日本と中国は距離が近いにも関わらず、文化交流が少ない。
――「島」の問題もありましたし、日中間の交流は最近ではなかなか難しいですね。一方で、中国の学生を見ると、日本の現代建築もずいぶん好意的に受容されているように感じています。

中国建築はいかにして西洋に伝達されるか?
How Does Chinese Architecture Connect with the Western?

方さんは日本の建築のどんな部分に注目していますか?

FA 日本建築が輝いた時代というのは、バブル経済の時代ではなくて、それが終わったあとなんだと私は中国の建築家に言っています。妹島和世さんや西沢立衛さん、隈研吾さんなどは、バブル崩壊後の時代に優れた作品を残して、現在に至っていますね。私が隈研吾さんや原研哉さんと対談したときに述べたのは、中国建築は、この「バブル」が終わったのちに新しい建築を始めるのだということです。

だからもし日本建築が中国で展覧会を開くのであれば、《バブル後の日本建築がいかにして勃興したのか》をテーマにしたいと私は考えます。このテーマこそが中国建築にとって最も説得力があります。中国は日本の建築展覧会を必要としていますし、日本もまた中国の建築展覧会を必要としていると、私は考えています。しかし私がつくったカタログや展覧会は、日本では知られていませんね。実際、あなた方のインタビューが、中国の評論家やキュレーターの視点を理解しようとする日本の建築メディアの最初だと思いますよ。これまでの日本のメディアは、建築家へのインタビューだけを通して、中国建築を理解してきました。でも、建築家は自分の好みとスタイルがあるから、中立的な立場から論じることができません。

14. 非建築からの思考

—— 方さんは、ウェブ上での建築評論で名を上げました。現在もブログを使って大量にテキストを発表していますね。これらを出版する計画はありますか。

FA 私は自分のブログと、あと『東方芸術』と『芸術家』という雑誌にコラムを書いています。展覧会の仕事が忙しすぎて、現在は書く量がやや少なめです。ずっとまとめて出版したいと思っているのですが、展覧会の他にも中央美術学院で教えたりしていて、いつも時間がありません。学院での講義では、アートと建築について教えています。内容は20世紀建築史上の重要な建築家の建築、アーティストの建築、哲学者の建築、詩人の建築、聖職者の建築などです。たとえばルドルフ・シュタイナーは建築をつくった人間として認識されていますが、彼は建築の専門出身ではないですよね。彼らはどんな建築をつくったのか、なぜ人類の歴史にこれほど大きな影響を残したのか。そういうことを教えています。

—— シュタイナーの名前が出ましたが、彼は建築の専門外の場所から建築に携わっているという点で、方さんと同じですね。方さんも、建築を設計したいという欲求はあるのでしょうか。

FA 私は「非建築界」の人間です。一日たりとも学校で建築を学んだことはない。しかし建築展を企画し、大学でアートと建築の関係を教えている。これは、私が多くの建築を見てきたから可能なことなんですね。建築を設計したいとは考えているのですが、まだチャンスがありません。これまでつくってきたものはすべてインテリアです。このアトリエのように、自分で自分のためにつくったもの。たとえば、そこのトイレで使った材料なんかはまな板用のプラスチックで、建築家はきっと使わないものでしょう。私は建築材料ではない材料で建築をつくりたいんです。

建築をつくるうえでもっとも重要なことは、使用者の観点から考えることでしょう。現在の建築の機能性が良くないのは、建築家自身が使うものではないからです。王澍の設計した《中央美術学院象山新キャンパス》も彼自身は使いません。もし彼自身の部屋があれほど辛いものであれば、彼は絶対に同意しないでしょう。

建築を学んでいない人間は、建築をつくることが無理だろうか? 私はそうは思いません。アイ・ウェイウェイだって建築を勉強していないのに、建物をつくっていますし、シュタイナーも建築や彫刻を学んでいないのにつくった。こういう事例はきっと多い。だから、私も死ぬ前に建築をつくるチャンスがあるはずだと考えています。大きい必要はありません。ル・コルビュジエのつくった小さな建築だって充分なものでしたから。これはひとつの願望で、もしつくることができなくても、それはそれで関係ないのかもしれません。ピラネージも、彼がつくったのは建築に関係する銅版画だけでしたね。だから私も建築物を通して人に影響を与える必要は必ずしも無いのかもしれない。キュレーションをしたり、評論やウェイボー(中国版twitter)を書くことが、私の方法ですしね。

「態度」をもつ建築
建築家アイ・ウェイウェイについて考える

千種成顕

──私は自分に対してなんの要求もないので、よく人をばつの悪い状態に陥れてしまう。(中略)計画してやっているのではないから、あとでそのために、ちょっと弁解したり、または説明せざるを得なくなるのだが、建築に進んだのも、芸術に進んだのも、そんなわけだ。決して芸術が好きでやっているのではなく、他にすべきことがないからだし、建築をするというのも、この家(自宅)を作り始めたのも、母親と家に長らく住んでいたが、家にいてもまともなことがないから、場所を探して家を建てただけだ。★1

　アイ・ウェイウェイは、建築家、アーティスト、社会活動家、批評家、キュレーターなど、様々な肩書きを持ち、中国国内外に非常に強い発言力をもつ人物である。彼の多様な活動の中でもとりわけ注目されているものは反政府主義的な活動であり、2008年に起きた四川大地震によって多数の小学生の犠牲を出した「オカラ建築」に対する政府への責任追求のための調査は、彼をスターアーティストにのし上げる大きなきっかけとなった。これにより表面化した艾未未と中国政府との戦いは、ついには2011年4月の当局に拘束される事態にまで発展するのだが、これに至る過程の中で、オリンピック・スタジアム『鳥の巣』の設計に関わりながらも、国家的な祭典として演出されることを批判したり(2007年)、自身の上海のスタジオを竣工後に違法建築という名目で政府に取り壊されたり(2011年)と、政治的な発言や事件が彼の建築の仕事にまつわることが少なくない。生き様が建築に投射されてしまったようにも見えるアイ・ウェイウェイだが、ここでは彼の実作を俯瞰しながら、反体制アーティストとは違う視点で建築的テーマにつながる話をしてみたい。

　アイ・ウェイウェイの建築家としてのキャリアは、北京の郊外・草場地に自身のスタジオ兼自邸である《フェイクスタジオ》を設計した2000年、彼が43歳の時に始まる。それまでは、美術作品制作や出版・キュレーション活動を行なってきており、建築家としての教育は受けてきていない。そんな彼が、「他人に作らせたくなかった」という理由によって設計したこの建築が、『a+u』『Detail』に作品が紹介され国際的な評価を得る。その翌年からは、ヘルツォーク&ド・ムーロンと協同で『鳥の巣』で有名な《北京オリンピック・スタジアム》の設計が開始され、また同じ時期、建築・デザイン業を請け負うFake Designを正式に設立する。《フェイクスタジオ》の成功は、草場地周辺を「芸術区」へと発展させるきっかけをつくり、後に《フェイクスタジオ》に似せてつくられた建物がこの地に多く建てられていく。その中には《三影堂フォトアート・センター》(2006)、《赤レンガアートギャラリー》(2007)などアイ・ウェイウェイ自身の設計した建物も幾つか建てられており、代表的なアイ・ウェイウェイ建築をここで見ることができる。その他の建築作品には、ランドスケープデザインの《YIWUリバーパーク》(2002)、その対岸にある17組の建築家のフォリーが点在する《金華建築芸術公園》(2004)や、100人の建築家を集められた住宅プロジェクトである《オルドス100》(2008)といった大型プロジェクトのマスタープラン、スイスの建築グループHHFとの協同デザインしたアートギャラリー《アート・ファーム》(2009)とアートコレクターの住宅《Tsai邸》(2009)、直近だとヘルツォーク&ド・ムーロンとの協同となった《サーペンタイン・ギャラリー》(2012)などがある。ただ、近年はアイ・ウェイウェイを取り巻く政治的な状況が多作であった数年前とは大きく異なっており、建築家としての活動の数は減ってきている。

　上にあげた建築群、とくに他の建築事務所との協同をしていないアイ・ウェイウェイ

アイ・ウェイウェイ《三影堂フォトアート・センター》北京, 2006 左:外観 右:内観
撮影=市川紘司

ちぐさ・なりあき
1982年生。建築家、美術家。2007年、パリ・ラヴィレット建築大学(ENSAPLV)。
2008年、東京大学大学院修了。2009-10年、NAP建築設計事務所勤務。
2012年、東京藝術大学大学院修了。

単体名義の建築をみてみると、2000年の《フェイクスタジオ》から取り壊されてしまった2010年の《上海工作室》に至るまで、基本的には共通の建築的文法を用いられながらも、少しずつ形を変えて進化していっているような印象を受ける。その多くがミニマル／ローテクな建築で、内装には白塗装を多く用い、外装の素材感や現地の施工技術を強調したものとなっている。こうした彼の建築を俯瞰して注目したいのは、これらの空間の中に作家自身によるスケールや素材、光、家具などに対するこだわりが隅々にまで行き届いている一方、テイストのようなものから我々が慣れ親しむ近現代の建築言語に至るまで、社会化された感性は極力排除されている点である。その結果、空間に残るものとはなんであろうか？それは、空間全体に自己投影を試みる非常に密度の高いアイ・ウェイウェイその人の感性である。ここに、自身の主体性を作り出す政治観や文化観、思想や感性といったものを、具体的な「態度」に変換し、それを人が認識できるレベルにまで高めることができる、アイ・ウェイウェイの作家としての核心が見えてくる。強い態度を持っているということは、行動や発言に強い一貫性を持っているということであり、またその背景となる自身の思考に対する強い自己認識と制御をもっているということである。そうした、アイ・ウェイウェイが自身を「一人の態度を持った人間」と称しているある種の作家性は、美術制作から社会活動にまで通じる彼の活動の原理そのものなのである。

――私がもっとも認めるのは、私が何者でもないということだ。★2

これはアイ・ウェイウェイは美術家なのか建築家なのか、はたまた反体制活動家なのかという常に投げかけられる問いに対する彼の答えである。これは、自分は固有の職業的存在から逃れ、一個人として存在しているのだという態度表明なのである。

また、彼はこうも語る。

――制作と生産はまったく面白くない。ひとつのものがつくり出されるのは遅すぎるし、しかも容易にある種の実演に変わってしまう。私の注意力は芸術圏内に置かれていない。もっと別の場所だ。たとえば地震、私たちが食べるもの、人が精進料理を食べる理由とか。そう、生活は神秘的だ。一生味わっても足りないくらいだ。★3

職業や社会的活動とはかけ離れた「生活」に彼の感心が向けられている。彼の建築は、個人的な人生の営みの中で取られた態度が形を成したものであり、個人的哲学的営利の一端として、「場所を探して家を建てただけ」なのである。

さて、建築を建ててまで態度を生み出すアイ・ウェイウェイの建築は現在の中国に何をもたらしたか。それはなにより、建築を純粋な個人の感性でつくりあげるということを現代の中国で実践して見せたことにあると私は思う。グローバル資本主義の中では建築を建てることの持つ精神的・哲学的意味は日に日に薄れていっているのが現実だ。その最たる場所が中国であろう。この場所において「アイ・ウェイウェイの建築」が存在する意義は非常に大きい。

★1 『艾未未読本』牧陽一 編著、他著 集広舎 2012 289頁
★2 同前 185頁
★3 同前 232頁

アイ・ウェイウェイ《赤レンガアートギャラリー》北京, 2007
撮影=市川紘司

アイ・ウェイウェイ《金华建築アート公園》金華, 2004
撮影=市川紘司

はっとり・かずあき

1984年生まれ。東京大学工学部建築学科卒。Archiprix2009グランプリ受賞。2010年、東京大学建築学専攻・難波和彦研究室を修了。2013年現在、隈研吾建築都市設計事務所(KKAA)勤務。上海に駐在しながら中国プロジェクトの設計に従事する一方で、建築批評をウェブ・雑誌等に発信する。趣味は音楽制作、初音ミクユーザーでもある。

一九三七年の第二次上海事変で、日本軍の空爆により南駅も半淞園も焼失してしまったのである。この南駅爆撃については、ジャーナリスト・王小亭により有名な戦争写真『中國娃娃』が撮影されている。だが、もしこの場所が戦禍を被ることなく発展していたら、きっと上海人の下町として栄えていただろう。さらに、開発に取り囲まれ身を縮めている南市も、南への広がり、果ては杭州までの繋がりを持っていたならば、今とは違った進化を遂げていただろう。南駅と半淞園は、通りの名前だけを残して、面影もなく消えている。

16時頃、世博跡地の北端に着いた。二〇二〇年東京オリンピックの敷地となる埋立地に似た、水辺沿いの空き地である。世博前まで、ここに「江南造船所」があった。清朝の洋務運動により一八六五年に設立された江南機器製造総局由来の造船所であり、中国最大の軍需工場である。私はその二重の跡地を東から西に歩いていた。上海世博記念展という、ものすごく流行っていない資料館に足を運び、中国国家館の目玉だった『清明上河図』などを見た。地方から来たであろう親子連れが、人のいない展示室をのそのそ歩いていた。

続いて、川向かいの浦東側に地下鉄で移動。ここはかつて上海浦東鋼鉄の製鉄所と中小工場、低所得者が住む2万戸の街だった。私は「世博文化中心」と「中国国家館」を見学した。図太い四足の中国国家館を真下から見上げた時、思い出したのはエッフェル塔だった。どちらも構造の表現と呼べるが、一八八九年の目玉と比べて、二〇一〇年の目玉は中国の国威発揚以外に何の意味も持たない建築だった。だが、アイコンとしては優秀である。私は、ぼんやりベンチに座ってコーラを飲んだ。「何の感慨もな

く荒野に立ち尽くす男」になりかけていた。足で稼いで、歴史を紐解いたのに、これはあんまりな仕打ちだ。

目に見えるものがつまらないときは、未来を描くか歴史のどこにもそれは存在していなかった。高低差のない平坦な土地は記憶を留めない。記憶はウワモノだけに宿り、更地にされればリセットされる。それが中国の強みであり、市場主義経済との相性の良さでもある。従って「いまさらの上海世博」を楽しむために歴史に頼ることはできなかったのである。

それならば、未来を描いて楽しもう。それが建築家の特権だ。328ヘクタールの跡地には、大規模ショッピングモールや高級ホテルが開発されるだろう。だが、放っておけば必ず魅力のない街になる。私なら、川を挟んで向き合ったのっぺらぼうの世博跡地を、川ごとるりと巨大城壁で囲む提案をする。のっぺらぼうの土地には、インフラ規模の「よくわからない制約」が必要である。新しい城壁によって、平坦な土地に「城壁沿い」「中心」などの場所ごとの性格がうまれ、見えない力が流れ始める。また、外からの視認性が高まり、摩天楼から見下ろした時の価値も上がる。さらには、新しい円を描くことで、いつか消える運命にあった南市の円が息を吹き返す。円が一つなら押し潰されるか広がるかの二択しかないが、円が二つなら複雑な効果が生まれる。二つの円が城壁外に新鮮な流れを作り出し、円に挟まれたかつての南駅界隈が、交通の要衝として再生する。跡地を巨大城壁で囲うだけで、あとは好きに開発してもらえばいい。それでうまくいくと、私は思う。

一日歩いて、世博跡地について思ったことは以上だ。歴史はクリアランスとともに消えたが、未来を妄想する糧になる。これが、私なりの、いまさらの上海世博体験である。

「いまさらの上海世博」を楽しむ

服部一晃

外国の都市を「無理やり東京に置き換える」という遊びをよくやる。最初にその都市の外郭となる環状線を重ねあわせ、続いて市内各所を東京の地図上にプロットするのである。すると、ここ上海では、摩天楼群で有名な陸家嘴が"秋葉原、外灘"が"九段下"、人民広場が"市ヶ谷"、新天地が"赤坂"、静安寺が"新宿御苑"、徐家匯が"渋谷"、中山公園が"初台"で上海駅が"早稲田"となる。街の印象ではなく、単に地理的な位置関係がそうなのだ。よって私の上海ライフは、北参道に住んで、原宿の職場に通い、週末に神宮外苑で飲み、たまに渋谷まで遠出するという生活になる。何だろう。東京にいた頃と何も変わらない。私は東京でも上海でも、同じような位置で同じようなことをやっているのである。

とある日曜日、二〇一〇年上海世博（万博）の跡地を見に行くことにして家を出た。しかし、二〇一三年に上海に来た私には、延べ入場者数七〇〇〇万人を記録した世博というものが、まるで想像できない。もし地下鉄で跡地に直行しようものなら、私は「何の感慨もなく荒野に立ち尽くす男」に成り下がるに違いなかった。ぼんやりベンチに座ってコーラを飲むのである。それはあんまりだ。では、どうしたら「いまさらの上海世博」を楽しめるだろうか。こういうときは、足で稼ぎ、歴史を紐解くのがいい。私は東湖路の豆苗工房でさっと昼飯を済ませると、陸路で行くことに決めた。"神宮球場"から"日の出埠頭"までの長距離散歩である。

世博跡地は、"新橋～芝公園～白金"辺りに広がっている。直接行けば大した距離ではないが、私は以前から行きたかった「南市」に寄り道をした。南市とは、かつて城壁で囲まれていた旧上海県城のことで、変貌を遂げる大都市の中で今も異様な雰囲気を残す一角である。そもそも上海とはこの城壁内外を指したが、阿片戦争後に欧米諸国による租界ができると、上海は北に外国人の「租界」、南に上海人の「南市」という二つの中心を持つようになった。その後、租界は競馬場を中心とした繁華街を拡大させ、一八五三年の小刀会蜂起で南市の上海人が租界に逃げ込むと、人口が爆発、急速に発展を遂げた。一方の南市は、一九一四年までに城壁が取り壊されたが、その後もほとんど発展していない。南市を地図で探せば、人民路と中華路がはっきりと円形をなしているため、あそこかとわかる。その位置や面積は、"皇居"とぴったり重なる。私は復興中路から古き日の市中心近くに広がっているのだ。私は復興中路から古き日の市中心に入って、適当な小径を選んで分け入るように進んだ。

ひしめき合う家と家の間を、人とバイクが行き交う。ぶら下がった誰かの下着を潜り、野菜屑で汚れた路上を歩く。油で黒々と汚れた修理屋の店先、眠る老人。たらいの中の蟹。特別なことのない、アジアのいつもの風景が道沿いに続いている。城壁は、形がなくなっても内側の街を守る。円という形の持つ力である。しかし、中心から15分も歩けば南市は終わる。あと2キロ南下すれば世博跡地である。ここから賑わいが急に遠ざかる。東京なら"日比谷"あたりだが、もともと上海の賑わいは"皇居北側"の租界側。さらにここは世博を見越したマンション開発により、すっかり凡庸な街になってしまっている。

上海がもし別の歴史を歩んでいたら、南市の南は繁華街だったかもしれない。というのも、一九〇八年以降、ここは上海南駅前だったからだ。共同租界には北駅があったが、南市にも南駅があった。杭州方面に向かう列車はここに停まったのである。また、一九一八年には4ヘクタールの「半淞園」がオープン。当時は駅近くということもあり人足が絶えず、ドラゴンボートレースが開催

MAIL INTERVIEW

中国的建築写真の端緒
The Beginning of Architecture Photography in China

夏至　XIA Zhi

[インタビュアー] 市川紘司 + 孫思維　　[翻訳] 市川紘司

Q1. 建築を専門的に撮影する写真家となったきっかけをお聞かせください。

A1. 建築を撮影し始めたのは本当に偶然です。初めて出張をしたとき、国外のウェブサイトにあったいくつかの建築作品の写真を見たんですが、その写真の建築はまるで生気が無い中国の大部分の建築とはちがっていたんですね。それで急に建築というのはこんなに面白いものなのかという感覚を持ち始めて、自分でも試してみようと思い立ちました。実は始めたばかりの頃は、並行して静物の写真も撮ろうと考えていたんですが、静物と建築では完全に撮影の仕方が違います。私は建築の自由さのほうが好きだったので、建築写真だけを撮ろうと堅く決めました。

Q2. 建築を撮影するとき、とくに注意している点はどのようなところでしょうか。

A2. 建築というのは、まず最初は建築家の頭の中にあり、最終的に竣工したあと、使用されるわけですが、このプロセスの中で〈人〉は常に重要な要素です。だから、建築と人の関係は私が撮影するときも常に強調しているポイントです。〈建築とは都市の彫刻である〉というようなことは広く言われますが、しかしながら建築と人の関係は、彫刻のときのように単純なものでは全然ないですよね。建築は人にサービスを提供するのと同時に、人もまた建築に仕えていて、この両者の影響関係は非常に直接的です。だから、私の観察と表現の方式も、建築をひとつの個体、ましてや静物として見なすものではなく、周囲の環境や文化的・社会的な観点から捉えるものとなっています。

Q3. 中国の建築家から撮影依頼を受ける際、何か特別な要望を受けますか。

A3. 撮影前に建築家とコミュニケーションを取り、設計アイデアや作品の外観、空間やディテールの設計、そして建築が位置する環境や気候を知っておくことはとても重要です。それによって私は撮影対象をより早く理解できますし、また、建築家も私も満足できる写真が生まれます。けれど、私が一緒に仕事をする建築家は実は撮影に関するコントロールを強く求めません。彼らは写真家自身が空間的な想像力を発揮してくれることを望んでいるんです。このことはとてもラッキーで、感謝しなければなりませんね。

Q4. 建築写真家として、どのような建築が評価に値するとお考えでしょうか。あるいは、撮影する建築をセレクトする基準があればお聞かせください。

A4. 建築においては、どれが評価に値して、どれが評価に値しない、といったことがないように思います。建築はどれも建築家のアイデアと人々の労働の成果であり、どれも我々の生活と都市に対して仕える存在ですから。でも、私は、我々が普段目にしている建築に比べれば、むしろ日常的に触れることの難しい建築を見て、理解したいと考えています。たとえば災害後に復興された建築や、辺鄙な山間の人々が建てた建築などがそうで、こうした建築は表面的には魅力的ではありませんし、多くの人々にとって見知らぬ存在ですが、だからこそこうした建築にもっと注目すべきだと私は思っています。そして、こうした建築をより良い方向に開いていきたいんですね。

Q5. 影響を受けた写真家はいらっしゃいますか。

A5. 好きな写真家はもちろんいますよ。国外ではアンセル・アダムスが最も好きで、初めて彼の作品を見たときは震えました。彼の写真の強力な雰囲気はそれまで私が感じたことのないものでした。国内では郎静山(ロン・ジンシャン)ですね。この二人は、同じようにモノクロの風景写真を取りますが、しかし全く異なるスタイルであることは分かると思います。郎静山は古い手法を学んでいて、中国伝統の水墨画の手法で写真のイメージを表現していて、きわめて独特です。

Q6. 特別注目している建築家がいれば、その理由とともにお聞かせください。

A6. 実は、注目している人というのはとくにいません。地域的な区分で言えば、もちろん中国の建築家に注目していますが、それも絶対ではありません。優れた建築家はそれぞれ自分の思想と理論構造を持っていて、彼らそれぞれは互いに補完し合うかもしれないし、衝突するかもしれませんが、それも悪いことではありませんし、むしろそうしたことが、我々がより深く建築を理解するのを助けてくれます。異なる地域、異なる思想の建築の中でより良い交流は可能ですし、それは建築の発展に対して非常に良好な作用をもたらすはずです。

Q7. 中国において〈建築写真〉というカテゴリーはどのような状況にあるのでしょうか。

A7. 私の見るところでは、中国における建築写真は、まだ比較的新しい領域にあると言えます。多くの人が撮影しているし、長い間やっている人もいるのですが、全体の水準としては国外の写真からはとても差がありますし、スタイルの点でも遠く隔たっています。たしかに多くの人がやっているけれど、彼らはどんな写真でも撮影していて、建築はそのうちの本当に小さな一部分に過ぎなかったりする。建築だけを撮影する写真家にしても、多くの場合は、商業的なビルやデベロッパーのプロジェクト、あるいはモデルルームの撮影に限定されていたりします。建築家の建築を本当に撮影する写真家というのは、中国では非常に少ないと言えます。

Q8. 夏至さんの撮影作品は数多いですが、その大部分は外国メディア上で発表されていますね。これはなぜでしょうか。中国の建築メディアには、何か特殊な事情がありますか。

A8. 建築メディアは、紙やウェブを問わず、中国のその他メディアに比べて全体的な環境があまり良くありません。あまり注目を集めないマイノリティの存在です。加えて、現在の建築雑誌は、ウェブメディアからのプレッシャーが日増しに強くなっていて、生存することが難しくなっています。もう一点注目すべきなのは、多くの中国の建築雑誌の立ち位置は、国外の雑誌とは異なっているということです。国外の雑誌は毎号に新しい事務所の新しいプロジェクトを掲載しますけれど、中国の雑誌は業界内の動態や情報、あるいは学術的な内容により注目していま

す。また、多くの雑誌は特定の指定された場所でしか買えません。こうしたことが、中国の雑誌の発展を阻害しているのだとある程度は言えると思います。

Q9. 写真家として、中国の建築に望むことは何でしょうか。

A9. もちろん、古典になり得るような優れた建築がより多くつくられることです。中国の建築家がもっと国際的な舞台で作品を持つようになることも望んでいます。けれど、新築の建築以上に、古い建築が良好に保存されて、我々自身の本当の建築文化がもっと広く伝わり、推し進められることが望ましいですね。

Q10. 今後の活動のご予定についてお聞かせください。

A10. 職業的な事がらについては、空撮だったり、建築を映像として撮影することだったりを始めています。全面的で直感的な、より生き生きとした方式で建築を示すことが出来ると思います。それと、よく建設現場や、竣工後にすでに使用されている建築の内部空間や環境に出向いています。竣工したばかりの建築の様子や、その輝きだけに注目してはいけないと私は考えているんですね。我々は、もっと建築が建設されるときの背景にあるディテールやストーリーに注目すべきだし、もちろん竣工後の使用されていくプロセスや、それが都市の生態系にどのような影響や作用を与えるのかといった点についても注目すべきです。建築写真家としてこのことは理解すべきですし、それをレンズを通してより多くの人に知らせるべきだと考えています。

シア・ジィ　XIA Zhi
1983年北京生まれ。2001年から音楽関係の仕事に携わり、北京交通大学への入学、ファッション誌の撮影助手などを経て、2010年に写真家としての活動をはじめる。建築やアート、デザイン領域の作品を専門的に撮影している。

ROUND-TABLE DISCUSSION

助川 剛 × 東福大輔 × 佐藤英彰 + 市川紘司
Takeshi SUKEGAWA × Daisuke TOFUKU × Hideaki SATO + Koji ICHIKAWA

本誌では、馬岩松や王澍など中国の建築家自身の言葉と作品を中心に掲載してきた。しかし日本の読者からすると、やはりやや遠い世界の出来事に見えてしまうのではないだろうかと思う。本誌が特集する中国現代建築シーンに日本人はどのように関わることができるだろうか？ この座談会はそれを知るために企画されたものである。

座談会は中国での建築設計の経験が豊富な3名の日本人建築家に依頼した。助川剛氏は寧波、東福大輔氏は北京、佐藤英彰氏は上海を拠点にそれぞれ活動しているが、もともとの渡中の理由は、磯崎新アトリエの中国プロジェクトを担当するためである。日本人建築家は中国で何が可能か。中国建築の特徴を、デザイン面からだけではなく、現場やクライアントとのやり取りなどを含めた産業全体から指摘していただくとともに、みずからの建築的実践から、あり得べき「中国的日本人建築家」像を議論していただいた。

東福大輔 とうふく・だいすけ
1973年生、名古屋大学卒、同大学院修了後、鹿島建設建築設計部を経て2003年より磯崎新アトリエに勤務。《中央美術学院美術館》担当者として渡中、竣工後の2009年、北京零三工作室を開設。

助川剛 すけがわ・たけし
1969年生、東京芸術大学卒、同大学院修了後、磯崎新アトリエ勤務。《海市計画》《中国国家大劇院設計競技》等に携わり《深セン文化中心》担当者として渡中。2006年アトリエ・サイトワークス設立。中国美術学院、寧波大学客員教授。

佐藤英彰 さとう・ひであき
1976年生、早稲田大学卒、同大学院終了後、磯崎新アトリエ勤務。上海事務所設立に合わせて渡中。《ヒマラヤアートセンター》《南京国際会議場》等を担当した。現在は鉑意建築設計勤務。

2010年代、日本人建築家は中国にどう関わるべきか?
How Do Japanese Architects Participate in China After 2010

● 1990年代の中国、2000年代の中国

市川 お三方は磯崎新アトリエのプロジェクトを担当するかたちで渡中していますが、まずはその経緯から詳しくお聞かせください。

助川 東京藝術大学の大学院で六角鬼丈研究室に在籍していたので、六角鬼丈をとおして磯崎新という建築家を見ていました。当時1990年代の前半は、日本では民間バブルがはじけて公共事業が増えていた時期で、その時コンペでバカ勝ちしていたのが磯崎新でした。そうした公共建築が次々と発表されていき、でもさすがにもうすぐ景気も下火になっていくだろうということが完全に見えていた中で、それでも磯崎さんのところに行けば公共建築がつくれるだろう、という期待がなんとなくありました。住宅にはあまり興味がなかったので、ゼネコンや大手設計事務所に所属するのではないかたちで大規模な公共建物をつくろうと思ったら、磯崎新アトリエしか考えられなかった。それで六角先生に紹介してもらい面接して入所した、という流れです。

1996年に入所して中国に来たのが2001年だったので、5年間は東京にいました。その間取り組んだおもな仕事が《海市計画》、《中国国家大劇院》と《深セン文化中心》(2008年竣工)のコンペでした。事務所内で取り組むコンペやプロジェクトで若いスタッフが参加できるものが、たまたま中国のプロジェクトしかなかったんですね。僕自身はそれまで中国には全く興味がなかったんですが、そうこうしているうちに深センのコンペが一等を取り、設計で実際に中国を行き来するようになり、現場がはじまって常駐するようになりました。だから中国行きは決して積極的なかたちではなく、行かなきゃいけない状況になっていた、というのが実状です。もちろん中国の成長を目の当たりにして期待感もふくらみましたし、出張ベースで滞在している間も楽しかったし、東京も仕事が少なくなってきた時期だったので、ちょうどタイミングが合ったのかもしれません。

市川 中国の建築に国際的な注目が集まったのは2000年代前半だと思うのですが、90年代はどういう印象だったんでしょうか?

助川 90年代はまったく未知の世界でした。90年代の中国で何かつくっている外国人の建築家といったら、日本人だと黒川紀章、外国人だとイオ・ミン・ペイやポール・アンドリューという感じでした。

市川 少なくとも、現在のように中国が建設ラッシュで湧いているという印象はなかった?

助川 そうですね。いわゆるデザイン的には感心しない物が乱立している、躯体が危なっかしくてカーテンウォールが酷い、そういう印象でした。

東福 《深セン文化中心》は磯崎アトリエにとって最初の中国の国際コンペだったんでしょうか?

助川 中国の国際コンペ自体は、磯崎アトリエでは94年に《深セン交易センター》がありました。でも、コンペ自体は存在したけれども、勝つのは中国の建築事務所で、海外の建築事務所が勝っても建たない、という状況でした。コンペはコンペ、建てるのはローカル設計事務所、ということがずっと続いていたと思います。

市川 東福さんはどのようなきっかけで中国に?

東福 私は磯崎事務所に入所する前は、7年弱、鹿島建設に勤めていました。鹿島にいた頃は海外の仕事をしたくて、鹿島の中でも海外留学前の準備として英語研修に行かせてもらったりしていました。ですが2000年当時はバブル崩壊が深刻化して、「失われた10年」まっただ中だった時期で、どんどん鹿島の留学枠が減っていました。そうした状況で、プライベートな問題で名古屋の実家にも頻繁に帰らないといけない用事ができてしまいました。海外の仕事もやりたい、実家にもたまに帰りたいということで、普通のサラリーマンではできない状況になってしまい、その状況で受け入れてくれたのが磯崎アトリエでした。

市川 東福さんが担当する北京の《中央美術学院美術館》の計画が始まったのはいつ頃ですか?

東福 2003年頃から始まって、磯崎さん自身は2週間くらいで形は決めちゃったみたいですけど、実施設計が難航していて、2004年頃に僕が図面を全て書き直した記憶があります。その後、図面のメールのやり取りを中国側とやっていても全く埒があかなくて、「どうしようもないから中国に行かせてください」ということでなかば強引に中国に来ました。それからはずっと現場でローカルの事務所と一緒にやって、2008年になんとか竣工しました。その後もう少し中国でやってみようかなと思い、中国で独立しました。

fig.1 磯崎新アトリエ《深セン文化中心》深セン, 2008　写真=市川紘司

fig.2 磯崎新アトリエ《中央美術学院美術館》北京, 2008
写真=市川紘司

市川　東福さんは海外留学されたり海外のプロジェクトに興味があったとのことですが、当時中国自体への興味はいかがでしたか？ その頃はもうOMAによるCCTVのコンペ案が出てきていたと思いますが。

東福　2004年頃に迫(慶一郎)さん、松原(弘典)さんの中国特集が『日経アーキテクチュア(2004年8月23日号)』で特集されて、なんて夢のある世界なんだろうとは感じていましたね。もちろん誌面では語られていないことはあるだろうとは思っていましたが、エキサイティングな場に見えたことは確かです。

市川　90年代からは印象が確実にちがったわけですね。

助川　オリンピックと万博の実施が射程圏内に入った、というのが00年代だと思います。

東福　中国人は他民族の文化に対して寛容なところがあると思います。1964年の東京オリンピックと、主要施設を設計した面々を比べても分かるけれど、メインの建物はほとんど外国人が手がけています。世界に向かって出て行った日本の建築家は、それ以前にも沢山いるけれど、現地で本当に成功した人は本当にわずかでしょう。ところが迫さん、松原さんは中国の施主を相手にかなりの成功をおさめていた。中国人は外国人に対して寛容なところがあるので、日本人でもうまくいくではないかという期待はありました。

市川　佐藤さんは、磯崎アトリエには東福さんより1年前に入所されているんですね。

佐藤　大学院生時代に先輩からアルバイトに呼ばれて、その時関わったのが北京の金融街のプロジェクトでした。結局うやむやになってしまったコンペですが、それをきっかけにそのまま居着いてしまいました。1、2年はバイトとして北京の仕事やカタールの仕事を担当した後、正式に入所しました。

入所してすぐに上海の《ヒマラヤアートセンター》(2009年竣工)の仕事が始まり、それを担当することになります。2年ぐらいは止まったり進んだりしながら日本で方案設計(中国での設計プロセスにおける最初のフェーズ。SD＝スキマティック・デザインのフェーズ)をやっていたんですが、ヒマラヤが止まっている間に南京や青島など他の中国の仕事も始まり、それも担当していると、磯崎アトリエが上海事務所をつくるという話になり、僕の中国行きが決まりました。だから僕はプロジェクトを3つ抱えて中国にいくことになったんですね。それがお二人とは少し違う。

南京のプロジェクト(《南京国際会議場》)が終わったら事務所を辞めようかと考えていたんですが、なかなか終わらなくて、結局辞めた今もプロジェクトは終わってないという状況です。現場は上海事務所から通いで見ていたので、それぞれプロジェクトを現場で常駐しながら見ていたお二人とは差があります。それでも南京に関してはずいぶん話は聞いてもらえたので、一般的な中国のプロジェクトよりはコントロールできたかとは思います。

● 自己主張の強いクライアントと渡り合う

市川　現場をいかにコントロールするかという話がでましたが、中国の現場はコントロールしづらいとか、いろいろな難点や事件をよく聞きます。とくに東福さんは日本での現場経験も豊富だと思いますが、日本と中国の差異はどのようなところにあるのでしょうか？

東福　中国では施主が主体になって工事を進めるので、施主に対する根回しがかなり日本とはちがいます。現場で素材や材料をコントロールするのはもちろん大事なんだけど、施主がその材料を選択するように政治的に根回ししておく、というようなことが大事だったりする。日本でも施主に決定権はあるにはあるはずなんだけど、設計者なりゼネコンなりの力が強いからか、施主があまり興味がないからか、設計やゼネコン側が挙げたもので最後までいくことが多い印象があるんですけれど。

というよりも、中国の方が自然なのかもしれません。実際にお金を出して買う人が決めるわけですからね。

助川 中国のほうが圧倒的に施主がうるさいよね。建築のデザインやセンスということは抜きにして、施主の側に「やりたいこと」がはっきりある。たとえ間違ってもはっきりしてる。それと、政府であろうと民間のデベロッパーであろうと、決定権があるのはそのプロジェクトの施主のトップ。つまり金を出す人。肝心の金を出す人はとにかく要求が細かいしうるさい。「好きにやってください」なんて人は皆無。

佐藤 細かいところまで決めますよね。中国の組織には「中間」がないんですよ。課長クラスがいなくて、「決める人」はトップで、末端の「働く人」とにははっきり分かれている。じゃあ「働く人」は何をしているんでしょうね（笑）。

助川 そうそう。中間がまったくの空洞だから、末端の人たちと話してもまったく無駄な時間になる。《深セン文化中心》のときはその仕組みがちっとも分かっていなくて、現場に来る施主側の担当者、つまり「働く人」と材料や納まりのことについて話しても反応がいまいち。協働する「設計院」（中国国内の設計組織であり、外国人建築家が中国でプロジェクトをまわすときには協働しなければならない）も現場レベルの担当者の言うことは当てにならないし、いったい決めてるのは誰なんだというと、やはり局長・副局長クラスになるわけです。

東福 案のプレゼンのときもトップと話できないと全然意味がないんですよ。

助川 今、個人でやっていると、いろんな人から方案設計の仕事などがしょっちゅう来ますけど、話をもってきた人がそこそこ程度のクラスでは話が通るわけがないんですよ。逆にトップの人とつながれればプロジェクトが進む可能性が出てくる。

市川 クライアント側の担当者の地位が非常に重要なわけですね。

佐藤 やっかいなのは、そのトップがなかなか出てこないことです。中国のトップは日本にくらべて圧倒的に忙しい。なんで忙しいかと言うとその人が全部決めなくてはいけないからなんですが、それで下の担当者と話して進めても、最後にトップが出てきて却下されてしまったりする。これが一番大変なんですね。幸い《南京国際会議場》では、社長が頻繁に顔を出してくれたので比較的スムーズでした。決めると言えば、材料を決めるということに関しても、僕は現場で何かにサインしたことは一度もありません。製品の検査もしたことがない。材料はこちらで決めた物のサンプルを置いておくと、それをもとに材料を選んできて次に現場に来たときにはもうできている。

助川 それは羨ましい現場ですね（笑）。サンプル通りに現場に納入されることのほうが少ないですよ。

市川 《深セン文化中心》では使う石を決めるのに一年半ぐらいかかったと聞きました。それはやはり、トップが出てこなかったからですか？

助川 トップが出てこなかったというよりは、逆に政府なのでトップがたくさんいすぎた。だから組織の中である種の利権争いのようなことがあったんだろうと想像しています。中国は石の産地なのでものすごい種類も豊富だし、工場もいっぱいあるんですが、その一方で同じような質の石が外国産で10倍の値段が付いていたりする。それで中国産じゃあ単価が知れているから、設計者が外国産を選べば仕方なく外国産を使わざるを得ない、ということにしたい古いタイプの人間が若干名存在したんですね。施主側から要求するのではなく、設計者側から要求したことにしたいわけなんです。それに気づかず、何度材料を決めてもひっくり返されるのでずいぶん時間がかかりました。

● 一人プチゼネコン

東福 ただこれらの話はどれも中国の一般からするとずいぶん特殊な話で、建築家が石を選ぶなんていう局面は中国には実際はほとんどない。設計院が現場を見るなんていうことも基本的にはない。

市川 やはりそこはもう施主側が仕切ってやっていくのが普通であると。

助川 石を決めるのは本当は施主で、そこに設計院や我々が口を出していること自体かなり異常なことです。彼らにしてみればそういう事態をまとめるノウハウもないから、それ自体が1つの大きな仕事です。それをやっているから《深セン文化中心》も10年かかっちゃった。この《它山藝術博物館》も5年かかったし、この調子だと死ぬまでにあと2、3件しかつくれそうにない（笑）。

市川 中国の建築は建つスピードが早いことがよく話題に上りますが、こだわりだすとやはり時間はかかるわけですね。

現場を進めていくうえで、自己主張の強いクライアントとのやり取りが重要であることが分かりました。どの国の現場でもそうだとは思うんですけど、設計者が譲歩しないとならない局面は中国では多いんでしょうか？

佐藤 譲歩するというよりはあきらめに近いですよね。現場には口出しできないという仕組みになっていることもありますが、あんまり主張しすぎても結局は彼らがやれるようにしかできないことも多いですし。

助川 ただ仕組みが分かれば、対応できないことはない。この《它山藝術博物館》fig.3-5 の現場もそうなんですけど、ほとんど僕はトップの人としか話さなかった。方針はトップと二人で決めた。大事なことはその方針をどうやって実際の手続きに乗せるかという話で、そうすると二人で息のあったコントをやっているようなものです。方針だけしっかり決めたら、彼は会社の内部で適切な手続きが必要になりますし、同時に彼は政府に対する申請もやるわけで、僕も建築家として顔を出すべきところには顔を出します。息が合えばこちらの要求も呑んでくれるようになる。

市川 日本に本社がある場合、担当者に決定権がないケースがままあると思います。その場合、トップとそういう関係を築くことが難しいですよね。磯崎アトリエはどうでしたか？

佐藤 現場と担当者によりますが、僕が現場で気を付けていたことは、「聞かれたことに対しては必ず即答する」ということです。「ちょっと磯崎さんに確認するので待ってください」と言ってしまうと相手も「この人に聞いてもしょうがない」という雰囲気になって、信頼してもらえません。「この人に聞けば話が進む」と相手に思ってもらわないとプロジェクトが進んでいかないんですね。南京のプロジェクトは24人の建築家がそれぞれ建物をデザインするというものだったのですが、ある事務所の担当者は現場に来ても決定を事務所に持って帰ってしまうので進まない、とクライアント側からよく愚痴られました。

東福 中国で常駐しながら磯崎アトリエの仕事をしていたときの雰囲気は、「一人プチゼネコン」なんですよ。磯崎新の考えがまずあって、それに対してクライアントと話をして、それとは別に設計院とも法規的な話をしつつ、そ

れから施工業者とも話して、材料が見つからないときは一緒に探したり、納まりが分からなければ詳細図書いてあげたり、中国でできない納まりだったらできるように変更したり。こういうことを現場事務所で日々繰り返していました。

● 設計のパッケージ化

市川 中国では、外国人建築家は中国国内の設計事務所（設計院）と協働しなければなりません。また、方案設計までを手がけて、その後のフェーズにはタッチしないというようなプロジェクトも多いですし、あるいは派手なパースが描かれただけでプロジェクトが頓挫する、みたいな事例も数多く聞きます。そういう中国の特殊な状況に対して、どのように対処していますか？日本やその他の外国とのちがいをお聞かせください。

助川 僕は基本的に方案設計だけでお願いしますという仕事はなるべくやらないようにしています。でもそういう仕事がほとんどです。それで好き放題やっているとリアリティがないと思われてしまうので、最近ではもし実現させたいと思ったら、方案設計の段階から設計院との密な協働が必要だと思うようになりました。けれども、結局外国人としてこちらでやっていると、大抵の場合はクライアント側が設計院を連れてくることが多い。そのため付き合うべき設計院が物件ごとに出てきてしまいます。それがとにかく面倒なので、こちらで方案設計の段階から設計院を指定するようにするのです。そうすれば法的なことやクライアントが心配になるところは彼らが全て対処してくれますし、結果として我々はデザインに集中できる。

佐藤 それはうまいやり方ですね。たしかに設計院がクライアント側に付いてしまうと、プロジェクトのコントロールが難しくなります。たとえば馬岩松（38-55頁）は、自分たちの難しい建築を「ここの設計院となら実現可能です」とクライアントに先に紹介しておくんですね。ランドスケープをつくる人たちも連れてきて、パッケージ化してしまう。こういう方法でクライアントにOKと言わせられる「作家」であることが大前提ですが、おそらくこれは一番上手いやり方でしょう。一般的には設計院もランドスケープもインテリアもクライアントが連れてくる

し、初歩設計（DD＝デザイン・ディベロップメントのフェーズ）が終わって我々が手を離したらあとは野となれ山となれの状態になってしまいますから。先日もホテルのプロジェクトで、初歩設計が終わった後に入ってきたインテリアデザイン事務所が勝手に建築の形にまで手を出して来るということがありました。

市川 建築家として最初から最後まで見るためにはパッケージ化して建築家側に主導権を確保しておく必要があると。

助川 今、ここで進めているプロジェクトの全体からすると、博物館の本館の半分ができたに過ぎないという状況です。秋から残りの半分が始まって、くわえて博物館以外にもいくつか物件があります。そういう工事ごとに色々な設計院が入ってきちゃうと僕も対応できないので、「全部同じ設計院でお願いします」ということは僕の方から施主にお願いしています。お金の管理からマネジメントを含めてひとつの設計院を通してください、という取引をしました。実はこの博物館だけでも最初は、実施設計の設計院が3社くらいいたんです。施主と設計院の関係性でころころ変わっちゃうんですよ。なので抱き合わせでやれば、僕が施主と付き合っている以上は設計院は最後までやってくれるので、その方が施主にとっても都合がいい。施主にとってもバラバラなのは面倒くさいはずだから。

● 外国人建築家に何が可能かを見つめ直す

市川 日本人であるということで、プロジェクトに特別な支障をきたすケースなどはありますか。いわゆる反日感情などについては、何か問題が起きたことはありますか？

東福 「中国は反日だからこれからはベトナムやミャンマーだ」みたいな話があるけれど、我々みたいに現実に設計やデザインをしている人たちにとっては、まったく関係ないことですね。そもそも中国で活動する日本人建築家を選ぶということが特殊解ですし、日本人が嫌ならそもそも仕事を頼まないわけで。

市川 確かにそうですね。それでは、中国のクライアントたちが外国人建築家、とくに日本人建築家に求めることはどういったところにあると感じていますか？

佐藤 00年代初頭の10年前から比べると、

デベロッパーはものすごい勢いで成長しています。どうやったら上手く進むのかをよく研究している。だから馬岩松みたいなやり方も受け入れられているんです。最初に《ヒマラヤ》で会ったときは、クライアントの皆さんは建築のことなんか何も知らない人たちが集まっているという感じだったけれど、今は社長の下にちゃんと建築のことが分かる人がいるという状況も増えて来ました。

助川 00年代の中国はまだデザインを輸入している時代だったんですね。外国人が中国にデザインを教えるという関係が成立してた。だけれども今は、中国人の建築家も多くの物件をこなしてきていて、馬岩松や王澍（20-37頁）といった自分たちのスタイルを確立した建築家が出てきて、施主である政府やデベロッパーの方法論も進化している。そうなると外国人である我々が何かを教えるというようなスタンスはまったく通用しない。外国人のデザインだから偉い、みたいな話にはならないわけです。そうなると結局、クライアントとの1対1の付き合いにしかならないわけで、彼が何を欲しいか、彼のイメージをどうかたちにするかというだけの付き合いになります。

こうなれば日本でも中国でもあまり関係がありませんよね。世界中どこへいっても建築のデザインや計画が大事だよという話です。

市川 00年代の中国の外国人建築家の仕事に対する印象は派手なパース、方案設計を描くというものだったんですが、いまの話だとそこから一歩ステップが進んでいますね。現地化というか、普通にそこにいる一人の外国人建築家として着実にやるという仕事にフェーズが移っている感じでしょうか。

助川 現地化とは言っても、我々はどう逆立ちしても中国人にはなれないわけで、外国人として彼らに何を提供できるかを考えるということなんです。何かを教えるということではなくて。我々ならではの解決方法を提示してあげる、ということは意識しています。

● 計画とディテール

市川 具体的にはどのような方法を実践していますか？

助川 僕の場合は「計画」から口を出す、と

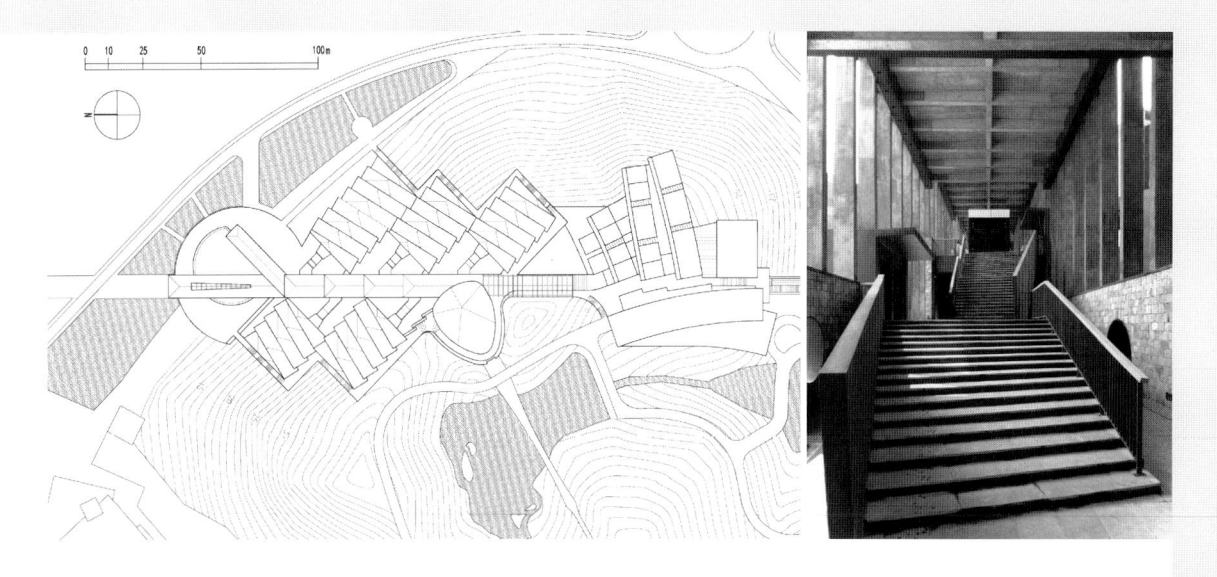

fig.3 助川剛《宅山藝術博物館》寧波, 2014年予定
　　　平面図　図版提供=助川剛
fig.4 助川剛《宅山藝術博物館》寧波, 2014年予定
　　　東側全景　写真提供=助川剛
fig.5 助川剛《宅山藝術博物館》寧波, 2014年予定
　　　中心の動線、左右に展示室が配置されている
　　　写真提供=助川剛

いうことです。中国では都市計画、建築、内装、ランドスケープが分業されていて、それらがバラバラだから、施主がコーディネートできなければそれまで、という状態です。だけど、それを逆手に取ってしまえば、実は全体の計画から建築家が手も口も出せるんです。どういうかたちであれ全体計画に関わることができる。そういう緩さがあるから、方案設計だけの話が来てもマスタープランまで見せてもらって、悪いところがあれば「ちょっと見直しませんか?」とか言って、そこから全体にタッチできる関係をつくっていくというやり方を心がけてます。中国には建築家にとってまだ「計画」が機能しているのが面白いところです。

東福　一般的な中国人が日本人である我々に期待しているのは、日本の品質、クオリティですね。僕なんかは「日本的なクオリティの建物を建てて欲しい」という要望が多い。実際そこに到達させるのはものすごい大変なことなんだけれど、ここはしっかりフォローしないとなと思います。

助川　ディテールに向かう方向ですね。僕はまったく逆です。ディテールよりも全体の計画に向かってしまいます。

この《宅山藝術博物館》で言えば、「博物館興味ありますか?」というよくある話から関わり始めて、全体計画に意見を言って、マスタープランにも口を出し、そうこうしていたら博物館の設計を詳しくやってくださいと頼まれ、コンペで一等になった。それで博物館の設計が始まると、柱と屋根だけの半屋外の空間がメインの動線になることを考えて、普通は設計も工事も分かれる内装も外装も、まとめてやりましょうと施工側が言えるような枠組みを先につくりました。展示室にも少し不思議な部分を逆につくっておいて、結局は「助川さんでやってく

ださい」ということになるように仕向けて、最終的には展示計画まで口を出させてもらいました。

市川　分業を逆手に取って全体を掌握してしまう、というのは非常に面白いですね。一方で東福さんのディテールを詰める方向も興味深いです。以前、中国では日本的なディテールのクオリティが求められるけれど、設計者が日本人に変わっただけでは実現できるはずもない、というようなことを仰っていましたが、ご自身ではどのように解決していますか。

東福　ディテールは施工会社と予算の問題だから、設計者がコントロールできることは限られているんですね。たとえば《中央美術学院美術館》では横のサッシに普通の太いものを使っていますが、その位置に気を使ったりとか、その程度のことしかできないけれど、中国人設計者はそこまで気が回らない。でもそれだけでも、ある程度のクオリティにはいくんじゃないかなと

は思ってるんですね。むしろ助川さんのスタイルは特殊だと思いますよ。一般的な中国人は、日本人は細かいところまで気が利くと思っているから、細かいところが気になるクライアントが日本人を呼ぼうというのがマジョリティでしょう。

助川 そうだね。僕も求められるんだけど、大体失望させることの方が多い（苦笑）。だからこそ、そういう問題が発生しないような材料選びを最初からしたりしている。

東福 分業の弊害はあるんですよね。日本の現場では、あえてコストが高くつくところを設計見込んでおいて後で他にお金を回すということができるけど、中国の工事は、建築、構造、設備、内装……と完全に分離してるからそんなことやっても無意味。予算が決まっていてそこからどう割り振るかじゃなくて、お金は積み上げなんです。だからお金がなくなるとストップして、お金ができたら進む。そんな事を繰り返しているからなかなか完成しない。

助川 この博物館で使う石の当初のイメージは地元産の安い石でした。でも皆それじゃ安いから嫌だというのでせめて地元産でも少し高価な石を仕様に入れました。でもやっぱり、積み上げ式だからいつかお金がなくなって高い石は使えなくなる状況も考えなければならない。それで、山を造成した際に掘り出されて、その辺にごろごろ転がっている石を残しておいたんです。それで、しばらくすると仕様の材料は高いから変更をしたいと言ってくる。そこで、現場に転がっている石を指差して、適当に張っておきなよと言って、結果的に最初に求めていたような石が使えた。この現場では地元の農民がアルバイトでつくりに来ていたみたいで、農民は日常的に石を割って川縁に張ったりしているから、慣れたものでした。

東福 中国プロジェクトに共通して言えるのは、竜頭蛇尾的なんだよね。始めるときは「これは中国でこれまでで一番高いプロジェクトだ！」とかなんとか言って、実際オープンするときは一部だけで、いつまで経っても完成しない。商業施設も入ってみたら「カミング・スーン」ばかりで内装工事がまだとか（笑）。

佐藤 建築系のブログで中国の建築が取り上げられていると、外観写真ばかりです。コメント欄を見ると「インテリアは？」という質問が必ずあるんですが、要は無いんですよ。

● 中国建築の「面食い」事情

市川 これは東福さんがよく仰られていることですが、中国には「面食い」な建築が多い。つまり外装はまあまあ面白いんだけれど、インテリアがつまらない。内装と外装の工程がパックリ分かれていて、建築家が双方に関わることが一般的に難しいこともその要因だろうと思います。

助川 内外空間の相互貫入が近現代の建築の特徴であるので、それを分かれさせないようには試行錯誤しています。《它山藝術博物館》では、最初に都市計画上の軸線のしばりを設けて、結果的にそれが博物館の中心を貫通する内部でも外部でもない列柱廊になっていますが、みんなもこの半屋外の、軸線の空間をすごく大事にしてくれていますね。内部外部で議論すると混乱しますが「軸線」としておくと話が通る。軸線自体は、日本人の近代建築という意味では丹下健三から脈々とつづく方法ですが、中国でも有効なのかなとは感じましたね。考えてみたら中国では通用しないわけが無いんですけどね、中国は軸線大好きなので。成都で昔やった都市計画の案件では、試しに軸線ナシでやってみたんですけれど、やっぱり潰れました。ピンとこないみたいですね、ふわふわっとしちゃって。

東福 プロジェクトが大きいから、日本で流行りのふわふわしたものがつくりにくいというのはあるかもしれない。軸線というのはある種その場所でおこなわれているアクティビティをすごく単純化して、モデル化するものですよね。中国の建築はまだ、モダニズム的なモデル化から抜けてないのでしょう。加えて、中国の軸線は象徴的な意味合いも強いですしね。

市川 そもそも内装と外装がパックリ分かれちゃう理由はどこにあるのでしょうか？

助川 ひとつは経済構造の問題でしょう。ヨーロッパもそうですけど、マンションというのは何を売っているかというと、部屋を売っているわけではなくて、人工的な土地を売っているという発想になる。だから土地をつくればひとつ商売が成り立つわけで、その後土地をどうデコレートするかというのは、建築ではなくインテリアの仕事になるわけです。この論理でいけば、建築というものは躯体と外装があれば良いということになります。

佐藤 中国語で言えば「土建tujian」と「装飾zhuangshi」ですね。「土建tujian」をして外装までつくったら、そのあとのインテリアは「装飾zhuangshi」なんです。

助川 設計院が書く施工図は「土建」と呼ばれています。つまり躯体と外装。それと内側のプログラムはいっさい関係がない。なぜならば中身は「装飾」だから。でもこれは別に中国だけの問題じゃなくて、ヨーロッパもアメリカもそう。日本がむしろ特殊なんじゃないかと思います。

佐藤 中国の設計院は内部の空間構成に興味がないんじゃないんでしょうか。断面図を見ると梁とスラブしか書かれていなくて、こちらで描いた仕上げ線は消されちゃうんですよ。天井の高さがどうなっているか、つまり空間をどうしたいかということについて、設計段階で誰も気にしてくれない。

助川 躯体は土地で、外装はその土地の顔。そこまでがパブリックで、内装で初めてプライベートが発生するんじゃないか。中国はパブリックに対する考え方が少し特殊ですね。パブリック・スペースはみんなで共有するからそれなりに使う人のマナーが発生するのが普通だけど、中国の場合は、パブリック・スペースはみんなのものだから俺が何してもかまわない、となる。みんなが俺のものでもあると思っているから、当然おかしなことになってくる。それで建築では趣味趣向が変な外装になって現れるけれど、醜悪か否かの議論がまともにされないのは、それがその人自身の顔でもあるからだね。面子の問題もある。そういう考えかたが中国のパブリックなんだよね。ただ、そういっても今では物量が増えて、中国でも公共マナーみたいなものも叫ばれ始めているので、そろそろパブリック自体を捉え直さないといけないんじゃないかと思います。本当の意味で、リパブリック（共和国 Re-Public）にならないといけない。

● 日本人建築家を悩ます「設計不足」問題

助川 内でもなければ外でもない空間というのは、自分のものでもパブリックのものでもない空間であって、所有者不明の空間になるから、経済システムの観点で考えると中国では嫌われるのかもしれない。ただ、中国の古建築や古集落へ行ってみると、ほとんどがそういう内でも外でもない空間で出来上がっている。だから彼らも空間経験としては受け入れ

られるはずだと思いますけれどね。

佐藤 昔助川さんと四合院をリノベーションするプロジェクト（《寛巷子改造》fig.6）をやりましたね。あるクライアントが四合院を買い、自分のために改修したいというプロジェクト。もちろん古建築なので建物は動かせませんが、成都は日中と夜間の気温差も少ないので、四合院の中庭を建物の中まで引き込んじゃいましょうという提案でした。庭と建物を反転させて外部を引き込むという。

助川 中国人はみんなこの四合院のことを「庭」って呼んでたもんね。彼らは建物という認識ではなくて「庭」という認識だった。

市川 日本の建築学生も好きそうな案ですね。

佐藤 でも、最初に見せたときは「設計してないじゃないか」と言われましたね（笑）。

東福 「設計不够 sheji bugou」と「設計豊富 sheji fengfu」の問題ですね（笑）。

佐藤 そう。「不够」というのは「足りない」という意味なのですが、「設計不够」というのは日本で言う「設計」が足りないのではなくて、中国語でいう「設計」は「装飾性」を指す場合が多い。それが足りないという意味です。簡単に言うと日本の建築家が好むようなシンプルなデザインは、彼らからすると何も設計して無いじゃないかとなるんですよね。反対語として「設計豊富」というのがあって、何かがくっ付いていたりして装飾性が高いと、それだけで良いことだと思われているのです。一生懸命納めれば納めるほど「設計」が「足りなくなる」というジレンマがあるんです。

市川 つまり目に見えて「デザインしている感じ」が必要だと。ある種の装飾性が求められる。

佐藤 ひとつ実体験をお話しすると、3階建ての建物を展示館にするリノベーションのプロジェクトで、2案つくりました。1つ目の案はもともとの躯体を基本にして、全体のデザインを整理したシンプルな案。2つ目の案は装飾を足して行く方向性の案。2つの模型を持って行くと、向こうの責任者は2つ目の案を一目見て「こっちのほうが設計が豊富だから良い」と即答でした（笑）。1つ目の案には目もくれなかったですね。建築的にどちらが納まっているかと言えば当然1つ目で、労力もそちらのほうが断然かかっていたのですが、設計過程にどういうストーリーがあるのかとかは全然興味がないんですよ。

fig.6 助川剛＋佐藤英彰《寛巷子改造》図版提供＝助川剛

● 見立てとアイコン

助川 中国では、設計（装飾性）が不足なものと豊富なもの、整理されたものと付け足されたものを2つ並べると、好みとしては確実に後者が好き。そして付け足されたものに対して、どういうコンテクストを付加させるかというイマジネーションがものすごく豊富でもあります。《宅山藝術博物館》について、現地の雑誌からインタビューを受けたときに「例えるならなんですか？」って聞かれたんですね。言えと言われれば言うけれど、そういうことはメディアの方々がいろいろ言うことなのではないですか？と返したら、みんながあーでもないこーでもないと言いながらいろいろコンテクストを付けてくれましたよ。

佐藤 そのコンテクストというのは、空間的なストーリーじゃなくて、もっと分かりやすいキャッチフレーズ的なものですよね。

市川 アイコン建築に与えられるアダ名みたいなものですね。「鳥の巣」だったり「ガーキン Gherkin」（ピクルスの意味。ノーマン・フォスターによるアイコン建築のニックネームとしてよく使われる）だったり。

東福 馬岩松の「山水建築」みたいなものですよね。僕らからするとちょっと恥ずかしいけど、これがないと実際コンペには勝てない。

助川 僕はこの博物館のときは「現代伽藍」って言いました。メインの展示物が石仏なので「仏像が帰ってくる場所」という意味で。でも最近では出来上がったものに対して「黒い竜」だとかみんなが色々言い始めている。

佐藤 《南京国際会議場》の隣にホテルをつくるというプロジェクトがあって、その社長プレゼンに一人で行ったときに、平面が梅の花に見えるんですよというプレゼンをしたら、「それはいいね！中庭には梅の花を植えよう！」ということになった。南京は梅の花が有名なんですね。帰ってから磯崎さんにその経緯を話したら、磯崎さんも「それはいいね！」と（笑）。

東福 磯崎さんも見立てが好きな人だからね（笑）。

助川 「見立て」は決定的に中国では大事だよね。日本ではちょっと恥ずかしくて言えないようなことでも、顔色変えずに煽るくらいの勢いで言わないといけない。

東福 CCTVとか変な形をみちゃうと、何か名付けなきゃと思うんでしょう。ちなみに、《中央美術学院美術館》は「壊れた靴」と呼ばれてました（笑）。

助川 たとえば「手の建築」と言ったら、手の形の平面なり立面をつくらざるを得ないじゃないですか、形がはっきりあるものだから。でも「山水」だと具象化しなくて良い。山水がちょうど現代建築家が引用して恥ずかしくない限界かなと思ってます。あとは「雲のような」とか、「水のような」とか。

市川 日本でもそうした自然事物の比喩はけっこうありますね。

147

fig.7 東福大輔《Mizuma & One Gallery》北京, 2008
設計=北京零三工作室 撮影=Judy Zhou 写真提供=東福大輔

● 中国で建築家として独立するには

市川 お三方は磯崎アトリエに勤められた後に、助川さんは深センにて、東福さんは北京にて設計事務所を設立していますね。佐藤さんは上海の建築事務所のパートナーです。中国での活動を個人的に展開するうえで気を付けたことなどありますか?

助川 とくに気を付けた事はないけど経緯としては、2005-2006年に深セン市でオープンコンペがあって、「深セン市規劃局」から提出しないかと誘われました。提出したら上位6組に選ばれて、次に本番のコンペになりました。そうなると、僕は当時事務所もなかったので、深センで一緒にやっていた「北京市設計院」の深セン分院と協力してそのコンペを提出しました。結果的にそのコンペで1等に選ばれたので、事務所の体勢をつくらないといけないということで、磯崎さんに許可をもらい《深セン文化中心》の仕事も継続しながら事務所を立ち上げました。そのコンペ自体はアンビルドで終わってしまいましたが、その後、《深セン文化中心》のクライアントである「文化局」が、この《宅山藝術博物館》のクライアントに僕を紹介した。それで寧波に移っています。結局は人とのお付き合いでした。

東福 僕は《中央美術学院美術館》でトップとの関係がうまく行ったので、美術関係の人脈も結構できたんですね。日本では美術館と博物館が建ち尽くしているけど、中国ではこれからも2,000〜3,000件の美術館や博物館が建つと当時言われていて、それを1個らいつくれるんじゃないかと思って、中国で独立しようと思ったんです。そのとき、ミヅマアートギャラリーが北京に進出するということで、内装をやりました fig.7。その後には東京のギャラリーもやらせていただきましたね。

独立した後の悩みとしては、大きい仕事はリスクも大きくて、よくストップすることですね。その一方で知り合いに頼まれた内装はぽんぽん出来ていく。この状況をそのままホームページに載せてしまうと「こいつは内装事務所だ」ということになるので、これからは建築方面に力を入れていきたいと思っています。

市川 小さな店舗の内装から都市計画まで、プロジェクトの幅の広さが中国建築のひとつの特徴だとも思いますが、やはり仕事の振れ幅は大きいですか。

東福 それをやろうとするのは外国人だけなんですけどね。個人的には大きいのは目が行き届かなくて嫌で、小さい方が性に合ってるかもという気持ちが多少有ります。でかい仕事もやってみたいけどね。インテリアの方が設計料が高いので、インテリアだけでも良いと言えば良いんですが、やっぱり建築家なので建築設計をして認知されたいというのもあります。

市川 佐藤さんが参加している事務所の仕事では、主にどのようなビルディングタイプを手がけているのでしょうか?

佐藤 日本の黒川事務所で働いていた中国人に誘われて、2年前に一緒にやることになりました。今やってるのは商業施設やホテル、別荘などですね。

助川 中国には仕事はたくさんあるんですが、建つか建たないかはまったく別の問題です。基本的には施主が言っていることに対して「はい」と言うのが一番良いわけで、こっちの設計院はそれができるんです。ところがわれわれみたいな外国人建築家は、何か個性的なものができるだろうとクライアントは期待して声をかけてくるんだけれど、もちろん施主が望む個性と我々が提供する個性は食い違うんですね。我々はひとつの形をつくり出すのに、色々な背景や文脈を考えながら理念を組み立ててプレゼンするんだけど、施主にとって問題はその形や雰囲気が好きか嫌いかという話だけ。しかもこの好き嫌いの理由ははっきりしていない。設計者側がちょっとしたこだわりや理念をもっても、その部分で共感や理解をされ得ないと、受け入れられる確率はどんどん減ります。だから僕は、博物館とか美術館とか、固定概念的な形式がはっきりしていないものに自然と仕事の種類が制限されてきています。

● クライアントからの突然の電話

市川 現在、クライアントはどんな人が多いですか?

東福 クライアントは本当にさまざまですね。インテリアに関しては、日系の店舗やそうでないものもあります。大きな仕事は人からの紹介が多いです。設計院とかから、彼らがやりたくない仕事が流れてくるという感じ。たとえば2,000-3,000㎡の体育館の仕事とかは、中国の設計院にとってはあまりお金にならないからやりたくない仕事なんだけど、日本人からしたら設計料が安くてもやりたいわけで、そういう仕事が「東福やらない?」みたいな感じで話が来ます。

佐藤 うちは民間のデベロッパーがほとんどです。後は、知り合いの設計院から小さい物件を頼まれることもあります。最近は中国医学の先生をやっている日本人の友人に頼まれて、

100㎡くらいのクリニックの内装をやっています。高層マンションの1室なんですけど、中国医学のクリニックだし、よけいなデコレーションをやめて空間を整えてあげましょうという提案をしました。こういう個人レベルのクライアントだと話が通じてうまく行く可能性が高い。

市川 逆に、クライアントはどうやって建築家を探すんでしょうか。営業など、独特なルールがありますか？

東福 自分からは営業しないです。こちらから頭下げて「やらせてください」と言ってしまうと、プロジェクト全体のキャスティングボードを握るのが難しいし。

助川 僕も営業はしたことがない。日本ではきちんと契約が結ばれて、スケジュールや予算からしっかりとしたビジネスの基準があるけど、中国ではそれがないので、そうなると施主とどれだけ仲が良いかということが全てなんですね。あと距離が近いほうが良い。僕は寧波にいるから、寧波の施主にとってはありがたられて、別のプロジェクトがある成都の方は施主が「助川さん、遠い」というようになってくる。そうなってくるとどんどん出来ることが少なくなってきてしまうから、ある程度のところで関係を解消しましょうということにならざるを得ません。

やはり、要は即決できるかどうか、なんです。「今から来れますか？」という電話が突然かかってくることがざらにある。そのとき都合がつかなかったりすると、「じゃまた連絡します」と言ったきり連絡が来なかったりする。だから、同時にいくつかプロジェクトを抱えていると、どのプロジェクトに力を入れるかをある程度選ばないといけなくなってきます。

東福 だから個人ベースでやるのは大変なんですよね。基本的に中国は個人主義の国だからみんな個人ベースでやっているんだけど、どの建築家もすぐ駆けつけられるような体勢になってるんでしょうね。

● 中国人パートナーのススメ

市川 中国は契約の概念が弱いからいくらお金かけてもそれが返ってこない、とか日本ではよく言われていますね。そういう事態を防いで報酬を確保するために気を付けていること

はありますか？

助川 これもクライアントによります。たとえば出張経費に関して言えば、設計料に含まれていることもありますし、遠方の場合みたいに出張経費がかさむことが見込まれる時には、事前に全てクライアント持ちで契約することもあります。それと「線一本でも引いてもらいたかったら、お金を持ってきてください」と言います。「とりあえず方案出してください、良い方案だったら採用します」という話がよくあるんですけど、それは絶対にやらない。契約書はいらないからまずはお金をもってきてくださいという話にします。

でもまあ、赤字ですよ、何やっても（笑）。《它山石彫藝術博物館》だって何年やってるんだという状況ですし。中国で「儲かるな」という実感はないです、まったく。

市川 佐藤さんは中国人のパートナーの方がおられますが、どういう棲み分けで仕事をされていますか？

佐藤 いまのところ、仕事は彼がとってきて、案はお互いでつくったり、僕でつくったりします。中国人の機微みたいなものがあるじゃないですか。そういうのはなかなか難しいので、彼がそこを担ってくれていて、助かります。

東福 中国にいきなり単身で乗り込んで事務所を立ち上げる、なんてことは無理な話なので、たとえば日本の設計事務所が中国に進出しようと出てくるときは、優秀な中国人パートナーは必ず必要ですよ。外国人だけで何とかなるというのは無理ですね。

助川 デザインという言語では、中国人（クライアント）とコミュニケーションがとれないんですよ。デザインの話以外に、クライアントからしっかり条件を引き出せるかとか、こちらの条件を整理できるとか、そういう交通整理をちゃんとしてくれる人が必要です。

市川 一時期の中国では国際コンペが非常に頻繁に行われていましたね。今でもコンペに参加してプロジェクトを取る、というのは有効なのでしょうか。

佐藤 どうでしょうか。とくに中国の民間デベロッパーのコンペで特徴的なのは、だいたい途中で提出を求められることです。2ヶ月間くらいのコンペで中間報告を2回ぐらい求められることは普通にあります。そこで彼らの求められるものと方向性が合っていなければ修正を求められる。だからコンペじゃないんですよ

ね。5社いたら5案相談しながら方案をつくるような感じ。それで一番自分たちに合ってるものを最終的にクライアントが選ぶという。彼らにとって都合の良いシステムでしかない。

市川 そうなると、やはり中国人たちとの直接的な関係が重要になってきますね。

助川 国家プロジェクトでもない限り劇的な1作というのは生まれにくい土壌ではありますね。

東福 デベロッパー関係のプロジェクトでは劇的な1作が生まれる可能性はとくに薄いんじゃないですかね。だからこそ販売センターを兼ねた美術館や博物館や小学校というのが、中国の若手建築家が最初にやる仕事になっています。壊されちゃうかもしれないし、その後美術館や小学校に転用されるかもしれない。それは規模も数千㎡くらいと、彼らからすると手頃なんですよね。

● 方案か法規か──建築家としてのやりがい

市川 これから日本人が中国に来て建築をやるというときに、最初どのような事務所に入ったり、どのような態度だったりで臨めばよいと思われますか。

助川 日本の方々は中国に行きたい人は今多いの？

市川 正直言って、僕の周囲にはほとんどいなかったです。大学院を卒業したのが2011年だったので、もしかしたらそのもうひとつ前の世代、2008-2009年の世代は実際オリンピックがあったりしたのである種の夢を描いて中国に行った人はいたかもしれません。でも僕と同世代の人と話してても、全然そういう感じはない。単純に日本のアトリエに就職できなかったから、じゃあたくさん仕事あるらしいから中国行ってみるか、くらいの気持ちで来た人のほうが多いんじゃないでしょうか。

助川 僕はそれで良いと思ってるんですよ。少なくとも我々3人も能動的に中国に来たわけではないし。僕はそもそも中国に初めて来た理由が磯崎さんの仕事で、です。それまでは全く興味なかった。一方では、松原さんみたいに積極的に中国に乗り込んで活躍した人もいた。使命感をもって中国で仕事をする場合と、我々みたいな残留孤児とはスタンスがどうしても違っていますけれど、それで良

佐藤　2003-2005年頃には上海には日本人設計者がけっこういました。今は、その人たちは仕事が一巡して日本に帰っちゃったケースが多いですね。上海はアトリエ事務所が少ないのでアトリエ指向の若者がそもそも少ない。最近隈研吾さんの事務所ができたり、磯崎アトリエがあるくらいで、日本人建築家だと大体北京じゃないでしょうか。上海に来る人はどちらかというと組織系が多い。日建設計とか日本設計とか。あと、海外帰りの中国人がやっている事務所にもいますね。でも、2008年頃のリーマンショックより前は日本で就職があったので、その頃は中国にくる人はわりと少なかったと思います。

東福　日本の建築設計って、法解釈や役所との協議が業務の大半を占めますよね。昼間役所に行くから、スタディは夜にしかできない。それで徹夜モードになる。中国は逆で、法解釈は二の次で、とりあえず面白い方案をつくってほしいという依頼がけっこうくるんですよ。なので、卒業していきなり中国に来ちゃう日本の若者は、設計者としての底力はつくかもしれないけれど、日本でつぶしが効かなくなることは意識しておいたほうが良い。

　ただ一方で国際的にみれば、日本の建築基準法がわかっているよりも、良い方案をつくれるほうが絶対需要がある。だから将来を含めた選択の問題ですね。

助川　30歳くらいでふと気付くんですよ。このままやって独立したとき、俺に何ができるんだろうと。そうすると、結局大事なことは、自分のつくる設計方案に金を出す人がどれだけいるかどうか。こういうところに判断を委ねるしかない。

東福　日本の設計者は法解釈やディテールというところでプロフェッショナリズムが形成されているんだけど、中国の場合はちゃんと方案がつくれるかどうかが重視される。だから設計者としては俄然やりがいがあるのは事実ですね。

助川　ひとつの方案に対して、どれだけの人が食いつくかという点でいえば、日本にいるよりはチャンスがある。中国の方が金を出してくれる人は多いかもしれないね。方案をオークションするという点では、そのオークションの機会とそこで手を挙げる人の数は中国は多い。

● 日中で仕事を掛け持ちする

市川　東福さんは、独立したときに東京のミヅマアートギャラリーの仕事が北京できて、今でも日本と中国両方で仕事をされています。中国と日本の仕事を同時に進められるというのも、日本と距離が近い中国ならではのスタイルですね。

東福　中国どっぷりだと、たまに日本の仕事や内装の仕事をやってみたくなるんですよ。僕は助川さんとちがってちゃんと割り切れてないのかもしれない（笑）。

助川　僕は公共建築にこだわりをもっていて、いわゆる「大文字の建築」はなくなったといわれますけど、中国には大文字というか「一筆書きの建築」がある。要するにざっくっと描いた方案が本当にできちゃうときがある。この日本にはないエネルギーだけは、正直魅力を感じています。もちろん、そんなときに流行の建築を見てしまうと、自分が中国でやっていることはとても不毛に思えてきてしまいますよ。ある意味すでに20-30年昔のことを平気でやるわけだから。だから軸足がぶれちゃうので、流行の情報はあえて入れないようにしています。たまに上海の佐藤さんの事務所に行って1日居候して3ヶ月分くらいの建築雑誌を観て溜め息ついてる。

市川　それで北京でも上海でもなく、地方都市である寧波で実践されているわけですね。佐藤さんはどういう戦略をお持ちですか？

佐藤　日本に未練がないといえば嘘になりますね。一度中国のデベロッパーが日本に進出したいっていう話がありましたが、今後もそういう仕事はあり得るかもしれません。それに期待していますね。

助川　中国デベロッパーがもってくる中国以外の仕事というのは、これからあるでしょうね。

東福　中国人が日本の物件買いあさってるから、絶対中国に窓口があるのは良いことだと思って僕も期待して待っているんですけど、なかなかそのチャンスが来ないですね（笑）。もう、日本であるとか中国であるとか、区別する必要がなくなってるのかもしれませんね。たまたま中国に拠点があるけれど、今は航空券もバカ高いわけではないですし。

市川　かつての迫さんや松原さんのような、あるいは彼らに日本の建築関係者が希望的に見出していたような、中国に対する特別な意識はもはや必要ないかもしれないと。

助川　単純に建築の仕事をするきっかけとして、今後も、日本の若い人たちが中国と関わる可能性は溢れていると思います。日本の設計事務所に勤めていても、普通に中国から声がかかるような時代ですから。

佐藤　それこそ、中国人建築家の事務所に勤めるケースはこれから増えるんじゃないですかね。今はアトリエ系の事務所に勤めてた優秀な中国人がどんどん独立していて、これからの中国をつくっていこうとしている。そういうところに勤めるという方が、日本人の事務所に勤めるより中国で建築をつくるリアリティが出てくると思います。

東福　あとは、国際的なチャンネルの多さから言えば中国はすごい。世界中の事務所が中国に出てきていて、その数は景気が良かった頃の日本とは比較にならない。国際感覚を身につける上でも、また国際ビジネスの厳しさを知る上でも、中国で仕事ができれば、世界中どこへ行ってもできるくらいの感触を僕はもっています。

中国当代
建築家列伝

中国当代建築家列伝

14組の建築家による
主要/最新プロジェクト

01 劉家琨
家琨建築設計事務所

02 張永和
非常建築

03 崔愷
中国建築設計研究院

07 王昀
方体空間工作室

08 馬清運
馬達思班

09 張雷
AZLアーキテクツ

10 大舎建築

フラットネスとディバーシティ

中国におけるアトリエ建築家の活動は、張永和が「非常建築」を開設した1993年にはじまる。しかし、2000年代半ばまで、中国人建築家はさほど活躍していたわけではない。この時期の中国建築の主役は、あくまでもレム・コールハースやヘルツォーク・ド・ムーロンら外国人建築家か、1950年代からつづく大手建築設計院であった。アトリエ建築家は彼らが中心的に進めるビッグプロジェクトの一端をになっていたに過ぎない(こうした事態を端的に示していたのが、本誌でも紹介している「集群設計（78-86頁）」における彼らの役回りであろう)。

ただし現在は状況が異なる。若手が次々と台頭し、アトリエ建築家たちはその活動領域をかなり拡張させている。こうした中国当代建築の変質を、張永和は2008年に以下のようにまとめている。「非常に面白いことに、我々が活動し始めた頃には我々がつくるものと設計院がつくるものは一目で分かるほど異なっていた。だが現在では、設計院や大型・小型の設計事務所を問わず、つくるものがみな同じようになった」(『Domus 国際中文版』第20号、2008)。そしてその動向を「平板化(フラット化)」と指摘した。たしかにアトリエ建築家のプロジェクトの数や規模は比較的大きくなり、また設計院による建築はアトリエ派的な質を有するにようになった。国内建築界の充実によって、外国人建築家のブランド力も相対的に小さくなっている。三者間に横たわっていた差異は2000年代なかばに急速に縮まったのである。

しかしこのことは、中国において設計される建築のスタイルが「平板化」されたことを意味するわけではない。むしろ、設計組織間の能力的差異が縮まる一方で、設計スタイルについては極度な「多様性」が提示されつつある。

槇文彦は2012年に発表した『漂うモダニズム』のなかで、現在の建築的状況を概要して以下のように述べている。「かつての師匠

04
都市実践

05
李曉東
李曉東工作室

06
王澍
アマチュア・アーキテクチュア・スタジオ

11
張軻
標準営造

12
馬岩松
MADアーキテクツ

13
華黎
迹・建築事務所

14
李虎
開放建築

から弟子への伝承、アカデミーが律した規範、近代におけるさまざまなマニフェストも消失した今、誰もが自由であり、何でもありの時代に到来したのだ」(『新建築』2012年9月号)。槇のこの指摘は、伝統、規範、マニフェスト、学問といった価値判断のためのあらゆる形式が実効され得なくなった「流動的近代」(ジグムント・バウマン)における建築的状況を的確に捉えている。そして中国当代建築の特徴もまさにこれに当てはまると筆者は考える。中国建築は現在「誰もが自由であり、何でもありの時代」を迎えているのだ。

中国当代建築には「規範」があふれている。広大な国土ゆえ、各地域ごとに風土や制度や伝統が異なる。国外留学が盛んで、あらゆる場所からスタイルや思考形式や手法を輸入してくる。もちろん、この種の多様性は、グローバリズムの影響下にあるどんな国家においても同様であろう。しかし中国では、20世紀を通して独立独歩で活動する「建築家」が長らく不毛であったため、強固な教条がそもそも存在してこなかった。それゆえ、「インプットの多様性」がそのまま「多様なアウトプット」として提示される傾向はいっそう強く現れてきているのである。

以下のページで取り上げた14人の建築家と、本誌前半部で取り上げたKUU、ネリ&フー、アイ・ウェイウェイ、梁井宇らによる実践を見てもらえれば、中国当代建築家のインプットとアウトプットがきわめて多様性に富んでいる状況を理解していただけると思う。中国では「主流」がなく、建築家たちはそれぞれのバックグラウンドとリアリティに向き合うかたちで自由に活動を展開しているのだ。

ある種のフラットさをベースに生まれるバラバラな建築的実践。それはグローバリズムの進展した現在の世界における建築的状況の縮図のように思われる。世界第2位の経済大国となった共産主義国家である中国、新しいものを好みながら伝統への意志がいまだ強固な中国の建築こそがそうした状況を迎えていることは興味深い。

中国当代
建築家列伝

01

リュウ・ジャークン
劉家琨／家琨建築設計事務所
LIU Jiakun／Jiakun Architects

《鹿野苑石仏博物館》成都, 2002
豊かな竹林のなかに設計された石造の仏像をコレクションする博物館。コンクリートと煉瓦による構造は、当地の技術を考慮することで採用された。2層にわたる展示室はスリットによる間接光が広がる。

1. 南側外観
2. 西側からのアプローチ
3. 西側スロープからエントランスに至る

図版提供＝家琨建築設計事務所

内地で展開される「低技術の戦略」

劉家琨は中国西部の建築家である。1956年に四川省成都市に生まれてから、その生活と建築家としての活動はつねに中国の西半分が拠点となっている。大学は重慶建築工程学院。その後に配属されたのは成都市の建築設計研究院。設計院在籍期間ではチベットとウイグルという中国西端の「周縁」での仕事が中心であった。そして1999年には成都にて自分の個人アトリエを開設することとなる。

劉家琨の作品のなかでとくに注目したいのは、個人アトリエ開設直後の、初期作品(2000年前後)である。とりわけ《鹿野苑石仏博物館》(2002)には、沿岸部にくらべて発展のおくれる内陸部で活躍する建築家としての劉の特徴がよくあらわれている。空間の連続性を意識したプランニングや丁寧な光の操作、そして現地の石材を用いた建築表皮のざらついた質感。沿岸部の大都市において建造されるビッグビルディングとは異なる人間的なスケールと「空間」の感覚がここには見られる。

活動の初期のころ、劉は自らのスタンスと手法を「低技術の戦略」と名付けていた。経済的にも技術的にも不完全な「周縁」の地域において、ありあわせの技術と材料をやりくりしながら近代建築が目指した空間性を実現すること。それが彼の主眼には置かれていたのである。言い換え

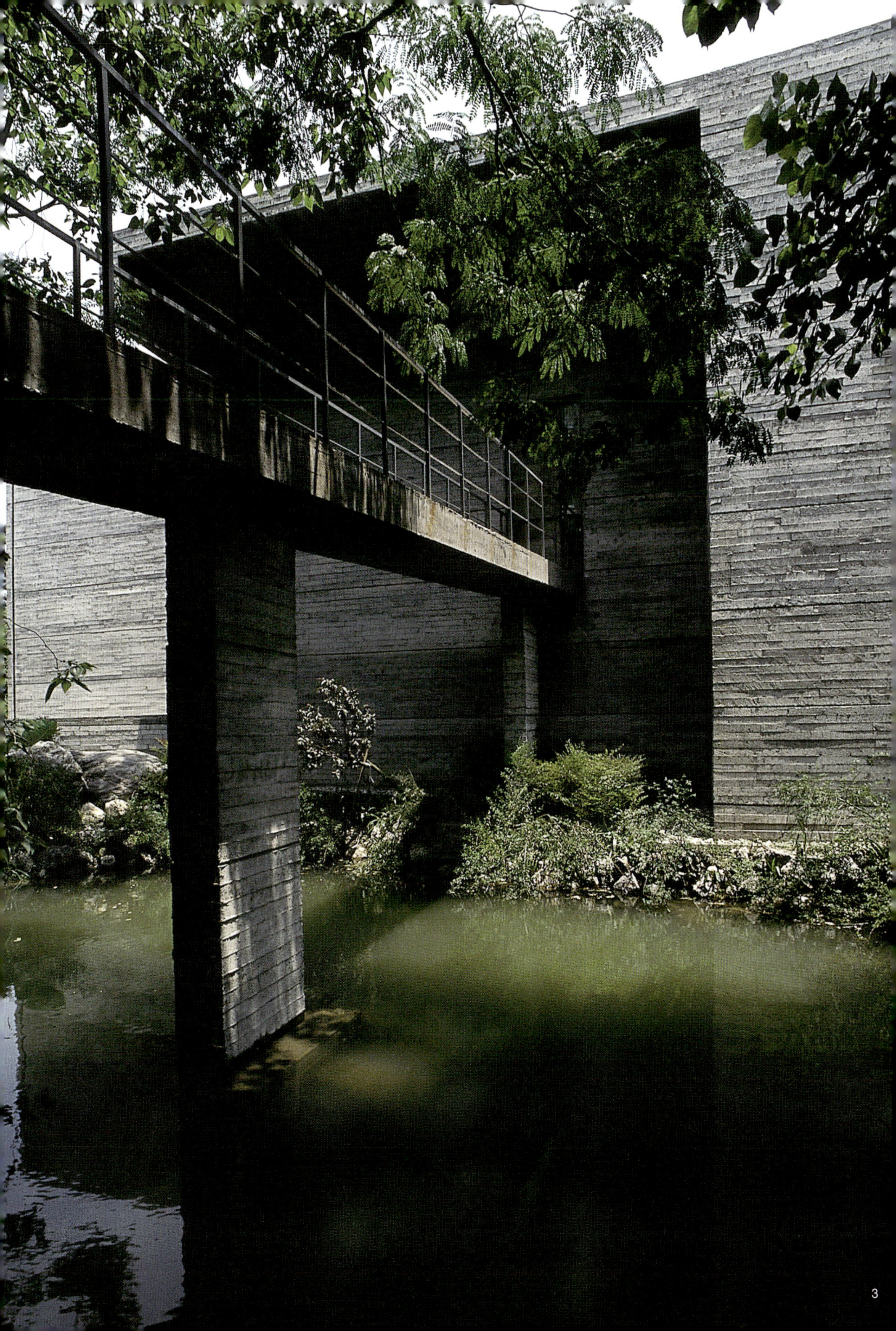

3

配置検討のスケッチ

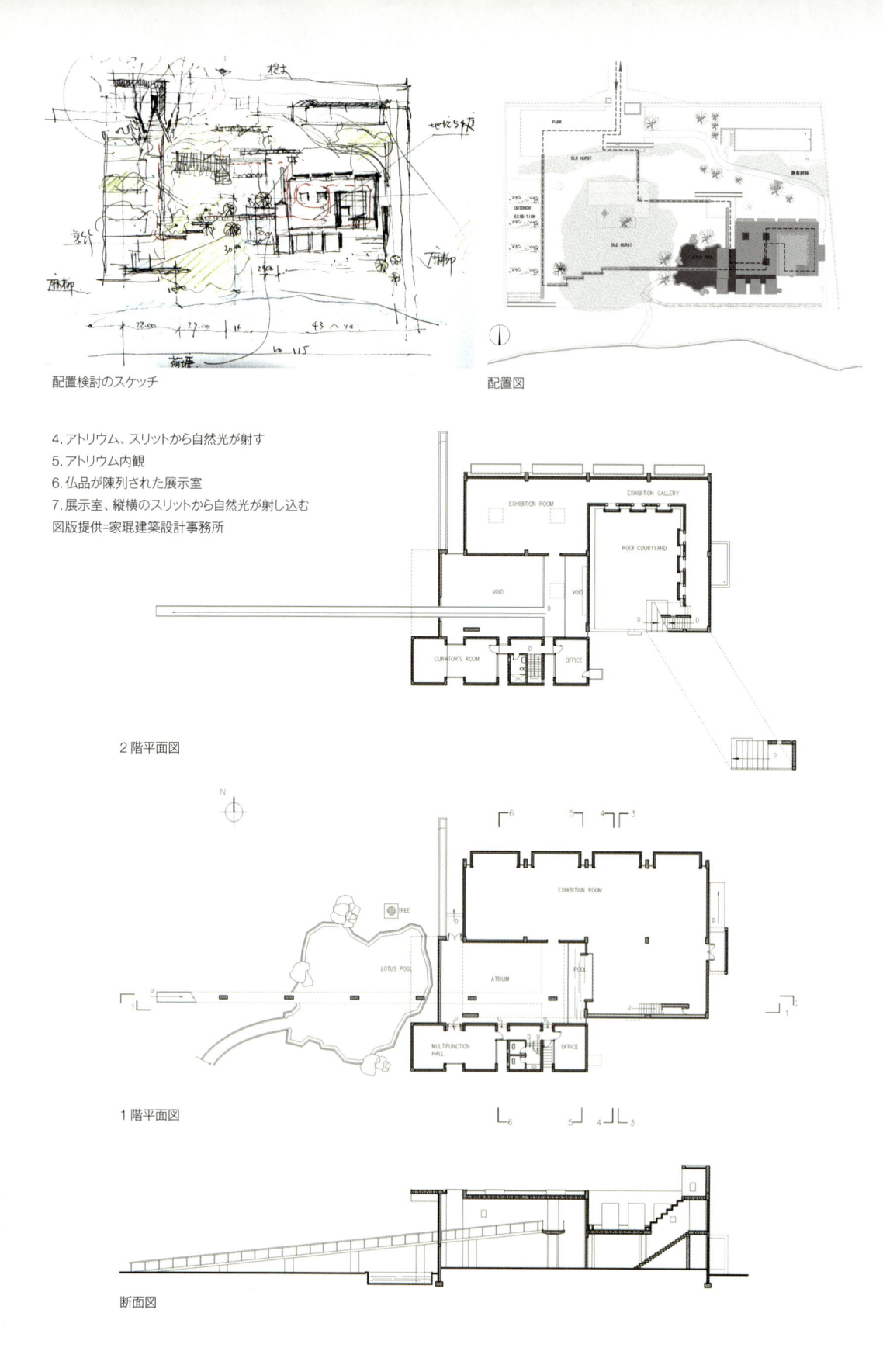

配置図

4. アトリウム、スリットから自然光が射す
5. アトリウム内観
6. 仏品が陳列された展示室
7. 展示室、縦横のスリットから自然光が射し込む
図版提供=家理建築設計事務所

2階平面図

1階平面図

断面図

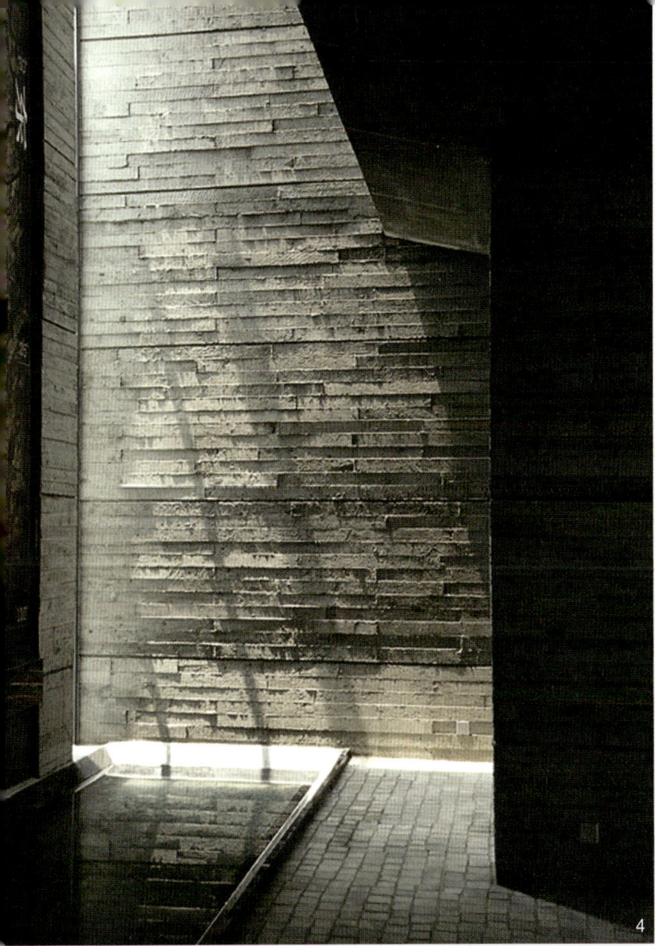
4

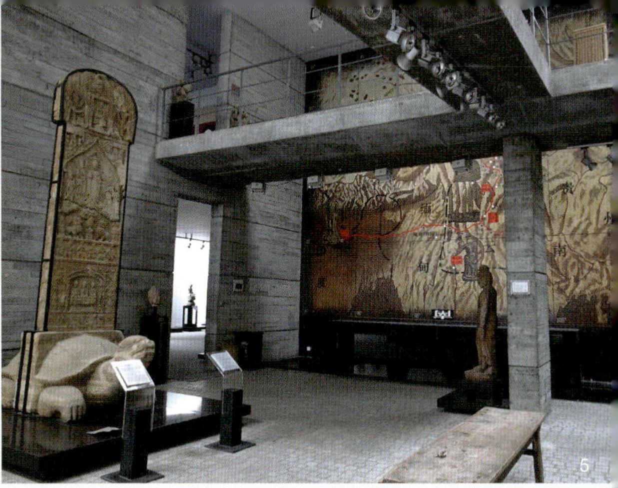
5

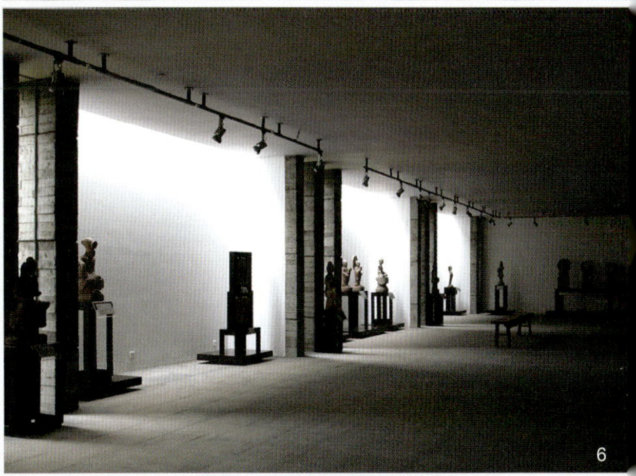
6

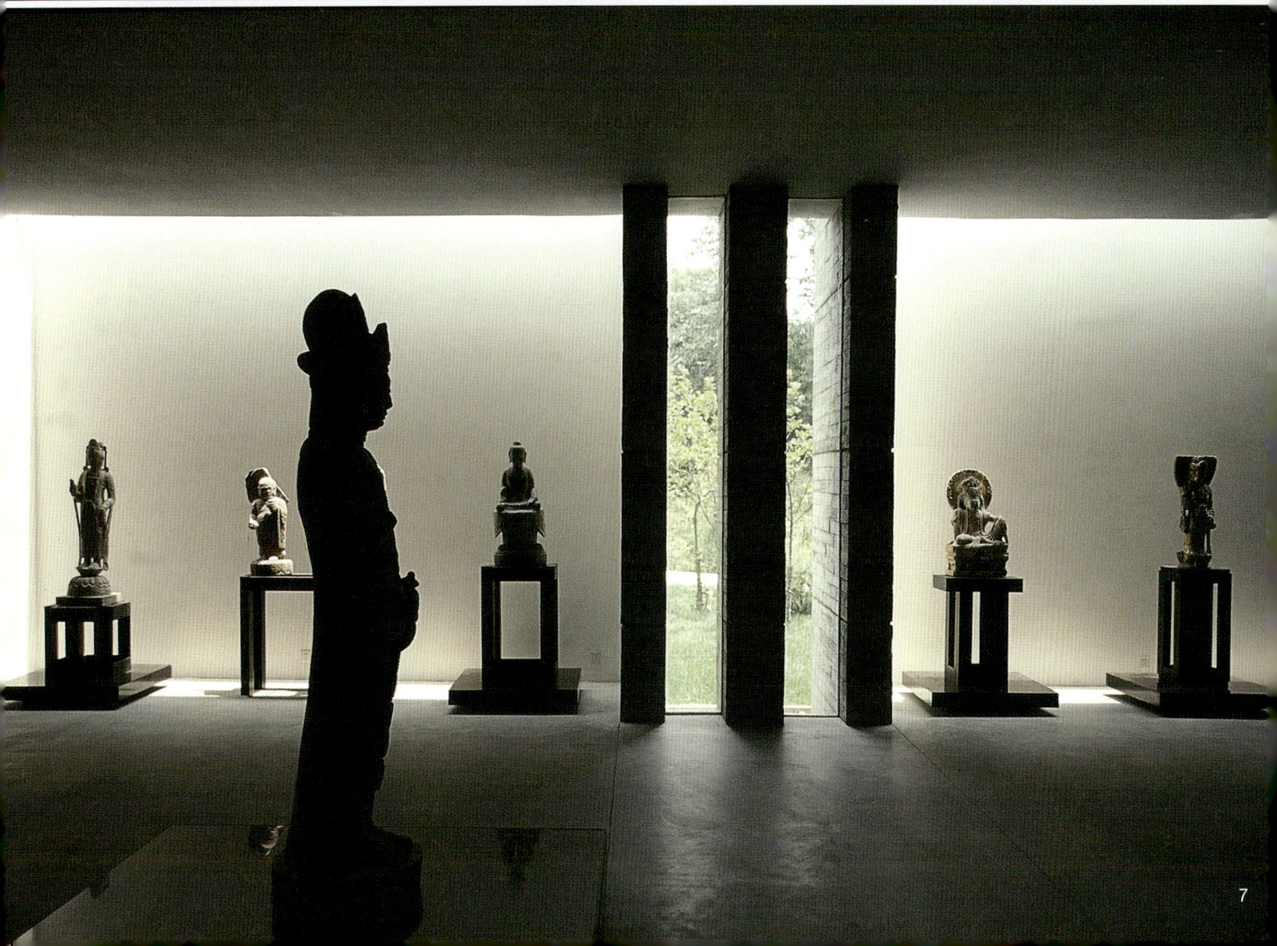
7

《胡慧姍記念館》成都, 2009

四川大地震で命を奪われた15歳の少女を記念する小さな家型の展覧館。ピンク色の一室空間には少女の遺品が展示される。官製による巨大な被災博物館のすぐ近くの林のなかに溶けこむように建つ。

1. 円形のトップライトから内部を見る
2. エントランスから内部を見る
3. 鳥瞰
4. 内観
pp160-161 全景
図版提供=家琨建築設計事務所

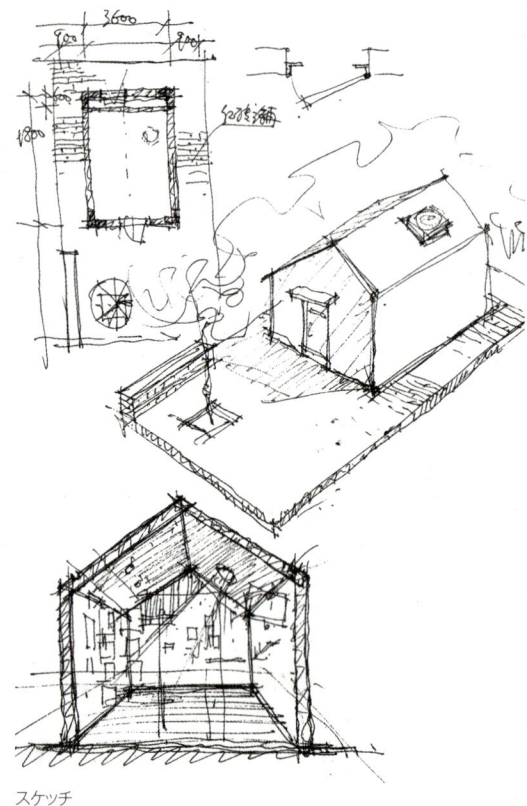

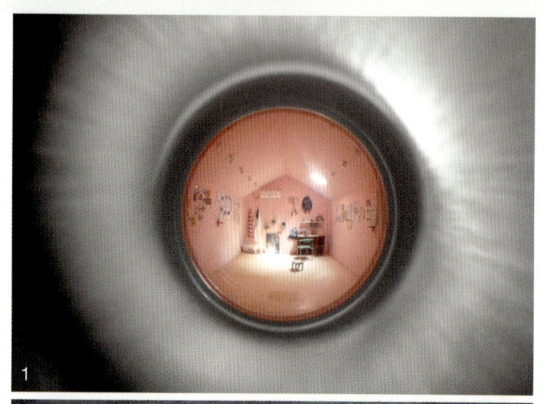

スケッチ

れば、地域性と近代性（国際性）を調停しようと試みていたわけだが、この点で、劉家琨はまさしくケネス・フランプトンが述べるところの「批判的地域主義」的建築家である。実際、劉はフランプトンが「批判的地域主義」として認定した安藤忠雄やルイス・バラガン、マリオ・ボッタの作品から意識的に学んでいたと言われてもいて、《犀苑リゾート》（1996）や友人のアーティストらのための《アトリエ・シリーズ》（1996）には、こうした建築家たちからの影響が如実に読み取れるだろう。これらは正式に自身のアトリエを創設する以前の仕事であるから、自身の設計スタンスを試行錯誤するための試験的作品だった。この試行を経て、批判的地域主義の作家の建築空間を学んだにちがいない。そしてその成果が《鹿野苑石仏博物館》なのである。

劉が特殊なのは、建築を学び実践する過程のなかで、小説家という経歴を有したことだ。大学生から設計院に在籍する時期にかけて、幾編かの小説を発表しているのである。小説も書く建築家といえば、日本で真っ先に思い浮かぶのは鈴木隆之だろうか？ いずれにしても、建築と小説というふたつの表現領域をまたぐ作家というのはわりあい稀な存在であろう。中国においてもこの点は共通している。しかし、かつての中国には、詩歌や書道をたしなむと同時に、建築や庭園といった空間に関する構想もおこなう「文人」という存在があった。現在では専門分業化が日本

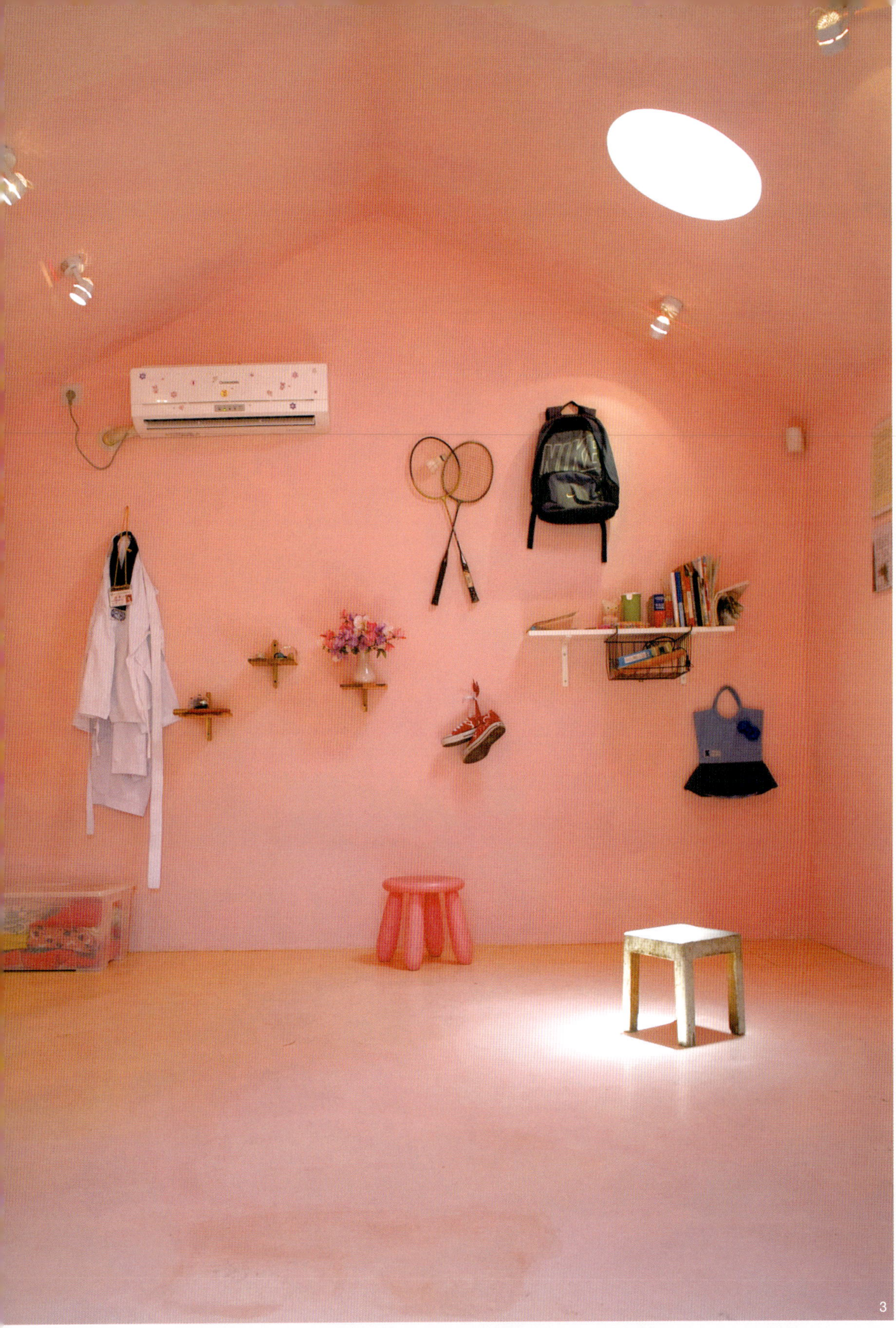

3

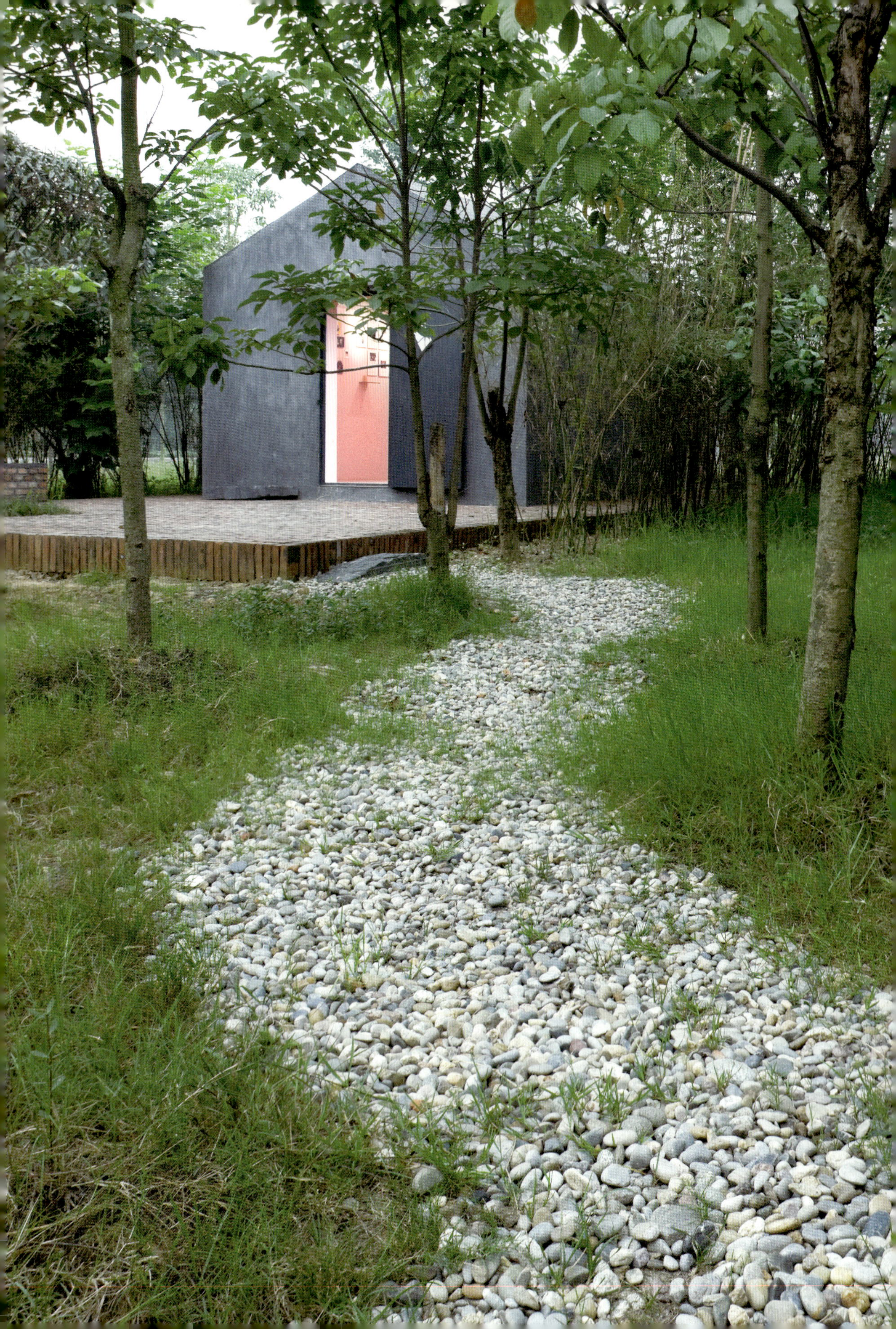

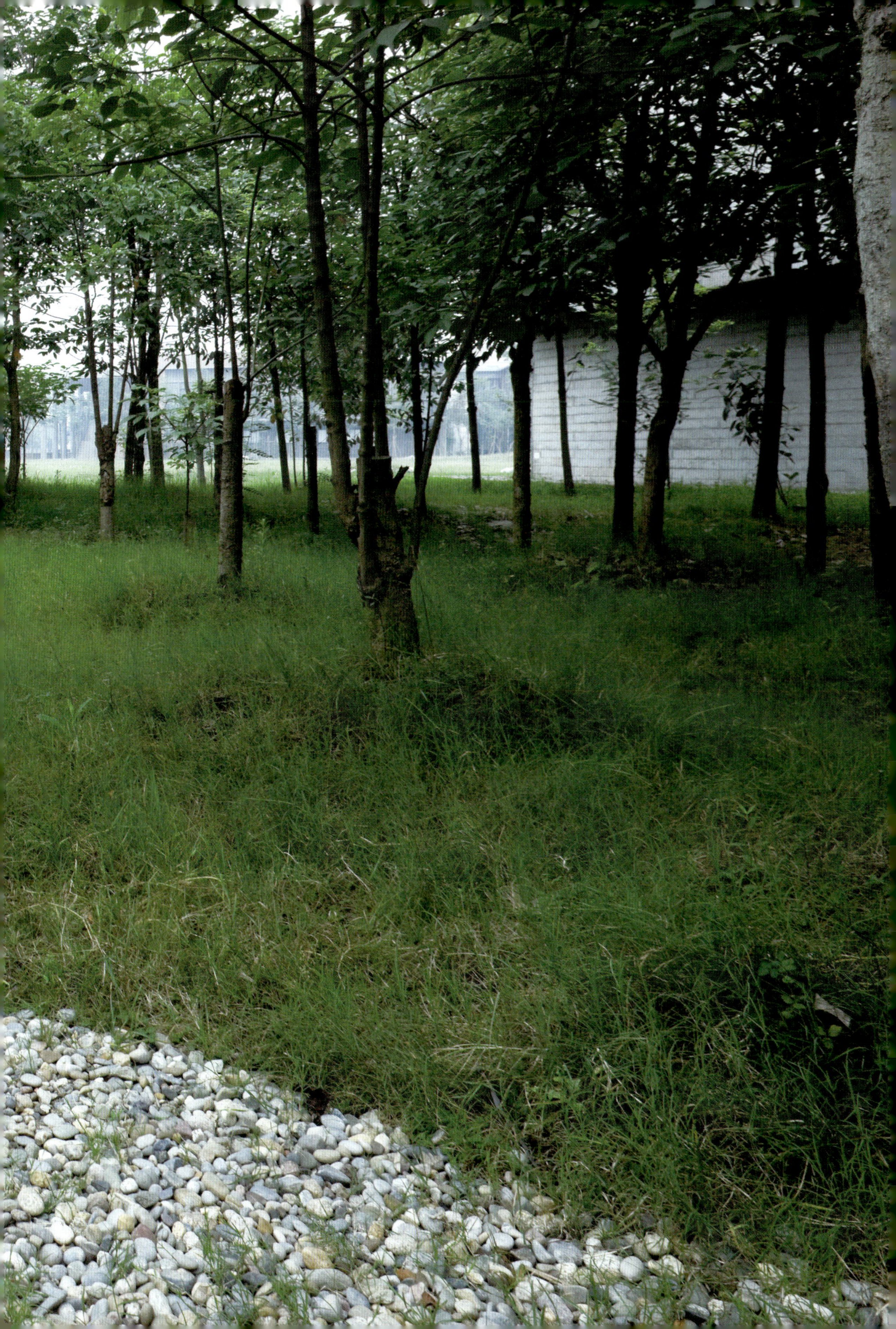

《再生レンガ・プロジェクト》2008-
四川大地震によって生じた大量のガレキをレンガとして再生するプロジェクト。手作業での再生にはじまり、試作をかさねたすえ、大量生産まで可能となっている。

1. 再生レンガのサンプル　2. 被災地を調査する劉家琨
図版提供=家琨建築設計事務所

《水井坊博物館》成都, 2013
成都市の歴史文化地区につくられた博物館。古い作業場を取り囲むようにしてあたらしい建築が計画されている。再生レンガと防腐竹がおもな材料として用いられており、伝統的な雰囲気と現代的な雰囲気の折衷が目指された。

1. 鳥瞰　2. アプローチからエントランスを見る
図版提供=家琨建築設計事務所

以上に進んでいる中国であるが、伝統的には、複数の表現領域の越境が少なからず見られたわけだ。劉は個人のアトリエを創設し、独立独歩の建築家として活動しはじめた以降には小説を著することはなくなったが、とはいえ彼をこうした文人的な資質を有する現代中国の建築家だと位置づけることは可能だろう。劉が中国のなかでも発展の遅れた「周縁」に当たる西部を活動の拠点にすえ、政府関連だったりデベロッパー関連だったりするプロジェクトよりも、文化的な用途の施設をおもに手がけているのも、中央の政治から隠遁した知識人としての文人に重なって見える。

しかし、当然ながら、小説と建築はまったく異なる表現領域である。片方は言葉によって構成され、片方は物質によって構成される。双方の表現領域をまたいだ劉はこの差異にきわめて自覚的であり、それぞれの表現に向かうスタンスを、クリアーに区別しているようだ。すなわち、彼は「物質」という根本的な構成要素から建築を考えるのである。

建築を小説と区別し、そのさいに建築の「物質」性になにより着目するという劉のスタンスは、「手触り」や「触覚性」を重視する批判的地域主義から学んだ彼の建築作品にすでに現れている。しかし、こうしたスタンスがよりいっそう明瞭に現れたのは、2008年5月12日に彼の拠点である四川省で発生した大地震にさいしての活動である。日本でもよく知られているとおり、四川大地震では、手抜き工事によ

《成都当代美術館》成都, 2010
成都市の開発新区に計画された現代美術のための博物館。
都市の軸線に向かってなだらかに傾斜する丘のような建築。

1. 展示室内観
2. 中庭
3. 通りから見る外観
図版提供=家琨建築設計事務所

る多くの小中学校が倒壊し、多数の死傷者が出た。劉はこの大災害が発生した以後、一面にひろがる瓦礫をレンガとして再生産する**《再生レンガ・プロジェクト》**をはじめ、さらにその再生レンガを用いて、一人の女子生徒の死をとむらう**《胡慧姍記念館》**(2009)を建設したのである。これらの活動は依頼されたものではなく、建築家自身が自発的にはじめたものだという。
《胡慧姍記念館》はきわめて小さな家型のワンルームの記念館である。巨大な官製の地震記念館のうしろで、木々のなかに隠れるように建っているこの記念館の発する意味は、この災害で不幸にも亡くなったにも関わらず中国政府によって隠蔽された小児たちの名前をリサーチし、公開した、アイ・ウェイウェイの活動に通じるものがあると言えるだろう。つまり、「死者数」として均一に数値化されたり、あるいは隠蔽されたりした市民の一個一個の生を強調することである。災害に直面したとき建築家になにが可能か。仮設住宅を設計する立場もあり得るだろう。あるいは都市計画作成に関わる立場もあり得る。しかし劉が選んだのは極小の記念館の建造であった。それが弔う対象は抽象的な死者ではなく、市井のただの一人の子どもである。瓦礫という、災害前の生活の記憶がこびりついた物質から再生されたレンガによって構成されたこの記念館は、何かを祈念し追悼し象徴させるという、建築の根源的な役割のひとつを示しているように見える。

(市川紘司/東北大学)

163

《四川安仁建川博物館集落"文革の鐘"博物館》成都, 2007
抗日戦争や文化大革命などにまつわる文物を展示する広大な博物館集落のなかの博物館。円形の時計棟、正方形の旗棟、長方形の印章棟があいだに街路をはさみながらならぶ構成となる。

1. "時計棟"の円形コート
2. "時計棟"の外周部
3. "印章棟"

図版提供=家琨建築設計事務所

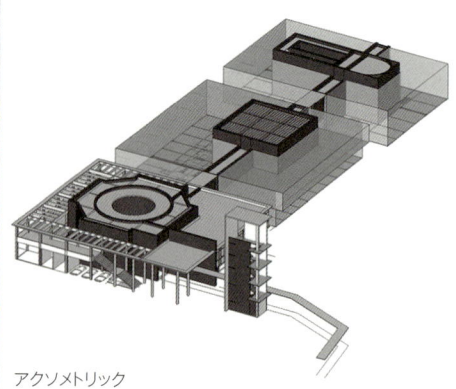

アクソメトリック

《四川美術学院新キャンパス設計系棟》重慶, 2006
キャンパス内の小山に計画された校舎。中心広場を取り囲むようにして7棟の建物は微妙に角度がふられて配置されることで、集落のような雰囲気をつくり出している。

1.中央広場からの外観 2.全景
図版提供=家珉建築設計事務所

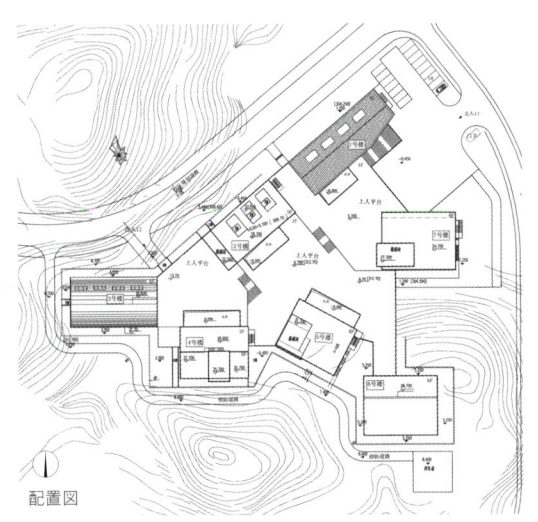

配置図

《羅中立アトリエ》成都, 1996
独立前の劉家珉が、友人のアーティストのために設計したアトリエ。その後の「低技術の戦略」のための試作として位置づけられる。

1.外壁の近景
2.外観
図版提供=家珉建築設計事務所

リュウ・ジャークン　LIU Jiakun

1956	四川省成都生まれ
1982	重慶建築工程学院(現・重慶大学)を卒業、成都市建築設計研究院に配属(-1999年)
1987-1989	四川省文学院にて文学創作に従事
1999	成都市にて家珉建築設計事務所を開設

中国当代
建築家列伝

02

チャン・ヨンホ
張永和/非常建築
ZHANG Yonghe/Atelier FCJZ

《席殊本屋》北京, 1996
1990年代の張永和の代表作。北京郊外のビルを書店へとリノベーションした。自転車の車輪が設けられた本棚は、かつて交通空間だったという敷地の歴史的背景への応答をあらわしている。

1. 外観
2. 書店内観
3. 自転車の車輪を利用した本棚
図版提供=非常建築

概念から素材へ

　2012年、北京の798芸術区で《張永和+非常建築:マテリアリズム》展が開かれた。「マテリアリズム」というタイトルには、マルクス主義の「唯物主義」と市場主義、そして張永和の建築家としての素材を重視する意味が込められている。張の30年に渡る建築活動を総括したこの建築展で示されたのは、経済市場下で快楽追求的に開発が進む中国の現状に抗する、素材主義者としての建築家のスタンスである。果たして、このような建築観は、いつ芽生え、どのように実践されてきたのだろうか？ 彼の建築活動を年代順に辿っていこう。

　張永和の父親である張開済(ジャン・カイジィ)は北京市政府の建築顧問を務め、天安門の観閲台や中国革命・歴史博物館を手がけた建築家である。張永和自身も父の影響から、1978年には南京工学院に入学して建築を学ぶ。張の世代は、文化大革命後の最初の建築学生のグループである。1981年にはアメリカに留学して建築を学んでいる。

　1980年代の張の学生時代の提案からは、中国の民族様式や社会主義的リアリズム、ポストモダンの消費文化における装飾・シンボリズム建築への批判的意識がうかがえる。たとえば、カメラで町中の若者が自転車を乗る姿勢の差異を写真で記録した《自転車の物語》(1982)や住宅計画の《自転車マンション》(1983)で

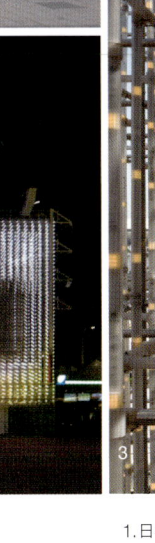

《上海万博企業連合館》上海, 2010
LEDを仕込んだグリッド上の構造体が建物全体を包む。スキンはコンピュータ制御によって見え方が変化する。先端技術を建築に組み込むことで、霧に覆われたような半透明性を獲得している。

撮影=Shu He (1, 4, 5, 6)、Nic Lehoux (2, 3)
図版提供=非常建築

1. 日中の外観
2. 夜景の外観
3. LEDが配された透明ポリカーボネートチューブを格子状に用いたファサード
4. ピロティ内部
5-6. 内観

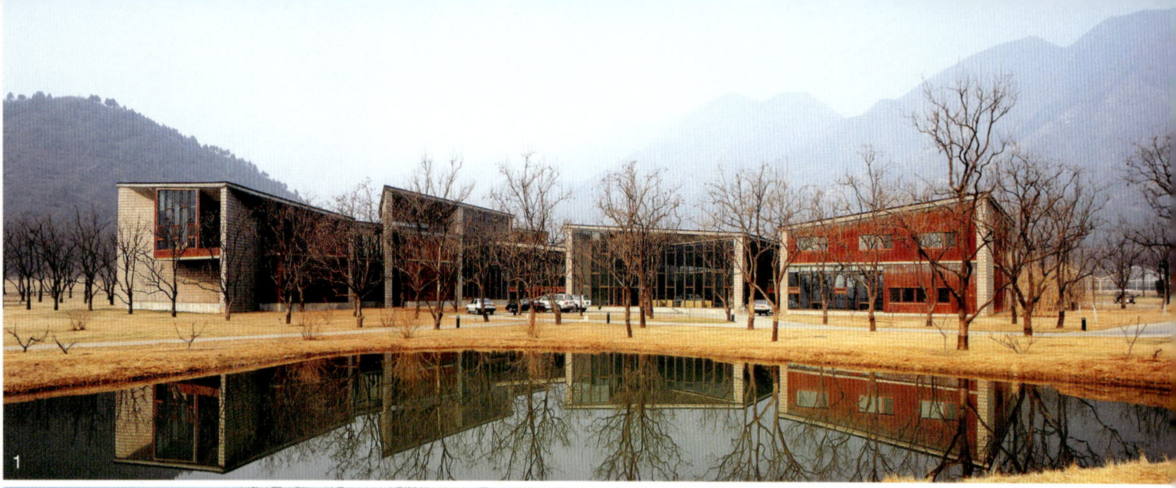
1

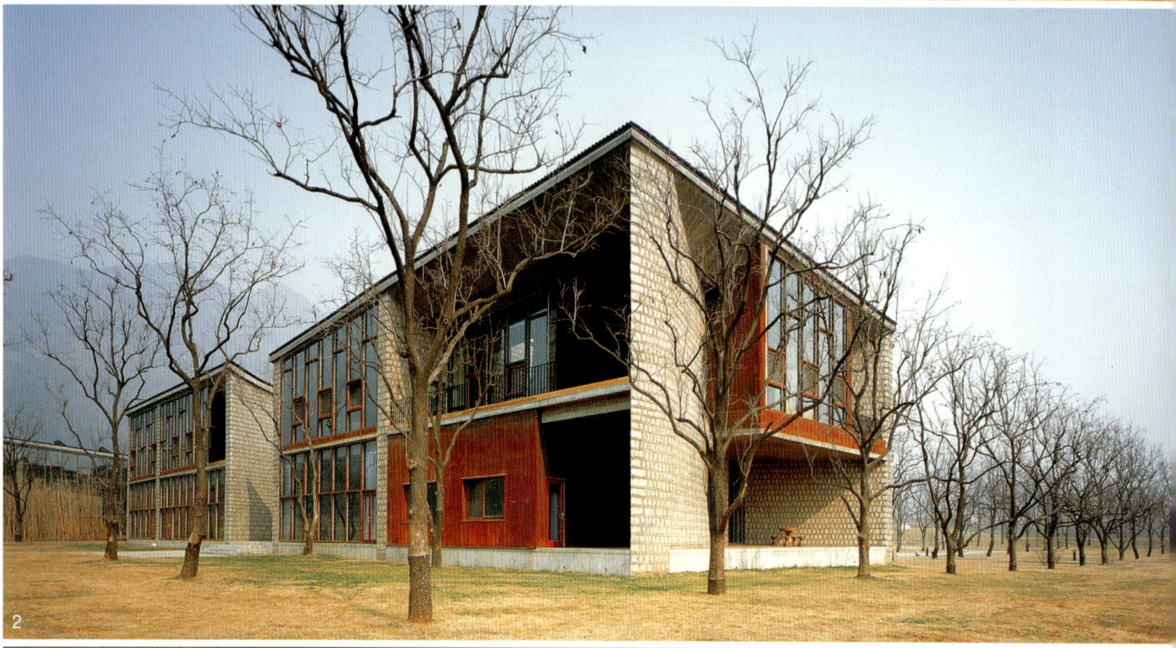
2

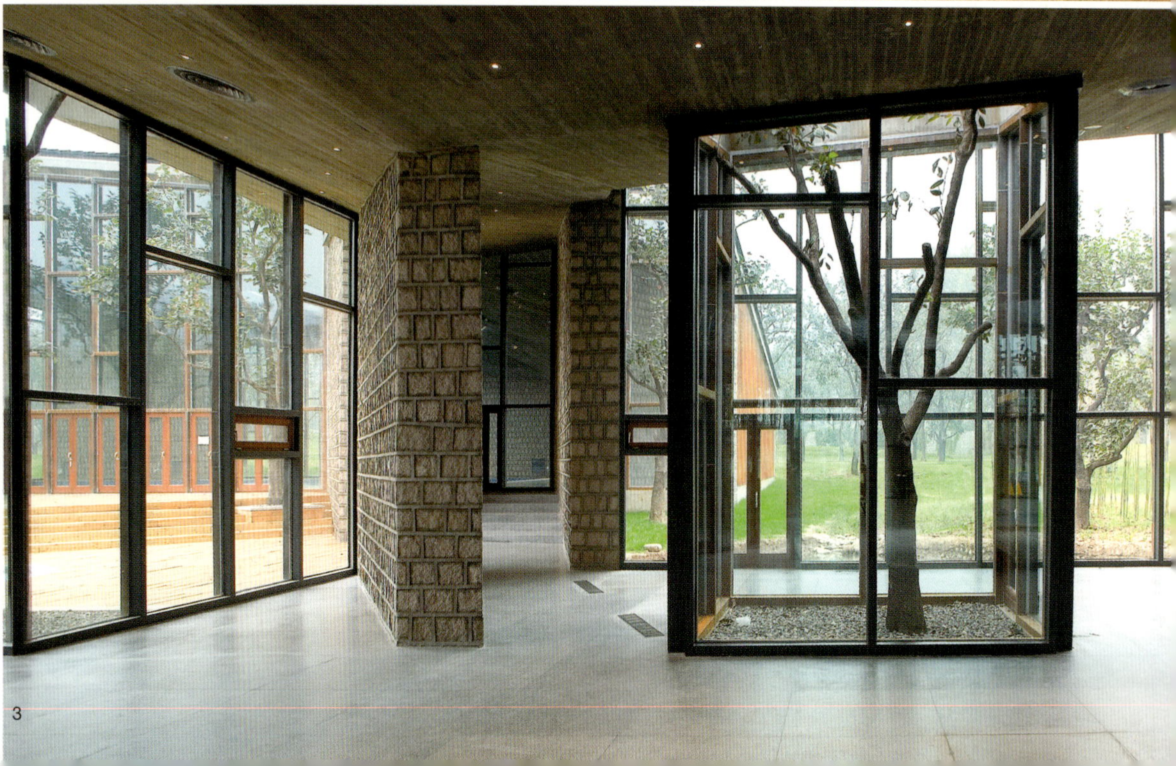
3

《柿子林クラブハウス》北京, 2004
柿の果樹園に建つクラブハウス。ことなる傾きを持つ屋根が連続することで、屋根の隙間から採光が得られ、周囲の山や湖の眺望がさまざまな形で取り込まれる。石材は現地の花崗岩を採用している。

1. 湖越しに見る東側全景
2. 外観
3. 内観
撮影=Shu He（1,2）、Fu Xing（3）
図版提供=非常建築

配置図 SCALE=1:2,000

断面図 SCALE=1:1,000

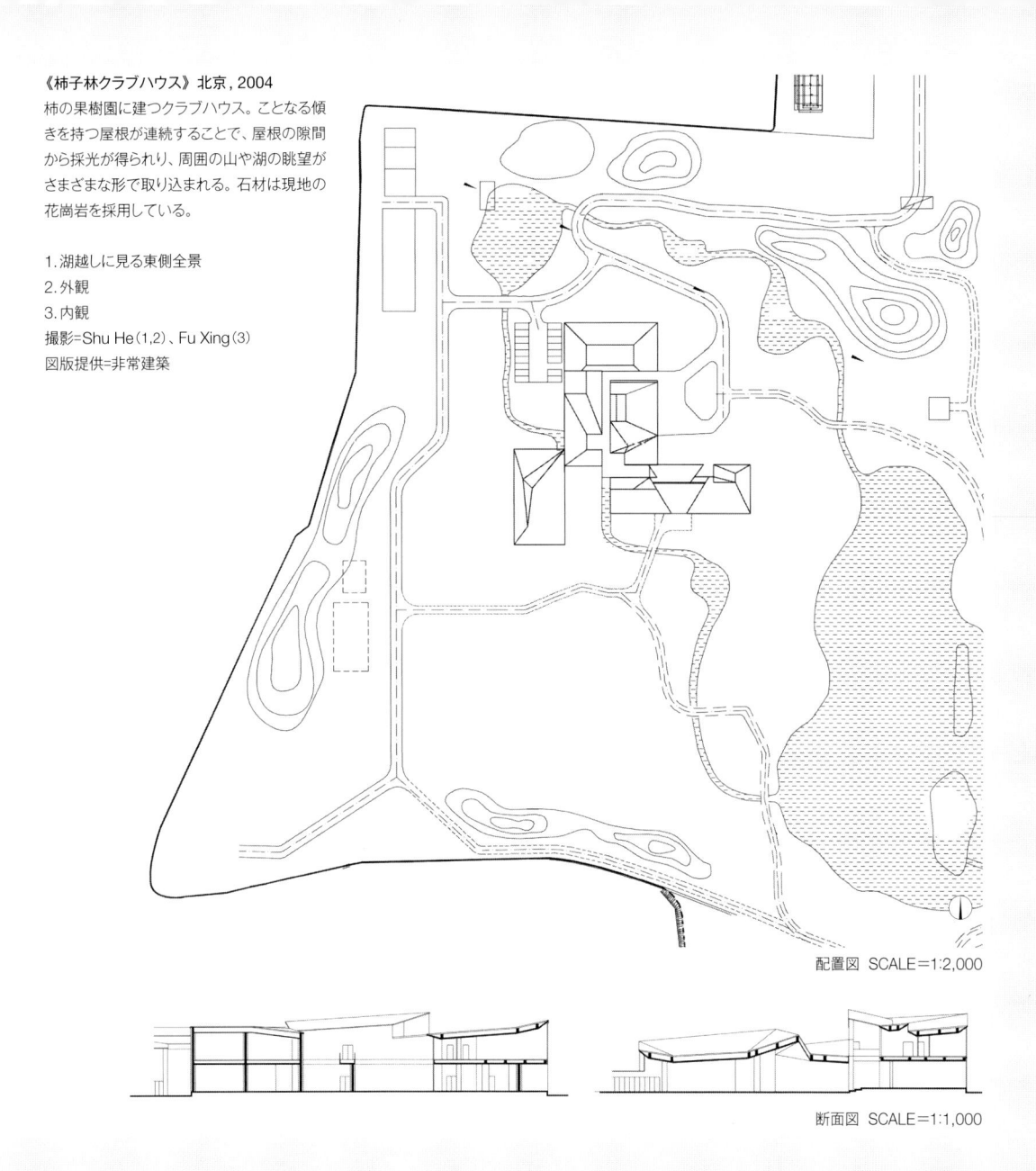

は、画一的な住環境への批判のもと、住民主体の建築の在り方を提起した。また、4つの部屋に固有の機能を与えず空間を自由に組み合わせることができる《四間房》（1986、『新建築』住宅設計競技1等案）や、ヒッチコックの映画「裏窓」から着想を得たインテリア（1991）など、日常的なものの観察にもとづくコンセプチュアルな提案も発表している。

1993年には個人アトリエである「非常建築」（Atelier FCJZ）を北京にて開設している。官営の事務所が都市開発を中心的に担っていた中国建築界で、張はみずからの仕事が「非常」だと謳い、実験的建築の提案や作品集『非常建築』（1996）の出版をおこなう。この頃の代表作は、北京市内の既存のビルを書店に改修した《席殊本屋》（1996）だ。かつて通路空間であった敷地の半分の記憶を引き継ぐため、自転車の車輪がついた可動の本棚を設計した。学生時代の《自転車の物語》でのアイデアが、都市の均質化に抗するための実践的な手法として再活用されている。

1990年代後半になると、ウィーンやニューヨークなど、国外の都市でアートインスタレーションを発表している。異国の都市に北京の伝統的な建築の要素を重ね合わせることで、建築における文化的な差異を表出させた。この時期の建築コンセプトで興味深いのは、平面構成を決定するうえで、漢字の形態性を参照している点である。《鄭州幼稚園案》（1993）や第

169

《スプリット・ハウス》北京, 2003
起伏に富んだ山間の敷地に対して、長方形のボリュームを八の字に構成。敷地形状に応じた開き方の調整を想定しており、サイトスペシフィックと普遍性を併せもつ建築プロトタイプの提案でもある。

1. 内観
2. 南東から見る外観
3. 北西アプローチ
図版提供=非常建築

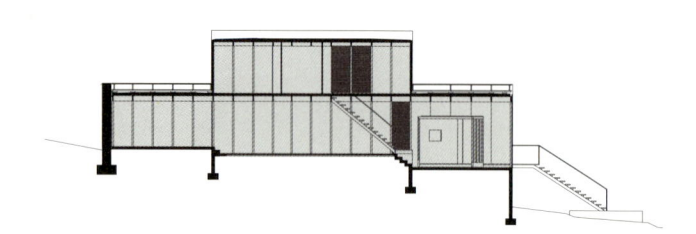

配置図　SCALE＝1:1,500

断面図　SCALE＝1:400

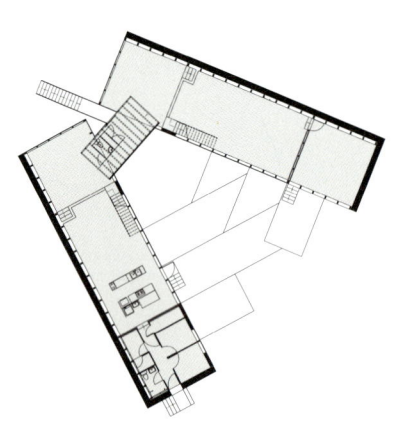

1階平面図　SCALE＝1:600

8回ヴェネチア・ビエンナーレ建築展で発表した《連続中庭住宅》(2002) など、数度にわたって「回」や「凸」、「園」といった字形から建築空間を形づくった。張によれば、この手法は東洋らしさを建築に埋め込むためではなく、建築空間言語を抽出するために採用されたものなのだという。

1999年の「中国青年建築家実験性作品展」への参加を機に、張は主流の建築家らとの交流を深めていく。また、2000年には北京大学建築学研究センター長に就任し、素材実験や建造方法の探究を進めた。経済大国へと発展する中国の状況変化も相まって、この頃から張は、《用友ソフト社研究開発センター》(2007) といった大きいスケールの建築を設計するばかりでなく、《ウォータータウン総合計画》(2002) など、大きなスケールのマスタープランの総合ディレクターを務めるようにもなる。

ただし、経済成長による大規模プロジェクトへの参与のなかでも、張は、素材への気配りやランドスケープへの適応など、デベロッパーによる開発では無視されがちな点にこそ繊細な注意を払っている。自然の眺望を獲得するためラミネート木材と版築からなる2棟の躯体を「八」の字に配置した《スプリット・ハウス》(2003) などの住宅作品、あるいは既存の熱源施設にカラフルなインテリアを配した《アップル・コミュニティ・センター》(2003) といったリノベーションにおいて、この素材主義者の本領は発揮されている。近作の《上海

2

3

《内モンゴル自然保護区宣伝教育センター》
内モンゴル, 2005
自然保護区内の地質、動植物、風土の学習展示施設。草原への環境配慮から、室内を地下に下げ、高さを抑えることで屋根を大地と連続的に構成している。

1. 外周の大きなスロープ 2. 全景
図版提供=非常建築

《用友ソフト社研究開発センター》
北京, 2007
閉塞しがち研究施設というプログラムに対し、積極的に交流や憩いのための外部空間を設けた。3層からなるファサードは、層ごとにコンクリートブロックやガラスタイルのパターンを変えている。

1-2. 外観
図版提供=非常建築

万博企業連合館》(2010)では、LEDや太陽光パネルなどの諸設備をおさめたポリカーボネート製の透明プラスチックチューブを用いており、新素材の探究も継続的におこなわれている。

2000年代前半の北京についてのエッセイ「シティ・オブ・オブジェクト」(2003)は、高層のシンボリックなオブジェクトを乱立させる中国都市計画への批判として読むことができる。その批判意識は、伊東豊雄と共同で臨んだ《CCTV新本部ビル設計競技案》(2002)での庭園を内包する低層のディスク型建築や、《安仁建川博物館集落総体計画》(2003)における、複数の博物館群を既存の町並みのスケールに基づいて配置を考える手法にもあらわれているだろう。

「第三の態度」(2004)というテキストのなかでは、張は、市場経済への参入を実践の契機としつつ、そのなかで真摯に建築の思考方式や建造方法を探究するという自身の立場を表明した。矛盾しがちである両者の緊張関係のなかでこそ、素材と工法の間に密接な連関が生まれ、彼の建築は「非常」と呼び得るに相応しいものとして建ち上がるのだ。

(菊地尊也+辛梦瑶／東北大学)

《四川安仁建川博物館／十年大事館》
成都, 2011
文化大革命期の文化財のための陳列館。敷地が河川にまたがるため橋梁の機能も兼備している。社会主義リアリズム的な構成のボリュームが、荒々しい古典主義的なコンクリート柱に支えられている。

1. 外観
2. 足下を川が流れるピロティ空間
図版提供＝非常建築

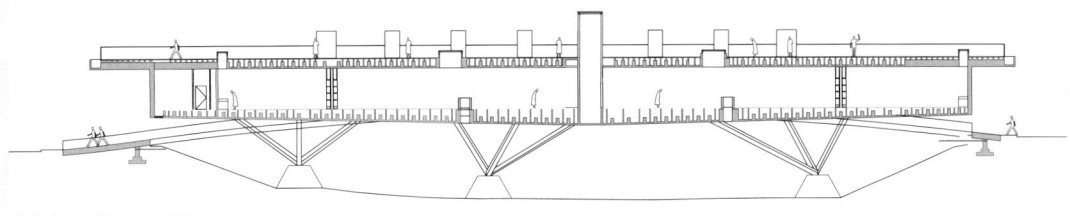

断面図　SCALE＝1:250

チャン・ヨンホ ZHANG Yonghe

1956	北京生まれ
1981	カリフォルニア州立大学バークレイ校に入学
1989	アメリカの公認建築家となる
1993	非常建築（Atelier FCJZ）を開設
2000	北京大学建築学研究センター長に就任
2005	MIT建築系主任に就任

中国当代
建築家列伝

03

ツイ・カイ

崔愷／中国建築設計研究院
CUI Kai／China Architecture Design & Research Group

《四川省北川文化中心》北川, 2010
図書館や博物館を収納する文化センター。四川大地震(2008)で被災した少数民族のために建設された新しい街のなかに計画された。屋根形状や細部装飾も少数民族によるもともとの建物をモチーフにしている。

1.全景 2.ライブラリー内観 3.大庇のディテール
図版提供=崔愷建築設計工作室

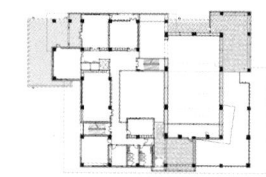

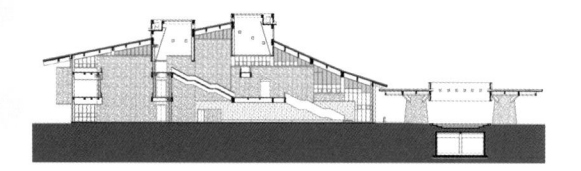

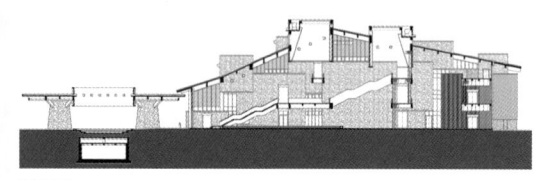

断面図

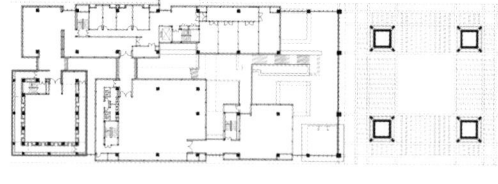

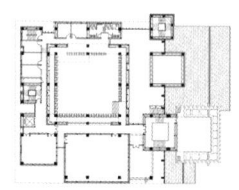

平面図

建築の「本土化」を目指して

　崔愷は中国建築設計研究院に所属する建築家である。

　この「設計研究院」とは、1949年に中華人民共和国が誕生したのち、建築の設計生産を統一化するために生まれた国有組織だ。もともとは「設計院」と呼ばれ、改革開放後に組織の再編成が進められるなかで「設計研究院」という肩書きになった(基本的に組織の性格は変化していない)。中国には現在にいたるまで省や市、あるいは専門分野ごとに多くの設計(研究)院が存在しており、各都市に建てられる建築物の圧倒的多数が彼らの手から生み出されているのである。崔愷は、こうした設計(研究)院のなかでも国家と結びつきのつよい「中国建築設計研究院(CAG)」のトップ・アーキテクトである。

　崔愷は、文化大革命が終焉したのち、1978年に第一期生として天津大学建築学系に入学している。文革の時期には下放された農村で生活していたが、天津大学では全国大学生建築設計コンペで1等賞を受賞するなど、きわめて優秀な建築学生であったようだ。その後、1984年には修士号を取得し、翌年には「深セン華森建築・工程設計顧問有限公司」に入社。この会社は、1980年に共産党建設部(のちのCAGの母体)が香港を拠点とする設計会社とともに設立したものであり、改革開放以後における最初の中外合資

の設計会社であった。そして1989年には北京に戻り、2000年からはCAGの副院長を務めている。

以上の経歴から分かるのは、設計院の大量に建築物を生産する共産国家のまさにその中心で、崔愷は活動を展開してきたということだろう。

2000年代に入ると、設計院も市場競争に参入しなければならなくなり、中国建築設計研究院も巨大化するとともに、個人でも名のとおる建築家が院内に分室をつくるようになる。これによって設計院の設計する建築と言えども質は高まり、個性が目立つようになった。崔愷もまた自分の分室を構えている。

崔愷の建築の多くは北京にある。赤レンガが貼られ、階段状のかたちをしている《豊澤園飯店》(1994)は初期の代表作である。特徴的な窓の形式は敷地付近の住居から援用されたものであり、ポストモダン的な地域性の表現であろう。2007年に完成した《韓美林藝術館》は、北京オリンピックのマスコットデザインを担当したアーティスト韓美林のための個人美術館である。掘り込まれた敷地に直方体のボリュームを微妙に分散しつつ配置しており、長いブリッジやスロープ、大きな吹き抜けなどが用いられることで立体的な空間構成となっている。

また、設計院の建築家であるため、崔愷のプロジェクトは、アトリエ建築家たちのものよりも比較的大規模となっている。四川大地震の復興関連プロジェクトで

175

《德勝尚城》北京, 2005
北京市の第二環状線の西北部に位置するオフィスビル。7棟に分かれた建物のあいだに街路が引き込まれている。グレーのレンガによって外壁が覆われていることで、その街路空間は、北京の伝統的路地（フートン）が巨大化したような雰囲気となる。

1. 緑化された屋上
2. 棟のあいだの街路
図版提供=崔愷建築設計工作室

《韓美林藝術館》北京, 2007
北京オリンピックのマスコットキャラクターをデザインしたアーティスト韓美林の個人美術館。北京市東部の公園内に計画された。サンクンガーデンによって周辺環境からゆるやかに分離されることで、直方体ユニットが集合した建築の構成が強調される。

1. 全景
2. 外部に面した展示スペース
図版提供=崔愷建築設計工作室

ある《四川省北川文化中心》(2010)や《在南アフリカ中国大使館》(2011)に代表される大使館建築などは、国家との関係が緊密な設計院ならではの仕事だと言えるだろう。

外国の建築家とも数多く協働している点もまた、設計院の建築家としての特徴だ。現在の中国では、外国人建築家が設計をおこなうためには、ライセンスを有する国内企業（大手設計院など）と協働する必要がある。それゆえ、フランスの設計事務所AREPが手がけた《首都博物館》(2007)など、外国建築事務所が手がける中国のビッグプロジェクトはじつは崔愷らとの協働であったりする。

崔愷は近年では「本土化」なる概念を提唱していることでもよく知られている。モダニズム建築をベースに、中国固有の伝統や地域性を加味した建築を目指すべきだと主張するのである。《德勝尚城》(2005)では、もともとの敷地に建てられていた建築の材料や街区形状を継承するような操作がおこなわれており、「本土化」の具体的な姿が示されている。「中国性」を重視することは、世代の近い張永和や王澍らにも共通するスタンスである。

（市川紘司／東北大学）

《南京藝術学院計画》南京, 2010
南京の藝術学院で進められているキャンパス計画。既存のミュージックホールの周囲に巻き付くようにして設計された三日月形の美術館(左)、また、高低差があるキャンパスに高密に建ちならぶ各教室棟への動線を効率化することが意図された図書館(中央)と演劇棟(右)がすでに完成している。

1. 全体計画配置図
2. 計画地の空撮
図版提供=崔愷建築設計工作室

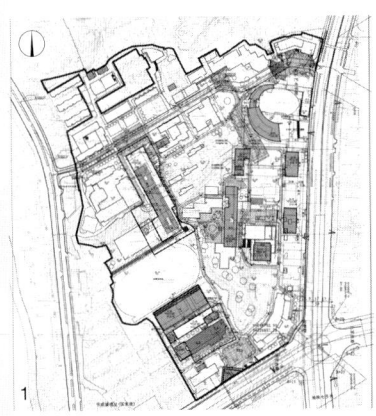

《南京藝術学院図書館》

1. エントランスと外部階段 2. 東側外観 3. 西側ファサード
図版提供=崔愷建築設計工作室

《南京藝術学院美術館》

1. 内観　2.3階展示スペース　3. エントランス側外観
図版提供=崔愷建築設計工作室

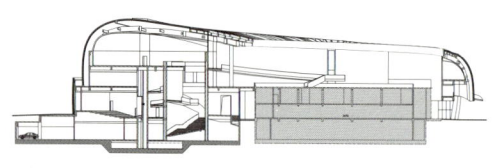

断面図

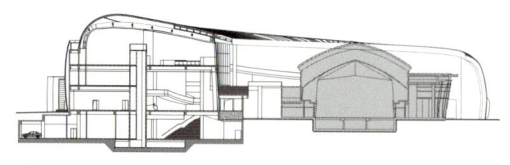

断面図

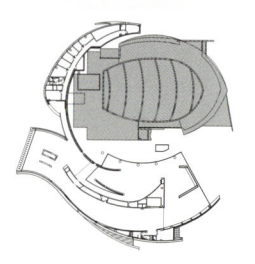

2階平面図

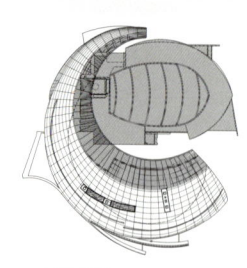

屋根伏図

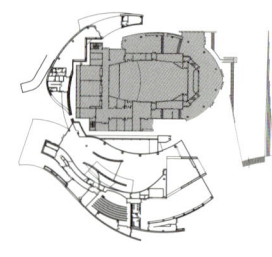

1階平面図

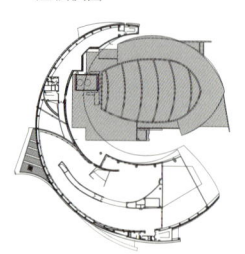

3階平面図

178

《南京藝術学院演劇棟》

1. 吹抜けの通り抜けスペース
2. 北側アイレベルからの外観
3. 全景
図版提供＝崔愷建築設計工作室

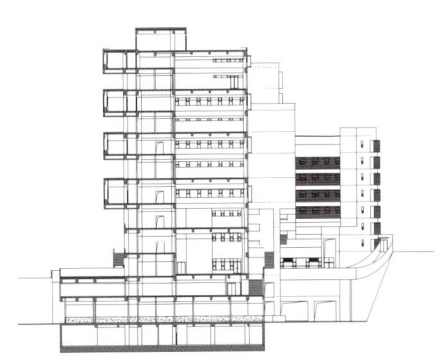

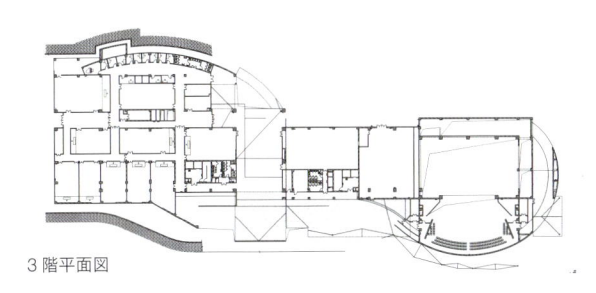

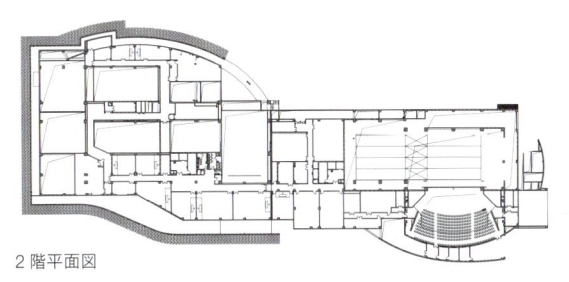

断面図

3階平面図

2階平面図

《在南アフリカ中国大使館》プレトリア, 2011
RCでつくられた三角屋根がつらなる大使館。外国での中国大使館設計を数多く手がけていることは、設計院の建築家である崔愷ならではと言える。

1. 屋上と三角屋根
2. 三角天井が連なる内観
3. 全景
図版提供=崔愷建築設計工作室

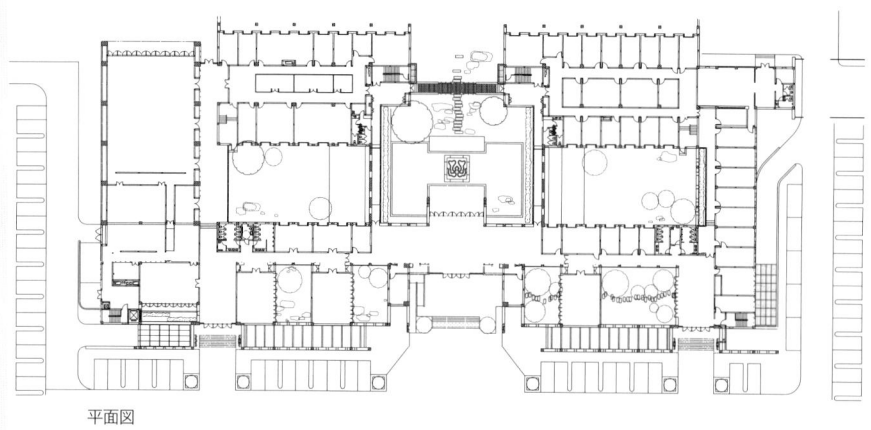

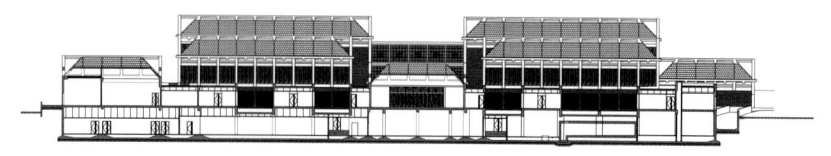

平面図

断面図

《神華集団オフィスビル・リノベーション》北京, 2010
北京市の第二環状線に沿って計画されたオフィスビルのリノベーション計画。ヘビのように細長いガラスのボリュームが、空地だった敷地から既存のビルに貫入させられている。

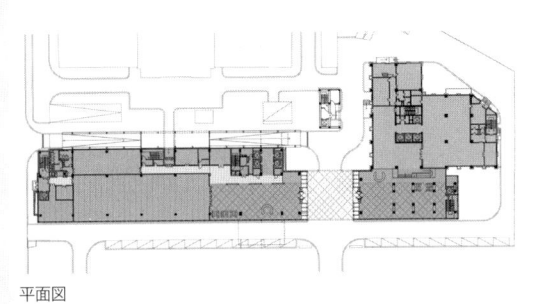

1. エントランスロビー
2. 三角形のエントランスと
　キャンチレバーで張り出したボリューム
3. 全景
図版提供=崔愷建築設計工作室

平面図

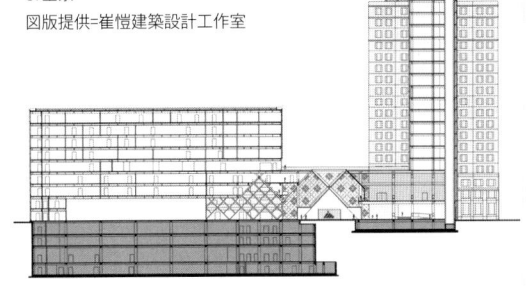

断面図

ツイ・カイ　CUI Kai

1957　北京市生まれ
1984　天津大学建築系で修士号を取得
1985　深セン華森建築・工程設計顧問有限公司に勤める
1989　建設部建築設計院の高級建築師・副総建築師に就任
2000　中国建築設計研究院の副院長に就任

中国当代
建築家列伝

04

アーバナス
都市実践
URBANUS

《地王城市公園I&II》深セン, 2000 & 2005
《I》では、地下鉄駅の新設や地下商業街の拡張を見越し、交通ネットワークのノードとなるよう区画分割の手法を用いて整備された。《II》は、長細い敷地の周囲を走る道路と共鳴するように設けられた道が特徴的。

1. 地王城市公園Iの全景
2-3. 地王城市公園Iのランドスケープ
4. 地王城市公園IIの全景
図版提供=都市実践

都市化問題を
建築的に考える

都市実践（URBANUS）は、劉曉都、孟岩、王輝の3人によって、1999年に設立された。現在の中国では比較的長い歴史のあるアトリエ系設計事務所だと言えるだろう。創設者である3人の経歴には共通する点が多く、時期は異なるがそれぞれ清華大学を卒業し、ともにアメリカ留学、およびアメリカの設計事務所での仕事の経験がある。

現在は北京にも事務所を構えているが、都市実践がはじめに拠点としたのは、深センである。1980年に鄧小平によって経済特区に指定され、外国資本の投下が集中し急速な発展を遂げた深センを拠点にした理由には、当然、プロジェクトに参画するチャンスがそこに多数あったという点があるだろう。一方で、深センとは、コールハースが言うように「建設の驚異的な速度を介して、かつてないまったく新しい都市状況に──それと見極めることはおろか、古典的な枠組みにある概念装置の内では議論することさえできないであろう」都市であり、「我々が受け継いできた専門的な概念の枠組みを適用すると、端的に、開発に否定的になるしかない」、「あまりに早すぎる、実に醜いし、非人間的にすぎる、等々と言うことしかできない」事態であった（『アジアが都市を超える』、TNProbe、1997年）。こうした「都市問題」

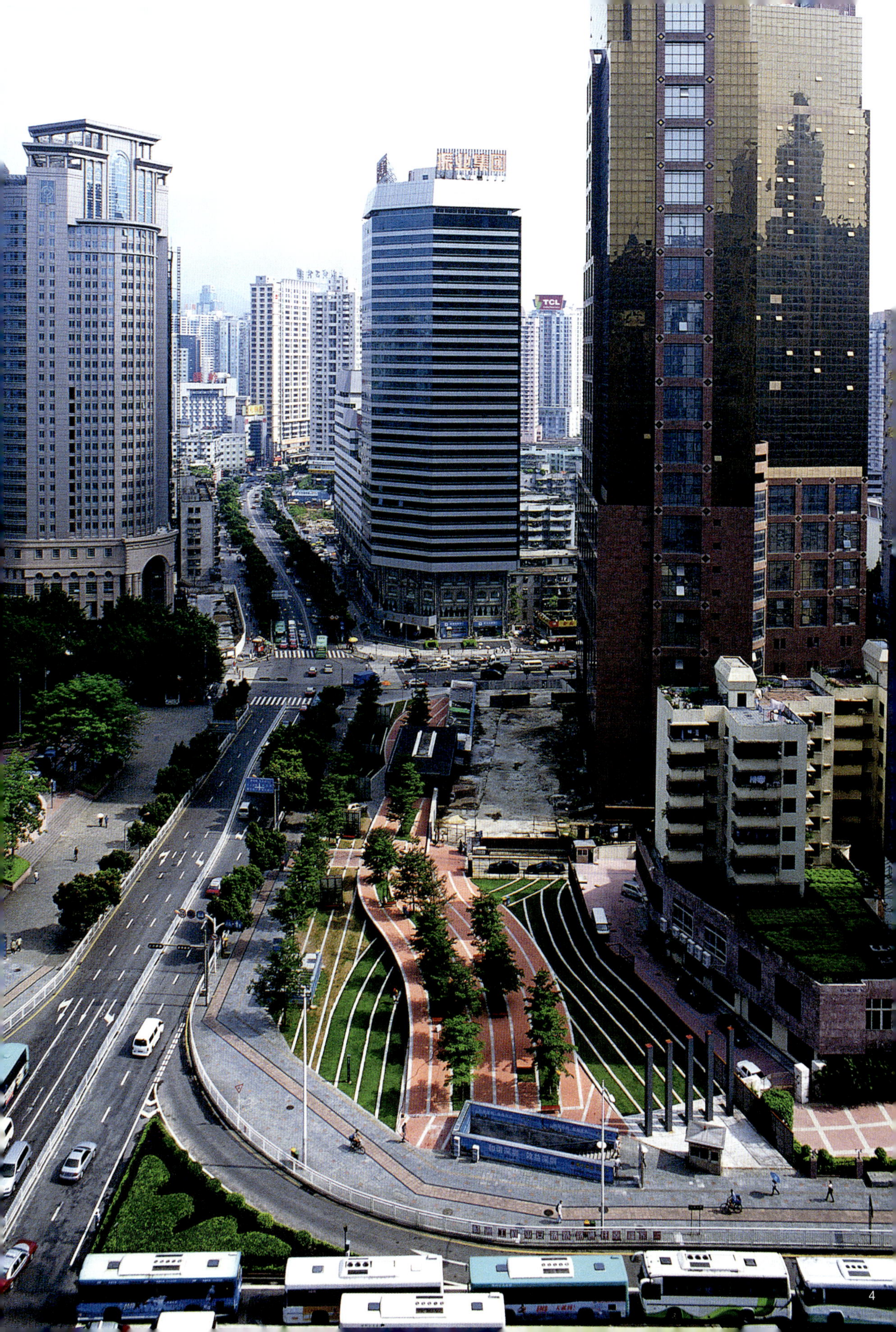
TCL

に対して、中国の建築家としてどのように取り組むことができるのか。都市実践からは、そうした問題設定、意欲を見ることができる。都市から建築を考えることは、3人の共通の理念としてあったのだ。

初期に実現したプロジェクトは都市の中の公共空間を設計するプロジェクトが多い。深センで最も高いビルの足下にある細長い敷地の形態的特性から多様な歩行体験をつくりだした《地王城市公園Ⅱ》(2005) や、都市部では貴重な原地形の残る敷地で中国の庭園設計手法である園林を持ち出し、自然と都市の中間的な場を創出した《翠竹文化広場》(2006) など、実現した空間は楽しそうで気持ちの良さそうな空気を感じ取ることができる。彼らが概念的な手法の探求と同時に、利用者という都市の主体を見失うことなくプロジェクトに取り組んでいることがうかがえるだろう。

急速な都市化の中で発生した「城中村」の問題も、都市実践の主要なテーマのひとつになっている。城中村とは、古くからいる農村住民や他都市からの移民が住む都市内に残された低層高密度な地域ととらえてもらいたい。このような城中村が深センの土地の10%をも占めており、都市現象として無視することはできない存在となっているのである。《深セン崗夏村プロジェクト》では、城中村の全面的な排除をおこなおうとする政府の意向に反対し、密度の調整や生活環境の改善をおこないながら活発な空間の特性を引き

《大芬美術館》深セン, 2007
コピー油絵の産地に建つ1.7万㎡の美術館。1階にはマーケットが開かれるフリースペースが設けられ、村民と観光客の交流が図られている。展示室には、ライトウェルから落ちる光が個性ある空間を創出している。

1.鳥瞰 2.展示室内観
図版提供=都市実践

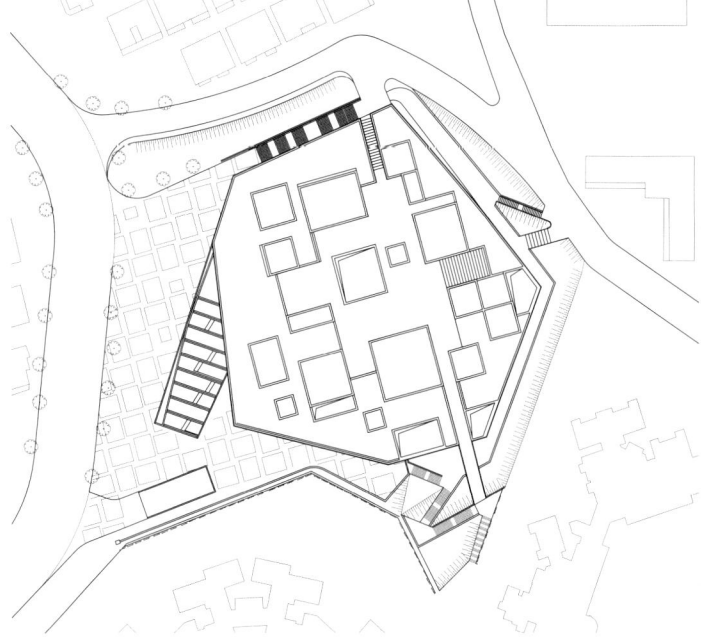

平面図 SCALE＝1:2,000

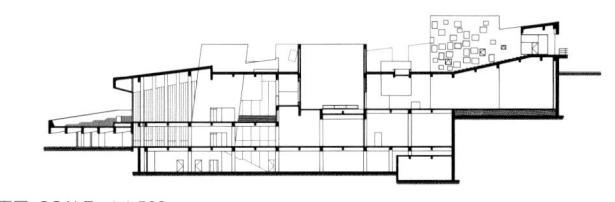

断面図 SCALE＝1:1,500

継ごうとするために、屋上階の連結により連続した公共スペースの提案などをおこなっている。また、2007年に完成した《大芬美術館》は、敷地のある「大芬村」が廉価なコピー油絵を大量に制作する城中村であることを踏まえて、1階を油絵の販売がおこなわれるマーケットや観光客と住民の交流スペースとして開放的な設えとしたり、毎年優秀な油絵を選出し、立面に施された大芬村の地図を外壁の額縁に見立てて嵌めていくという地域産業と連結した建築的提案をしている。

2008年に完成した《土楼公舎》は、中国南方の伝統的住居形式である「土楼」をモチーフとした集合住宅である。都市実践の現在のところの代表作品と呼べる建築である。本来の土楼では大家族を集団の基盤とするが、《土楼公舎》では低所得者層住居として、集団の基盤を置き換えている。都市化の中では職を求める人たちの流入が絶えずおき、低所得者層の密集する地域＝城中村の問題を抱えて

いる。この問題に有力デベロッパーである万科集団と取り組んだプロジェクトが、《土楼公舎》なのである。伝統にスポットを当て、都市の抱える問題の解決を図る都市実践の姿勢は、王澍とは別の層で中国の社会と向き合っていると言えるだろう。

以上のように、都市実践のプロジェクトを概観してみると、形態的特徴を見出だすことは難しく、使用される材料もプロジェクトごとに異なり、作家としての一貫したアイデンティティーを感じ取ることができない。

《土楼公舎》南海(広東), 2008

土楼をモチーフとした低所得者層集合住宅。中央棟に共用スペースを配し、周囲に住戸を配置するなど土楼の構成を踏襲。立面には穴あきコンクリートブロックと木材を用い、伝統的な印象を作り出している。

1. 外観
2. 円形の棟と矩形の棟の間の通路
3. 矩形の棟のファサード
4. 円形の棟の廊下
5. 鳥瞰

図版提供=都市実践

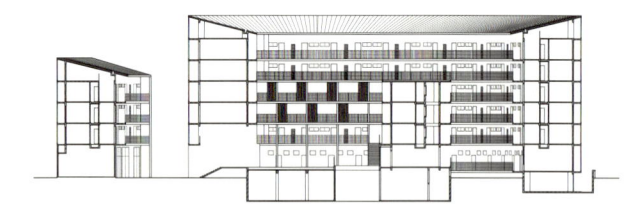

断面図 SCALE=1:1,000

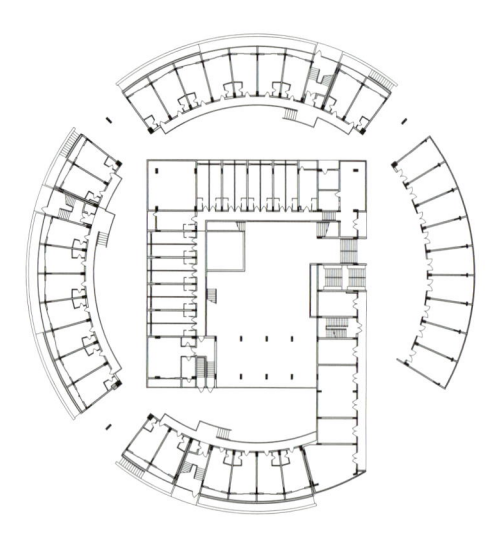

平面図 SCALE=1:1,200

187

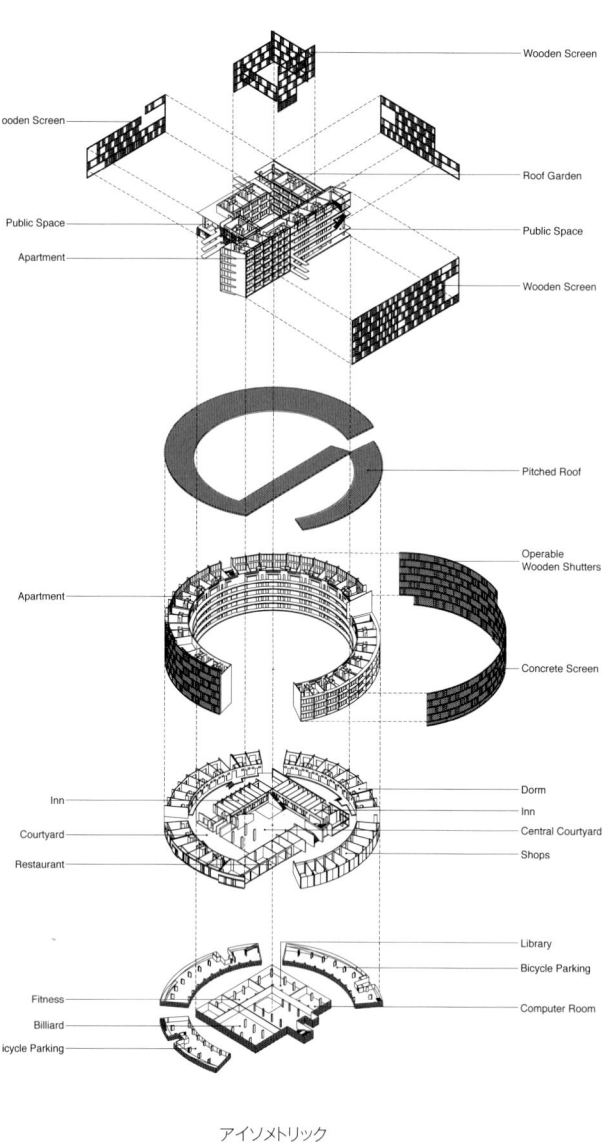

しかし、このことは、急速に発展する都市という巨大な対象を前にして、それぞれのプロジェクトで真摯に向き合おうとする彼らの現実的な態度の表れだと考えられる。政策によって2020年までに都市化率を80％まで進展させようとする今後の中国では、「総合」的な対応はますます困難になってくるだろうから、かような臨機応変な彼らの活動は、いっそう実効力を有することになるのではないだろうか。

（永岡武人／フリーランス）

《唐山城市展覧館》唐山, 2007
唐山の都市化で空になった旧製粉工場のリノベーション、増築計画。閉鎖的な構成の工場の西側に鉄骨造の回廊を加えることで開放的な構成に変化させ、敷地一帯を都市公園として総合的に再生している。

1-2. 外観
3. オープンスペースは公園として利用される
4. 展示室内観
図版提供=都市実践

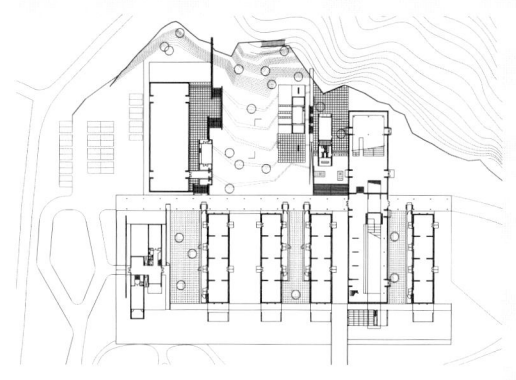

配置図 SCALE =1:2,000

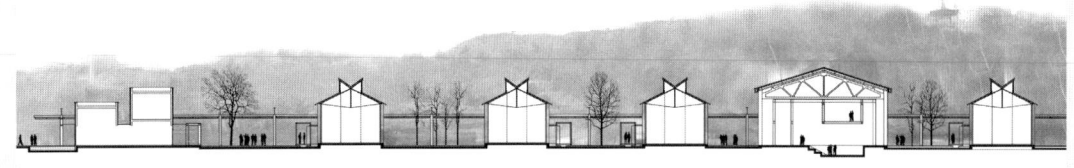

立面図

《唐山博物館リノベーション》唐山, 2011
1968年開館の旧「毛沢東思想萬歳展覧館」のリノベーション。既存の3棟の隙間にフロストガラスに覆われた新棟を増築し、1976年の唐山地震で途切れてしまった唐山の近代建築の流れを現代へ接続しようと試みている。

1. 鳥瞰
2. エントランスロビー内観
3. 展示室内観
4. 広場
図版提供=都市実践

アイソメトリック

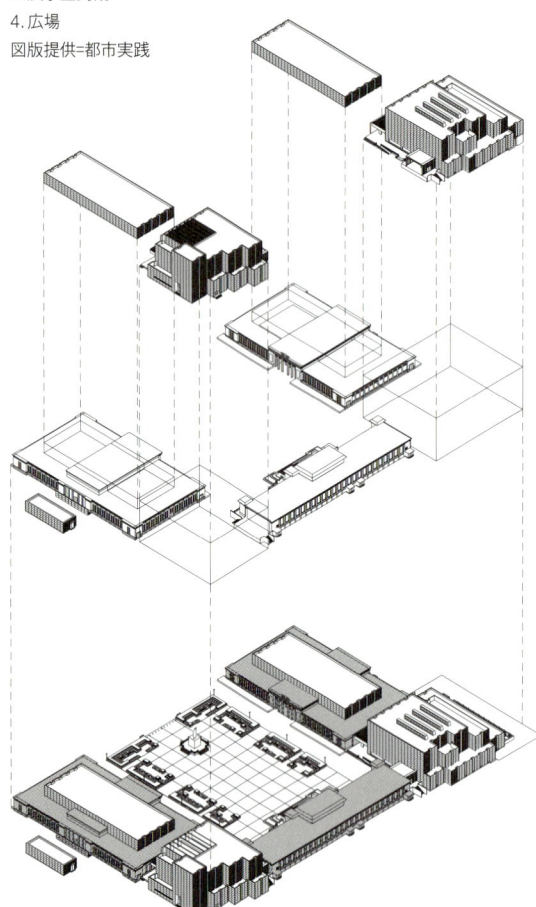

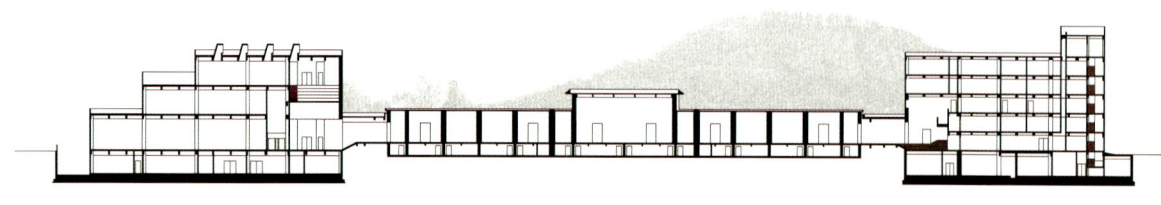

断面図

アーバナス URBANUS

1999年に設立された建築家ユニット。劉曉都（リュウ・シャオドゥ、中央）、孟岩（モン・イエン、左）、王輝（ワン・フイ、右）の3名による共同主宰。3名の建築家は、いずれも清華大学を卒業後、マイアミ大学にて修士号を取得し、アメリカでの勤務経験を有する。現在、事務所は深センと北京にある。

中国当代
建築家列伝

05

リ・シャオドン
李曉東／李曉東工作室
LI Xiaodong／Li Xiaodong Atelier

《籬苑図書館》北京, 2011
北京市郊外の懐柔区につくられた村民たちの図書館。立面に用いた柴火棍と呼ばれる木の枝と、段々状の室内構成によって、山林のなかで本を読むような体験をつくり出している。

1-2. 外観
3. 2階図書室内観
4. 木ルーバーによる窓際の空間
図版提供=李曉東工作室

農村建築を創造する

1963年北京生まれで現在清華大学にて教鞭をとる李曉東は、雲南省麗江の《玉湖小学校》(2005)でいくつもの国際的な賞を受賞し、注目を集めた。

《玉湖小学校》では、現地の伝統文化や建設技術、材料などの調査から始まり、残された伝統的な建築、環境、社会への理解を深め、伝統の上に成立する新しい解釈によって「麗江の建築」が試みられている。学校の完成後、住民たちは「自分たちではこのような建築はつくれないけれど、馴染み深くもある」と評している。いわゆる地域主義的建築は現在の中国において珍しいものではなくなったが、建築の初期段階にある中国のような国においては、李の態度は注目に値すると筆者は考える。

その後の李のプロジェクトは農村に集中している。コールハースは「中国のアトリエ系建築家たちのつくる山里深い地域の小さなプロジェクトはどれをとってもよい。しかし都市や社会問題に取り組んだものが非常に少ないのはなぜなのか」と疑問を呈している。

しかし事実は必ずしもそうではない。李は農村で住宅をつくることでこそ、一種の社会責任を果たそうと考えているのだ。

李はあるインタビューで「建築家の責務は小住宅の機能を満足させることだけでなく、小住宅を通してさらに広範の問題

2階平面図 SCALE=1:500

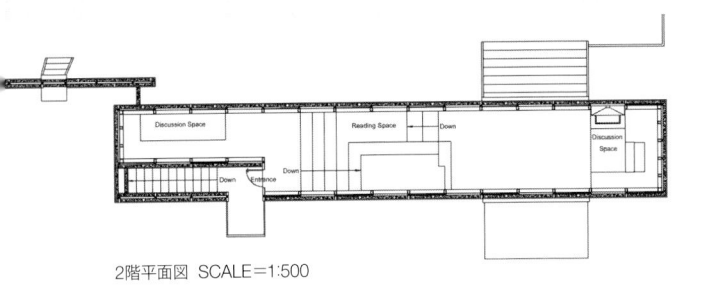

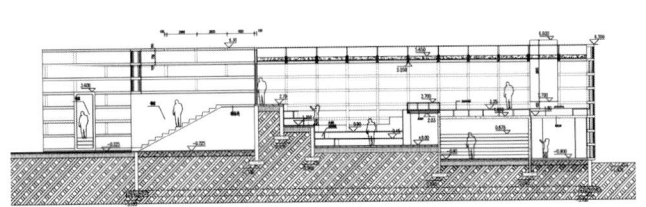

断面図 SCALE=1:500

《ブリッジ・スクール》漳州（福建）, 2009
福建省漳州市平和県にある2つの土楼のあいだに建設された橋状の小学校。両端の階段状教室と中央の図書室の下に、ワイヤロープで道を吊る二層構造。この構造によって、機能的にも動線的にも両側をつなぎ、村の活性化を図っている。

1. エントランス、奥に「土楼」が見える
2. 教室内観
3. 川をまたぐブリッジ状のボリューム
4. ブリッジから吊られる通路
図版提供＝李曉東工作室

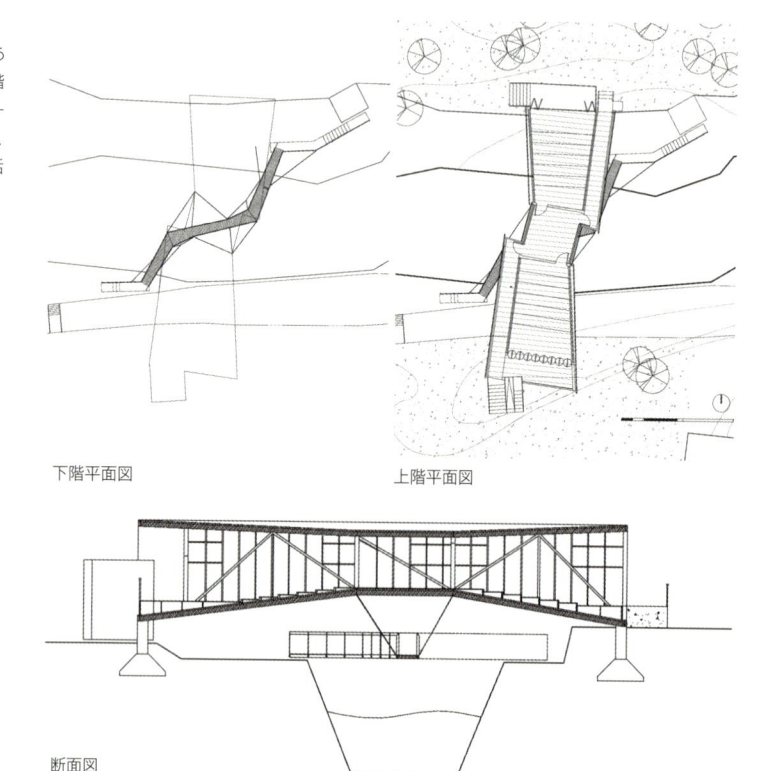

下階平面図　　上階平面図

断面図

を解決することにある」と発言し、自身の方法を「鍼治療」にたとえて態度を表明している。中国医学では、頭痛を訴える患者でも必ずしも頭を診察することをせず、人を1つの体系として見て薬を処方する。李は、建築についても1つの体系として捉え、問題のある箇所に鍼を刺し、全体の問題を解決に導こうとするのだ。ちょうどジャイメ・レルネルがクリチバ市で都市を対象に実践した理論と同様の方法を、李は建築を通して集落全体におこなおうとしているのである。

アガ・カーン賞を受賞した福建省平和県の《ブリッジ・スクール》（2009）は、40名の児童が通う小学校を地域の集会所としても開放した建築である。かつての生活に呼応して築かれた「土楼」の有する閉鎖的秩序と、変わりつつある現代的生活との間に存在する矛盾に「鍼」を刺し、村に新しい活力を生み出している。このように見れば、《ブリッジ・スクール》は、小学校の教室という本来要求された機能を満足させるだけでなく、集落全体の問題をも解決したと言える。

中国では今、全国で新農村建設が進められているが、李の例が示すように、建築が関与することで質の高い農村の建設は可能である。この図書館の完成後には多くの国から村に来客があり、農民に外の世界との接触と交流の機会を創造した。もちろん、こうした事態が継続可能で他のケースにも応用可能であるのか、そして農民たちの生活スタイルの更新を加速させ

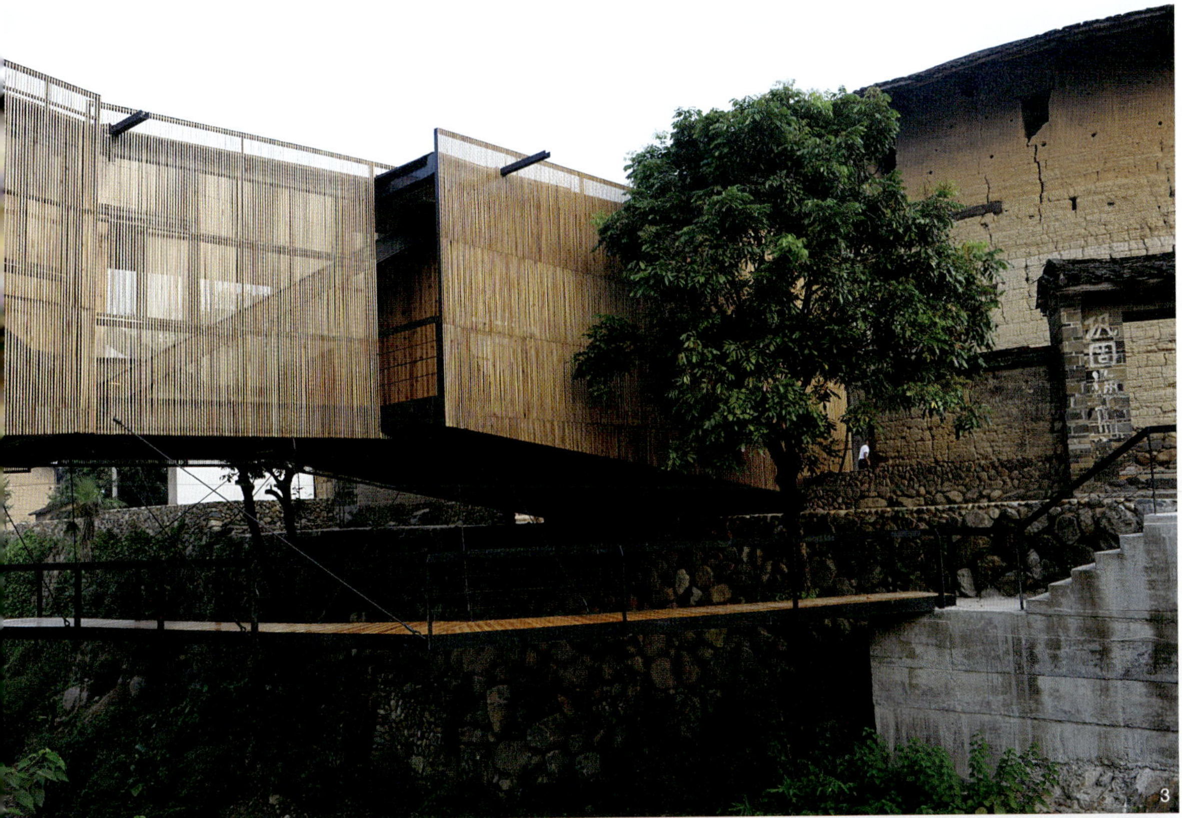

3

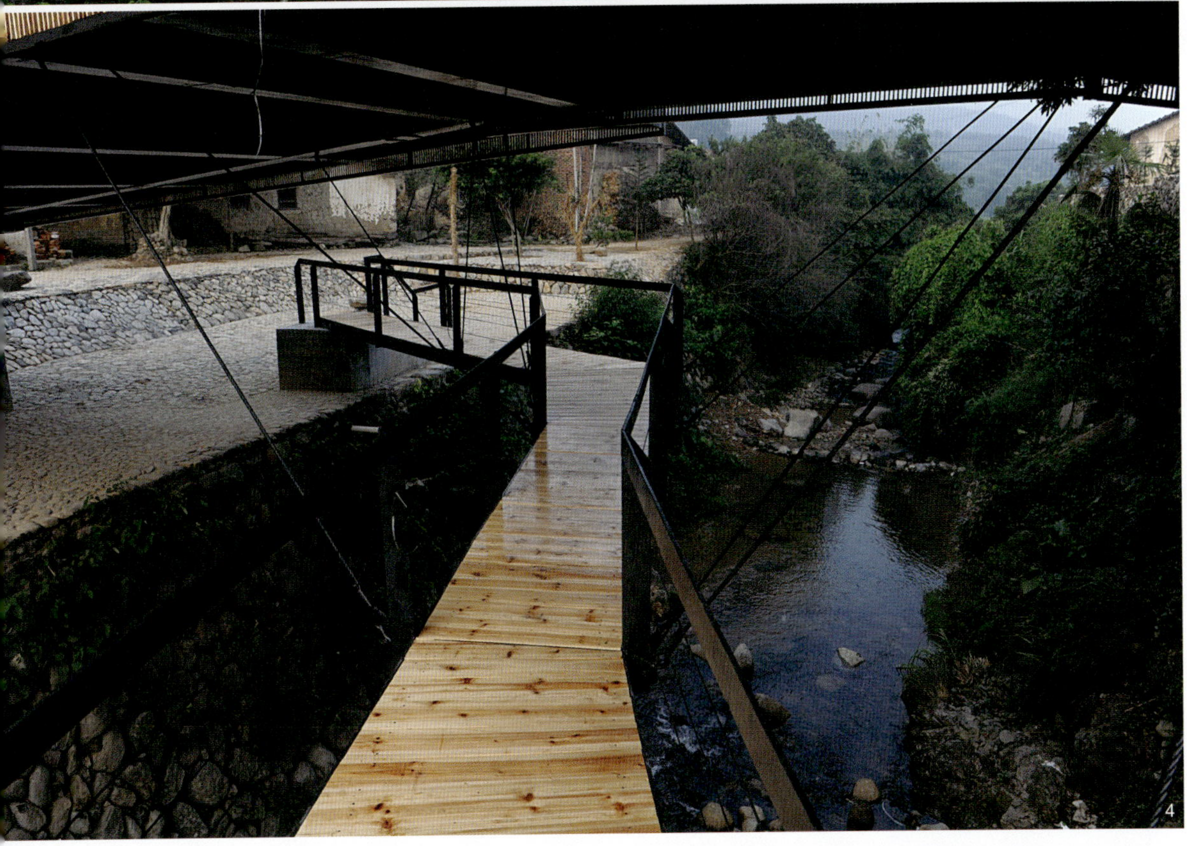

4

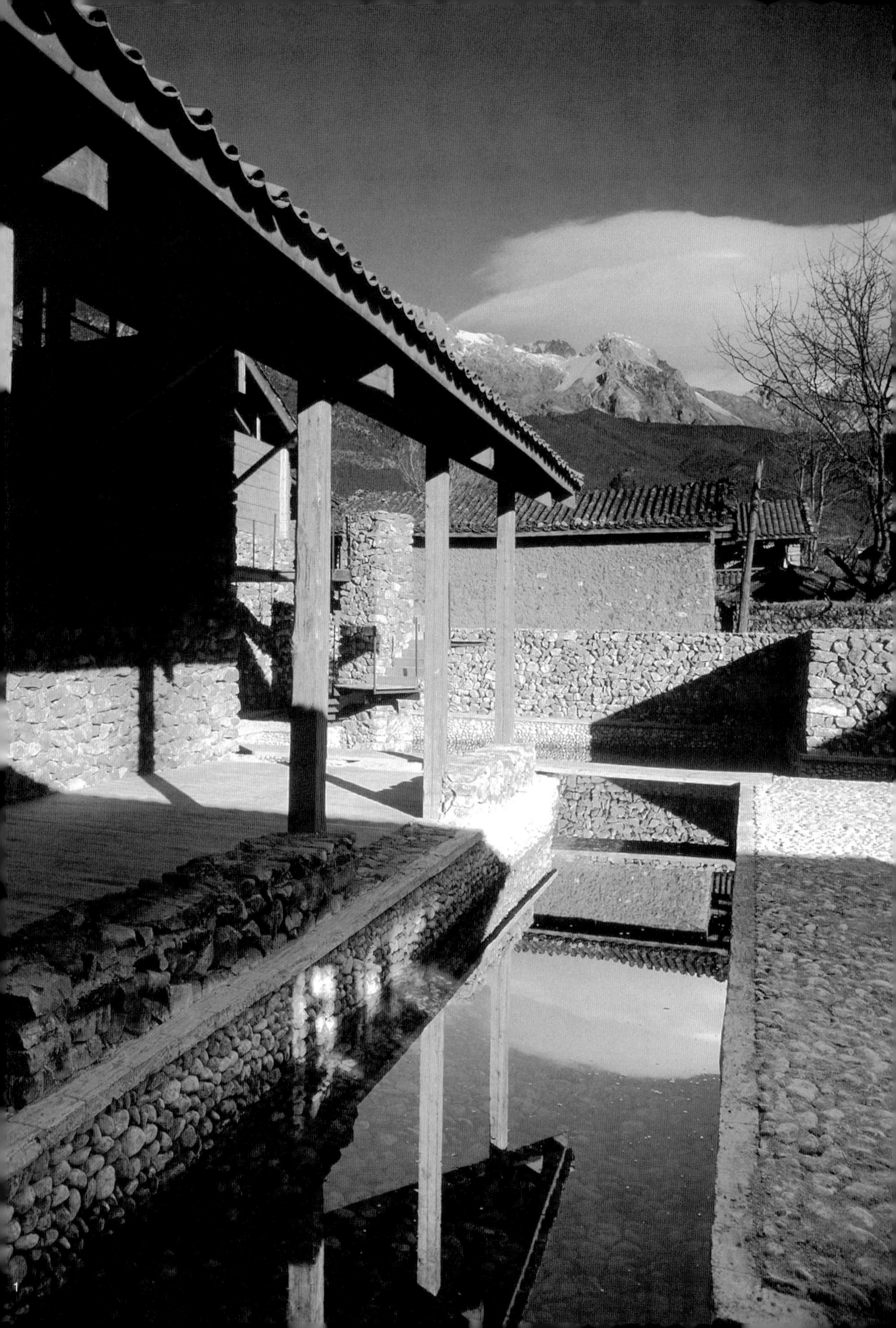

1

《玉湖小学校》麗江(雲南), 2005
雲南省麗江市玉湖村に建てられた小学校。地元の伝統的な材料と要素を現代的な建設技術や手法を活用し、現代的生活を満足させ、かつ伝統的な風景を保存することが試みられている。

1.外観 2.内観 3.外部階段
図版提供=李曉東工作室

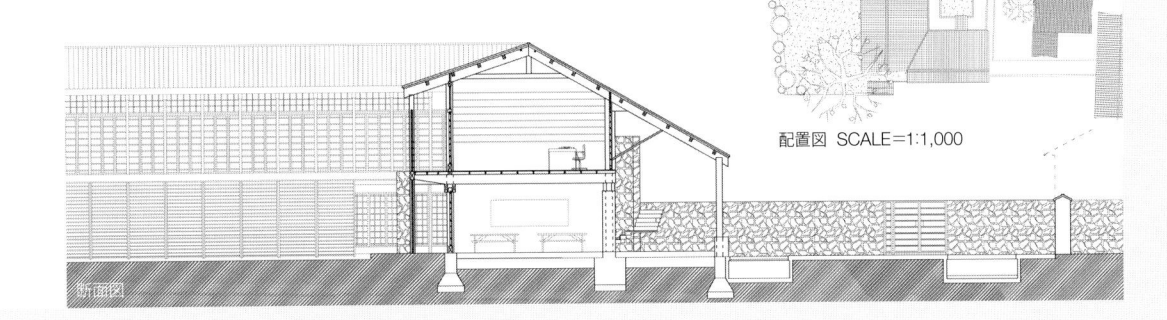

配置図 SCALE=1:1,000

断面図

　たことの是非については、時間の経過を待って見極める必要があるが、そうした問題提起も含めて李の1つの成果だろう。
　また、李は「郷村の都市化」という現在の中国では建築家がほとんど接触していない領域において、《林盤計画》というプロジェクトを進めている。
　《林盤計画》は、郷村の都市化のプロセスや考え方を変え、都市と郷村の持続可能な関係を築こうとするものだ。200haの敷地に広がる小住宅を集約して新たに集合住宅を計画し、残りの土地に道路や病院等のインフラ整備をおこなう。人の占める面積を減らすことで、耕作地の面積を減らすことなく基本的な施設建設にあてる土地を増やし、生活の質を向上させることができる。こうした考えは、オランダ留学中に工業化された農業の能率的な生産方式を目の当たりにしたことから着想を得たという。
　このプロジェクトでは、同時に、農村で資金調達が容易になるよう、大企業の管理方法も提案している。集合住宅の一部は都市民に貸与可能であり、都市民は家を借りるか買うかして、野菜を育て生活をする。耕作に勤しむ農民を除いた残りの人たちは、農産物の加工や観光業、サービス業に従事しながら、移住してきた都市民を支援することで収入の増加が見込める。収入が増え生活水準も向上し、自然と村に残ろうとする農民も現れるだろう。《林盤計画》は、満足な社会保障を受けられないまま都市に居残る農民を多く抱

197

える中国の社会問題を解決し、都市部と農村部の貧富の差の解消も視野に入れているのだ。

　この計画のチームは経済学や農学等の各分野にまたがるメンバーによって構成され、四川省成都市近郊の林盤地区で現地政府と協力して進められている。李の提案が採用されるかはわからないが、いずれにしても中国の状況に一石を投じることになるはずだ。

　《籬苑図書館》（2012）は全体がガラスで構成され、地元の木材である柴火棍で覆われている。これは、李の友人が資金を提供して実現した民間発の公共プロジェクトであり、彼の持続可能な自然と社会に関する理念を余すことなく実現している。建設のプロセスが自然の循環の中に位置づけられ、すべての材料が化学処理されず、完全に自然素材であり、かつ安価で交換可能な材料でつくられている。

　大都市を舞台にした開発へのアンチテーゼとして地域主義的建築が注目される昨今の中国建築界において、李のような建築家は重要な存在であろう。彼が多数の賞を受賞して国内外の注目を集めることは、中国建築の成熟にとって必要不可欠なことである。

（劉暢／ベルラーヘ・インスティテュート）

《ウオーター・ハウス》麗江, 2011

雲南省麗江市郊外の山麓の湖に面する場所に建てられたプライベートハウス。伝統的な平面構成に、高低差を利用した湖と連続するような水盤や、開放的な建具などを織り交ぜることで、内向的な親密さと自然と融合する開放性を両立させた建築。

1. 南側アプローチから見る外観
2. 水際のバルコニー
3. 石積みの生垣
4. 中央の中庭
5. 中庭に面した建具は
  大きく開け放つことができる

図版提供=李暁東工作室

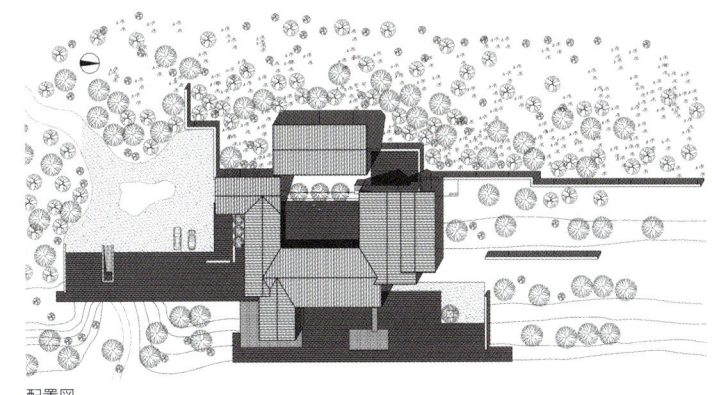

配置図

リ・シャオドン LI Xiaodong

1963	北京生まれ
1984	清華大学建築系を卒業
1993	デルフト大学（オランダ）にて博士号を取得
1997	李暁東アトリエを北京とシンガポールに設立
1997-2002	シンガポール国立大学にて助手、准教授を歴任
2004-	清華大学建築学院教授

中国当代
建築家列伝

06

ワン・シュウ
王澍／アマチュア・アーキテクチュア・スタジオ
WANG Shu/Amateur Architecture Studio

《寧波美術館》寧波, 2005
船舶運輸業のための建物のリノベーション。前面広場から背面の河川まで、2本のブリッジが美術館空間を貫通する。
撮影=市川紘司

《蘇州大学文正学院図書館》蘇州, 2000
湖に突き出る図書館であり、初期の代表作。王澍の代名詞である古材のパッチワークされた壁面意匠はまだ無いが、縦長の建築プロポーションに作家性が垣間見られる。
撮影=市川紘司

《寧波博物館》寧波、2008
寧波の歴史を展示する博物館。都市化された周辺環境を拒否する建築の立ち姿は「要塞」のようであり、外壁の下部には撤去住居から採集された材料がランダムに貼られ、上部は竹枠による荒々しいコンクリートが露出されている。
撮影=市川紘司

● 王澍のプロフィール、および主要プロジェクトについては本誌20-37頁に掲載しています。

「国家的なもの」から遠くはなれて

　王澍は、現代中国の建築シーンの中心にいる建築家が海外の有名大学で学んだのちに活躍しているのとは対照的な経歴を持っている。

　王澍は国内の南京工学院（現東南大学）で修士課程を修めたのち、自身が多くの作品を生み出す土壌となる杭州の浙江美術学院（現中国美術学院）にて勤務。数年間の熟考期間を経て、1997年には「アマチュア・アーキテクチュア・スタジオ」という名の事務所を立ち上げている。このアトリエ名称には、現代中国の建築業界の「プロ」が作り出す功利主義的な建築観への批判的な立場が含まれている。

　王澍の代表作は浙江省に集中している。とりわけ有名なのは杭州市の《中国美術学院象山キャンパス計画》（2001-2007）の建築群と、《寧波博物館》（2008）であろう。一連の作品に共通するのは、地元の廃材を使って組み上げられたファサードからなる、圧倒的な造形力に支えられた空間だ。彼の作り出す作品群と、彼の現代中国の建築シーンへの批判的立場は高く評価されており、2012年には若干48歳という若さでプリツカー賞を受賞した。

　同じくプリツカー賞を受賞し、高度経済成長期に活躍した建築家として日本人が真っ先に思い出すのは、丹下健三であろう。しかし、丹下と王澍は立場が正反対である。丹下は1964年の東京オリンピックの中枢施設を手がけ、国家を背負っていたのに対し、王澍は2008年の北京オリンピックとその背後にある中国政府の一挙一動に世界中の目が注視しているあいだに、中心からは離れた地方で、のちにメルクマールとなる《寧波博物館》を黙々と設計していた。

　王澍はみずからの建築手法を「循環的建造」と呼びつつ、マテリアルを媒介にして、建築と社会を再度つなぎ合わせようと試みている。しかし、そこには「国家を背負う」といった一種の悲壮感は感じられない。むしろ、そうした国家的なものに対してこそ批判的な立場をとり、自己を表現するという手法を取っている。これは、若き日のアイ・ウェイウェイも所属していた「星星画会」が文化大革命後期にとっていた態度を祖としたものであり、と同時に、現代の中国人芸術家の多くに共通する特徴でもある。

　王澍は、現代の建築の生産システムが効率化に向かう流れへの批判的姿勢を、そのアトリエ名や制作態度で示し続けているにもかかわらず、プリツカー賞受賞以後、中国国家の彼の作品への評価はきわめて肯定的である。建築家自身のスタンスと国家の評価が乖離しているという点は、やはり丹下とは間逆であり、非常に興味深い。

　王澍と丹下健三という2人のつくる建築に目を向けてみよう。丹下は、その後期にはスタイルに移ろいはあったものの、空間構成は基本的に近代建築を下敷きにしている。また、《大東亜建設記念営造計画》や《広島平和記念資料館》など、都市と直結した作品を代表として、人間スケールを逸脱した都市的スケールの空間や要素が随所に見られる。

　一方、王澍がつくり出す建築は、一見すると来訪者に親身に寄り添う空間に感じられる。しかし機能的に不明瞭なスペースの配置、アップダウンのあるスロープ、開口部の取り方、巨大な壁面などといった要素は、人間の身体を基準としたとものというよりも、やはりむしろ積極的に都市的スケールを意識したアンチ・ヒューマニズムな思想を内包しているようにも見える。

　筆者には、丹下はディテールにおいても人間スケールを超えたものを注意深く「設計」したが、王澍はあえてディテールにこだわらない「ふり」をすることで、都市との対話を表現しようとしているように感じられる。そういった意味で王澍の作品は実にオブジェクティブであり、丹下の作品群と共通していると言えるだろう。レンガや瓦を延々と積み重ねる外装の工法は、地域に根ざし、自然と建築を対話させる建築をつくり出そうとするためでもあるが、オブジェクティブな建築、つまり国家を背負うようになる建築を包み隠す、一種のアリバイにもなっているのではないか。つまり、国家や社会に対しての王澍と丹下の立場は正反対であるものの、建築の本質は共通していると思われるのである。

　今後も中国国家や民間デベロッパーは、王澍を、丹下のような「国家を代表する建築家=インターナショナルな建築家」として大々的に登用していくであろう。王澍はそういった状況に批判的にぶつかっていく必要がある。王澍自身もこれらに対しては非常に意識的であり、「国家的建築家」や「批判的地域主義の建築家」といった既成の枠に留まらない、新たな領域の建築家像を創り出そうとしている。

（寺崎豊/隈研吾建築都市設計事務所）

中国当代
建築家列伝

07

ワン・ユン
王昀／方体空間工作室
WANG Yun／Atelier Fronti

《百子湾小区幼稚園》北京, 2006
北京市東部につくられた幼稚園。ジュゼッペ・テラーニのカサ・デル・ファッショを想起させるフレームを有する主体から、音楽室である円形ボリュームが飛び出す。

1. 全景
2. スリット状のトップライトから柔らかい光が射す
3. 屋上の円形広場
図版提供＝方体空間工作室

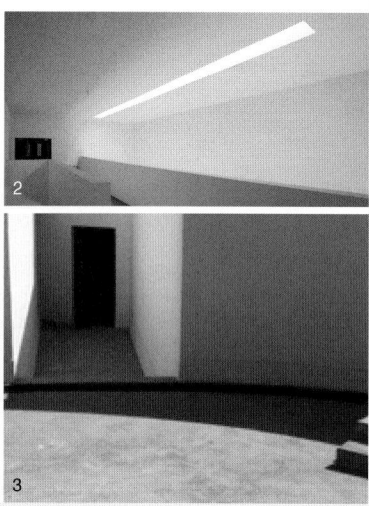

集落調査から
漂白された空間へ

中国では、日本現代建築に対する需要は高い。とくに若手建築家のつくる小住宅などは頻繁にメディアに取り上げられている。こうした事態は、諸外国と同様だろう。ただし、実際に日本へ留学した経験を有する建築家はじつはあまりいない。日本と比べれば中国の優秀な建築学生は留学への意欲が非常に高いのだが、彼らが向かう先はアメリカ、カナダ、ヨーロッパが主である。

そういうわけで、王昀は、数少ない日本留学経験のある中国アトリエ建築家となっている。王の経歴をおさらいしておこう。1985年に北京建築工程学院を卒業し、中国古典建築に関する論文などを発表しながら母校にて助教を務めたのち、日本にわたったのは1991年。日本での生活は1999年までつづく。つまり王は、バブルが崩壊したあとのいわゆる「失われた10年」の真っ只中にある日本で過ごしたわけだ。

この期間、王は東京大学大学院に所属し、最終的には博士号を取得している。原広司と藤井明のもとで集落研究に従事し、30以上の地域の集落をまわったという。『伝統的集落の空間組成に見られる空間概念に関する研究』としてまとめられた博士論文は、集落の配置図を定量化し分析をほどこすものであり、多種の様相を

《百子湾小区中学校》北京, 2006
《百子湾小区幼稚園》の西側につくられた中学校。長大な水平連続窓はサヴォア邸を引き伸ばしたようなユニークなデザイン。

1. 全景
2. ふたつのリニアなボリュームに挟まれた中庭
3. 大階段からエントランスを見上げる
4. 廊下内観
図版提供=方体空間工作室

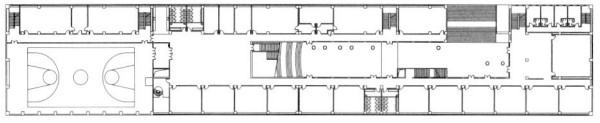

2階平面図

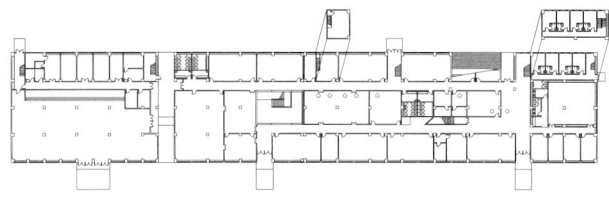

1階平面図　SCALE＝1:2,000

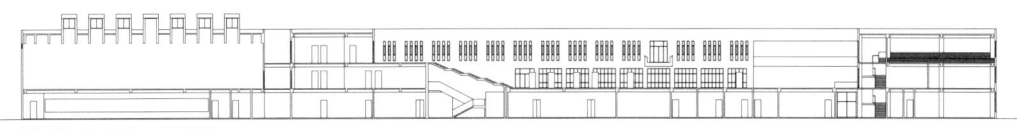

断面図　SCALE＝1:1,200

《西渓学社》杭州, 2010
杭州の西渓湿地につくられたアートや学問に関する交流施設。
ホワイトキューブが敷地にバラバラと配置されることで自然環境のなかに溶け込まされている。

呈する集落を抽象的な数値と形態に落とし込んだうえで比較するものであった。その後一時期は日本で働いていたが、北京大学に建築学研究センターを設立する張永和に誘われ、2001年に北京に戻ることになる。そして教職に就くと同時に、中国にてアーキテクトとして活動を本格化する。

王の建築作品の特徴は際立っている。四角形や円形といった単純幾何学を用いた抽象的な形態。そして、とにかく白いのだ。こうした作風からは、集落調査を行なっていた経歴はなかなか想像しがたい。水平連続ガラス窓やピロティ、フラットルーフといった要素を備えていることから、むしろ1920年代の「白の時代」のル・コルビュジエを強烈に想起させる純モダニズムを思わせるだろう。《欧陸経典》(2003)はそのル・コルビュジエの水平連続窓がつみ木のように重ねられたファサードであり、**《百子湾小区中学校》**(2006)はそれを横に引き伸ばしたようでもある。鈴木了二が制作したサヴォア邸のコラージュを思わせる操作的なデザインであり、非常にユニークなものとなっている。

近年の中国建築家には、施工精度の未熟さや砂埃の多い乾燥する土地柄といった条件を受けて、いわゆる「地域主義」的な材料を荒々しく使用するタイプが多い。劉家琨などはその代表格であり、王のように極端に抽象方向に作品を展開する建築家は稀である。筆者自身、留学中に中国建築の地域主義的傾向の強さを理解

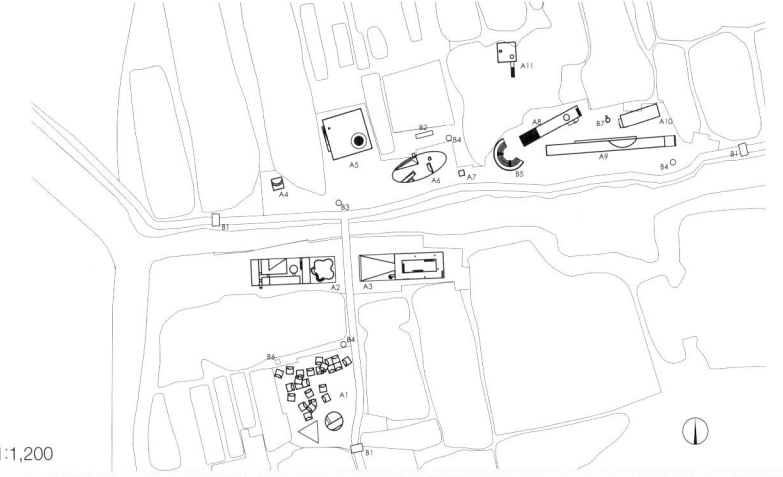

配置図 SCALE=1:1,200

A1-13 elevation

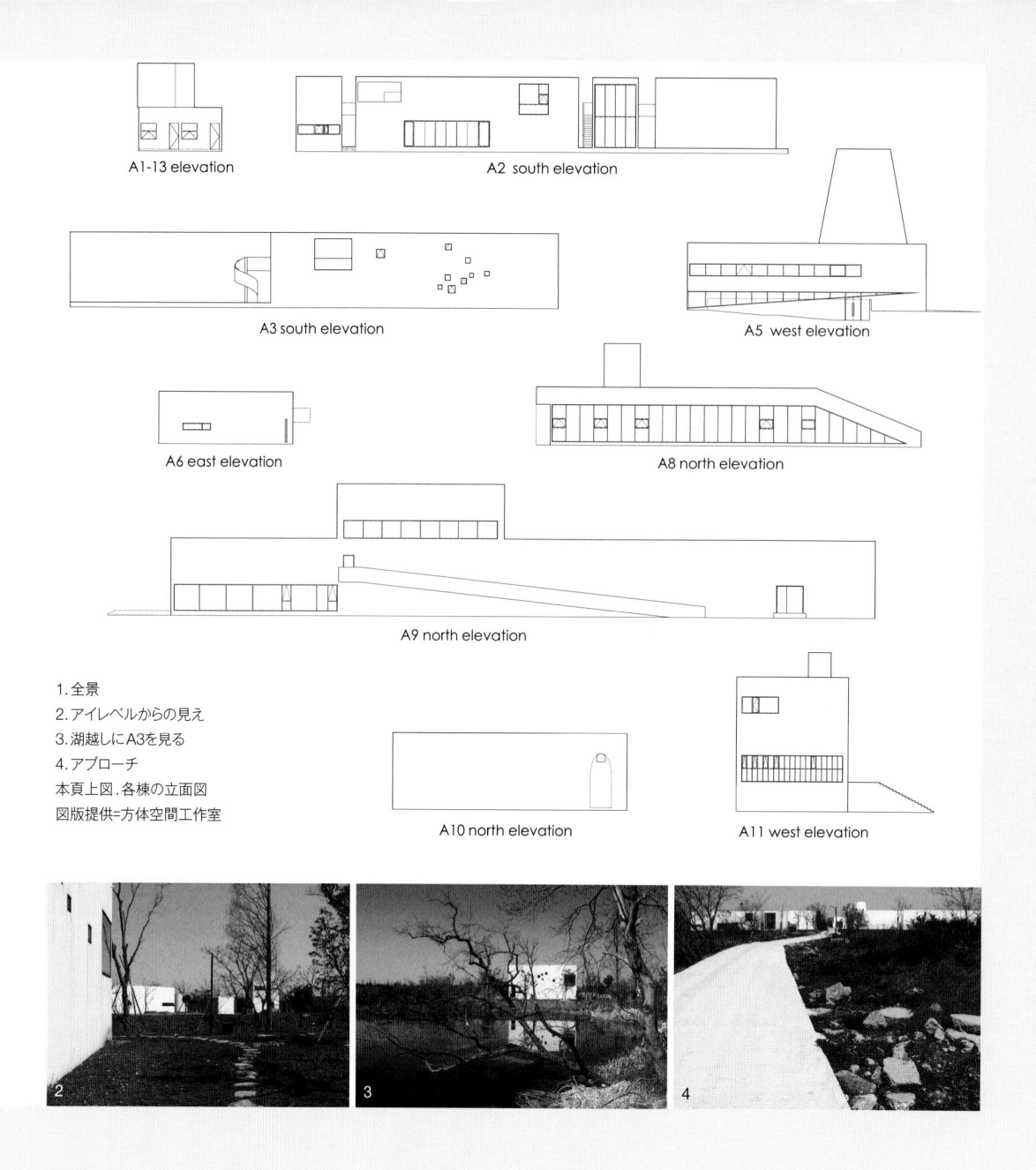

A2 south elevation

A3 south elevation

A5 west elevation

A6 east elevation

A8 north elevation

A9 north elevation

1. 全景
2. アイレベルからの見え
3. 湖越しにA3を見る
4. アプローチ
本頁上図. 各棟の立面図
図版提供＝方体空間工作室

A10 north elevation

A11 west elevation

しつつあった頃、その真逆にある王の存在を知り、中国建築の大きさというか、懐の深さを思ったものである。ただし、その抽象的かつ洗練された作風は、竣工後にクライアントや使用者による勝手な改変に悩まされているように見えることも、付けくわえておかねばならない。筆者が見学した2012年の《百子湾小区中学校》は、青いラインや室外機によって外観が乱雑化してしまっており、また吹きさらしだった中庭にはガラス屋根が架けられていた。

王は建築と音楽を重ねあわせて思考する点でも特徴的である。日本滞在時には、サティの譜面を建築化するコンセプチュアルな提案によって第4回エス・バイ・エル建築設計コンペで1等を受賞しており、2012年には著作も出版している。

（市川紘司／東北大学）

《盧師山クラブハウス》北京, 2005
北京西部の郊外住宅地につくられたクラブハウス。住民に開かれた印象
をあたえるため、西側ファサードは全面ガラス張りとなった。

1. 外観、右に見えるのは《庐师山庄A+B》
図版提供=方体空間工作室

《石景山財政トレーニングセンター》北京, 2007
40x40x60mという整ったボリュームからなるオフィスビル。アトリウムの
天井と壁面には、それぞれ23個ずつ丸窓が開けられている。また、建物
前面には門型フレームがそびえる。

1. 前面の門型フレーム
2. 側面の丸窓
3. アトリウム内観
図版提供=方体空間工作室

ワン・ユン　WANG Yun

1962	黒竜江省ハルビン生まれ
1985	北京建築工程学院建築系卒業
1999	東京大学大学院で博士号を取得
2001	北京大学建築学研究センター副教授に就任
2002	方体空間工作室を設立
2010	北京大学建築・景観設計学院副院長、北京大学建築学研究センター常務副主任

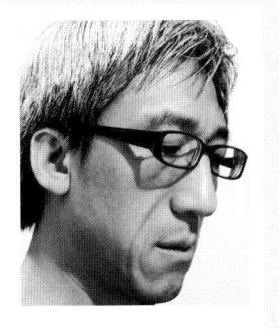

中国当代
建築家列伝

08

マ・チンユン
馬清運/馬達思班
MA Qingyun/MADA s.p.a.m.

《父の家》西安, 2000
設計者の父親のためにつくられた農村住宅。RCフレームのなかに積み上げられた石材は、敷地付近の河川から採取されたもの。中庭に向かって全面ひらく竹による建具は伝統建築の印象を生み出す。

1. 全景
2. 塀と外壁の間には水盤が設けられている
3. 中庭から見たファサード
図版提供=馬達思班

状況に合わせ、
自在に変転する建築

「彼は、あるいは中国の新しい文化革命の代表なのかもしれない」と馬清運を評したのは、1990年代半ばから中国の建築と都市に対してただならぬ関心を向けてきたレム・コールハースであった。

コールハースの言うとおり、たしかに馬清運の経歴は、文化大革命という「鎖国」に近い状態から北京オリンピックや上海万博を開催する大国にまで超高速で成長した中国の変化をよく表している。馬清運が生まれたのは、陝西省西安の農村部の非常に貧しい家庭であった。苦学のすえに中国の建築学系ではトップの清華大学に入学し、さらに大学院進学のさいには、競争率のはげしい奨学金を勝ち取ってアメリカへの留学を実現させている。留学先のペンシルバニア大学は、中国近代建築の巨匠であり清華大学建築系を創設した梁思成の留学先でもあったが、そのペンシルバニア大学では華人としては最初の教職にも就いている。その後は南京大学やベルラーヘ・インスティテュート(オランダ)での客員教授などを歴任し、2007年には南カリフォルニア大学建築学院の学院長(ディーン)に着任し、現在にいたっている。ちなみに、1990年代後半には、コールハースがハーバード大学の学生とともに進めた「珠江デルタ」リサーチに参加し、その後は《CCTV》コンペ

断面図　SCALE=1:200

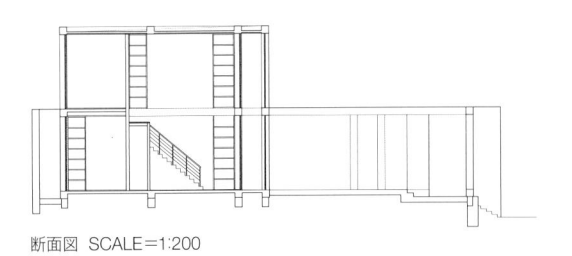

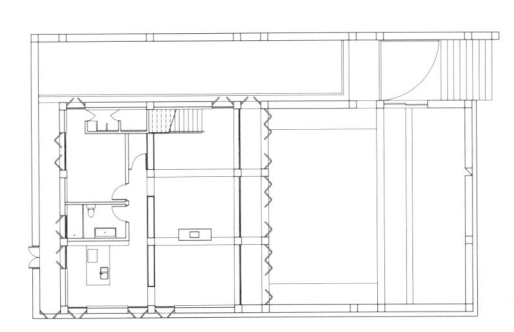

1階平面図　SCALE=1:200

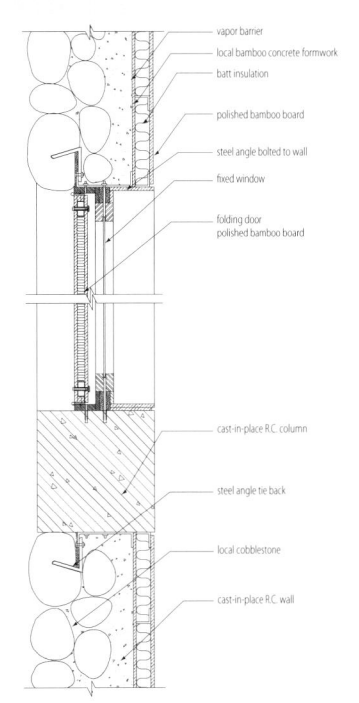

断面詳細図　SCALE=1:25

- vapor barrier
- local bamboo concrete formwork
- batt insulation
- polished bamboo board
- steel angle bolted to wall
- fixed window
- folding door polished bamboo board
- cast-in-place R.C. column
- steel angle tie back
- local cobblestone
- cast-in-place R.C. wall

《上海青浦朱家角行政センター》上海, 2004

上海市の郊外・青浦につくられた2万㎡の行政センター。青レンガや竹ルーバーなど伝統的な材料を用いることで、スチールとガラスによる大規模建築のなかに江南庭園のような雰囲気をつくり出すことが試みられている。

1. 全景 2. 中庭から見たファサード
図版提供=馬達思班

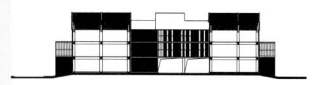

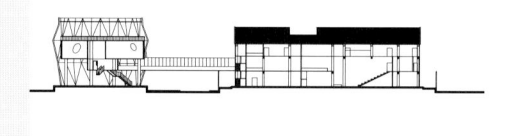

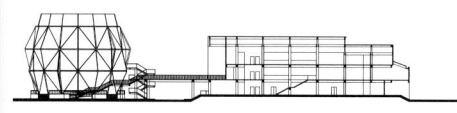

2階平面図

断面図

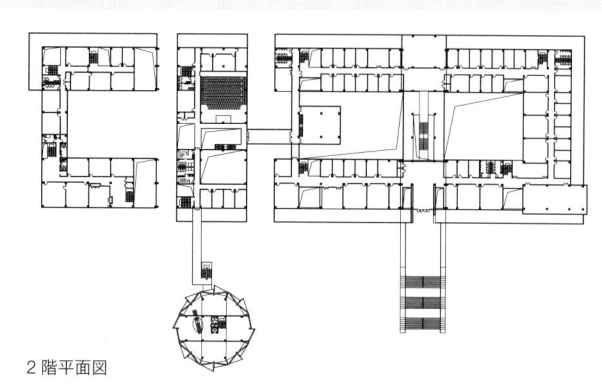

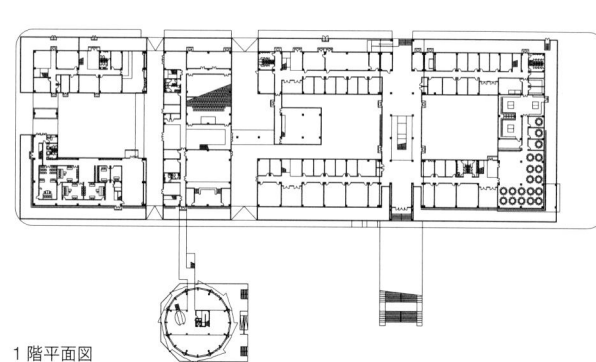

1階平面図

にも協力している。

　文化的にも経済的にも恵まれない出自にもかかわらず、自身の能力と努力によって成功を収めた人物のことを、中国語では「鶏窩里飛出了金鳳凰（ニワトリの巣から金の鳳凰が出る）」と言うが、中国内陸部の農村から著名アーキテクトの仲間入りを果たした馬清運は、まさに現代中国における「鳳凰」の一人である。なるほど、馬清運の経歴はきわめて「中国的」なサクセスストーリーの体現なのだ。

　しかし注目すべきは、馬清運はその建築作品においても、非常に「中国的」な特徴を有していることである。彼は建築を設計するさいに作風の一貫性を積極的に放棄している。作品ごとに、場所や状況に合わせてスタイルをめぐるしく変化させているのだ。

　たとえば、故郷である陝西省に建設された《父の家》（2000）や《精品ホテル》（2006）ではミニマルな形態と自然の材料を採用する「スイス」的なデザインが見ら

れる。あるいは、《寧波城市建設展覧館》（2003）の外観にほどこされている「斜め」の表現は、OMA的と言うべきものだろう。そのほかにも、丸窓が水玉模様のように多く設置された《北京光華路SOHO》（2006）や、木材や石材といった伝統的材料を用いて鉄とガラスによる大規模建築を皮膜する《上海青浦朱家角行政センター》（2004）などもある。こうした作品群を見ると、その見方によっては「節操の無さ」と映るほど、馬清運の作品ひとつひ

210

2

《寧波城市建設展覧館》寧波, 2003

港町・寧波の河川脇に建設された都市展覧博物館。階段室のガラス面を人の動きに沿って斜めにし、そのままファサードの表現とする点は、設計者との関係が深いコールハースからの影響か。隣接するのは王澍による《寧波美術館》。

1. 全景
2. 階段内観
図版提供=馬達思班(1)、撮影=市川紘司(2)

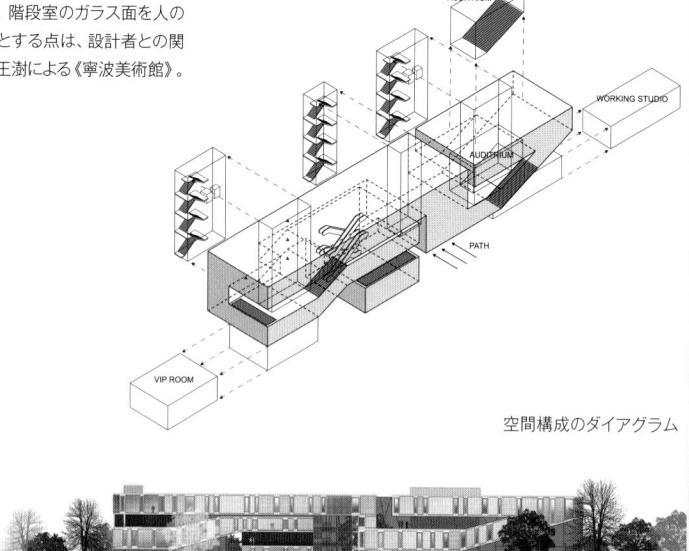

空間構成のダイアグラム

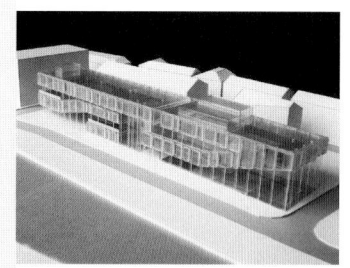

模型写真　　立面図

とつのデザインは、かなり異なった様相を呈している。

とあるインタビューのなかで、馬清運は「建築よりも大切なことはあまりに多い」と述べている。作品変遷をみるかぎり、これはアイロニーの表現ではなく、本当にそう考えているのだと捉えるべきだろう。広大な中国において、変化の振れ幅が大きい地域性やクライアントに合わせ、変幻自在にスタイルを変えること。あるいは、施工を完璧にコントロールしその精度を上昇させることがむずかしい中国の現状を鑑みて、ひとつのスタイルを追求して「質」を向上させることを諦めること。そして、むしろそうした中国の現状にしたがってスピーディに建築を生産しつづけること。馬清運の建築デザインにおける「作家性の放棄」はこのように積極的に解釈できないだろうか。

「臨機応変」であることの必要性は、テクノロジーやスケジュールなどに制約の多い現在の中国建築業界においては、たしかに前提条件として存在している。それに対してもっともラディカルに応答しているのがこの建築家なのである。

（市川紘司／東北大学）

《浙江大学寧波理工学院図書館》寧波, 1999
寧波市南部に位置する大学キャンパスの中心部につくられた図書館。凹凸のある直方体の形態が、キャンパス入口からのびる軸線のうえに象徴的に配置されている。

1. 全景 2. ファサードの近景　図版提供=馬達思班

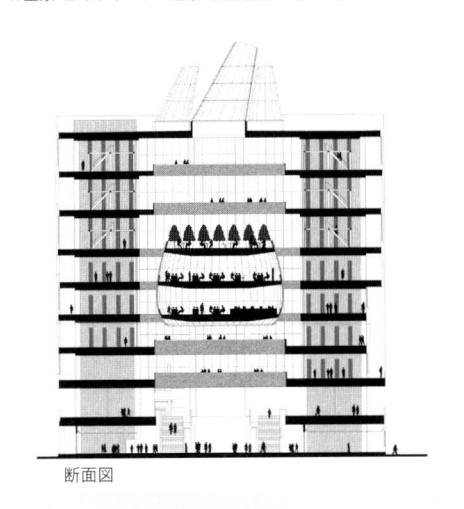

断面図

《北京光華路SOHO》北京, 2006
大手デベロッパーであるSOHO中国がクライアントの商業施設＋オフィスビル。高さ60mのタワーが4棟つらなる構成。ファサードとインテリアともに、そのデザインには円形モチーフが使用されている。

1. 内観
2. 外観
図版提供=馬達思班

マ・チンユン MA Qingyun

1965	陝西省西安生まれ
1988	清華大学建築系卒業
1991	ペンシルバニア大学建築系で修士号を取得
	KPFなどに勤務
1999	上海にて陳展輝とともにMADA s.p.a.m.を開設(2003年に黄岳がパートナーにくわわる)
2007	南カリフォルニア大学建築学院学院長に就任

中国当代
建築家列伝

09

ジャン・レイ
張雷／AZLアーキテクツ
ZHANG Lei／AZL Architects

《コンクリート・スリット・ハウス》南京, 2007
張雷の代表作と言うべき住宅建築。南京の住宅街に建てられた戸建住宅である。シンプルな家型のボリュームの中間にスリットが切り込まれ、空間構成と内部に入る光に操作が加えられている。このコンクリートのミニマムな外観は中国建築界に新鮮な印象を与えた。

基本建築
ファンダメンタル・アーキテクチュア

　長髪にサングラス、黒革のジャケットとシルバーの指輪。それがメディアで知られている「建築家」張雷のスタイルである。
　張雷は南京を中心に活動する建築家であり、馬清運や張永和と同様に、中国国内で建築を学んだのちに海外に留学した中国第一世代の建築家（1950、60年代生まれ）である。また、現在は南京大学建築学院教授・副院長を務めており、長年さまざまな大学教育の場に携わっている「教育者」でもある。
　張雷は、優秀な建築教育で知られる東南大学で博士号を取得後（1988年）、同大学にて助手として数年勤務し、1991年から1993年までスイスのチューリッヒ工科大学（ETH）に留学している。
　ETH卒業後は母校の東南大学に戻り、10年間教育の場に携わる。そして2000年には、南京大学建築研究所の教授に就任し、以降は同大学研究院において学生寮や体育館、図書館など多くの大学施設や大規模施設を手がけるようになった。またそれらの活動と平行し、2001年にはatelier Zhangleiを設立（現在はAZL Architectsと改称）。こちらではデザイン性の高い建築を発表しており、一般的に知られる彼の仕事はこれらである。
　張雷のホームページを見ると、彼の設計への姿勢が見てとれるだろう。それは

1. コンクリート打ち放しの外観
2. ファサード
3. スリット状の開口部
4-5. 3階の内観
図版提供=AZLアーキテクツ

敷地周辺の模型

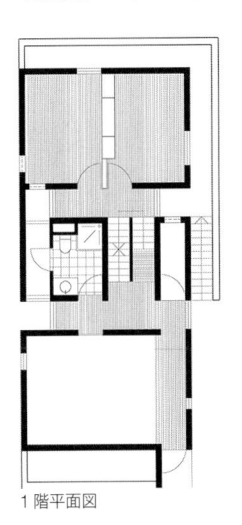

1階平面図 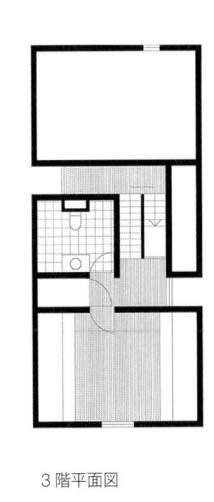　　3階平面図 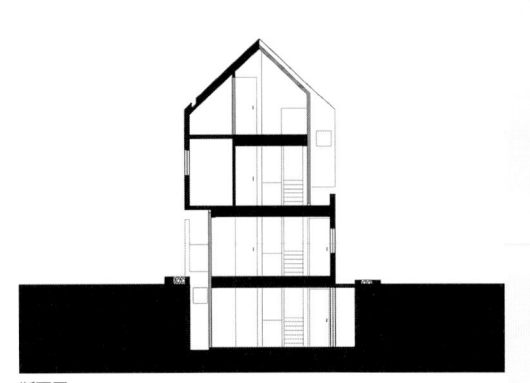　　断面図

《長沙デルタプロジェクト展示センター》長沙, 2011
地方都市の中心部に位置する公共の展示施設。角度の振られたガラスルーバーが立面を覆う。GLから続くスロープが内部空間に巡らされることで、建築は開かれたボックスとして都市のコンテクストに接続される。

1. ファサードの近景
2. 全景
図版提供=AZLアーキテクツ

《鄭東新区城市計画展覧館》鄭州, 2011
エリア一帯で進められている開発の中心として計画された展示施設。ランドスケープや川への眺め、日射などを考慮することで導かれたボリュームは全体が傾いており、アクリルパネルのパターンとコールテン鋼によってダイナミックな造形が強調されている。

1-2. 外観
図版提供=AZLアーキテクツ

　英語版（AZL Architects）と中国語版（張雷連合建築事務所、南京大学建築計画設計研究院）とで、ページが明確に分けられており、前者には比較的小規模なアトリエ事務所のような作品が、後者には規模の大きい組織設計事務所のような作品が掲載されている。

　こうした設計作品のある種のアンビバレント性は、張雷に限らず中国人建築家に広く見られる傾向ではある。とくに第一世代の建築家は地域や伝統をどう現代へ更新させるかという課題を背負っているため、低質な技術と材料によるローカリティをまとった建築を得意とするのだが、その一方で、高層複合ビルや都市計画マスタープランなど、規模とスピードへの対応が問われる資本主導のプロジェクトへの態度はあまり明確ではない。張雷の場合は、AZL Architectsと大学研究院を使い分けることで、その状況へ対応しているのだと言えるだろう。

　張雷の建築は、規模や敷地、プログラムによって、多様なスタイルを呈しており、ひとくくりにしてすべてを評するのは難しい。ただ、多くの中国建築家が、中国的状況を反映して素直な「粗さ」や「重さ」を作品として表現しているのと比較すると、表層における現代的な「質感」に、彼の特徴があると言えるかもしれない。

　あるいは、張雷が2005年に出版した作品集には『基本建築』（Fundamental Architecture）というタイトルが与えられており、いくつかのインタビュー記事なども踏

《ブリック・ハウス》南京, 2007
建築家の詩人の友人のために設計された郊外住宅。地元の熟練した職人が積み上げたレンガが、簡素ながら豊かなテクスチュアを形成する。ローカル性と現代的なデザインが一体となった、中国当代建築の典型とも言うべき作品。

1. エントランス側レンガ積みのファサード
2. 反対側の夕景　3-4. 居室内観
図版提供=AZLアーキテクツ

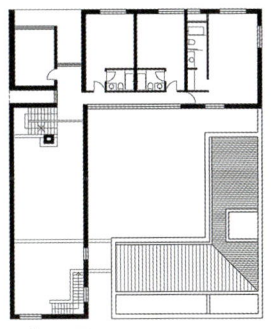

2階平面図

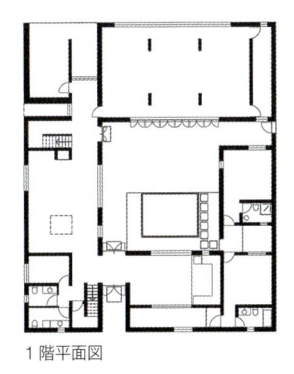

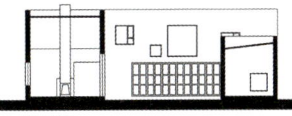

1階平面図

断面図

まえると、張雷の建築家としての基本的なスタンスは、建築を建てるさいに直面する複雑な諸条件に対して、でき得るかぎり簡潔な操作によって応えようとする点に求められそうである。

張雷の代表作である**コンクリート・スリット・ハウス**(2007)は、構造と表層表現が一体となった量感のあるコンクリートの家型が印象的である。そして、そこにスリットが刻まれることで室内を分節しつつ、光と風景を内部空間へ引き込む構成となっている。南京の歴史的街並みの中心部に位置するこの住宅は、近隣に馴染むようコンクリートの外壁に型枠によって細かくラインが刻み込まれ、その表情を周囲の煉瓦造建物のスケールと調和するよう、意図されている。こうした素材感を丁寧に活かした簡素かつ抽象的な造形は、スイスで学んだ張雷らしい作品と言える。

ブリック・ハウス(2007)は、詩人の友人のためにつくられた、大きな中庭を有する煉瓦造の南京の郊外住宅であるが、当地で生産される低コストの赤レンガで作られた外壁は、組積のパターンが部分ごとに変化させられている。施工費を平米あたり800元に抑えつつ、普通にレンガが積まれたものとは異なる表情を生み出すことに成功している。

また、**ブロック・ハウス**(2011)の、直線と曲線によって構成されたコンクリートのボリュームも、森の中にポツンと置かれたアウラをまとう彫刻のようでもあり、本

《ブロック・ハウス》南京, 2011
スティーブン・ホールや磯崎新、アイ・ウェイウェイといった中国内外の建築家24組による建築が集合された開発のなかの1住戸。敷地への影響を最小限にするため、同形状の平面が4層に積み重なったコンパクトな構成である。外観を特徴づける白色の曲面壁には極小の穴がランダムに開けられている。

1. ルーフテラス　2. 浴室内観　3. バルコニー　4. 居室内観　5. 外観
図版提供=AZLアーキテクツ

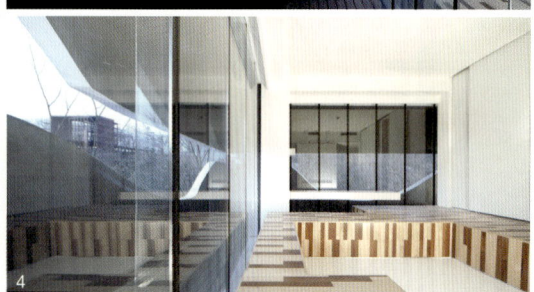

配置図　　　　　　　　　断面図　SCALE＝1:400

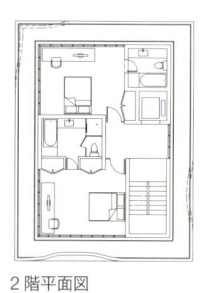

2階平面図 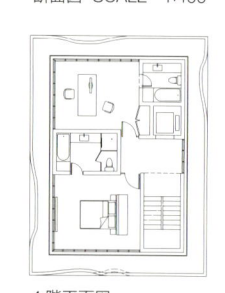　　　　　　　4階平面図

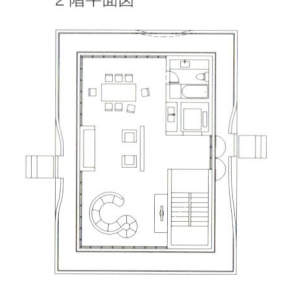

1階平面図　SCALE＝1:400 　　3階平面図

　人いわく「時々シルクのように感じる」厚みのある表層からは、物質に対する眼差しのようなものが読み取れる。
　中国では、施工精度や材料の質は高いとは言えず、スイス建築のように石材を丹念に積み精細な表情を生み出すことは難しい。しかし、中国とスイスの状況をよく知る張雷は、その両者のあいだに、新たな抽象表現を見つけるのかもしれない。現在は、住宅作品などを中心に展開されているが、今後スケールを越えてさまざまな建築タイプへ適応されるようであれば、楽しみである。　　　　（松下晃士／KUU）

ジャン・レイ　ZHANG Lei

1964　江蘇生まれ
1988　東南大学大学院で博士号を取得
1993　チューリッヒ工科大学大学院を修了
1999　香港中文大学建築系副教授に就任
2001　atelier Zhangleiを南京に設立（現在はAZL Architectsに改称）
2006　南京大学建築学院教授、副院長に就任

中国当代
建築家列伝

10

アトリエ・ダスハウス
大舎建築
Atelier DESHAUS

《嘉定ニュータウン幼稚園》上海, 2010
上海市中心から北西に約30kmの開発区にある、建築面積6600㎡の大きな幼稚園。南側に大小の開口部を不規則に配置し、一面をアルミのパンチング板で覆っている。あまり開放的でない全体構成は、周辺環境の与条件が極端に不足していたために採用された。北側の共有部分は大通りに面しているため、窓は設けずにトップライトを採用。動線はスロープで処理されている。

透明性と抽象性をそなえた空間の試行

　大舎建築設計事務所（Atelier DESHAUS）は上海にアトリエを構え、現在は、柳亦春（リュウ・イーチュン）と陳屹峰（チェン・イーフォン）というともに上海同済大学出身の建築家が主宰している。簡単に来歴を追っておこう。柳亦春は、1991年に同済大学建築学部を卒業し、広州設計院で3年間働いたのち、再度同済大学院で建築修士課程を修了する。1997年から2000年まで同済大学の設計院で主任建築士を務めるが、組織設計のあり方に疑問を感じ、独立を決意。大学の後輩である庄慎（ジュアン・シェン、2009年に大舎建築から独立）と陳屹峰を誘い、2001年に大舎建築を設立した。中国では異例とも言える小規模な事務所だが、上海近郊で意欲的なプロジェクトを数多く手がけ、着実に実績を伸ばしている。今や上海を代表するアトリエ系事務所と言っても過言ではないだろう。

　柳亦春によると、事務所の名前はドイツ語で「家に関すること」という意味の単語であるdes＋hausからまず「DESHAUS」が決まり、それに発音が似ており、かつ家を表象する「舎」から「大舎」という中国語名がつけられた。事務所名にまずドイツ語を引用する発想は、西洋文化が浸み込む上海の土地柄を匂わせる、他の事務所にはあまり見られない感覚である。

　大舎建築がつむぎだす空間は、センセ

1.南側からの全景 2-4.北側共用部のスロープ空間 トップライトや中庭から光を採り入れる
5.南側ファサードの夕景 ポツ窓からカラフルな光が漏れる 6.南側教室の内観
撮影=Shu He 図版提供=大舎建築

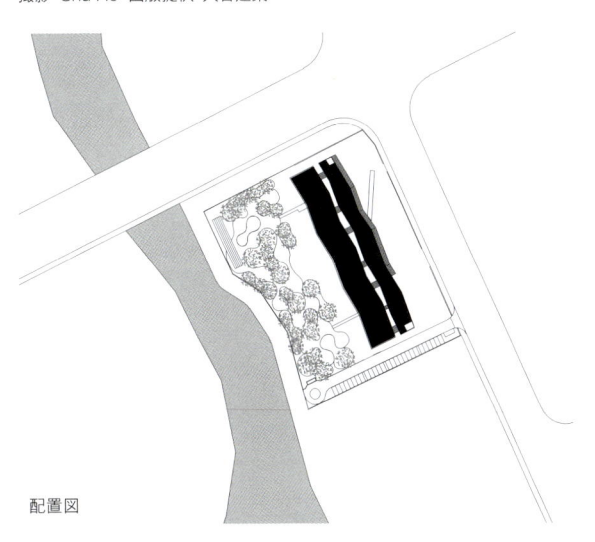

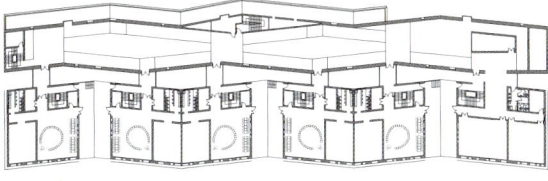

配置図

3階平面図

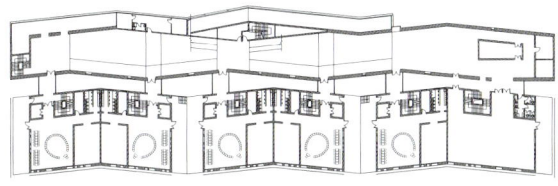

2階平面図

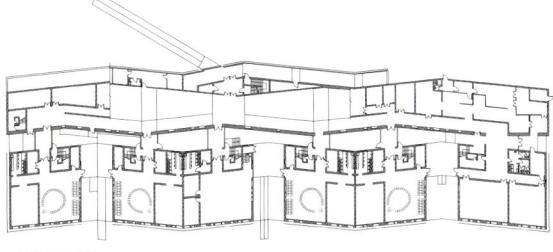

1階平面図

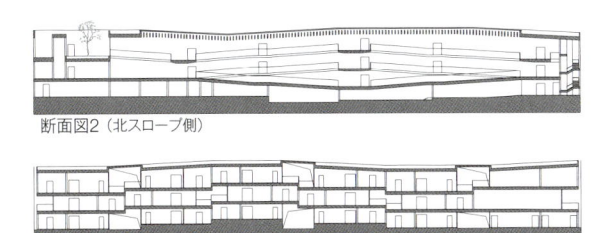

断面図2（北スロープ側）

断面図1（南教室側）

ーショナルさはないが、洗練された透明感をもつ。彼らは設計において目指す方向を「簡朴性」と位置づけている。つまりは簡潔、素朴なデザインを中国建築の風景に取り戻したいわけだ。それはポスト・モダニズムへの明確なアンチテーゼであり、また資本や政治に翻弄されまいとする独立精神でもある。同じ世代の建築家ユニットである「都市実践」の作品と比べると、激動する都市への批判性を表に出さず、あくまでも純粋に空間体験のクオリティを追求す

るスタンスがより際立って見える。

　大舎建築の設計する建築群は、中国国内でしばしば「SANAA的」と形容されている。たしかに日本の建築雑誌に掲載されても、あまり違和感はないのではないだろうか。日本的な建築の目線からも評価され得る彼らの建築は、現在の中国では希有な存在であろうし、中国の建築学生からの好感度もかなり高い。

　2005年に竣工した《青浦夏雨幼稚園》を発表して以降、大舎建築は、国内外の

建築メディアから注目を集めるようになった。これは、高架道路と川に挟まれた細長い敷地に、江南園林を思わせるランダムなボリュームの配置が特徴的である。1階は不定形の輪郭をもつ壁で敷地を囲み、その中に室と庭を交互に配置し、中央の動線がそれらをつなぎとめている。きわめて明快に中国の院落空間の内向性を図式化したと言えるだろう。2階では箱型の寝室が一階部分から竹の子のように「生えてくる」ように配置され、開放的なつくりになってい

222

《スパイラルギャラリーI&II》上海, 2011

嘉定ニュータウン内の公園に建てられたふたつのアートギャラリー。どちらも渦巻き型の平面構成だが、コンクリートとスティールという異なる素材を用いることで対照的な表現がほどこされている。《I》のコンクリート躯体は、そのスケールの小ささも相まって彫刻のような質感を漂わせている点で興味深い。

図版提供=大舎建築

1.《スパイラルギャラリーI&II》の全景
撮影=Yao Li

《スパイラルギャラリーI》
2.渦巻き状の壁に囲まれた中庭 3.階段
4.外周はガラスとルーバーを組み合わせた半透明のスクリーンとしている
撮影=Yao Li

《スパイラルギャラリーI》平面図

《スパイラルギャラリーII》
5.鉄骨フレーム現しの内部
6.全面ガラス張りの外観
撮影=Zhang Siye

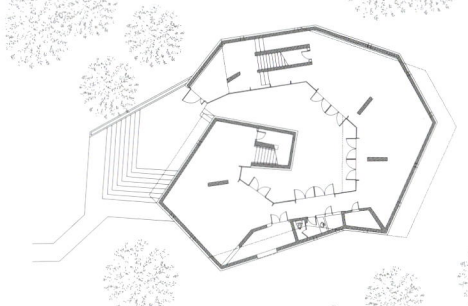

《スパイラルギャラリーII》平面図

《青浦青少年活動センター》上海, 2012
上海西郊外の青浦に建てられた公共施設。方形のボリュームが分棟形式で並べられた。
アルミのパンチング板、不規則に設けられた窓、蛍光色の利用など、
大舎建築の設計ボキャブラリーが余すところなく用いられている。

1

る。陰と陽が反転するような対照的なダイアグラムを1階と2階に並置させ、新たな空間体験を呼び起こす試みである。「江南園林の空間構成はあくまでもインスピレーションでしかなく、そこから新たな空間をどのように再構築できるかどうかが問題だ」と柳亦春は強調する。事実、この幼稚園のたたずまいは極めて現代的であり、平面構成以外で伝統を匂わせる要素はまったくない。江南園林空間をリズム、バランス、密度、境界等いくつかのキーワードからダイアグラムに落とし込み、抽象化したうえで新たな現代性を模索する。伝統と現代を「抽象化」というプロセスを通して結びつける独自の手法は、荒削りながらも、大舎建築の原点となるアプローチである。

抽象的なダイアグラムの操作を重ねる設計プロセスや、ミニマルな造型を好む点は、SANAAや藤本壮介などを思い起こさせる。たしかに、大舎建築が彼らから多大な影響を受けていることは間違いないだろう。しかし、それはただの単純な引用または模倣というレベルの話ではなく、自分流に消化したうえで新たな地平を創り出すことに成功していると思われる。2008年に芸術家である岳敏君の自宅兼アトリエを設計する際、岳は迷宮のような場所にしてくれと依頼した。そこで大舎建築は、中国の伝統住宅がもつ室と庭が交互に展開する空間形式をうずまきの形にまとめた案を提出している。その後、雑誌で偶然にも藤本壮介の《武蔵野美術大学図書館》のプロポーザルを目にし、これは周りが騒がしくなるぞと頭を抱えたそうだ。

期せずしてその平面構成があまりにも似ていたのである。両者が、迷宮性と散策性という、異なったコンセプトからほぼ同時にうずまきという形を導き出したのは非常に興味深い。大舎建築の造形感覚が日本の建築家とどこかで相通じるものがある事を示唆するエピソードである。残念ながらこのプロジェクトは日の目を見ることはなく、藤本壮介に先を越された格好となる。それならばまったくちがううずまき建築をやってやろうと実現させたのが、上海嘉定区の《**スパイラル・ギャラリー**》(2011)である。ここでは異なる相貌のうずまき建築が2軒ならばされており、それぞれ約250㎡という小ささではあるものの、その空間構成の面白さは際立つ。

また、大舎建築の特徴として注目すべきなのは、上記の作品にも一貫して使用されているパンチングアルミ板である。実作を通してその孔径、開孔率、納まりなどのディテールの試行錯誤が重ねられている。ガラスの外側に覆いかけられたパンチングアルミ板は、よほど近づかない限り半透明の膜にしか見えず、極めて高い抽象性を獲得している。内部からみると、非常に薄いカーテンのようでもあり、霧がかかった様な風景を映し出す。建築の開放性を失うことなく日光や外部の視線への過度な暴露を避けることが可能であり、極めて優れた環境調節装置といえる。最新作の《**青浦青少年活動センター**》(2012)でも用いられており、日が落ちる頃に室内の照明が朦朧と映える様子はとくに幻想的で、山水画のような空気感を醸し出している。

(吉富遥樹/清華大学)

1.全景 方形のボリュームが分棟形式でポコポコと並べられる
2.廊下内観 3.図書室内観 4.中庭
撮影=Yao Li
図版提供=大舎建築

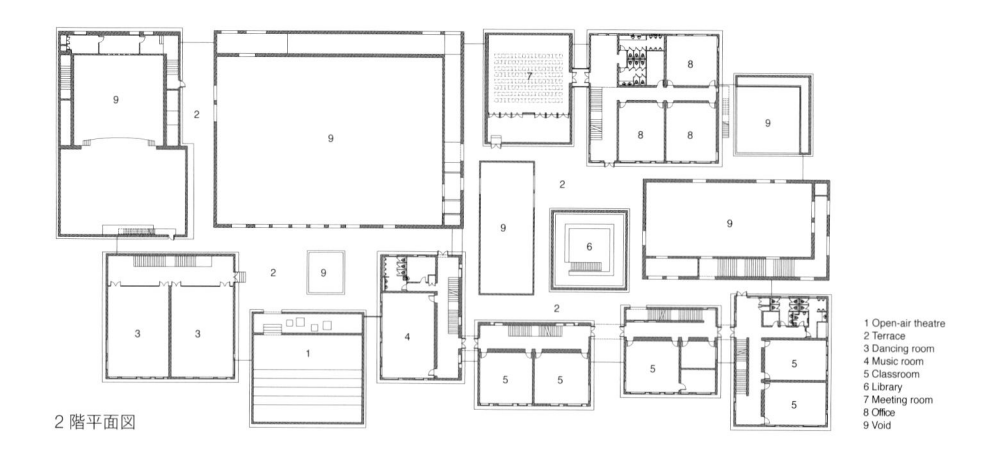

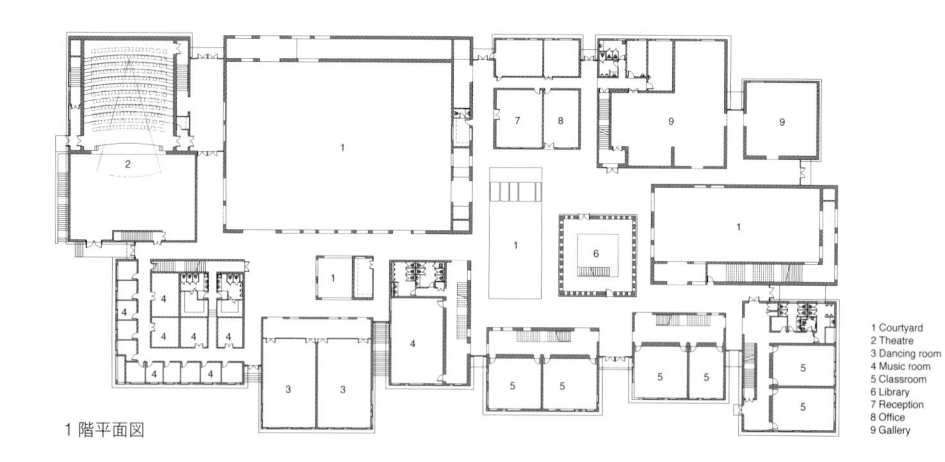

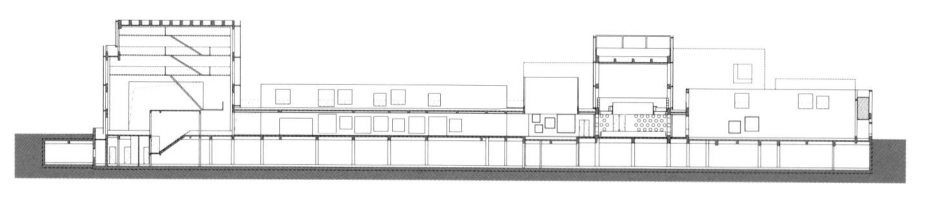

2階平面図

1 Open-air theatre
2 Terrace
3 Dancing room
4 Music room
5 Classroom
6 Library
7 Meeting room
8 Office
9 Void

1階平面図

1 Courtyard
2 Theatre
3 Dancing room
4 Music room
5 Classroom
6 Library
7 Reception
8 Office
9 Gallery

長手断面図

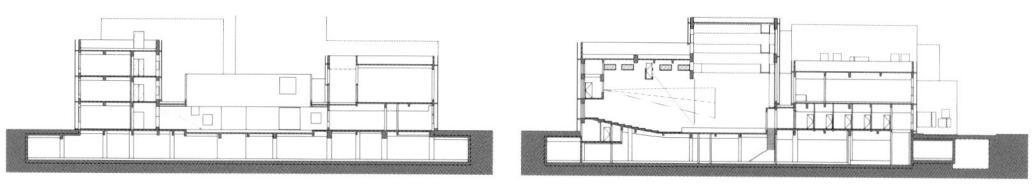

短手断面図1

短手断面図2

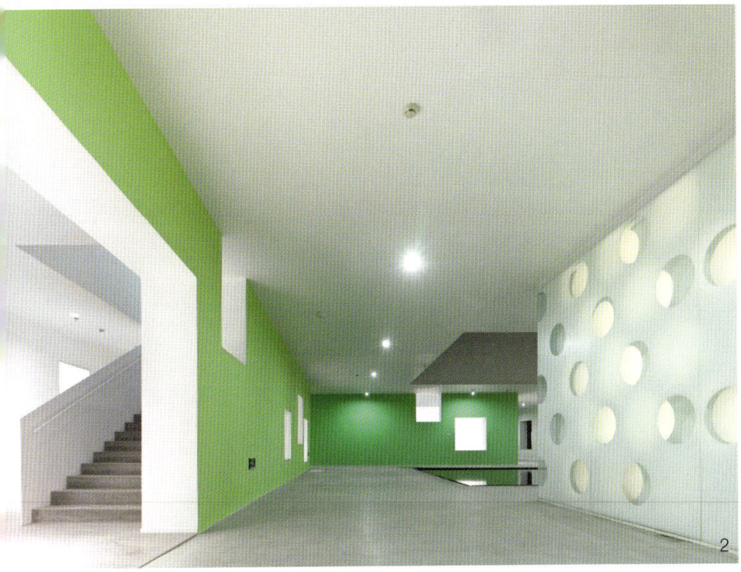

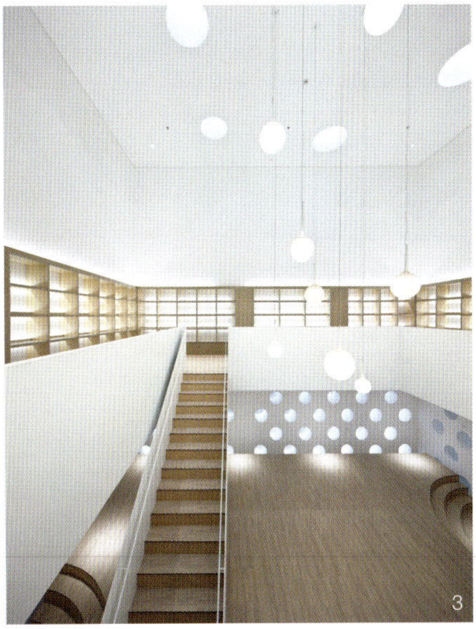

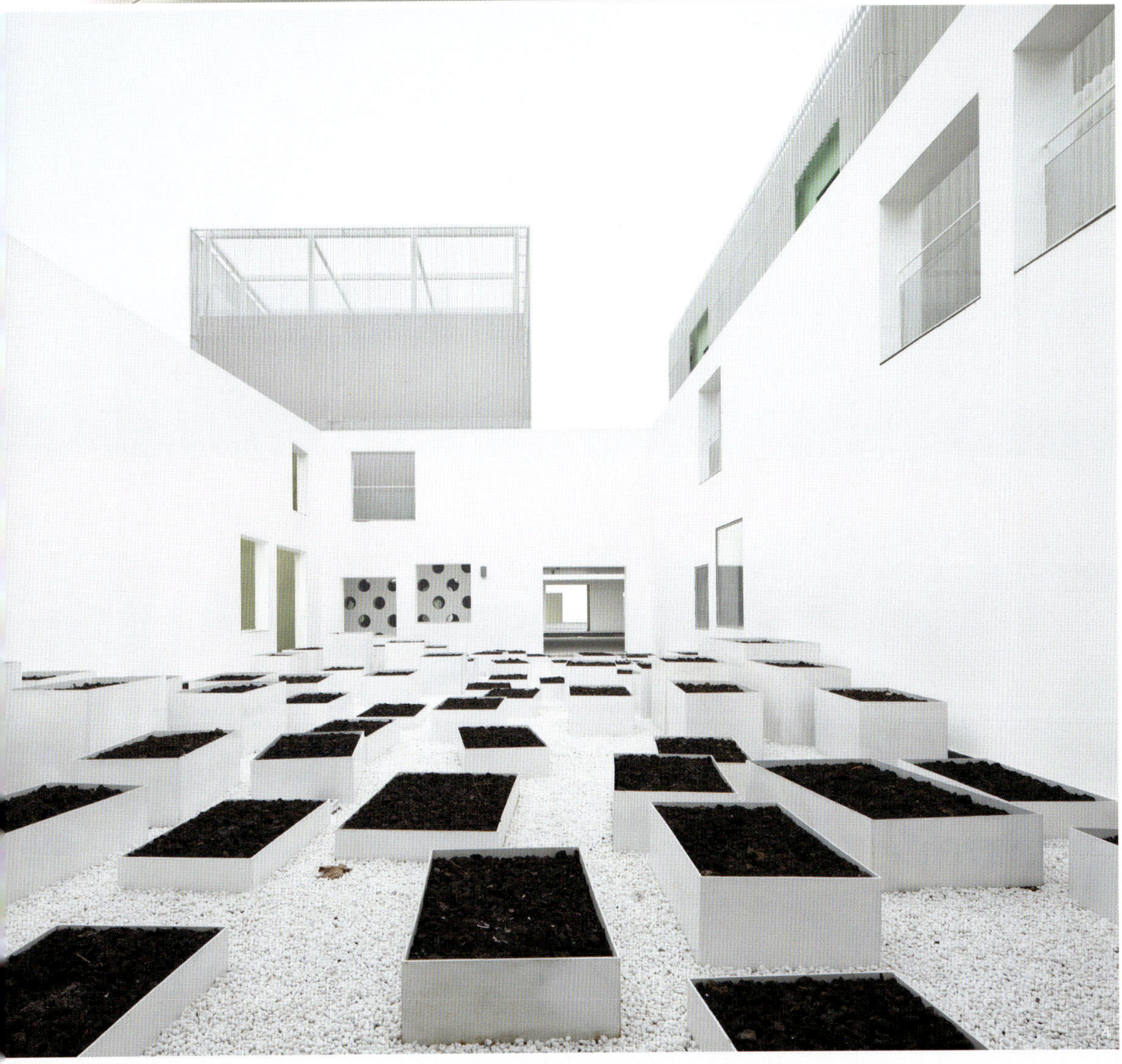

《青浦夏雨幼稚園》上海, 2005

上海郊外に設計された幼稚園。中国庭園の影響が色濃い平面構成が特徴の、大舎建築の初期の代表作である。また、その色とりどりの箱が建ちならぶ構成は、アンリ・マティスの静物画がこの建築のデザインイメージの原型になったという。

1. 事務室と教室からなるガラス張りのボリューム
2. 中庭　3. 川の対岸から見る
撮影=Zhang Siye　図版提供=大舎建築

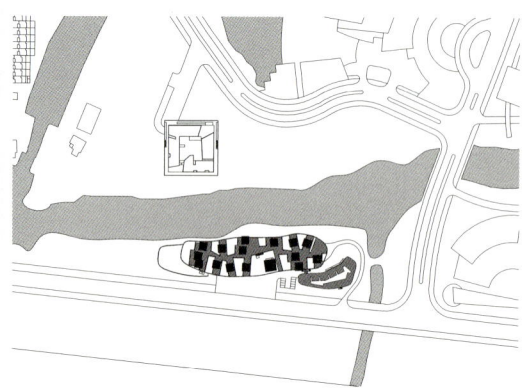

1　Courtyard
2　Corridor
3　Office
4　Playroom
5　Dinning Room
6　Kitchen
7　Class Room
8　Library
9　Roof
10　Bedroom
11　Void

配置図　対岸の矩形平面は《青浦私営企業協会ビル》　　1階平面図　　2階平面図

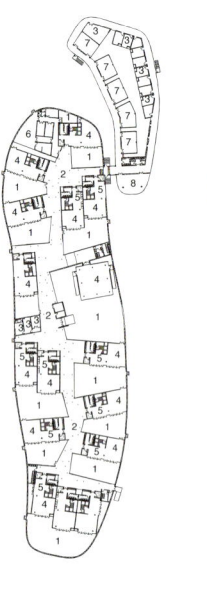

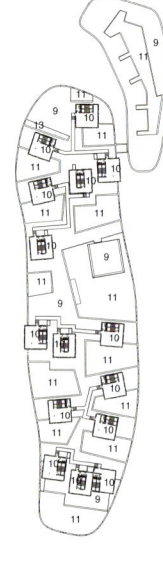

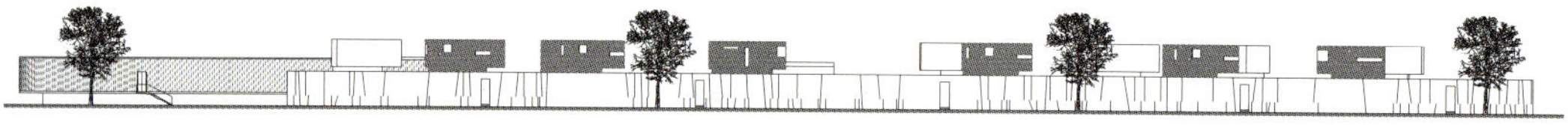

西立面図

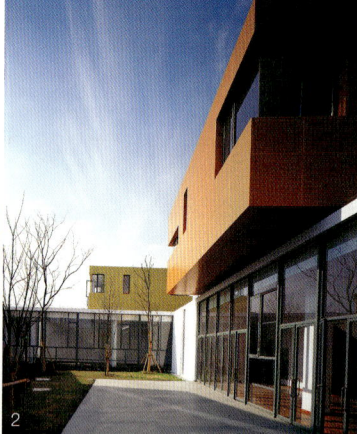

《青浦私営企業協会ビル》上海, 2005
《夏雨幼稚園》と川を挟んだ対岸に建設された低層のオフィスビル。建物全体が2重のカーテンウォールで覆われている。内側のガラスには氷裂紋を模したセラミックプリントがほどこされており、透明性に変化がくわえられている。

1-2. 内観
3. ガラス壁に挟まれた外部アプローチ
4. 全景
撮影=Zhang Siye（1,3,4）、Andy Ryan（2）
図版提供=大舎建築

アトリエ・ダスハウス Atelier DESHAUS

2001年に上海で設立された建築家ユニット。柳亦春（リュウ・イーチュン、右）と陳屹峰（チェン・イーフォン、左）、そして庄慎（ジュアン・シェン）の3名による共同主宰で活動がはじめられた。庄慎は2009年に独立している。3名ともに上海の同済大学を卒業後、同大学設計院に勤務した経験がある。これまで上海近郊の公共建築を数多く手がけている。

中国当代
建築家列伝

11

ジャン・クー
張軻/標準営造
ZHANG Ke / standardarchitecture

《チベット大渓谷芸術館》チベット, 2011
チベットの雄大な自然に囲まれた敷地に建つアートセンター。ランダムな多角形グリッドによる平面構成、現地の材料・構法によるファサードが特徴。遠方からは、山裾に自然に散らばる石ころのように見える。

1.2階展示室から外を見る
2.外観
3.全景
図版提供=標準営造

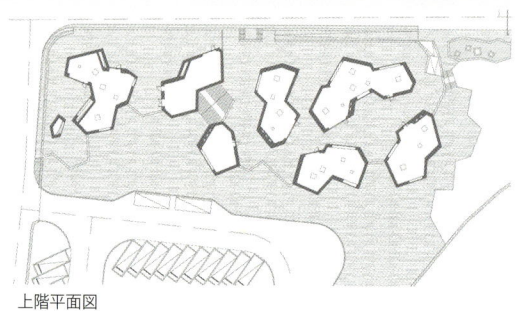

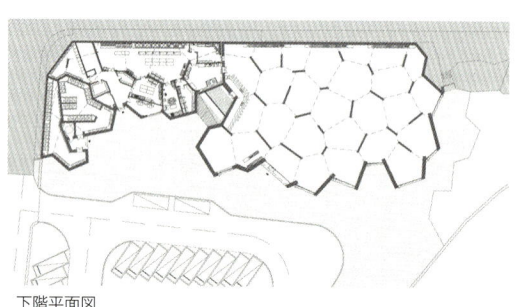

上階平面図

下階平面図

チベットで建築は可能か

『外灘画報2013年7月25日号』は、「中国建築師中堅力量（中国の中堅建築家の力量）」というタイトルのもと、1970年代前後生まれの若手中国人建築家10組12人を紹介している。特集は以下のような言葉ではじまっている。「中国における建設量が世界の半分を占める現在、しかし国内の主要な建築の多くは未だにアメリカ・ヨーロッパ・日本の建築家によって設計されている。ときおり目にする中国の建築家といえば、イオ・ミン・ペイ、張永和、王澍、劉家琨、朱ペイなど数人程度。だが、中国の建築家は決して彼ら数人にとどまらない」。本稿で紹介する張軻は、この特集号において12人の建築家のトップバッターとして登場しており、彼がこの世代の建築家を代表する一人として認識されていることが分かる。

張軻は1970年に安徽省に生まれ、中国最難関の清華大学建築学科に進学。卒業後はアメリカに渡り、ハーバード大学で修士課程を修了している。その後はアメリカのいくつかの建築事務所で働き、2001年に《北京明城壁遺跡公園》コンペに勝利したことをきっかけに、中国へ帰国して「標準営造（スタンダード・アーキテクチュア）」を設立している。

スタンダード・アーキテクチュアの初期の代表作には、竹ルーバーのファサードが特徴的な《陽朔小街坊》(2005)、5つの

230

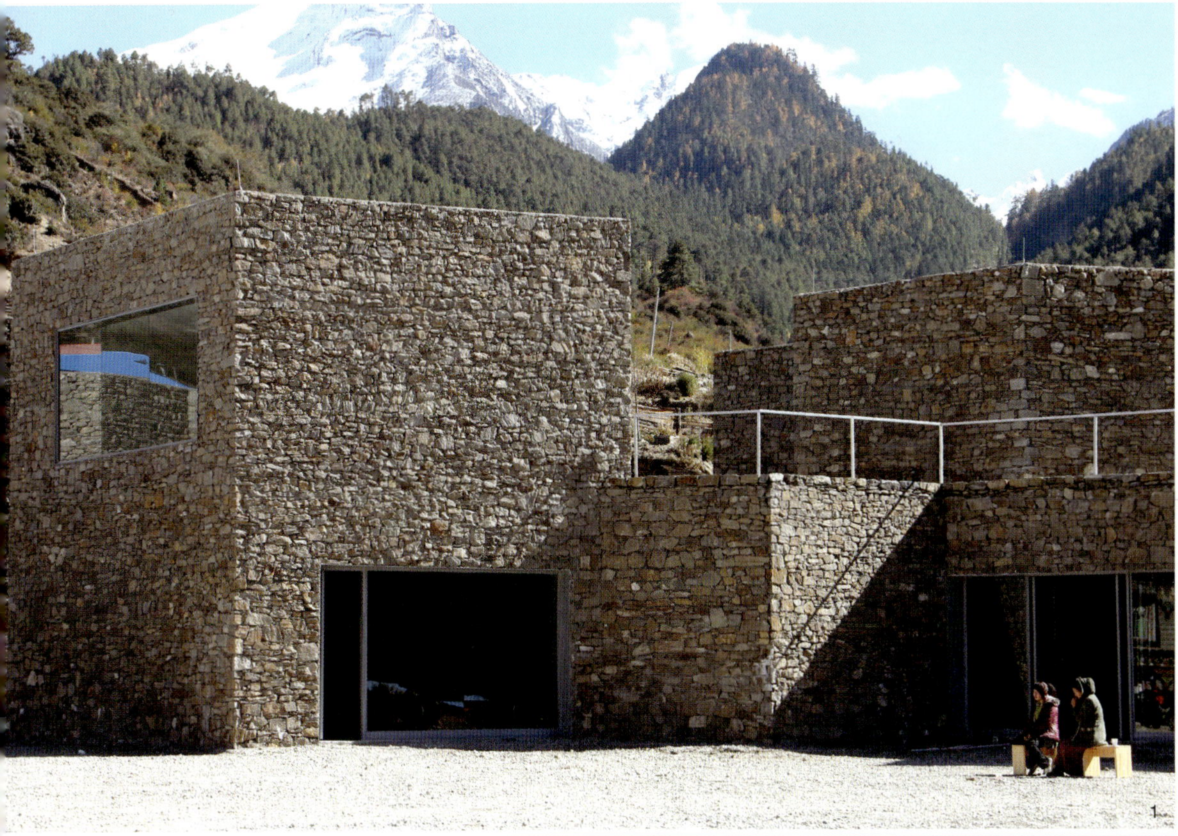

1

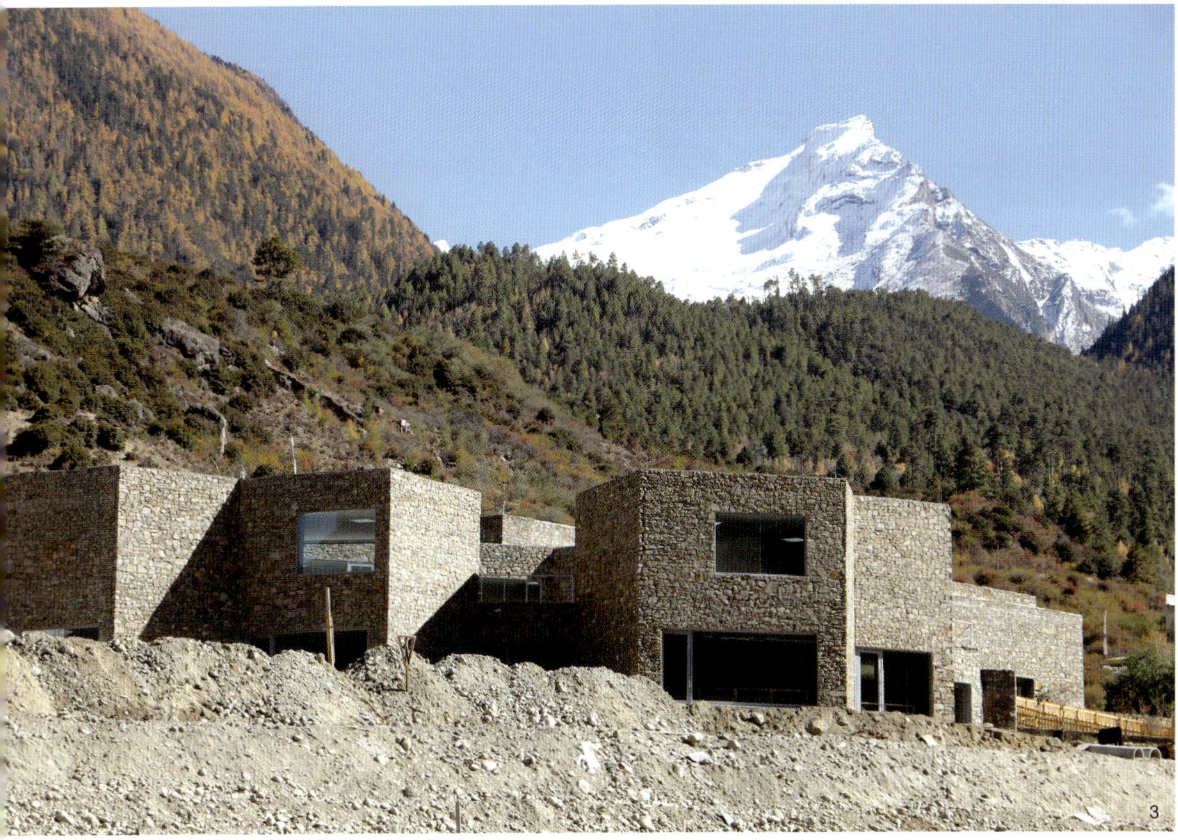

3

《ニヤン川ビジターセンター》チベット, 2009
周辺地域観光の起点となる施設。チケットオフィス・更衣室・トイレ・管理室の4つの不定形なボリュームで構成される。重厚な組積壁・木梁・アガ土による防水層など、チベットの伝統的構法が応用されている。

1. 外側から中庭を見通す
2. 中庭
3. 通りを挟んで分棟になっている
4. 鳥瞰
図版提供=標準営造

平面図

断面図

中庭式の建物が寄り添ったような《石頭院》(2007)が挙げられる。いずれの作品も現地の材料を建物の主要な部分に使用しており、派手さはないが悠然とした端正な佇まいである。

張軻が国際的に注目されるようになったのは、2008年にはじまるいわゆる「チベットシリーズ」のプロジェクト群からであろう。チベット自治区の東南部、標高3,000mを超える場所を流れるヤルツァンポ川沿いに位置する林芝県一帯に、観光開発を手がけるクライアントの依頼を受けて、計12棟ほどの小規模な建築物を設計している。現在までに完成したのは《ナムチャバルワビジターセンター》(2009)や《チベット大渓谷芸術館》(2011)などの6つの建物であり、その他についても目下施工中、計画中となっている。

チベットで完成しているプロジェクトでは、外壁材や内装仕上げ、窓枠などに現地の材料が使用され、またチベット族の伝統的な構法を応用しつつ、現地の職人の手によって施工されている。単純な幾何学の組み合わせでできたボリュームが、敷地周辺に自然に転がっているような石材で仕上げられており、遠くから見ると、建物が周辺の環境に溶け込んでいるのがよく分かる。どこからが建物でどこからが地面なのか判別がつかないような印象だ。張軻みずからが時間をかけて現地を歩きまわって敷地選びから設計は始められたというから、チベットのもつ壮大な自然的、地理的、文化的コンテクスト

4

《蘇州"岸"クラブハウス》蘇州, 2007
新たに開発された住宅区内にあるクラブハウス。ジグザグに一筆書きされた長さ約500mの壁面によって、大小異なる13の中庭的空間が生まれ、建築・庭・水・橋といった蘇州庭園の伝統要素が再解釈されている。

1.ボリュームに挟まれた外部空間 2.外観 3.ストライプ状にボリュームが並ぶ
図版提供=標準営造

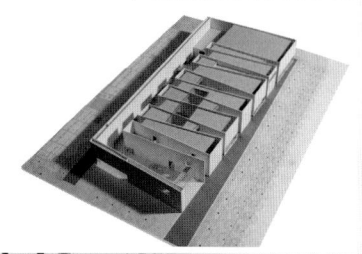

をデザインの背景として十分に消化したのだろう。そのコンテクストの中に小さな建物を埋め込んでいくという手法は成功し、「ヴェローナ国際石建築大賞」(2011年度)で表彰されるなど、国内外で高い評価を得ている。

筆者はスタンダード・アーキテクチュアの事務所を訪ねたことがある。1950年代に建てられた紅レンガ造の建物をリノベーションしたものだ。現在のスタッフは約30人程度であり、その半分はイタリア・スペイン・ポルトガル・デンマーク・日本などの外国人である。設立当初は張軻を含めた4人のパートナー制であったのだが、現在は張軻が単独で代表である。

事務所入り口付近には、進行中のものを含めてさまざまなプロジェクトの模型がところ狭しと並べられていて、スタディに模型をあまり使わない中国の事務所とは印象が異なる。模型製作専門のスタッフもいるそうだ。現在進行中のプロジェクトは、9㎡の胡同のリノベーションからチベットの都市計画、プロダクトなど多様である。《ノバルティス上海センター》といった国際的なプロジェクトもある。

彼らの事務所名である「標準営造」の「営造」とは、明治以降「建築」という言葉が日本から輸入されるまで、中国においては「建築」のような意味で使われていた言葉である。しかし実は「営造」とは、建物を建てることのみに限らず、道具の制作や、更には雰囲気や気配を醸し出すといった抽象的な概念を含んだ包括的な

《石頭院》成都, 2007
成都近郊の山麓に位置する茶室。5つの不定形なボリュームが寄り添って配置され、ボリューム間の隙間は通り抜けできる路地空間となっている。天窓はガラスのない部分もあり、室内外は極めて曖昧に分節されている。

1. 外観、外壁には地元の石が使われている
2. 模型写真、ストライプ状にボリュームが並ぶ
3. エントランス部分、屋根のない中庭空間
4. 内観、木造屋根の小屋裏が見える
図版提供=標準営造

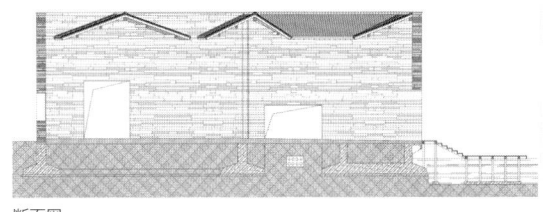

断面図

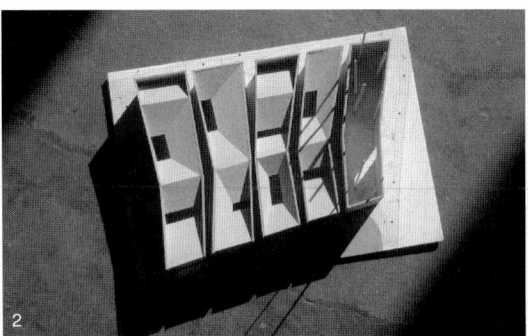

言葉でもある。一方、「標準」という言葉には、「自身の信じるものを基準とし、すでにある標準を疑いそれに挑戦していく」（張軻）という意思が込められている。「標準」と「営造」を組み合わせた事務所名は、都市・建築・内装・家具・プロダクトとスケールを横断し、更にはそこに漂う空気感までも含めて思考の対象とすること、そして自らの基準を信頼しつつ既成概念に挑戦していくこと、そのような彼らのデザインに対する態度が声高に宣言されているのだと考えられる。

張軻にとって上の世代にあたる王澍が2012年にプリツカー賞を受賞したことで、中国における現代建築は「ポスト・プリツカー時代」とも言える新たな時代に入った。建築評論家の周榕（ジョウ・ロン）が指摘するように、欧米からの「他者の視線」を通じて価値判断をする時代が終わり、中国自身の文明を基礎とした新たな価値体系を構築するという根本的なパラダイムシフトが求められている。文化大革命期に生まれ、改革開放政策とグローバリゼーションによって急速な国際化と経済発展の中で育った張軻と、彼に代表される中堅世代の中国人建築家たちには、こうした歴史的使命が宿命的に背負わされている。

（青山周平／清華大学）

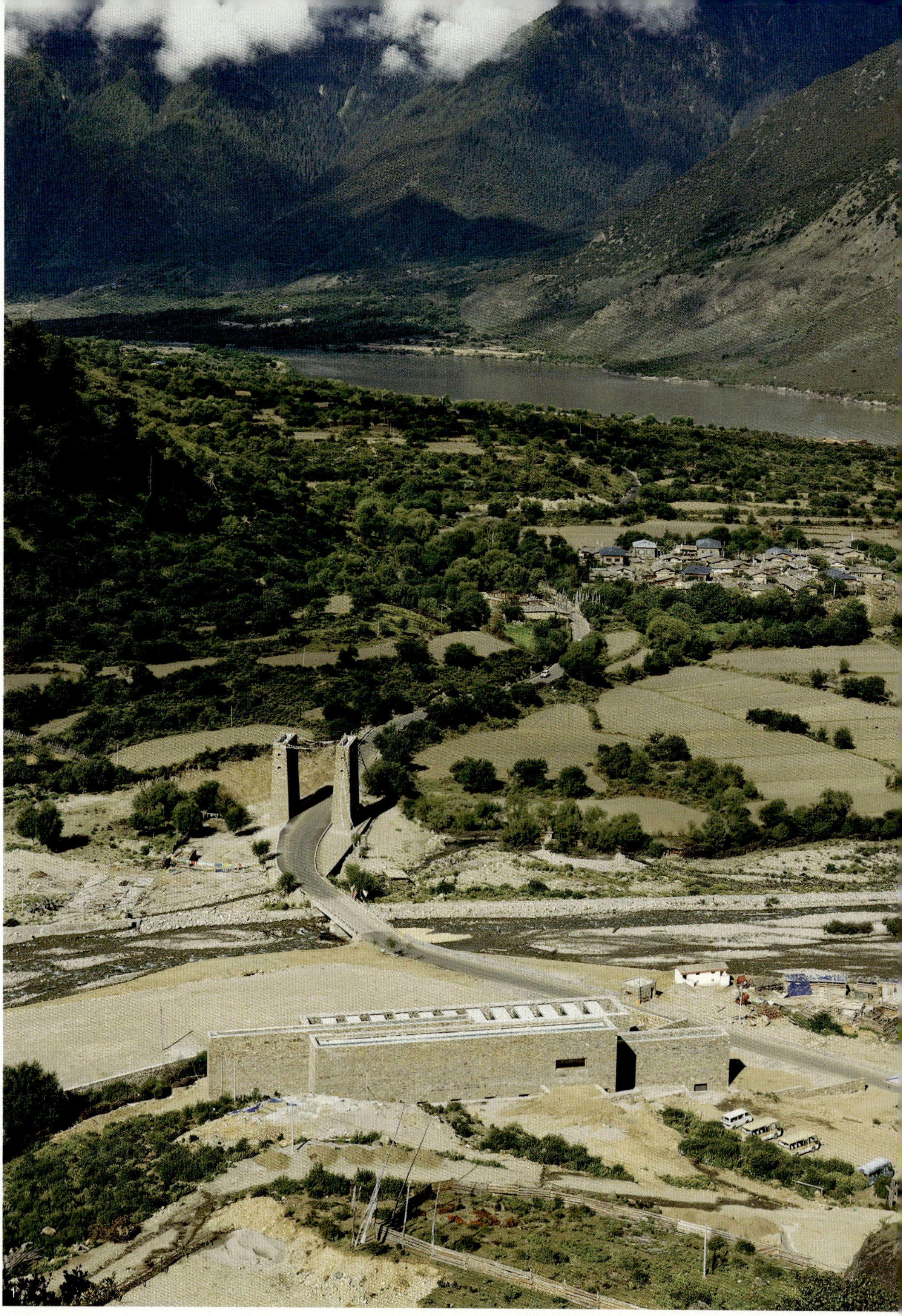

《ナムチャバルワ・ビジターセンター》チベット, 2009
観光に関するさまざまな機能をもつビジターセンター。雄大な山々に囲まれ、ヤルツァンポ川を見下ろす絶好の敷地に建つ。現地の石材・構法を用いた構造体が、そのまま外壁および内装の仕上げとなり、周辺の環境に溶け込む。

1. 鳥瞰　2. アプローチから見る外観　3. 内観
4. 石積みの壁に挟まれた階段
図版提供=標準営造

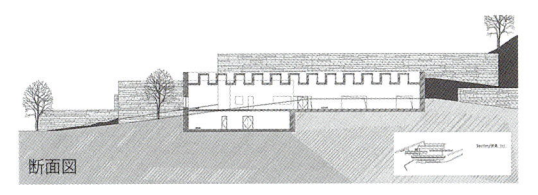

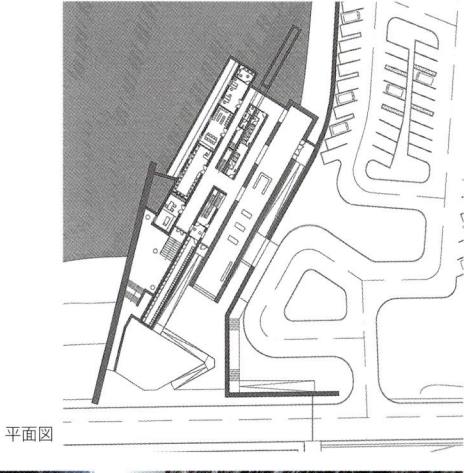

断面図

平面図

ジャン・クー　ZHANG Ke

1970	安徽省生まれ
1996	清華大学建築学院にて修士号を取得
1998	ハーバード大学にて修士号を取得
1999	ニューヨークにて標準営造を設立
2001	北京に拠点を移す

中国当代
建築家列伝

12

マ・イェンソン
馬岩松／MADアーキテクツ
MA Yansong／MAD Architects

《Superstar:モバイル・チャイナタウン》2008
第11回ヴェネチア建築ビエンナーレに出展された架空プロジェクト。ドバイやニューヨークといった世界各地の都市を移動しながら合体する、星形のチャイナタウン。　図版提供=MADアーキテクツ

《フローティング・アイランド》ニューヨーク, 2002
9.11テロによって倒壊したWTCの再建案として提案された
プロジェクト。ニューヨークを覆いかくす巨大空中公園であり、
上へ上へと高さを競い合う摩天楼を批判する。
図版提供=MADアーキテクツ

●馬岩松のプロフィール、および主要プロジェクト
についきては本誌38-55頁に掲載しています。

中国から世界建築に接続する

馬岩松はいくつかの意味で世界的な「スター建築家」としての要素を備えている。

ひとつには、多数の中国建築家のなかにあって図抜けた知名度を得ているという意味で。馬岩松は中国国内のみならず国外でもいくつかの大プロジェクトを手掛けており、世界的にも建築家としての一定の評価を受けている。

ふたつには、世界の現代建築家の系譜に位置付けできるという意味で。馬岩松は留学先のイェール大学においてピーター・アイゼンマンとザハ・ハディドに出会い、卒業後には事務所で働いている。形態に関してはザハの影響が圧倒的に大きいように見えるし、アイゼンマンの設計理論を参考にしていると馬岩松自身が述べている。このように、世界の建築界との直接的な影響関係を見て取れる中国人建築家はじつはさほど多くない。

馬岩松の事務所MADがデザインする作品の特徴は、不定形なフォルムである。馬岩松の言葉を参照すると、「人工と自然の境目を曖昧」にし、建築を「人工の自然景観」とすることが目論まれている。これらの考え方は、最近では《山水都市》という概念へと展開しており、人間の情感を阻害する無機質な近代都市/建築への批判的な意識が明確である。

馬岩松の思想はいかにも牧歌主義的に思えるかもしれない。しかし、彼らの作品を見るかぎりはそういった生易しさは感じられない。「自然」を建築という「人工物」によって作るという大きな矛盾に「本気」で取り組んでおり、この矛盾をむき出しのまま力強い形態として提示することが、彼らの建築を成立させる重要なファクターとなっている。

《フローティング・アイランド》(2002)はアンビルドであるが、馬岩松の代表作の1つと言える。とても「建築」には見えないが、テロにより崩壊したWTCの再建案だ。「雲」や「有機生命体」をモチーフにしているとのことだが、明らかに自然素材ではない光沢のある物質を採用しており、建築的/自然的という単純な形容を受け付けない作品となっている。

《オルドス博物館》(2011)は、MADがはじめて実現させた大型の公共建築である。巨大な生命体のような外観もさることながら、巨大なスライムが凝固したような内部空間も大きな特徴である。このスライムのような物体は、空間を分節する建築的役割を果たすものだが、ロジックから導き出された必然的な形態とは言いがたい。むしろ、自然現象のように偶然的に成立した状態のように見える。ここでもまた、建築と自然現象のどちらにも単純には還元できない地点が目指されている。

筆者が特別注目しているのは、墨でブリック状の氷をつくり積み重ねる《墨氷》(2005)というアートプロジェクトだ。人工的な形状をした墨氷は時間の経過とともに溶け出し、周囲の墨氷と融合しながら再度固まる。この変化の繰り返しは、各部分の環境条件の差に応じた速度で展開され、各部分の変化は有機的に全体の変化を生成する。

馬岩松は《墨氷》における空間/時間の変化の途上を「之間(〜のあいだ)」と説明する。初期状態として用意した人工物と、自然現象との反応によって生じた状態の、その「あいだ」。先のふたつのプロジェクトで目指された地点とは、まさにこの「之間」の状態ではないだろうか。

中国社会は、いまさまざまな矛盾のなかで未来を模索していることは明らかであろう。当事者である中国人が、こうした矛盾の状況に対して何をどう考えているかは、実際のところ筆者にもあまり想像できない。しかし、こうした大きな矛盾のなかから何か新しい価値観が生じてくるとしたら、それは馬岩松のように矛盾そのものの「之間」にエネルギーを見出すような創作アプローチからではないだろうかと思う。

現段階のMADの活動が、そうした具体的な問題に直結しているかは判断できないが、しかし彼の建築には人にそのような期待を抱かせるに十分な力強さがある。

最近のMADでは、イタリアなどの外国においてもプロジェクトをいくつか進行中である。この経験をもとに、馬岩松は中国の都市と諸海外の都市を相対化するスタンスを見せている。外国人が西洋文化との比較から中国の都市/建築を評価する取り組みはこれまでも数多いが、中国側から中国と世界を接続しようとする馬岩松のスタンスは、真逆のベクトルである。こうした活動が今後増えていくことで、中国建築の見え方はいかようにか変化するだろう。

最後に、馬岩松が主導する社会事業を紹介する。簡単に言えば「私設の奨学金事業」であり、中国の建築学生を対象に海外研修旅行のための資金を毎年提供している。

現在の中国で一般の個人が海外旅行に行くことは、制度上の自由度はずいぶん増しているとはいえ、ビザ取得などで依然ハードルは高い。建築家として海外での経験が重要だと考える馬岩松は、資金的な後ろ盾をもたない優秀な学生を金銭的に支援したいと考えているようだ。そして彼らには帰国後に自身の成果を報告させることで、中国建築界全体にも外国の都市/建築の体験を共有させようとしている。

建築の設計だけではなく、具体的な社会活動によっても、馬岩松は中国と世界を接続しはじめているのだ。

(松本剛志/UAA北京)

中国当代
建築家列伝

13

フア・リ

華黎／迹・建築事務所
HUA Li／TAO: Trace Architecture Office

《高黎貢手工造紙博物館》高黎貢(雲南), 2010
雲南省の農村に建設された、伝統的な製紙技術を展示するための博物館。現地の材料、構法をもちいた、小さなスケールの建物が集合する構成であり、「小さな集落」的空間が意図されている。

1. 1階内観 斜面に沿ってフロアにレベル差がついている
2. 竹葺き屋根の夕景 3. 2階内観 4. 全景
撮影=Shu He 図版提供=迹・建築事務所

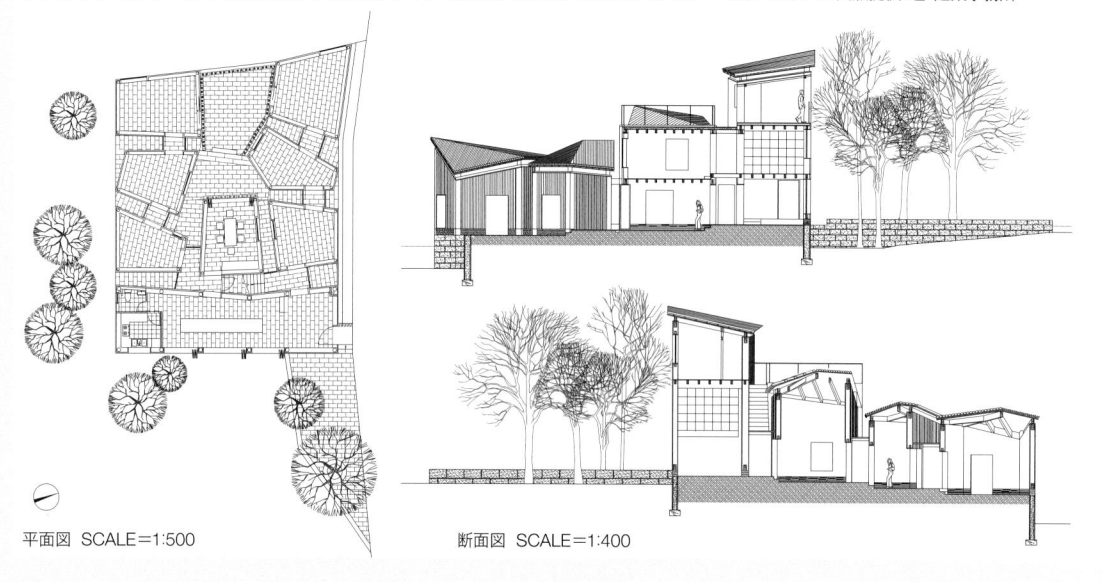

平面図 SCALE=1:500

断面図 SCALE=1:400

地域性を再発見する建築

　TAO（迹・建築事務所）は北京にアトリエを構える建築設計事務所である。周辺の環境情報を細やかに読み取って明快な空間構成に再構築し、単純で素朴なディテールを用いながら、精度の高い建築を設計している。

　ゆえに、日本で建築を勉強した読者にとって、TAOの建築は共感しやすいかもしれない。おもに小～中スケールのプロジェクトが多いこともあって、彼らがつくる空間は非常にヒューマンスケールでシークエンシャルである。日本の建築家が得意とする住宅建築などに共通する空間の質をもっているのだ。あるいは、その素材使いなどから現代中国における「批判的地域主義」として解釈することで、世界の現代建築の大きな潮流の中に位置付けることもできるように思われる。

　《水辺のクラブハウス》(2011)は江蘇省のある川辺に建つ。ミクロな環境の変化に対応する建築である。彼ら自身の説明によると、この建築はミースの《ファンズワース邸》の変奏であるという。ガラス壁面の均質な空間がリニアに延び、中庭を囲みながら、地形に合わせて床と屋根が高低する。周辺の自然環境に影響されながら内部空間の性格が受動的に決定するような、周辺環境依存型の建築である。

　《崖の上のパヴィリオン》(2012)は山東省威海市にある。都市を見渡す高

1

2

3

4

《水辺のクラブハウス》塩城(江蘇), 2010
湖のほとりに建つコートハウス。敷地の地形に合わせて円環状の細長い床が高低している。全面ガラス壁とすることで、室内にいながら自然を体感する空間となっている。

1.全景 2.東側エントランス 3.西側外観 4.スロープ状の屋根
5-6.内観、レベル差のある全面ガラス張りの円環空間
撮影=Yao Li 図版提供=迹・建築事務所

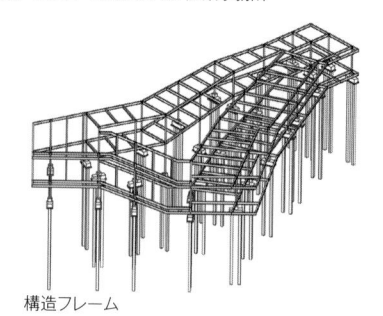

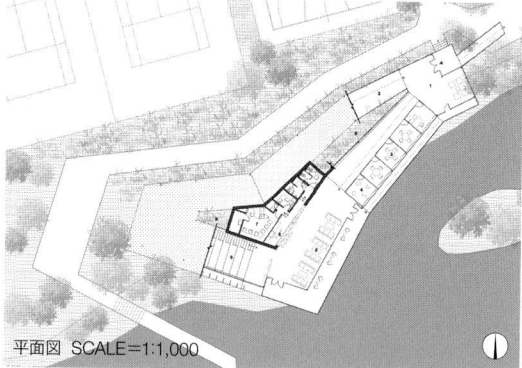

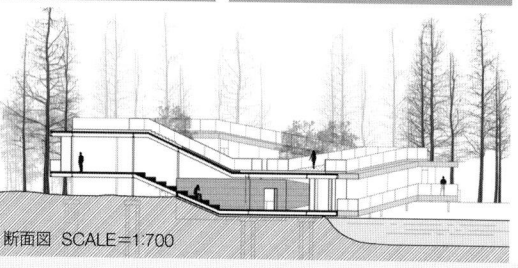

構造フレーム

平面図 SCALE=1:1,000

断面図 SCALE=1:700

台の敷地に埋まるように建てられている。風景を限定することでむしろ強調する大きな「望遠鏡」のような抽象的な細長い空間が三方向に伸びる形式となっており、藤本壮介による建築を想起させる。自然の中で都市を再構成する空間であると言えるだろう。

このようにTAOの作品の中には、ミニマルな建築によって「此処」にしか成立し得ない空間を創出する試みが多く見られる。しかしその一方で、それらとは少しちが

う方法で「地域性」に取り組む試みもある。
《高黎貢手工造紙博物館》(2011)は、雲南省の農村に民間投資と村民たちが提携しながら成立させた、伝統的文化資源の紙工芸の保護、発展を促進するための博物館施設である。現地の職人が現地の材料をもちい、現地の構法によって建設されている。そのため、この建築は現地の民家などと似たようなスケールを基準としており、さらにそれがいくつも集まって小さな集落のようなかたちで、ひとつの

博物館となっている。コンセプトは「micro village」であり、現場では職人たちと模型などをとおして即物的なコミュニケーションをしつつ、設計は進められたようである。
《四川徳陽孝泉鎮民族小学校再建計画》(2011)は、2008年の四川大地震で被災した小学校の再建計画である。「効率化」という問題に対して、ステレオタイプの学校建築を計画するのではなく、現地の材料、技術、構法などを用いることによって対応し、低コストの建築が実現され

ている。震災前の現地の都市空間の縮図となるような空間を目指し、記憶を継承することを試みられている。

　TAO代表である華黎は、中国の建築家の中では若手〜中堅の世代にあたる。1997年に北京の清華大学建築学院を修了後、アメリカのイェール大学に留学。ニューヨークの設計事務所で数年働いた後に北京に戻り、2009年からTAOを開設している。

　王澍ら上の世代の「批判的地域主義」的建築家である王澍や劉家琨には、ある種のヒロイックな地域性の表現が認められるが、それと比べると、華黎の建築では、実用性に即した建築の構成、構法等が実直に設計されている。

　中国の環境は多様である。地域によって建築が成立する状況は異なる。したがって建築の合理性も多様である。ある場所で是とされたことが、あるところでは否となる。まだそれほど多くの地域でのプロジェクトが実現しているわけではないが、華黎の実用性に即した地域性への取り組みは物事を単純化しない方法であり、建築を通して地域性を再発見するための方法として、社会に対して非常に開かれたものであるように思える。

（松本剛志／UAA北京）

《四川徳陽孝泉鎮民族小学校再建計画》徳陽(四川), 2010
四川大地震の災害復興の一環としておこなわれた小学校の再建計画。現地の材料、構法をもちいて低コストでの建設を実現し、同時に「都市の記憶」を継承する。中国の学校建設の新しい可能性を提示している。

1.食堂2階 2.オーディトリアム越しに見る校舎群 3.教室棟を見る
4.パサージュ空間 5.中庭 6.「背骨」と呼ばれる中心の廊下空間
撮影=Yao Li 図版提供=迹・建築事務所

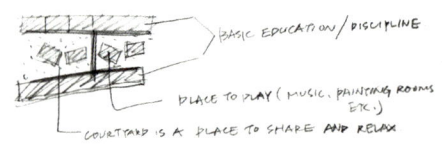

コンセプト・スケッチ

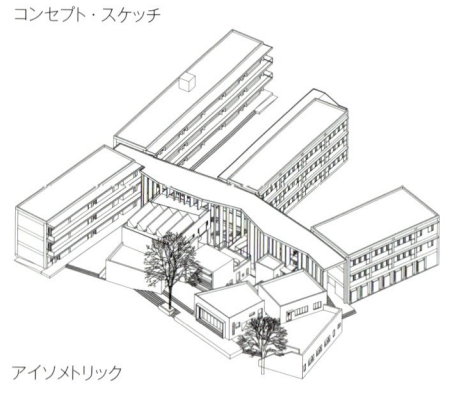

アイソメトリック

平面図 SCALE=1:1,500

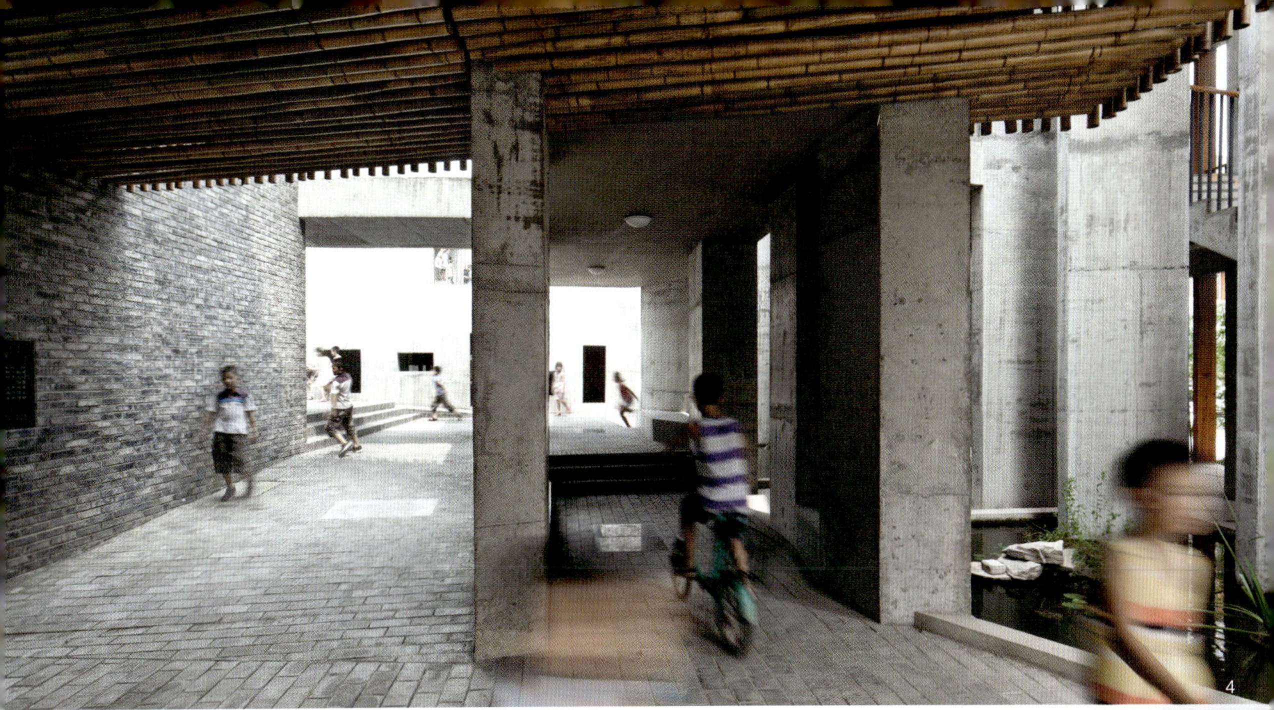
4

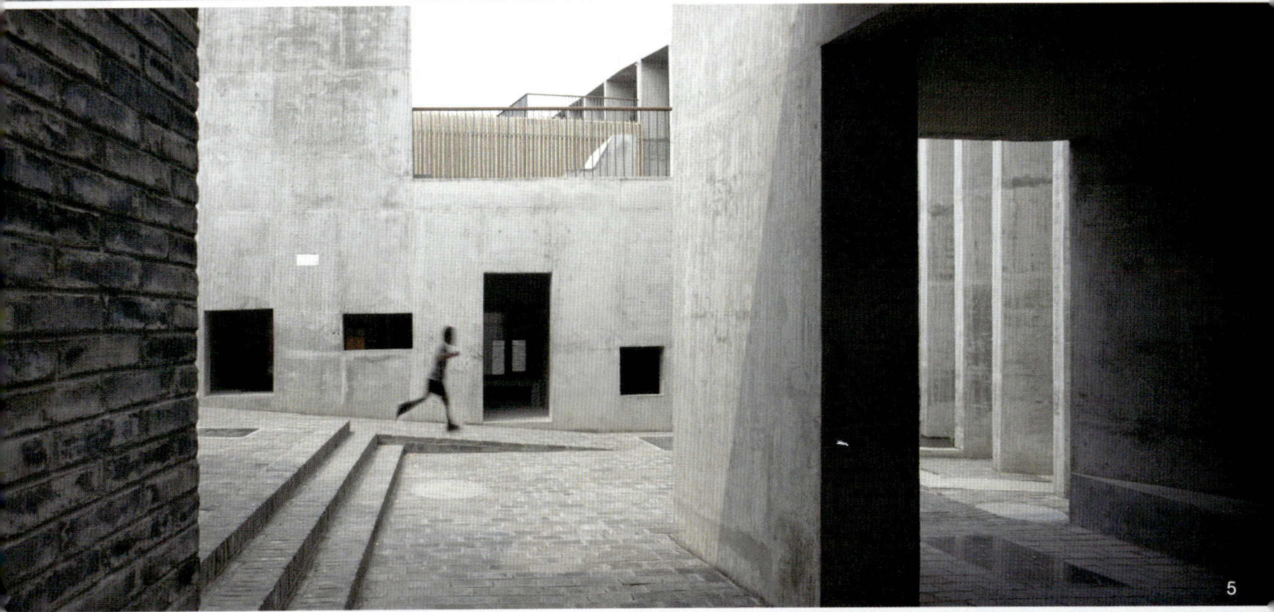
5

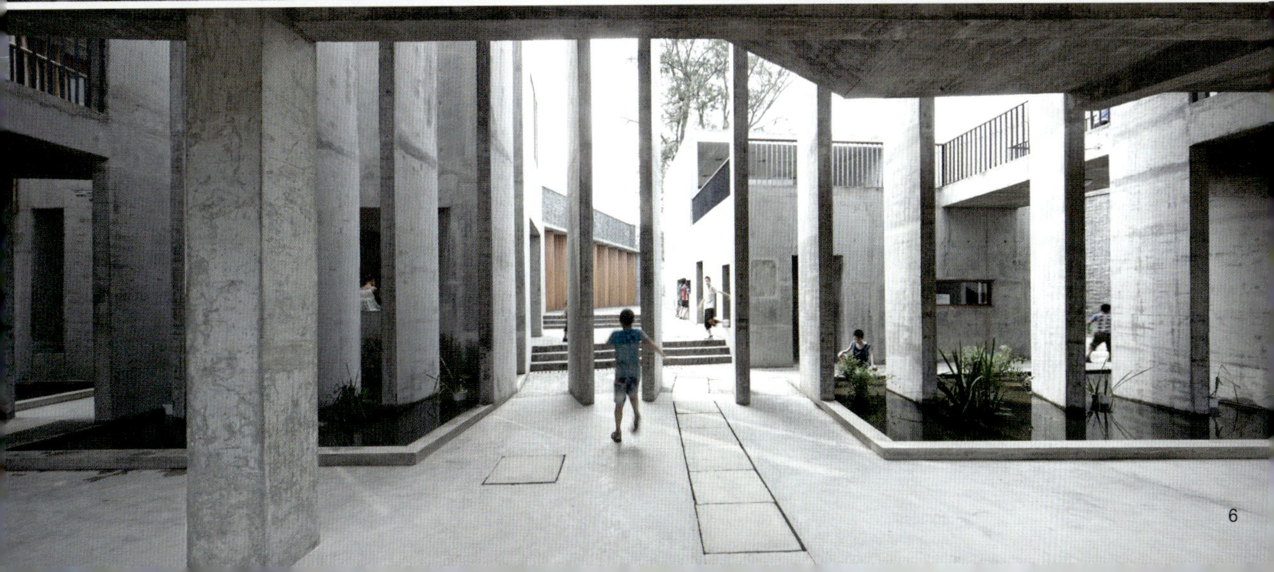
6

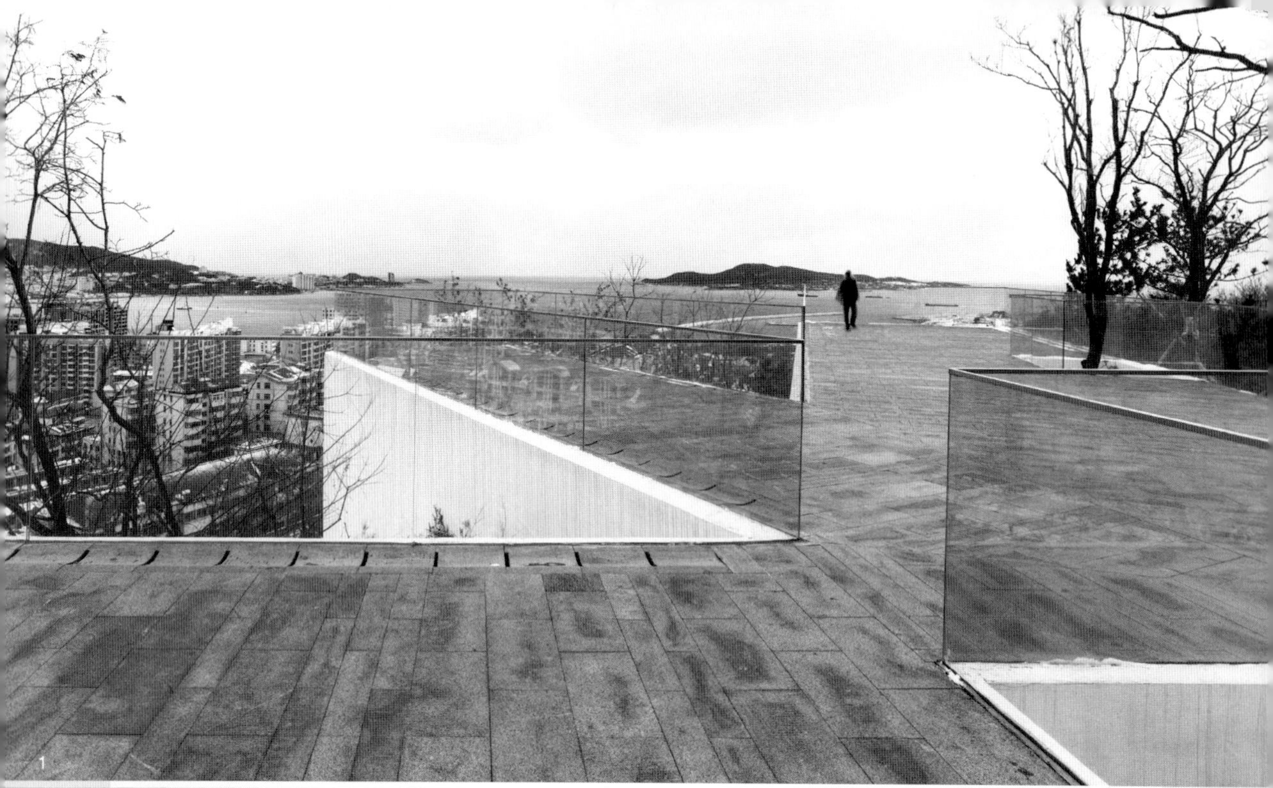
1

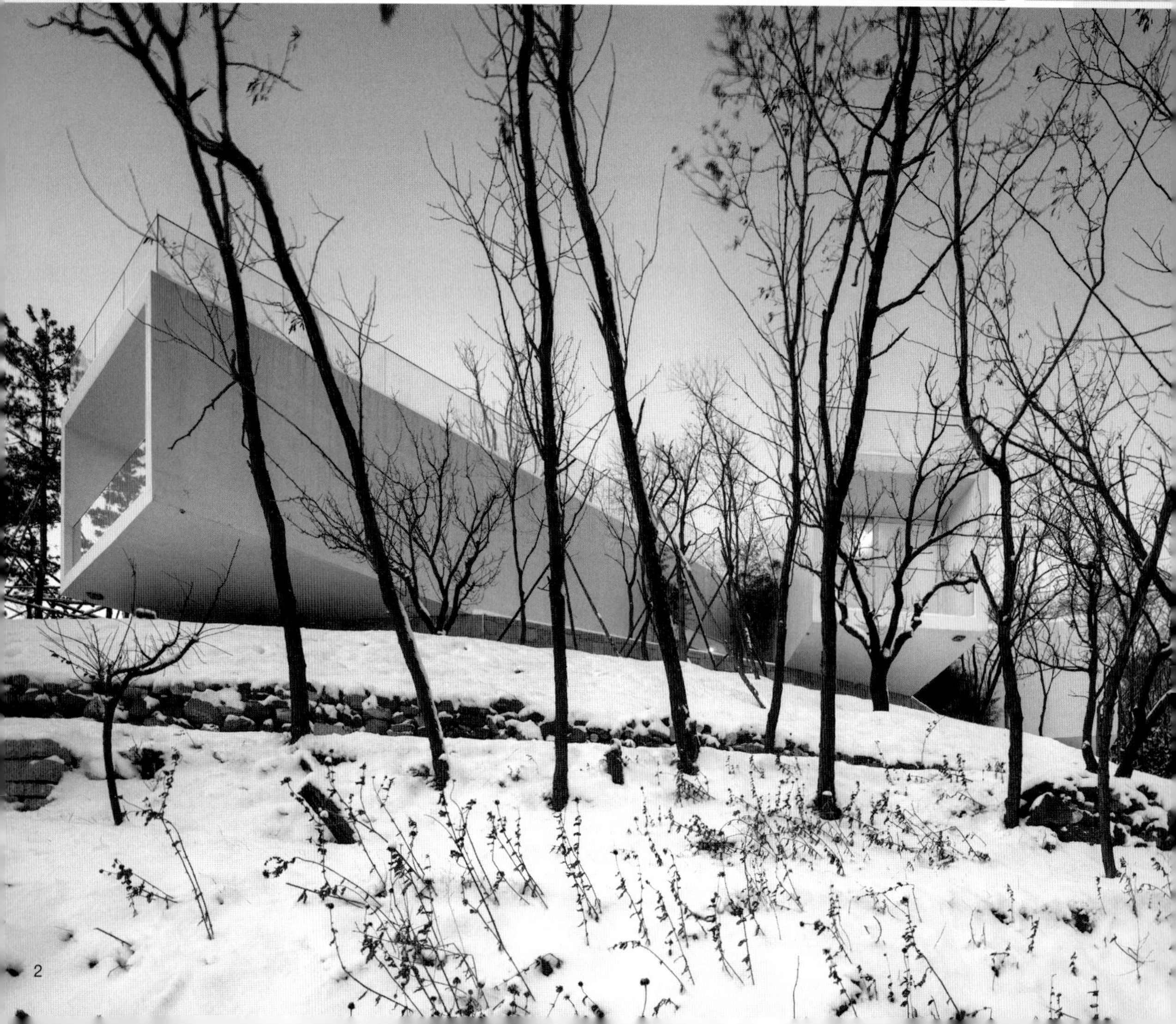
2

《崖の上のパヴィリオン》威海（山東），2012
都市を見下ろす崖の上に建つパヴィリオン。都市の風景を切り取る望遠鏡のような空間が三方向に枝分かれしている。室内は3つの風景によって構成される空間となっている。

1.屋上　高台から海を望む　2.外観
3.内観　チューブ状の空間が3方向に伸びる
撮影=Yao Li　図版提供=迹・建築事務所

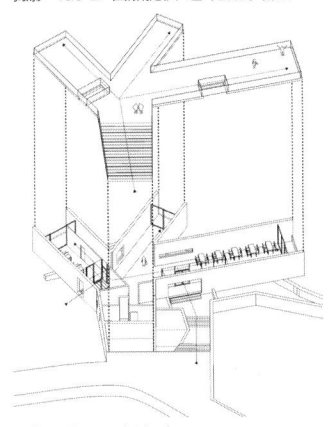

分解アクソノメトリック

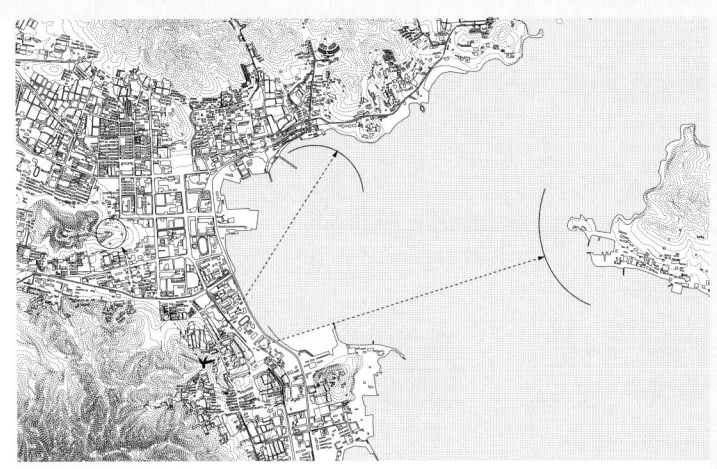

広域配置図

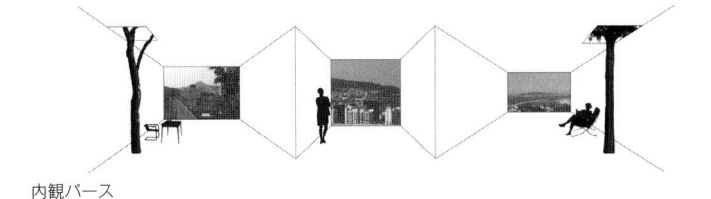

内観パース

フア・リ HUA Li

1972	蘭州生まれ
1997	清華大学建築学院にて修士号を取得
1999	イェール大学にて修士号を取得
1999-2003	ニューヨークの建築事務所にて勤務
2003	北京にて普築設計事務所（UAS）を共同設立
2009	北京にて迹・建築事務所（TAO）を設立

中国当代
建築家列伝

14

リ・フー
李虎／開放建築
LI Hu／OPEN Architecture

《歌華青年文化センター》秦皇島(河北), 2012
北戴河沿いに立地する歴史文化体験センター。市街地の喧騒から離れ、広大な自然景観に囲まれた場所にある。建築が中庭を取り囲む四合院の形式が踏襲されている。ロの字型の室内は連続的であり、大劇場は緩やかな傾斜を持つ中庭空間は一体的に利用可能。

1．鳥瞰　2．外周部　3．中庭から左手にシアタールームを見る
4．シアタールーム、建具が開放すると屋外からも利用できる
250-251頁．カフェから中庭越しにシアタールームを見る
図版提供＝開放建築

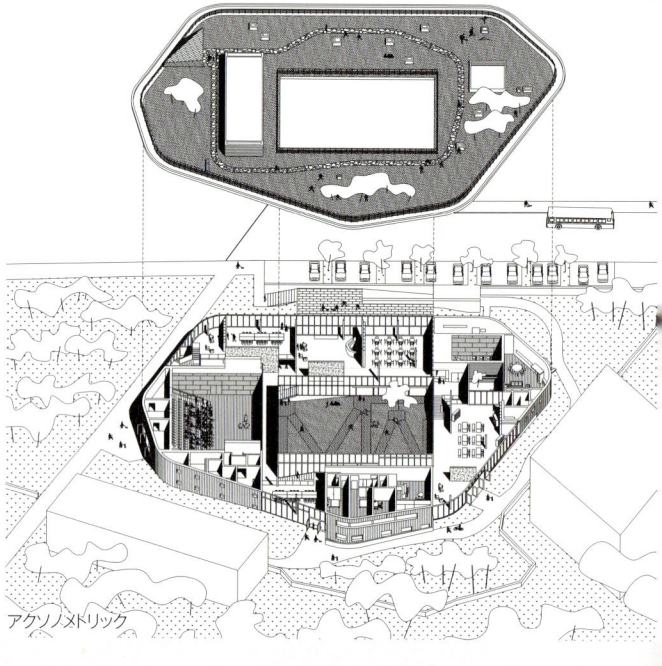

アクソノメトリック

開放と立脚

　開放建築は、近年において台頭著しい建築設計事務所のひとつである。

　この事務所を主宰する建築家・李虎の経歴は、現在の中国建築界を代表するにふさわしいものとなっている。1996年に北京清華大学を卒業し、1998年にはコロンビア大学修士課程を修了している。現在活躍する多くの中国人建築家は、アメリカ留学組である。カリフォルニア大学バークレイ校を卒業した張永和を筆頭に、馬岩松はイエール大学、馬清運はペンシルバニア大学、張軻(スタンダードアーキテクチュア)はハーバード大学に留学していた。李虎は、こうした中国当代の建築家の系列に連ねられるだろう。そして、李虎は、2000年から2010年までは、スティーヴン・ホール事務所(以下SHA)に所属することになる。2005年以降は、SHAの北京事務所の代表であり、中国ないしはアジア圏の都市建築設計に中心的にたずさわっている。2009年にはコロンビア大学北京建築センター(Studio-X)に、ディレクターとして関わっている。

　SHA時代の担当プロジェクトとしては、《当代MOMA》(2003)、《深セン万科センター》(2009)、《成都来福士広場》(2013)、《南京四方美術館》(2003)などが挙げられる。いずれもビッグスケールの建築プロジェクトであるが、なかでも《当代MOMA》は注目に値する。北京東二環状線に位置するオフィス・居住・商業施設であ

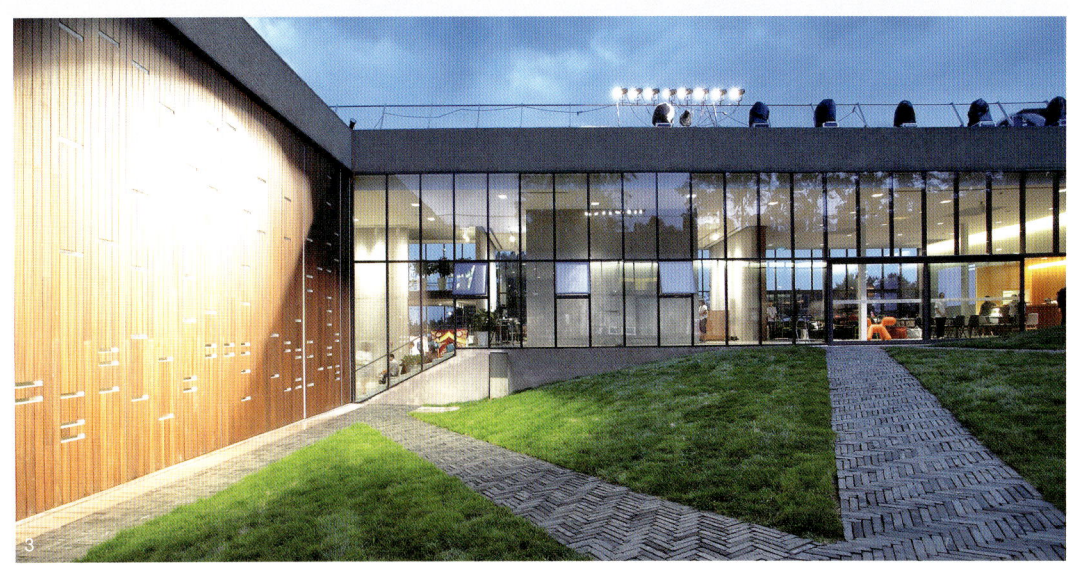

る《当代MOMA》のコンセプトは極めて明快で、それは現代北京の都市様相を表現しようというものである。違法建築が混在し、複数世帯が入り乱れる中庭型の四合院(「雑院」と呼ばれる)からなる低層ボリュームと、経済成長によって高速に乱立をはじめた高層ボリュームというのが、現代北京を構成しているのだが、これを一街区の中にハイブリッド化させたものが《当代MOMA》なのである。街区は高層によって周囲から区切られ、その中庭空間には低層のボリュームが埋め込まれ、巨大スケールとヒューマンスケールが対比的に展開されている。

SHA在籍時の2006年から李虎は黄文菁とともに開放建築(OPEN Architecture)を北京に設立しており、現在に至るまで精力的に活動を続けている。彼らの近年竣工した代表的な建築作品として、河北省の**《歌華青年文化センター》**(2012)が挙げられる。シアタールーム、マルチメディアホール、アクティブホール、カフェ、ブックバーを併設する約2700㎡の複合施設である。

海を360度見渡せる高台という絶景地が敷地であるこの建築の特徴は、中庭空間、屋上緑化、四方に開かれた空間といった点が挙げられる。なかでも、シアタールームは、中庭空間に向かって一気に開かれ内外空間をシームレスに使うことが試みられている。この内部と外部の関係性は、四合院住居の主房や宮殿建築の玉座と中庭空間の関係によく似ている。すなわち、外周四方を閉じながらも、建物と中庭の関係に中心性と象徴性、開放性を与える中国的空間と

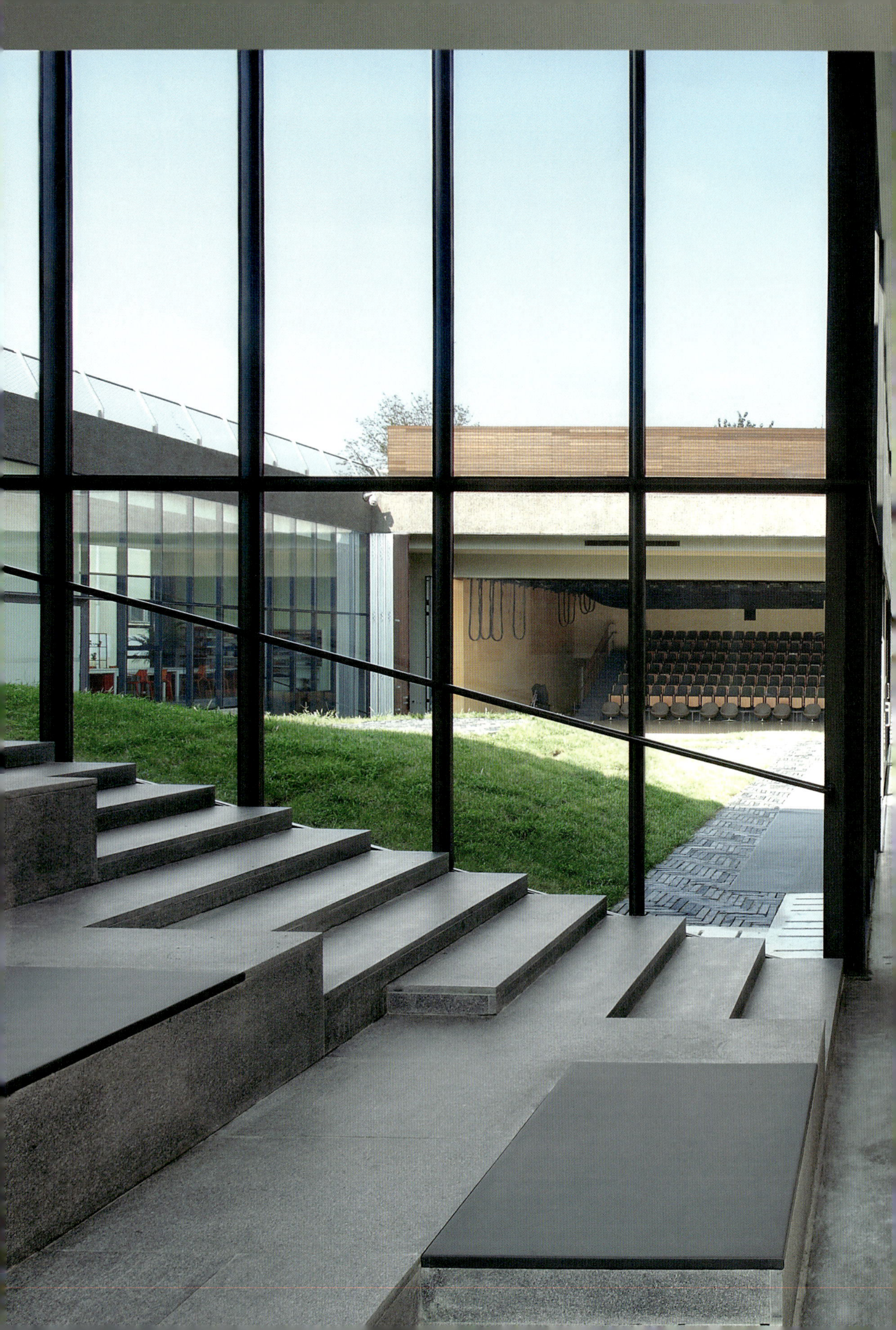

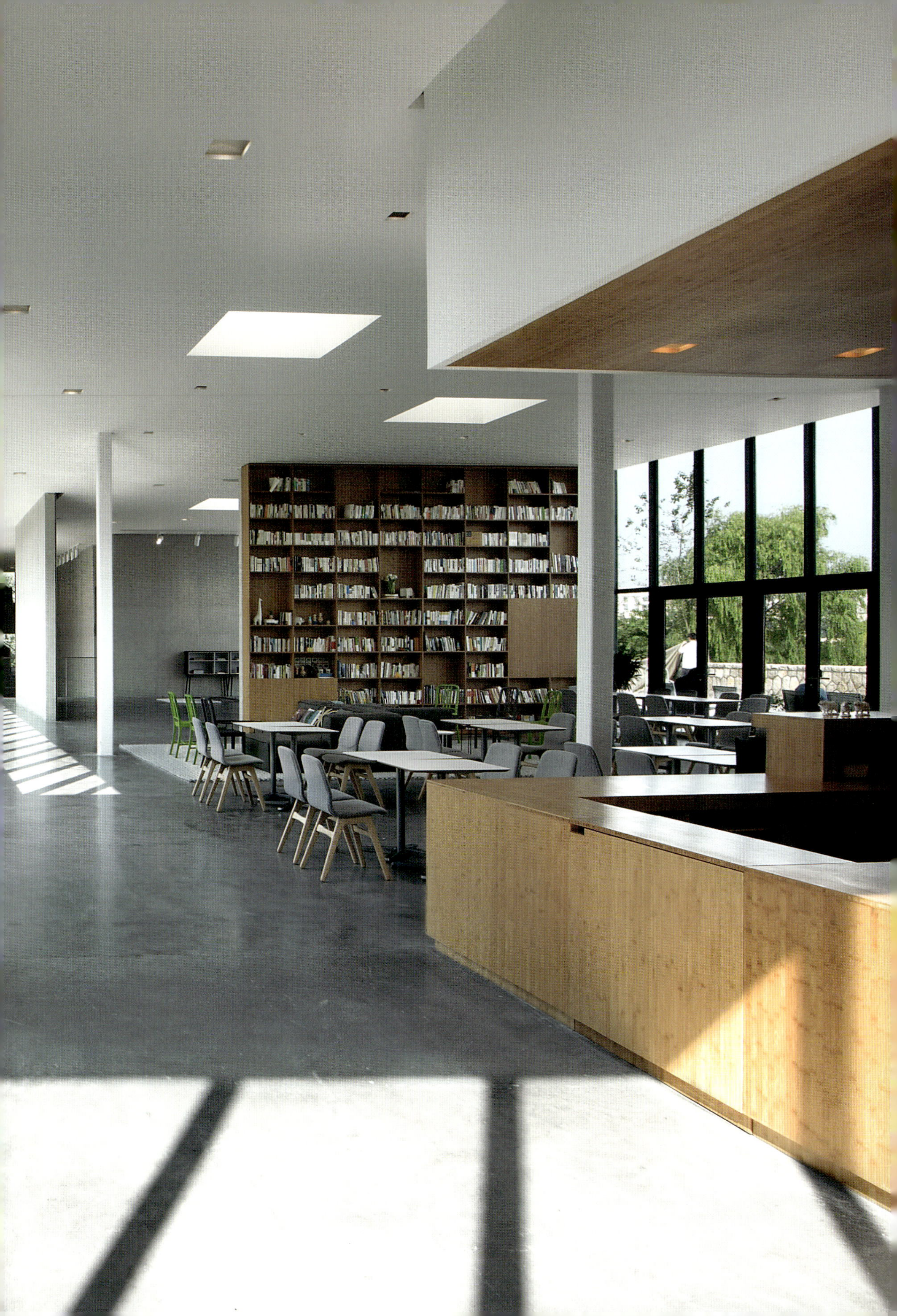

《スタジオX北京》北京, 2009

北京旧城内の歴史地区胡同に立地する、古い倉庫を教育複合施設へとリノベーションした建築。かつて倉庫であったため天井が高く、この既存の建築的特性を生かし、最小限の改修手法によって複合施設として多様な用途に対応できるスペースを生み出している。可動式の家具も李虎によってデザインされた。

1.ロビー 2.西側エントランス 3.キッチン
4-5.スタジオ内観、大きな無柱空間を可動式の本棚で区切りながら利用する
図版提供=開放建築

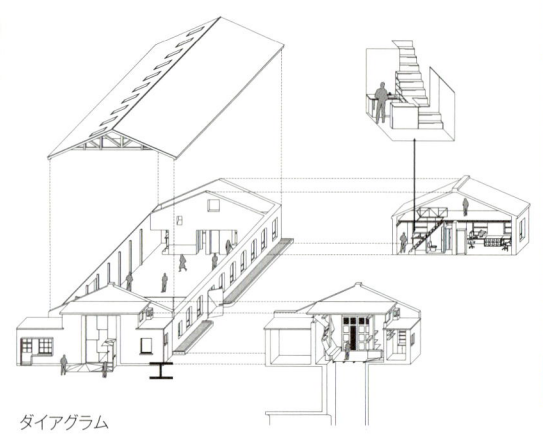

ダイアグラム

読み替えられる。さらに、建築材料において、中庭を斜めに交差する舗装面に伝統的材料である「磚(セン)」が使われている。こうした点に、SHA時代とはことなる李虎の中国人建築家としてのセンスが垣間見られるだろう。

経歴をみるかぎり、現在の開放建築も、SHAという国際的建築設計事務所とパートナー関係を結びながら、事務所運営がおこなわれているようだ。独立しつつ、協働すべき仕事は積極的に協働する。こうした事務所の運営スタイルを採ることに、事務所名に「開放」という言葉が付けられた一因を想像できる。あくまでも中国に「立脚」しながら、グローバルに「開放」させていくというスタイルは、現代中国人建築家像の新しい一例と言えるだろう。

(川井操/東京理科大学助教)

《北京四中房山キャンパス》北京, 2010-
中国古来の自然感と現代の環境問題への備えを実践すべく、農場と庭園を融合させた新しいスタイルの教育施設の提案。細長いボリュームが伸びる建築構成によって各教室は自然との距離を近づける。屋上は農園である。

1. 全景パース
2. 校庭からから校舎を見る
図版提供=開放建築

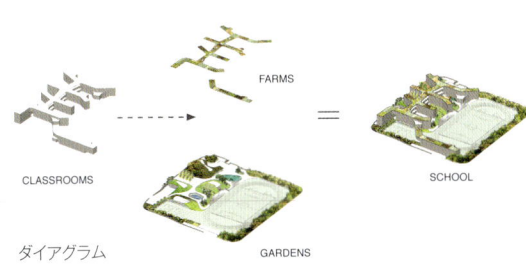

ダイアグラム

《ステップ・コートヤード》長楽(福建), 2012-
中国のネットゲーム会社のための社員宿舎。海に近接した広々とした敷地に対して、起伏操作とピロティによって周囲にオープンな建築構成となっている。大きな中庭を持つ3つの正方形の建物は福建省客家土楼の方形形式をモチーフとしている。

1. 全景パース
図版提供=開放建築

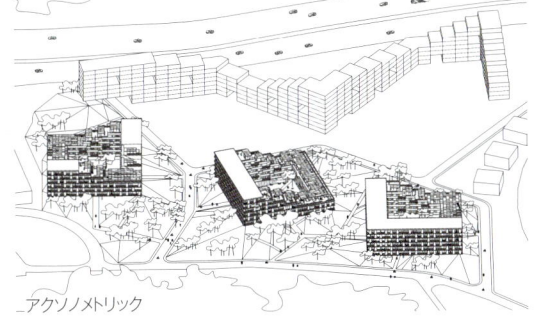

アクソノメトリック

リ・フー LI Hu

1973	中国生まれ
1996	清華大学建築系を卒業
1998	コロンビア大学にて修士号を取得
2000–2010	スティーヴン・ホール・アーキテクツに所属
2006	黄文菁とともに開放建築(OPEN Architecture)を北京に設立
現在	「Studio-X」北京事務所ディレクターを兼任する

[実験の概要]
手順1) 対象を、出来るだけ詳細に(註一)記録(註二)する。
手順2) 対象のことを全て忘れる(註三)。
手順3) 記録された媒体のみを情報源とし対象を再現(註四)する。

註一 「詳細に」が意図するのは、手順三の段階に於いて、この手順一で記録した媒体を元に対象を再構成することを念頭に置くことを大前提に、自分なりの創意工夫を盛り込むことを認めるということである。
註二 今回の実験実施に於いては「記録」の手段として写真術を採用する。これは、「記録」の手段としてはどのような手段でも、その効果が期待できる場合には、手段たる可能性を大きく認める(つまり現在の、あるいは将来の開かれた可能性を閉ざす意図はない)が、具体的手段を決定せずに実行することは不可能であり、今回の実施に於いては写真術を用いるということである。
註三 忘れたような振りをするということではなく、完全に、記憶喪失くらいに完全にということである。
註四 出来れば図面などを用い、対象を表現するのに正確な形で表されることが望ましい。

[実験に用いる対象、道具]
〈対象〉
以下の条件を満たす建築、あるいは都市空間。
条件1) 概念ではなく、形あるものであり、物として存在しているものであること。
条件2) 具体的な対象を決定する際にはその範囲を特定すること。
　　　例：ある特定の建築、ある特定の都市
〈道具〉
実験前半　カメラ。必要であれば紙、筆記具。
　　　　　記録する手段として用いる。
実験後半　紙、筆記具。またはテキスト編集アプリケーション。
　　　　　記録から再現したものを記述する手段として用いる。

[実験の目的]
写真(と、望ましくはないが、利用できるメモ)から対象とした空間を把握すること。
私たちは何のために記録し、残そうとするのか。この実験は記録媒体の可能性の際を探る試みとしておこなう。また、私たちが生きている間に得られる世界について。
つまり、今回の実験では写真という媒体が何を伝えているのかについて実験する。写真というのは本物らしいが為に強力で、今日、私たちは写真とかその延長で映像とか、「本物らしいもの」に囲まれてもう万里も旅をした気分になっているけれども実際のところは部屋から一歩も出ていないという部分があり、ではその「本当らしいもの」の効力はどれほどのものなのかを検証するという実験であった。

北京

斧澤未知子

地点A、Bを思い浮かべ、AからBに行き、そこで目にしたB特有と思われる事象をBの特徴として後生大事に心に留めて帰るとそれはAでもそうだということ。

北京で蛍光色の服を来ている人をよく見かけた。蛍光キイロが多かった気がし、蛍光ピンク、蛍光ミドリ、蛍光オレンジなんかも見ただろうか。もしかしてそれほどよく見かけたわけではないのに蛍光色の印象の強さで頭の中で倍々化されたのかもしれないし、蛍光色を服飾に取り入れるというのは何か特異なセンスという刷り込みが自分に無くは無い気がするので珍しさの衝撃でさらに倍、ということもあるかもしれない。でも沢山見た。

蛍光色の服を着ている人が多いですね、国民性ですかねと北京生まれ北京育ちの方に投げかけると、白黒グレーなどのシンプルな色を着ていると気が滅入るから明るくしたいんじゃないかな、というような言葉が返ってきた。そう返してくれた本人は日本的なセンスというか、シンプルな色と形の服を着ている人だったので、これは大阪のおばちゃんはなぜ動物そのもの柄の服を着るの、と私に聞かれても困るのと同じくらい自分の不可知なところから振絞ってくれた返答だったのかもしれない。とはいえ蛍光色の服を着ている人がいる事実は厳然として事実で、私はそこに日本とは違う大陸的大胆さやゴーイングマイウェイ方向の精神、加速度的な発展を遂げたとかいう上向きの経済状況などの一般的情報とともに中国特有のアゲアゲ感というかそういう空気を感じ、しかしこれはハイセンスとは違う、そういうところも北京っぽい、というラベルを貼付けて頭のひきだしにしまった。

しかし日本に帰ってきてみると時代はまさに蛍光色的で、疑いようなく蛍光色は流行の先鋭の先端。はっきりパキっとした色合い、尖っていて率直。そういうのが気分。今この時、モードの先端は蛍光色、蛍光色はイケテル。おしゃれである。おい日本は北京か？

私は家族とはずっと同じところに住んでいて(A)、大学生になって引っ越して(B)、大学院を卒業して引っ越した(C)あとに、仕事を得て今住むところに引っ越した(D)。小さい頃は引っ越しというものに一種の恐怖感を持っていて絶対に引っ越したくないと主張したけれども実際に動いてみれば自分に郷土愛みたいなものはあんまり無いみたいでどこに住んでご近所に馴染もうが馴染むまいが生きていくのに困らないように社会インフラが整備されている誰が横に住んでいるか分からない日本社会は問題ねと言いつつも内心感謝してその場で暮らしてきた私は、しかしながら確実に何かを失いながらDに流れ着いてしまったのかもしれず、またその失ったものは元々持っているなんて意識したこともなかったようなもの、Cのあたりまでは私は引っ越す度に何かを得ていると思っていた。引っ越す前の場所に置いて来たものは失ったものという感覚ではなく、いつでも取り出し可能なものに感じられた。でもDに移った頃から違って、この場所についてからはあの頃はあれがあった、これがあったと考えずにはいられない。次のことに進むことが必ずしも何かを得ることにはならないのだと思った。すべての移動はこれに似てる。

高速バスと飛行機・車と地下鉄・黒タクに白タク・徒歩。北京に行くまで、日本に帰るまで、ずっと死のイメージにつきまとわれ、何か起こり、無事に帰れないんじゃないかと恐れていた。高速バスは事故を起こして私は死ぬんじゃないか、飛行機は墜落して私は死ぬんじゃないか、そう思ってどの移動の最中も終わりの覚悟、心の準備と諦観思考をイメトレし続けた。滞在計画のカレンダーを眺めて、最後の日に辿り着く気がしなかった。でも帰ってきたのでよかった、何だったのだろう。

やっぱり、北京には、天安門広場。故宮の前にあって、ただ広い。とにかく広くて、どれくらい広いかというと、後から写真で見てもその広さは写っていないその様はまるであなたを写真に撮った時にあなたの威厳が写っていなかったというのと同じ。それくらい広い。広いので、広場の真中のほうにある毛沢東記念館に入ろうとしたら荷物は全部預けてこいと言われて広場の外にある手荷物預所に行って戻ってくるとひとつ歳をとっている。それくらい広い。実際私もここでひとつ歳をとってしまって、今二十九歳のところだけれども、気がつくと三十歳だとばかり思っている。今の地球のどこかに、行ったり来たりするのにこんなに時間がかかる場所があるなんて思わなかった。広い広い天安門広場の広さにつられて周りのものもとてもでかい。建物がでかい。銅像がでかい。

銅像は、この国のこんな広さとでかさの精神を表わすには一人なんかじゃだめだ十人内外集めて来ないと話にならないという感じで十人内外の人間が、しかも平均的な人間種族の倍くらいにでかく象られた十人内外の人間が、指を指したり桶で水を汲んで駆けつけてきたり共産主義にうっとりしたり劇的なシーンを繰り広げているので、像のでかさもでかいし演じられてる場面の密度も濃くて何か物語のスケールもでかい。そういう圧倒的な広さ大きさでかさはとても面白く、またこれが、どっかの砂漠や何かとはちがう、人工で、人間の意思が作ってるものだと思うとやっぱりその大きさが面白かった。広さに罪なんてありえるだろうか？

オリンピックのための鳥の巣も広さの面白さを持っていて、鳥の巣は本当に鳥の巣、巣みたいな感じで、巣の外では広さが野放しに飼い放されていて、巣の中では広さが囲われ飼われている。囲われ飼われている広さを見て、私は動物園で大きな動物を見たのと同じように「広さというのはこんなに大きいのかあ」とその大きさに見蕩れた。

故宮の中は、やたら広く天井も高く、机、とか、椅子、とか、壺、とかがある以外の部分はがらんどうという言葉で贅沢、一方、机、とか、椅子、とか、壺、とかの一々のことは細部を持っていて逆方向に贅沢、ぱっと見たところ十の言葉も無いようなのだが、その十がそれぞれさらに十を持っていて、枝の先に行く程重くなって撓る音が聞こえるような気がした。何もない空間に息苦しさが見出せた。

世界公園は世界の果てにあり、世界の果てにある割には平凡な、そこらへんの日本みたいな場所で、いわゆるミニチュアパークというか世界遺産みたいな建造物の何分の一かのやつが置いてある東武ワールドスクエアみたいなものであり神戸から来た私は淡路島のおのころランドみたいだと言いたいような類いの仲間、とはいえ大きさでも再現性でもそんなに優っているとかいうようなことは特段ない仲間である。そしてそんなミニチュアランド界の一角を押さえているこの世界公園では何故かやたらと結婚記念写真撮影が行われておりあっちでもこっちでも白くて大きなドレスがふわふわしており、私だったらこんな近所の公園みたいな土と木のところで記念的な行事に関わるあれやこれやしたくないけどと思った瞬間「(ハッ)もしかして共産主義のつつましい収入では叶えられない新婚旅行は世界旅行たる心の隙をここで埋めるのかしら」という考えがひらめきしかしすぐ打ち消されなぜなら彼らは別に必ずしもむしろつつましい収入なんかじゃないんじゃないかと思った。だって中国は新しくてきれいで大きな車がいっぱいだったから。建物もあっちこっちでピカピカしてた。私なんかよりよっぽど景気がよさそうだった。景気良さから取り残され、私は全然面白くなかった。

たまに、ここが日本ではありえないくらい内陸だということを想像してみた。帰ってから調べると実際はそれほどでも無く、確かに今の日本ではありえないかもしれないけれども、日本がもうちょっと太っていたらこれくらいの内陸はギリギリあったかもという程度の海との離れ具合だった。地図でモンゴルの場所なんか確認したら、あの時想像した内陸での苦しさと比べて卒倒しそうになった。特に万里の長城を見に行く時には、ああ私たちは今、より内陸に向かっているのだなと思っていた。帰ってから調べてみると実際はより内陸に向かっているなんて言うほどのものではなく海岸線と平行みたいに移動してるだけだった、でもその時は頭の中の考えが息を苦しくさせた。水から引き離されるのを感じるのは逆に溺れるような気分がした。水から引き離されることで感じる息ができないような気分、何かが足りなくて死んじゃうんじゃないかという気分の比喩は水の中に引きずり込まれて空気が吸えなくなること。それからは世界地図を全然違う目で眺めるようになって、大陸の辺りには、特に内陸の方を見つめるほど、苦しさと大変さを感じた。人間の、水がないと生きていけない性質に由来しているのだろうか、日本人として国内どこでも比較的海に近い土地に住んで育ったからこその感覚なのだろうか。こんなことじゃこんな内陸に住む人たちは毎日どれだけ苦しいんだろう、大変なんだろうと考えて、砂埃っぽい空気の中の人達を見て、ああ、この人達は元から知らないんだと思った。

北京に行くまで、日本に帰るまで、ずっと途中で死ぬんじゃないかと恐々としていた。それほど決定的に、何か、自分には絶対縁のない場所だと特別に思い込んでいたのだが、結局は無事に帰ることができたのでよかった。それからは私の中に二つの北京があって、ひとつは実際に訪れた北京、もうひとつは実際に訪れなかった北京でそれまでに話に聞いたり映画を見たりしたイメージによる北京である。色分解されるように、北京という一つの言葉は二つの影に分かれて、それぞれスタコラ歩いて行った。良かったのかもしれない。片方は少なくとも「リアリティ」みたいなものになったのだから。

たとえば祖父母の住む田舎に遊びに行った時に、祖父母の住む古い民家や山、家のすぐ前を流れる川やその流れの上に渡された幅20センチほどの丸太橋などを見ては、母やその姉、兄、祖父母やその兄妹がこの場所で過ごしたのだということを重ね合わせようと一生懸命に想像するのは私の大好きな遊びである、というか、殆ど義務感のような感じで何とかそれがかつてここにあったこと、それがかつてここで起きたことだというのが事実であることを実感として感じたいと、頭が痛くなるくらい、また感傷的に、そのことを考えそして追いつめられたようにそうせずにはおられない。理由は分からないから、前世で何かあったのかもしれない。それは、彼らの顔かたちなどは分からなくても、頭の中で何となく絵が描けるという意味では想像自体は上手くいくのだが、その想像と目の前にあるものを結びつけて実感しようといくら頭を働かせてみても大抵のところはそう上手くいかないというか、ものや空間はただそこにあるが儘にしか見えず、それに何か私は、はっきり裏切られたと思うではないが、ものがものとしてそこにあるその儘にしか見えないのが何かしっくりこず、納得がいかなかったとも言えるだろうし、悔しかったと言うのも間違ってないと思う。北京はそんなところばっかりだった。それはかつてここにあった、それはかつてここで起きた。一日目、夜に北京についてその足で故宮の、昔ここで人の首を切っていたのだという広場に連れて行ってもらった。当然考えた、建物の壁は塗り替えられたかもしれない、建物は建て替えられたかもしれない、空気はそもそもどこかに流れていっただろうけどでもこの石の床は、ここで人の血が流れたんだったらこの床は人の血が流れたそのまんまなんじゃないかと思った。

「思い出視力もぼんやり」で、写真はほとんどぼやけていて、そんなのは撮ってる時から気付いてたけれども、心の中で「思い出視力もぼんやり」と繰り返し唱え気付かないふりでシャッターを押し続けてやった。それで、見返せばもちろん写真はぶれて、何も写っていないのばっかりである。何の写真か、本当に何も思い出せない写真があった。ふつう、自分が撮った写真を見たら、その空間に対する自分の身体の配置イメージというか、そういうものがちゃんとセットになっていて、それが本当にはっきりした確実なものでなくても、何か「迷子ではない感覚」がある。迷子では、それがどこだったか、それが何だったか、どんな位置から見ていたか、写真からさっぱり読み取れない。そんな喪失感は自分と自分が撮った写真との間だけの信頼関係かもしれない、人の撮った写真は迷子が基本だから。基本過ぎて、作り話を自分の頭の中で作りあげることに何ら不自然さも罪悪感もない。それは堂々と行なわれる。それはぼけている写真ではない。結局写真には何も写っていない。ずっと見ていたら同じような写真ばっかり続くのでぼけてる写真の方が面白く感じてくる。何が写っているか全然分からないから、あるいははっきりとは分からないから。

ねもはEXTRA
中国当代建築　北京オリンピック、上海万博以後
Contemporary Architecture in China　After the Beijing Olympics and Shanghai World Expo

発行日	2014年4月1日 初版第1刷発行
企画・編集	市川紘司
編集・構成	和田隆介
デザイン	江川拓未
特別協力	孫思維　東福大輔
印刷・製本	藤原印刷株式会社
発行所	株式会社フリックスタジオ
	〒106-0044　東京都港区東麻布2-28-6
	Tel: 03-6229-1501／Fax: 03-6229-1502
	http://www.flickstudio.jp
	—
	Flick Studio co., ltd.
	2-28-6, Higashi-azabu, Minato-ku,
	Tokyo 106-0044, Japan
	Tel: +81-3-6229-1501／Fax: +81-3-6229-1502

［表紙写真］中国美術学院象山キャンパスの壁
　　　　　　撮影＝市川紘司

© Koji ICHIKAWA 2014
Printed in Japan
ISBN 978-4-904894-14-9

本書掲載内容を著作権者の承諾なしに無断で転載
（翻訳、複写、インターネットでの転載を含む）することを禁じます。
All rights reserved.
No part of this book may be reproduced or utilized in any form or by any information storage or retrieval system, without prior permission in writing from the copyright holders.

本書は、もともと、東北大学大学院五十嵐太郎研究室学生有志が編集・出版していた同人誌『ねもは』の第4号として、2013年春に企画された。その後、コンテンツの質・量が増していったため、フリックスタジオに版元になっていただけることになり、それにともなって名称も『ねもはエクストラ』と変更している。結果的に、中国建築の魅力を余すところなく日本の読者の方々にお届けすべく、カラーページをふんだんに用いた書物として本書を完成させることができた。フリックスタジオの高木伸哉さん、磯達雄さん、山道雄太さん、どうもありがとうございます。また、不慣れな中国でのコンテンツ制作にあたって、孫思維さんには中国語チェックや人の紹介など多方面にわたるご協力を、東福大輔さんには作業スペースのご提供を、それぞれいただいた。そして、建築プロジェクトの各種図版は、中国で活躍される建築家事務所から無償でご提供いただいたものである。皆さんの献身的なご協力によって、本書は無事に刊行されました。どうもありがとうございます。

市川紘司　和田隆介　江川拓未

市川紘司
1985年東京都生まれ。東北大学大学院工学研究科博士後期課程。2013年〜中国政府留学生（高級進修生）として清華大学に留学。専門は中国近現代建築史。著書＝『中国的建築処世術』（東福大輔との共編著、彰国社、2014）など。

和田隆介
1984年静岡県生まれ。編集者、東京大学学術支援専門職員。2008年明治大学卒業。2010年千葉大学大学院修士課程修了。2010〜2013年新建築社。JA編集部、a+u編集部、住宅特集編集部に在籍。2013年〜フリーランスとして仕事をはじめる。

江川拓未
1987年福島県生まれ。2010年武蔵野美術大学卒業。2013年東北大学大学院修士課程修了。2013年〜設計事務所勤務の傍ら、書籍や企業パンフレットなどのデザイン制作をおこなう。